3D-Graphik mit HOOPS

Ljubomir Christov
Markus Gorzelanczyk

3D-Graphik mit HOOPS

Einführung in die Programmierung

Springer-Verlag
Berlin Heidelberg New York
London Paris Tokyo
Hong Kong Barcelona
Budapest

Ljubomir Christov
Universität Hamburg
Vogt-Kölln-Straße 30
D-22527 Hamburg

Markus Gorzelanczyk
Feldrain 9
D-21109 Hamburg

Mit 26 Abbildungen und 10 Farbtafeln

ISBN-13:978-3-540-57772-0

Die Deutsche Bibliothek – CIP-Einheitsaufnahme. Christov, Ljubomir: 3-D-Graphik mit HOOPS: Einführung in die Programmierung / Ljubomir Christov; Markus Gorzelanczyk. - Berlin; Heidelberg; New York; London; Paris; Tokyo; Hong Kong; Barcelona; Budapest: Springer, 1994
ISBN-13:978-3-540-57772-0 e-ISBN-13:978-3-642-78870-3
DOI: 10.1007/978-3-642-78870-3

NE: Gorzelanczyk, Markus:; Christov, Ljubomir: Drei-D-Graphik mit HOOPS; Gorczelanczyk, Markus: Drei-D-Graphik mit HOOPS

Umschlaggestaltung: Konzept & Design, Ilvesheim
Satz: Reprofertige Vorlage der Autoren
SPIN: 10131413 33/3140 – 5 4 3 2 1 0 – Gedruckt auf säurefreiem Papier

Vorwort

Die Computergraphik hat in den letzten Jahren stark an Bedeutung gewonnen. Da immer mehr und immer leistungsfähigere Anwendungsprogramme gebraucht wurden, war schon früh ein Bedürfnis nach Werkzeugen vorhanden, die dem Programmierer die Möglichkeit gaben, völlig geräteunabhängig und möglichst effizient graphische Anwendungen zu implementieren. Die ersten Versuche in dieser Richtung waren die Entwicklung von GKS, das 1985 zum internationalen Standard erhoben wurde, und von PHIGS, welches im Gegensatz zu GKS von Anfang an auch dreidimensionale Graphiken berücksichtigt.

Inzwischen haben beide Standards Erweiterungen erfahren. GKS-3D enthält Funktionen für dreidimensionale Graphiken, und mit PHIGS PLUS lassen sich - mittels Schattierungen, gekrümmter Kurven und Flächen u.a. - nun auch realistisch wirkende Darstellungen erzeugen.

1986 entstand HOOPS, ein weiteres Paket zur Entwicklung geräteunabhängiger Graphikanwendungen. Während GKS und PHIGS von eigens eingesetzten Kommissionen erarbeitet wurden, ist HOOPS der Versuch einer kommerziellen Softwarefirma (Ithaca Software, USA)[1], diesen etablierten Standards ein Produkt entgegenzusetzen, welches - unter den gleichen Prämissen der Portabilität - ein effektiveres und vor allem benutzerfreundlicheres Arbeiten ermöglichen soll.

Der Aufbau dieses Buches

Dieses Buch stellt sowohl eine systematische **Einführung** in die Grundkonzepte als auch ein ausführliches **Handbuch** für die Programmierung von graphischen Anwendungen mit HOOPS dar. Es wird vorausgesetzt, daß der Benutzer die Grundbegriffe der Computergraphik beherrscht. Kenntnisse in C sind nicht unbedingt erforderlich, erleichtern aber einerseits das Verständnis, da an vielen Stellen Beispiele in C verwendet werden. Andererseits wird dringend empfohlen, die theoretische Arbeit mit diesem Buch durch praktische Übungen am Rechner zu unterstützen - was ohne C, C++- bzw. FORTRAN-Kenntnisse nicht möglich ist, da HOOPS nur in einer Sprachschale verwendet werden kann.

---

[1]seit August 1993 Ithaca Software Independent Devision of Autodesk

Der Neuling, der HOOPS kennen und nutzen lernen möchte, hat die Möglichkeit, das Buch als **Lehrbuch** zu verwenden. Er kann es vom Anfang her kontinuierlich zum Ende hin durcharbeiten. Dabei wird er zuerst mit den grundlegenden Konzepten von HOOPS vertraut gemacht. So lernt er z.B. das Segmentkonzept und das Prinzip der Vererbung kennen, ohne sich jedoch gleichzeitig mit den - an dieser Stelle unnötigen - komfortableren und damit häufig auch komplizierteren Fähigkeiten dieses Systems befassen zu müssen. Diese werden dann in späteren Kapiteln behandelt, wenn das notwendige Grundwissen für die Arbeit mit HOOPS erworben wurde.

Jedes Kapitel behandelt einen abgeschlossenen Aspekt von HOOPS. Dabei werden auch die jeweils relevanten Prozeduren zusammengefaßt und kurz erläutert. An vielen Stellen sind Beispiele angegeben, die das Wesentliche veranschaulichen, so daß das Neue leicht verstanden und mit der Kenntnis der vorangegangenen Kapitel sinnvoll genutzt werden kann.

Dabei wird jedoch so weit wie möglich auf Wiederholungen schon dargestellter Gesichtspunkte wie auch auf entbehrliche Vorgriffe auf noch nicht vorgestellte Konzepte verzichtet. Wo es nötig ist, sind Verweise auf weiter hinten liegende Abschnitte angegeben, die zwar für das Verständnis im Moment nicht wichtig sind, aber der Vertiefung des behandelten Themas dienen können.

Derjenige, der schon mit HOOPS vertraut ist, kann dieses Buch als **Nachschlagewerk** für die Programmierung verwenden. Er kann die Bedeutung und Verwendung einzelner Konzepte in den jeweiligen Kapiteln nachlesen, die dort kurz und prägnant dargestellt werden. Oder er nutzt die ausführliche Prozedur-Referenz. Hier findet er nicht nur die Beschreibung der Syntax jeder einzelnen HOOPS-Routine, sondern auch weitere umfassende Informationen zu deren Verwendung und Wirkung sowie Verweise auf andere in diesem Zusammenhang relevante Prozeduren.

An mehreren Stellen werden die englischen Orginalbezeichnungen für Konzepte oder geometrische Elemente beibehalten und nicht übersetzt. Das geschieht, da mit diesen Begriffen in der Informatik bzw. Computergraphik feste Bedeutungen verknüpft sind, deren Übersetzung unnötige "Denkloopings" verursachen würden (z.B. Window). Oder diese Begriffe repräsentieren eher (HOOPS-) Namen, als daß sie bloße Beschreibungen bestimmter Konzepte wären (z.B. Mesh).

Anmerkungen zur Notation und den verwendeten Schriftarten

An den Stellen, an denen ein Begriff neu eingeführt oder das erste Mal benutzt wird, erscheint er *kursiv*, und seine englische Entsprechung wird in geschweiften Klammern angegeben. Für Namen von HOOPS-Prozeduren und Segmenten sowie für andere "HOOPS-spezifische" Begriffe und Zeichen, die auch in einem Programmtext vorkommen können, wird - ebenso wie für die C-Beispiele - die Schriftart Helvetica benutzt.

Hinweise zum Lesen des Buches

Dem Leser wird empfohlen, im Anschluß an jedes Kapitel die Beschreibung der dort angesprochenen Befehle in der Prozedur-Referenz nachzulesen. Dies kann das Verständnis für die einzelnen Prozeduren erleichtern, da hier ergänzende Informationen sowie weitere Beispiele gegeben werden. Tauchen jedoch dabei neue Fragen auf, so braucht und sollte diesen (beim ersten Durcharbeiten des Buches) nicht nachgegangen werden. Statt dessen sind nach Möglichkeit die einzelnen Kapitel weiterhin nacheinander durchzuarbeiten. Auf diese Weise werden sich viele der neuen Fragen - in den Kapiteln, in denen die entsprechenden Themen behandelt werden - "von selbst" klären, und der Leser verliert nicht die Orientierung - d.h. den roten Faden des Buches - durch den unnötigen und aussichtslosen Versuch, jedes Detail im ersten Anlauf zu verstehen.

Die Autoren sind allen Lesern für konstruktive Verbesserungsvorschläge (vermisste Informationen, offene Fragen, neue und bessere Beispiele), Hinweise auf vorhandene Fehler sowie für eigene Erfahrungsberichte sehr dankbar. Diese werden sie entsprechend bei den nächsten Ausgaben bzw. Aktualisierungen berücksichtigen.

Danksagung

Die Autoren danken den Firmen Ithaca Software, MetaWare und PharLab, die ihre Software zur Verfügung gestellt haben, sowie der Firma TechSoft für die Hinweise und Anregungen und die bereitgestellten Materialien (Bilder und weitere Unterlagen). Ohne diese Unterstützung wäre dieses Buch weit schwieriger zustande gekommen.

Inhaltsverzeichnis

1 Einführung ... 1

2 Grundsätzliches zu HOOPS-Prozeduren ... 7
2.1 Allgemeine Form ... 7
2.2 Varianten ... 8
2.2.1 Das Arbeiten mit Schlüsseln ... 8
2.2.2 Beliebige Segmente bearbeiten ... 9
2.2.3 Attribute und Definitionen zurücksetzen ... 9
2.2.4 Spezielle Varianten der `Show`-Routinen ... 10
2.2.5 Kombinationen von Varianten ... 11
2.3 Beschreibende Prozedur-Parameter ... 11
2.4 Anmerkung zur Programmierung ... 12
2.5 Fehlerbehandlung ... 12

3 Segmente: Organisation der graphischen Daten ... 15
3.1 Was sind Segmente? ... 15
3.2 Segmentnamen ... 16
3.3 Erzeugen, Öffnen, Schließen und Löschen von Segmenten ... 17
3.4 Attribute und Vererbung ... 18
3.5 Streaming Mode ... 19
3.5.1 Bilder erzeugen ohne Segmente ... 19
3.5.2 Das Attribut 'streaming mode' ... 20
3.6 Wichtige Segment-Prozeduren auf einen Blick ... 21
3.7 Ein Beispiel ... 21

4 Windows: Ordnung auf dem Bildschirm ... 27
4.1 Was sind Windows? ... 27
4.2 Alle Window-Prozeduren auf einen Blick ... 29
4.3 Ein Beispiel ... 29

5 Geometrie: Darstellungselemente ... 31
5.1 Marker ... 32
5.2 Linien ... 33
5.2.1 "Einfache" Linien ... 33
5.2.2 Polylinien ... 33

5.2.3 Inked Polylines ... 34
5.2.4 Kreis- und Ellipsenbögen ... 35
5.3 Zweidimensionale Darstellungselemente ... 35
5.3.1 Kreise und Ellipsen ... 36
5.3.2 Polygone ... 36
5.3.3 Shells ... 37
5.3.4 Meshes ... 39
5.3.5 Grids ... 40
5.3.6 Lokale Attribute in Shells und Meshes ... 41
5.4 Images ... 43
5.5 Text ... 43
5.5.1 Textattribute ... 44
5.5.2 Weitere Text-Prozeduren ... 45
5.5.3 Suche nach Schriften ... 46

6 Attribute für Darstellungselemente ... 49
6.1 Transformationen ... 49
6.2 Farben ... 51
6.2.1 Die Auswahl einer Farbe ... 51
6.2.2 Suche nach Farbnamen ... 53
6.3 Sichtbarkeit ... 54
6.4 Ein Beispiel ... 55

7 Objektkoordinaten und Kameras ... 57
7.1 Begriffsbestimmung ... 57
7.2 Kameraparameter ... 57
7.3 Alle Kamera-Prozeduren auf einen Blick ... 59
7.4 Anmerkung zur Vererbung der Kameraparameter ... 61
7.5 Ein Beispiel ... 61

8 Beleuchtung ... 63
8.1 Lichtquellen und Lichtarten ... 63
8.2 Schattierungsmodelle ... 64
8.2.1 Konstante Schattierung ... 65
8.2.2 Gouraud-Schattierung ... 65
8.2.3 Phong-Schattierung ... 66
8.3 Ein Beispiel ... 66
8.4 Alle Beleuchtungs-Prozeduren auf einen Blick ... 67

9 Eingabetechniken zur interaktiven Steuerung ... 69
9.1 Ereignisse ... 70
9.2 Die Ereigniswarteschlange ... 70
9.3 Die Ereignistypen ... 71
9.3.1 Tastendruck ... 72

9.3.2 String-Eingaben 73
9.3.3 Bildschirmkoordinaten 74
9.3.4 Die Auswahl von Bildelementen 74
9.3.4.1 Auswählbarkeit 75
9.3.4.2 Weitere Auswahlregeln 76
9.3.4.3 Die Bearbeitung des Auswahl-Ereignisses 77
9.3.5 Einen Timer starten 78
9.3.6 Spezielle Ereignisse 78
9.4 High-Level-Prozeduren 79
9.5 Die wichtigsten Eingabe-Prozeduren auf einen Blick 80
9.6 Ein Beispiel 81

10 Weitere Techniken der Segmentverwaltung 85
10.1 Wildcard-Segmentnamen 85
10.2 Segmente verschieben und kopieren 86
10.3 Segmente gestalten - die ?Style Library 88
10.4 Segmente einbinden - die ?Include Library 89
10.5 Unbenannte Segmente 91
10.6 Attribute sperren 92
10.7 Suchen im Segmentbaum 95
10.7.1 Die allgemeine Aufrufsequenz 95
10.7.2 Suchen nach Segmenten 96
10.7.3 Suchen nach Segment-Inhalten 98
10.7.4 Suchen nach Kurznamen 101
10.8 Konvertierung des Segmentinhalts in ein Image 102
10.9 Beliebige Informationen in einem Segment ablegen 104
10.10 Weitere Segment-Prozeduren auf einen Blick 105

11 Weitere Darstellungstechniken 107
11.1 Falschfarbendarstellungen 107
11.2 Objekte "aufschneiden" 111

12 Langzeitspeicherung 113
12.1 HOOPS Metafile 113
12.1.1 Das Attribut 'metafile' 114
12.1.2 Explizites Abspeichern eines Segments 116
12.1.3 Explizites Einlesen einer Datei 117
12.1.4 Ein Beispiel für den Einsatz des Metafiles 117
12.2 Speichern der Ausgabe-Daten 119
12.2.1 Erzeugen von Dateien unter Verwendung von ?Picture 119
12.2.2 Erzeugen von Dateien unter Verwendung von HOOPS HARDCOPY 120

12.2.3 Erzeugen von Dateien unter direkter Angabe eines Dateinamens ... 121
12.2.4 Direkte Ausgabe ... 122

13 Steuerung des Systemverhaltens ... 123
13.1 Kontrolle des Bildaufbaus ... 123
13.2 Begrenzungsvolumen ... 125
13.3 Das Heuristik-Attribut ... 126
13.4 Optionen für Ausgabe-Geräte ... 127

14 Die Zusatzmodule A.I.R. und I.M. ... 129
14.1 Advanced Interactive Rendering (A.I.R.) ... 129
14.1.1 Darstellungsverfahren zur Erzeugung photorealistischer Bilder ... 130
14.1.1.1 Die Radiosity-Optionen ... 132
14.1.1.2 Die Ray-Trace-Optionen ... 135
14.1.1.3 Anmerkungen zur Unterbrechung der Berechnungen ... 138
14.1.2 Polygonale Lichtquellen ... 139
14.1.3 Schatten ... 142
14.1.4 Farbeigenschaften von Flächen und Kanten ... 142
14.1.5 Alle funktionell neuen A.I.R.-Prozeduren auf einen Blick ... 146
14.2 Intermediate Mode Access (I.M.) ... 146
14.2.1 Funktionsmechanismus ... 146
14.2.2 Prozeduren ... 151
14.2.2.1 Definition von Callback-Namen ... 151
14.2.2.2 Setzen von Callback-Attributen ... 151
14.2.2.3 Callbacks ... 152
14.2.2.4 HIC-Prozeduren zum Einstellen der Darstellungsparameter ... 153
14.2.2.5 HIC-Prozeduren zum Zeichnen ... 154
14.2.2.6 Weitere HIC-Prozeduren ... 154
14.2.3 Benutzerdefinierte Attribute als Schalter ... 154

15 Systeminitialisierung ... 157
15.1 Definieren einer Fehlerbehandlungsroutine für die Systeminitialisierung ... 157
15.2 Definition der Standardfarben ... 157
15.3 Definition der Standardsegmente und Standardkurznamen ... 160
15.4 Umgebungsvariablen ... 161
15.5 Die voreingestellten Attribute ... 164
15.6 Beenden der Systeminitialisierung ... 166

Anhang A: HOOPS unter MS-DOS 167
A1 Hardware-Voraussetzungen 167
A2 Software-Voraussetzungen 167
A3 Installation 168
A4 Besonderheiten des Programmcodes 168
A5 Compilieren und Linken 169
A6 Ausführung eines Programms 169

Anhang B: Anmerkungen zu HOOPS unter UNIX 171
B1 Allgemeines 171
B2 HOOPS und die Integration von graphischen Benutzeroberflächen 172

Anhang C: Prozedur-Referenz 173
C1 Attribute 175
C2 Berechnungen 238
C3 Eingabe 250
C4 Geometrie 275
C5 Segmente 318
C6 System 337

Prozedur-Index 359

Farbbildtafel 379

Literaturverzeichnis 389

Anmerkungen zu HOOPS unter MS-Windows 3.1 und MS-Windows NT 391

Index 395

1 Einführung

Dieses Buch stellt eine Einführung in die Programmierung von Graphikanwendungen mit HOOPS 3.30 dar. HOOPS steht für Hierachical Object Oriented Picture System. Ähnlich wie GKS und PHIGS ist auch HOOPS der Versuch einer Standardisierung der graphischen Programmierung. Es wurde entwickelt, um auf verschiedenen Rechnern, unter verschiedenen Betriebssystemen und in verschiedenen Sprachen eingesetzt werden zu können. So lassen sich Graphik-Programme, die auf der Grundlage von HOOPS erstellt wurden, relativ leicht auf andere (Rechner-) Systeme übertragen (Abb. 1.1) - abgesehen von der Portabilität derjenigen Sprache, in der die HOOPS-Routinen eingebettet sind.

Folgendes Bild gibt einen Überblick über die von HOOPS unterstützten Plattformen (1. Reihe), die zugehörigen Betriebssysteme (2. Reihe), Window-Manager (3. Reihe) und Graphikschnittstellen (4. Reihe):

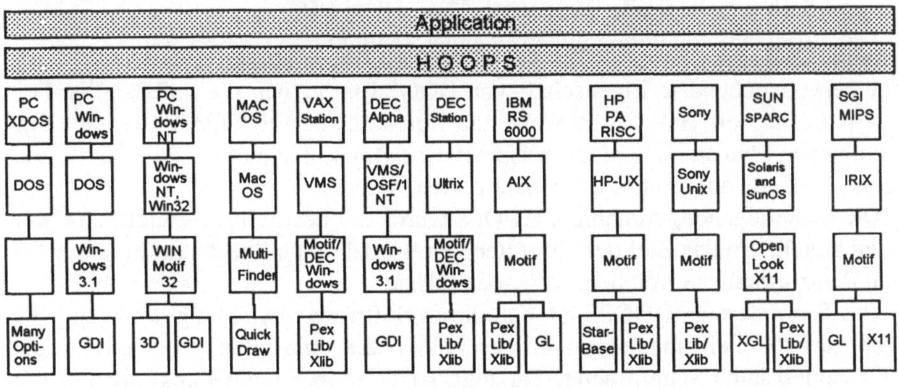

Abb. 1.1 Übersicht über unterstützte Rechner-Plattformen

HOOPS ist ein System zur Entwicklung von professioneller interaktiver 2D- und 3D-Graphiksoftware in allen Ingenieurbereichen, in Wissenschaft und Technik, wobei die Haupteinsatzgebiete in technischen und wissenschaftlichen Anwendungen im Bereich CAD (Computer Aided Design), CAM (Computer Aided Manufactoring) und CAE (Computer Aided Engineering) liegen. HOOPS besteht aus folgenden Komponenten:

- HDI (HOOPS Device Interface), einer flexiblen Schnittstelle zu den systemspezifischen Routinen und Treibern, die HOOPS vollständig portabel und sehr schnell machen,
- HOOPS Graphic API (Application Programming Interface), einer "Prozedur-Bibliothek" mit einer großen Anzahl von Funktionsaufrufen (ca. 700) zur Definition, Manipulation, Interaktion und Darstellung von 2- und 3-dimensionalen Graphikobjekten. Sie ist in C geschrieben und hat eine Anbindung mit C/C++ und Fortran.
- HOOPS GUI (Graphic User Interface), einer Schnittstelle zu vorhandenen graphischen Benutzungsoberflächen, und der
- HOOPS Datenbank, einer hierarchischen Datenstruktur für die geometrischen Objekte einer Zeichnung oder Szene.

HOOPS zeichnet sich durch eine Reihe äußert positiver Eigenschaften aus, wie beispielsweise:

- eine leicht nachvollziehbare Segmentstruktur
- Editierbarkeit der Segmentinhalte und -struktur
- Vererbung von (Segment-) Attributen
- einen deklarativen Programmierstil
- optionale Zusatzmodule für Ray Tracing, Radiosity und benutzergesteuerte Interaktionen
- vier Farbmodelle (außer RGB auch HSV, HLS, HIC)
- eine Vielzahl von unterstützten Rechnerarchitekturen (s. Abb. 1.1)

Die hervorstechendste Eigenschaft von HOOPS ist jedoch die vollständige Portabilität aller mit HOOPS entwickelten Software: auf HOOPS basierende Anwendungen können ohne plattformspezifische Anpassungen oder Quellcodeänderungen auf alle aufgeführten Rechner portiert werden.

Die (naheliegende) Annahme, HOOPS würde nur bestimmte Grundfunktionalitäten bieten, um das Ziel der absoluten Quellcodekompatibilität auf allen wichtigen Plattformen zu erreichen, ist jedoch falsch.

Das Besondere an HOOPS ist, daß dieses Softwareentwicklungswerkzeug sich nicht auf die Leistungsmerkmale beschränkt, die eine allen Workstations und PCs gemeinsame Schnittmenge darstellt, sondern über volle Funktionalität verfügt und diese auch auf jeder Plattform bietet. Erreicht wird dies durch die HOOPS-Geräteschnittstelle HDI (HOOPS Device Interface), die vorhandene Hardware-Funktionen optimal nutzt und fehlende Hardware-Eigenschaften emuliert (Abb. 1.2). Insofern zeigt eine HOOPS-Anwendung auf allen Plattformen ein identisches Verhalten.

Wenn ein Rechner z.B. über einen Hochleistungsgraphikbeschleuniger verfügt, der Transformationsberechnungen übernimmt, das Schattierungsverfahren Gouraud-Shading unterstützt oder über einen speziellen Speicherbereich verfügt, der zur Darstellung verdeckter Flächen genutzt werden kann (Z-Buffering), so macht HOOPS davon vollen Gebrauch: HDI schickt die 3D-Daten der Anwendung ohne Zwischenschritte direkt in die Graphik-Pipeline (Abb. 1.2). Fehlen derartige Hardwarevoraussetzungen - beispielsweise im PC-Bereich -, so werden

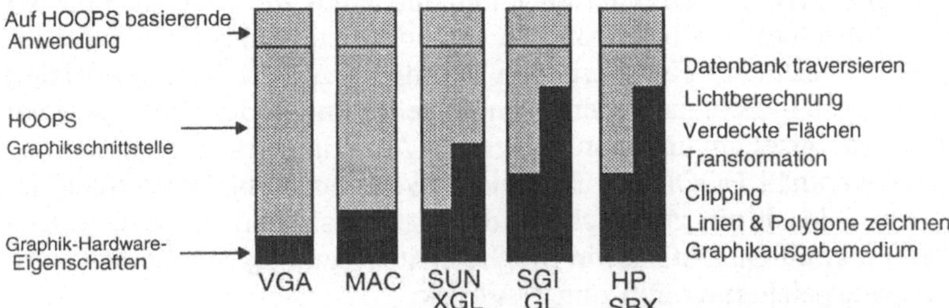

Abb. 1.2 Das HOOPS Device Interface (HDI) sorgt für die optimale Nutzung vorhandener und die automatische Emulation fehlender Graphikhardware

Da alle Graphik-Anwendungen nicht zuletzt auch Daten(bank)probleme sind, wurde HOOPS in erster Linie als Datenbasis konzipiert, die Informationen darüber speichert, welche Objekte gezeichnet, wo sie auf dem Bildschirm plaziert werden und welche Attribute sie haben sollen. Diese Tatsache drückt sich auch in dem deklarativen Programmierstil aus: Für den Programmierer ist die Reihenfolge der Prozeduraufrufe im Prinzip irrelevant, er kann sich ganz auf den Aufbau der Datenbasis konzentrieren.

Die HOOPS-Datenbasis weist eine baumartige Struktur auf, ähnlich der Verzeichnisstruktur eines hierarchischen Dateisystems. Sogenannte Segmente bilden die Knoten dieses Baumes. Sie sind die grundlegenden Einheiten der Datenbasis. Die in den Segmenten enthaltenen graphischen Daten bestehen aus geometrischen Primitiven, Kameras, Lichtern und Darstellungsattributen sowie aus anwendungsspezifischer Information. Die Eigenschaften der Segmente - Attribute - unterliegen in HOOPS dem Prinzip der Vererbung: alle untergeordneten Segmente erhalten automatisch die gleichen Attribute wie das nächsthöhere Segment. Alle Attribute können jedoch auch explizit gesetzt werden. Diese neuen Werte vererben sich dann wiederum auf untergeordnete Segmente.

Aufgrund der hierarchischen Organisation der Daten ist es möglich, bestimmte graphische Elemente zusammenzufassen und somit gemeinsam, d.h. effektiv und benutzerfreundlich, zu bearbeiten. Beispielsweise können einzelne Komponenten eines Objekts individuell oder eine Gruppe von Komponenten einheitlich manipuliert werden.

Ein interaktives Graphikprogramm muß die Möglichkeit bieten, ein einmal erstelltes Objekt bzw. Bild zu modifizieren. Dieser Forderung wurde in HOOPS Rechnung getragen. Die gesamte - in der Datenbasis gespeicherte - Information kann jederzeit geändert werden. Hierunter fällt nicht nur die Modifikation der Geometrie oder einzelner Attribute, sondern auch die Reorganisation der hierarchischen Struktur. Nachdem eine Serie von derartigen Änderungen spezifiziert kann jederzeit geändert werden. Hierunter fällt nicht nur die Modifikation der Geometrie oder einzelner Attribute, sondern auch die Reorganisation der hierarchischen Struktur. Nachdem eine Serie von derartigen Änderungen spezifiziert wurde, kann man das System auffordern, den aktuellen Inhalt der Datenbasis auf dem Bildschirm darzustellen, um dann ggf. erneut Änderungen vorzunehmen.

Darüber hinaus enthält HOOPS umfangreiche Werkzeuge zur Darstellung der Objekte auf dem Bildschirm, zur Suche in der Datenbasis und zur interaktiven Steuerung des Programmablaufs sowie Möglichkeiten zur Programmbeschleunigung, zur Langzeitspeicherung und zum Ausdruck.

So sind beispielsweise die drei aus der Softwaretechnik als MVC-Modell bekannten Module

- Modell: eine Datenverwaltung für graphische und andere Daten ("Database"),
- View: eine "Graphics Engine", die die aktuellen Daten auf einem Ausgabegerät darstellt und
- Controler: ein Input-Manager für die Interaktionen des Anwenders ("Database Editor")

in HOOPS integriert, wodurch die Softwareentwicklung enorm vereinfacht, die Entwicklungszeit erheblich verkürzt und der Wartungsaufwand beträchtlich verringert wird (Abb. 1.3).

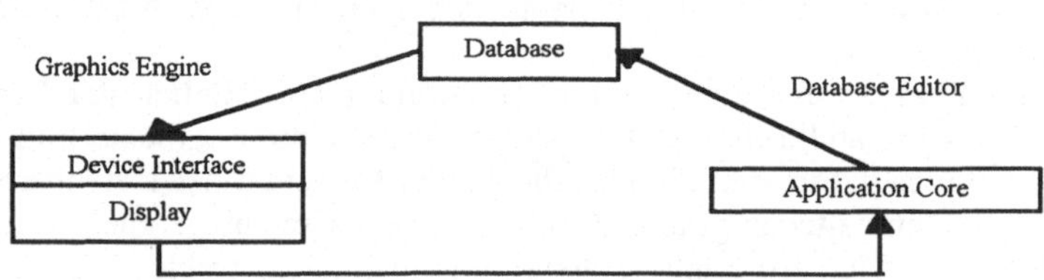

Abb. 1.3 Aufbau eines interaktiven Graphiksystems

Bei der Generierung einer Benutzungsoberfläche - die heute bei fast jeder größeren Anwendung vorhanden ist - stehen dem Benutzer von HOOPS drei Möglichkeiten zur Auswahl:

- Erzeugung der Oberfläche einer Anwendung mit HOOPS,
- Verwendung des plattformspezifischen Window-Managers oder
- Nutzung eines Toolkits für die Gestaltung der Oberfläche.

Wird die Benutzungsoberfläche einer Anwendung mit HOOPS erzeugt, so muß zwar der hiermit verbundene Arbeitsaufwand in Kauf genommen werden, der Vorteil dieser Lösung ist jedoch, daß die Anwendung 100% portabel ist und sich allen Endanwendern auf allen Plattformen gleich präsentiert.

Andererseits ist auch die Oberflächengestaltung einer Applikation mit Hilfe der Menüs, Dialogfelder und Toolkits des jeweiligen Window-Managers, der dem Softwareentwickler auf seiner Entwicklungsplattform zur Verfügung steht, problemlos möglich, da HOOPS alle gängigen Benutzungsoberflächen unterstützt (Abb. 1.1). Der Vorteil dieser Vorgehensweise liegt darin, daß sich der Endanwender, der die Benutzungsoberfläche seiner Plattform kennt, nicht erst an eine neue Oberfläche gewöhnen muß - "er fühlt sich in der HOOPS-Anwendung sofort heimisch". Diese Lösung hat jedoch den Nachteil, daß bei einer Portierung der HOOPS-Applikation die Schnittstelle zu dem jeweils plattformspezifischen Windows-Manager neu definiert werden muß.

Bei der Zuhilfenahme eines der marktüblichen portablen Oberflächengenerierungstools, die die komfortable Erzeugung von Benutzungsoberflächen erlauben, ist darauf zu achten, welche Plattformen von diesen tatsächlich unterstützt werden.

2 Grundsätzliches zu HOOPS-Prozeduren

Dieses Kapitel enthält einige grundsätzliche Anmerkungen zum formalen Aufbau der Prozeduren in HOOPS. Details zu jeder einzelnen Prozedur sind in der Prozedur-Referenz zu finden.

2.1 Allgemeine Form

Alle Prozeduren in HOOPS folgen einem einheitlichen Schema. Der erste Teil ist ein **Verb**, das angibt, was zu tun ist. Der zweite Teil ist ein **Substantiv**, welches das Objekt bezeichnet, an dem die durch das Verb beschriebene Handlung vollzogen werden soll. Insofern läßt sich in den meisten Fällen schon aus dem bloßen Namen einer Prozedur deren Wirkung erkennen. Beispielsweise ändert die Prozedur Edit_Text einen oder mehrere Zeichen eines vorher definierten Text-Strings. Da Namen in HOOPS im allgemeinen beschreibend gewählt wurden, sind die meisten Substantive ohne Erklärung verständlich.

Es werden nun kurz die häufigsten Verben erläutert:

Define	ändert den globalen Systemstatus oder fügt dem System eine neue Definition hinzu
Insert	fügt ein neues Bildelement in das aktuelle Segment ein
Edit	ändert ein existierendes Bildelement
Set	setzt ein Attribut explizit auf einen neuen Wert
Show	holt einzelne Informationen aus dem System heraus
Begin	initialisiert eine Informationssuche in der Datenbasis
Find	führt eine Informationsuche aus
End	beendet die Informationssuche

Darüber hinaus existiert eine Vielzahl anderer Verben, wie Close, Enable, Rotate usw., die ganz spezielle Handlungen bezeichnen und in Befehlen wie Close_Face, Enable_Location oder Rotate_Object auftreten.

2.2 Varianten

Fast alle Prozeduren haben eine Reihe von **Varianten**. Die wichtigsten werden in den folgenden Abschnitten beschrieben. Über diese allgemeinen Varianten hinaus haben einige Prozeduren spezielle Varianten, die in der Prozedur-Referenz erklärt werden.

2.2.1 Das Arbeiten mit Schlüsseln

Im Normalfall werden Objekte in HOOPS anhand ihres Namens identifiziert. Jedoch erhalten nicht alle Objekte bei ihrer Erzeugung einen Namen. Das gilt insbesondere für die geometrischen Grundelemente (Kap. 5). Beispielsweise erzeugt die Prozedur Insert_Circle einen Kreis, auf den das System jedoch später nicht mehr zugreifen kann, um ihn z.B. wieder zu löschen.

Daher hat jede Prozedur, die ein geometrisches Grundelement erzeugt, (und auch einige andere Prozeduren) eine Variante, die einen **Schlüssel** {key} zurückgibt, über den dieses Element später wieder angesprochen werden kann. Dazu wird der normalen Prozedur ein **K** vorangestellt: z.B. KInsert_Circle.

Ein Schlüssel ist ein vom System vergebener eindeutiger numerischer Bezeichner. Dieser kann jedoch mit Hilfe der Prozedur Renumber_Key in einen anderen Wert - der vielleicht von dem speziellen Programm leichter verarbeitet werden kann - geändert werden. Schlüssel können u.a. dazu benutzt werden, Informationen über das betreffende Objekt zu erfragen. Das geschieht im Fall der geometrischen Grundelemente mit den entsprechenden Show-Routinen: beispielsweise können mit Show_Circle die drei Punkte erfragt werden, durch die der Kreis bei seiner Erzeugung definiert wurde.

Einige weitere Prozedur-Varianten identifizieren die Objekte, auf die sie wirken sollen, anhand eines Schlüssels. Diese werden wie folgt gebildet: <Prozedurname>_By_Key; z.B. Bring_To_Front_By_Key.

Die drei folgenden Routinen arbeiten ausschließlich mit Schlüsseln und sind daher nur in dieser Form verfügbar:

Delete_By_Key	löscht Segmente oder geometrische Elemente
Flush_By_Key	löscht den Inhalt bestimmter geometrischer Elemente (z.B. von Shells) oder ganzer Segmente, ohne deren Struktur zu zerstören
Move_By_Key	verschiebt ein geometrische Element in ein anderes Segment

Zuletzt sei noch angemerkt, daß der Typ eines Objekts, zu dem ein bestimmter Schlüssel gehört, mit Show_Key_Type erfragt werden kann.

2.2.2 Beliebige Segmente bearbeiten

Jedes Segment muß vor seiner Bearbeitung - Eingabe geometrischer Daten, Änderung eines Attributs, Erfragen einer Information o.ä. - geöffnet und nach seiner Bearbeitung wieder geschlossen werden (vgl. Abschn. 3.3). Falls jedoch nur **eine** Änderung vorgenommen werden soll, kann dies in HOOPS auch durch einen einzigen Prozeduraufruf erfolgen. Dies ist ein schneller (quick) Weg, Aktionen außerhalb des aktuellen Segments durchzuführen.

Dazu dient eine Variante der normalen Prozedur, der ein **Q** vorangestellt ist. Diese Prozedur-Variante benötigt dann als ersten Parameter den Namen des zu bearbeitenden Segments.[1] Beispielsweise kann mit

QInsert_Circle ("anderes Segment", r, q, s)

ein Kreis in ein Segment eingefügt werden, das gerade nicht das aktuelle Segment ist. Der Aufruf einer solchen Prozedur bewirkt intern (durch weitere Prozeduraufrufe) folgendes: das angegebene Segment anderes Segment wird geöffnet[2], die "eigentliche" Prozedur (Insert_Circle) wird **dort** ausgeführt, und das Segment wird wieder geschlossen.

2.2.3 Attribute und Definitionen zurücksetzen

Die beiden Prozedurklassen Define und Set haben eine spezielle Variante: UnDefine bzw. UnSet. UnDefine macht die Definition, die zuvor durch Define vorgenommen wurde, rückgängig. Beispielsweise löscht UnDefine_Alias einen vorher definierten Kurznamen (s. Abschn. 3.2) aus dem System. UnSet löscht den Wert eines mit Set gesetzten Attributes, so daß dieser nun wieder geerbt wird (s. Abschn. 3.4).

Die "normale" UnSet-Prozedur setzt **alle** mit der zugehörigen Set-Prozedur änderbaren Attribute zurück. Daher haben die Set-Prozeduren, mit denen mehr als ein Attribut gesetzt werden kann (z.B. Set_Visibility), eine spezielle UnSet-Variante, mit der nur **eines** der Attribute zurückgesetzt wird:

UnSet_One_<Attribute>

Beispielsweise wird mit UnSet_One_Visibility ("faces") nur die Sichtbarkeit von Flächen zurückgesetzt.

Vergleiche dazu auch den folgenden Abschnitt.

---

[1] Mit Hilfe von Wildcard-Segmentnamen (Abschn. 10.1) können auch mehrere Segmente gleichzeitig bearbeitet werden.

[2] Das Segment muß bereits existieren! Vgl. dazu Abschn. 3.3: Angabe eines neuen Namens beim Öffnen eines Segments.

2.2.4 Spezielle Varianten der Show-Routinen

Mit den "normalen" Show-Routinen kann der Wert eines Attributs erfragt werden. Jedoch haben diese Routinen zwei Eigenschaften, die sie in manchen Situationen ungeeignet oder sogar unbrauchbar erscheinen lassen.

Eine normale Show-Routine hat die Eigenschaft, nur den Wert eines Attributs zurückzugeben, das in dem betreffenden Segment **explizit** (d.h. per Set-Routine) gesetzt wurde. Das bedeutet, daß normale Show-Routinen nicht anwendbar sind, wenn das Attribut seinen Wert z.B. durch Vererbung (Abschn. 3.4) erhalten hat. Existiert kein explizit gesetzter Wert, tritt ein Fehler auf (Abschn. 2.5). Will man den **effektiven** Wert eines Attributs (der in jedem Segment vorhanden ist!) erfragen, so kann das durch eine Variante in der folgenden Form geschehen:

Show_Net_<Attribute>

So können z.B. mit Show_Net_Color die effektiven Farbwerte des aktuellen Segments erfragt werden.

Die zweite in manchen Situationen störende Eigenschaft ist, daß normale Show-Routinen immer das **vollständige**[3] Attribut zurückgeben. Das kann bei komplexen Attributen (z.B. 'Sichtbarkeit', s. Abschn. 6.3) zur Folge haben, daß die benötigte Information (z.B. Sichtbarkeit der Linien) anschließend aus der gesamten zurückgegebenen Information (Sichtbarkeit aller Elemente) extrahiert werden muß (mittels Parse_String, s. Prozedur-Referenz S.271). (Vgl. dazu auch Abschn. 2.3!) Daher stellt HOOPS für derartige Zwecke folgende Variante zur Verfügung:

Show_One_<Attribute>

Mit dieser Variante können gezielte Anfragen an das System gestellt werden, die nur **einen** Aspekt eines Attributs betreffen. Will man beispielsweise nur die Sichtbarkeit von Linien abfragen, so kann das durch Show_One_Visibility - mit entsprechender Parameterangabe - erfolgen.

Eine Kombination beider Show-Varianten existiert in der Form:

Show_One_Net_<Attribute>

So kann beispielsweise mit Show_One_Net_Visibility die effektive Sichtbarkeit von Linien abgefragt werden.

---

[3] Aus sprachlichen Gründen werden im folgenden manchmal alle mit ein und derselben Prozedur setzbaren Attribute (z.B. können alle Farbattribute mit Set_Color gesetzt werden) als **ein** Attribut (Farbe) mit mehreren Aspekten (Linienfarbe, Flächenfarbe etc.) bezeichnet.

2.2.5 Kombinationen von Varianten

Viele Prozeduren erlauben auch eine Kombination der Q-Variante mit der K-, Unset-, Unset_One-, Show_Net-, Show_One- und Show_One_Net-Variante. Bei diesen Kombinationen steht das Q immer an erster Stelle, wie z.B QKInsert_Circle oder QUnSet_Face_Pattern (s. auch Prozedur-Referenz-Index).

2.3 Beschreibende Prozedur-Parameter

Es gibt in HOOPS eine Reihe von Prozeduren, die mehr als ein Attribut setzen (Set-Prozeduren) oder abfragen (Show-Prozeduren). Zu diesem Zweck haben diese Prozeduren einen String-Parameter, der eine sprachliche Beschreibung der jeweiligen Informationen in englisch enthält.

Ein solcher String setzt sich aus einzelnen durch Kommata getrennten Elementen zusammen. Jedes Element besteht aus einem (zu ändernden) Attribut und seinem neuen Wert; in vielen Fällen in der Form: "<Attribut> = <Wert>". Bei den Set-Prozeduren sind nur die Attribute (mit ihren neuen Werten) aufzulisten, die tatsächlich geändert werden sollen. Alle anderen durch die betreffende Prozedur änderbaren Attribute - die jedoch ihren Wert behalten sollen - brauchen nicht angegeben zu werden.

Beispielsweise ändert der folgende Aufruf nur die Kanten-, Linien- und Textfarbe; die Farbattribute aller anderen geometrischen Grundelemente (z.B. Flächen) bleiben unverändert:

```
Set_Color ("edges=green, lines=red, text=yellow")
```

Die normalen Show-Routinen (vgl. Abschn. 2.2.4) geben jeweils alle Attribute in einem derartigen String zurück. Ein solcher String kann mit Hilfe von Parse_String analysiert werden.

Zu den Set-Prozeduren ist noch eine Anmerkung zu machen. Die Auswertung der dabei angegebenen Strings erfolgt immer von links nach rechts. Das bedeutet beispielsweise, daß mit dem folgenden Aufruf die Farbe aller geometrischen Elemente (geometry) auf 'rot' gesetzt wird, nur Linien - die auch zu geometry gehören - werden blau dargestellt:

```
Set_Color ("geometry=red, lines=blue")
```

Zuerst erfolgt die Auswertung von geometry=red. Dadurch wird (auch) die Linienfarbe auf 'rot' gesetzt. Danach wird lines=blue ausgewertet, wodurch die (rote) Farbe von Linien mit 'blau' überschrieben wird.

Die Besonderheiten und Details jeder einzelnen Prozedur sind der Prozedur-Referenz zu entnehmen.

2.4 Anmerkung zur Programmierung

Da HOOPS nur in einer Sprachschale verwendet werden kann, muß jeder Prozedur beim Aufruf ein Präfix vorangestellt werden. In C lautet dieses Präfix 'HC_'. Die HOOPS-Prozedur Insert_Line beispielsweise wird in einem C-Programm als HC_Insert_Line aufgerufen. Analog wird in FORTRAN das Präfix 'HF_' verwendet.

Die meisten HOOPS-Prozeduren haben ein oder mehrere Parameter, deren Bedeutung in der Prozedur-Referenz erklärt wird. Die dort angegebenen allgemeinen Datentypen müssen bei der Programmierung durch die in der jeweiligen Programmiersprache verfügbaren speziellen Datentypen ersetzt werden. Anhang C (Tabelle C1) enthält eine entsprechende Liste für die Sprachen C und FORTRAN.

Bei der Angabe von Segmentnamen, Attributnamen und Attributwerten in Strings sind führende und abschließende Leerzeichen ebenso irrelevant wie die Verwendung von Groß- oder Kleinbuchstaben. Das System entfernt alle überflüssigen Leerzeichen und konvertiert alle Groß- in Kleinbuchstaben. Leerzeichen **innerhalb** von Segment-Namen etc. (z.B. '?Style Library') sind jedoch relevant!

2.5 Fehlerbehandlung

Bei der Ausführung von Programmen können Fehler auftreten, sogenannte *Laufzeitfehler* {run time errors}. In HOOPS gibt es drei verschiedene Klassen von Fehlern: *Warnungen* {warnings}, (normale) *Fehler* {errors} und *schwerwiegende Fehler* {fatal errors}. Tritt ein Fehler auf, so ruft das System in der Regel die Prozedur Report_Error auf, die eine entsprechende Meldung generiert. Diese Meldung wird in die durch die Umgebungsvariable 'HOOPS_ERROR_FILE' (Abschn. 15.4) spezifizierte Datei geschrieben, in der Regel ist dies HOOPS.ERR. (Eine vierte Klasse von "Fehlern" sind die Situationen, in denen das System eine Information in Form einer Meldung ausgibt, beispielsweise beim Aufruf von Print_Version.) Mit Hilfe der Prozedur Define_System_Options (Prozedur-Referenz S.344) können Meldungen bestimmter Klassen unterdrückt und eine Höchstzahl von Meldungen festgelegt werden, bei deren Erreichen das Programm abgebrochen wird.

Das System generiert für (fast) jeden möglichen Fehler eine entsprechende Meldung, die aus einer verbalen Beschreibungen des aufgetretenen Fehlers in englisch besteht. Im folgenden werden die einzelnen Fehler-Klassen anhand von Beispielen erläutert.

Eine **Warnung** wird ausgegeben, wenn durch das Ausführen einer Prozedur eine Situation eintritt bzw. eingetreten ist, die zu einem späteren Zeitpunkt der

Programmausführung zu einem Fehler oder zu unerwarteten Ergebnissen führen kann. Wird beispielsweise mit Enable_Button_Events eine Taste aktiviert, die auf der beim Aufruf angegebenen Tastatur nicht verfügbar ist, so kann dies später zur Blockierung des Programms führen. Auch der folgende Aufruf, mit dem der (bereits existierende) Kurzname ?Picture umdefiniert wird, kann unerwartete Folgen für die weitere Programmausführung haben:

```
Define_Alias ("?Picture", "?driver/hpgl/bild.hp")
```

Die ausgegebene Warnung lautet in diesem Fall:

```
Warning from HOOPS routine 'Define_Alias' -
    Re-defining existing alias '?picture'
```

Ist bei einer Prozedur (mindestens) ein syntaktisch richtiger, aber nicht erlaubter Parameterwert angegeben oder wird eine Prozedur außerhalb ihres erlaubten Zusammenhangs aufgerufen, so tritt ein (normaler) **Fehler** auf: die betreffende Prozedur wird nicht ausgeführt, statt dessen wird eine entsprechende Fehlermeldung generiert. Das gleiche gilt auch für die "normalen" Show_<Attribute>-Prozeduren (Abschn. 2.2.4), falls diese ein Attribut erfragen wollen, das nicht explizit gesetzt wurde. Ist die den Fehler verursachende Prozedur eine **K**-Prozedur (Abschn. 2.2.1), so gibt diese außerdem **-1** zurück.

Welche Parameterwerte bei jeder einzelnen Prozedur erlaubt sind, ist in der Prozedur-Referenz zu nachzulesen. Falls beispielsweise bei der Definition eines Kurznamens das notwendige Fragezeichen am Anfang des ersten Parameters vergessen wurde, so wird der folgende Aufruf nicht ausgeführt:

```
Define_Alias ("Picture", "?driver/hpgl/bild.hp")
```

und eine entsprechende Fehlermeldung ausgegeben:

```
Error from HOOPS routine 'Define_Alias' -
    'Picture' is not a legal alias name
```

Ein Beispiel für den (korrekten) Aufruf einer Prozedur außerhalb ihres erlaubten Zusammenhangs ist ein Close_Segment ohne ein entsprechendes Open_Segment. Dies führt zu folgender Fehlermeldung:

```
Error from HOOPS routine 'Close_Segment' -
    Nothing open - can't Close a 'segment'
```

In welchem Zusammenhang eine Prozedur aufgerufen werden darf, ist entweder explizit in der Prozedur-Referenz angegeben oder ergibt sich aus der Logik der Prozedur. So dürfen beispielsweise Set-Prozeduren nur innerhalb von Segmenten (zwischen einem Open_Segment und dem zugehörigen Close_Segment) ausgeführt werden, es sei denn, das System befindet sich im "Non-Segment"-Modus (Abschn. 3.5.1), ansonsten wird eine Fehlermeldung generiert:

```
Error from HOOPS routine 'Set_Color' -
    No open segment
```

Ein **schwerwiegender Fehler** liegt vor, wenn das Programm nicht weiter ausgeführt werden kann oder soll. Das Programm wird dann mit einer entsprechenden Meldung abgebrochen. Schwerwiegende Fehler treten beispielsweise dann auf, wenn die Datenbasis nicht mehr konsistent ist oder nicht genügend Speicherplatz für die weitere Programmausführung zur Verfügung steht. Letzteres führt zum Abbruch mit folgender Meldung, falls Pause die Prozedur war, die den Fehler verursacht hat:

```
Fatal error from HOOPS routine 'Update_Display' -
    which was called from 'Await_Event' -
    which was called from 'Pause' -
    NO Moore memory available
```

Bei Erreichen der Höchstzahl von auszugebenden Meldungen wird ebenfalls ein schwerwiegender Fehler gemeldet:

```
Fatal error from HOOPS routine 'Close_Segment' -
    'Message limit' system option exceeded, program exit forced
```

Hier war Close_Segment die Prozedur, die den letzten Fehler verursacht hatte.

Nach regulärer Beendigung oder Abbruch eines Programms wird, falls während der Ausführung Fehler auftraten und entsprechende Meldungen generiert wurden, der Anwender bzw. Entwickler durch eine Meldung auf dem Bildschirm auf diese aufmerksam gemacht, beispielsweise:

```
*************************************************
**** There was 1 HOOPS error during this run
*************************************************
```

Zuletzt sei noch erwähnt, daß mit Define_Error_Handler auch eigene Prozeduren zur Fehlerbehandlung definiert werden können.

3 Segmente: Organisation der graphischen Daten

3.1 Was sind Segmente?

Jedes graphische Objekt bzw. jede Szene in HOOPS wird aus grundlegenden Darstellungselementen (Kap. 5) aufgebaut. Setzt man einen Kreis, drei Ellipsen, einen Ellipsenbogen und zwei Marker auf geeignete Weise zusammen, so entsteht ein Kopf. Fügt man ein zwölfeckiges Polygon und vier Ellipsen hinzu, so entsteht eine Figur - wir wollen sie Hoopsy nennen (Abb. 3.1), die wiederum Bestandteil einer ganzen Szene sein kann.

Abb. 3.1 Hoopsy

Schon aus diesem kleinen Beispiel läßt sich der **hierarchische** Aufbau von Objekten in HOOPS erkennen. Einfache Objekte werden zu komplexen Objekten zusammengesetzt, die dann die Einheiten noch komplexerer Objekte bilden können. Ein Objekt auf einer bestimmten Stufe heißt *Segment* {segment}. Ein Segment ist eine Ansammlung von Geometrie, Attributen und anderen Segmenten - seinen *Subsegmenten* {subsegments}. Während Geometrie die Information ist, was dargestellt wird, sagen Attribute dem System, wie etwas dargestellt wird. Jedes Segment kann mehrere Segmente enthalten, ist selbst jedoch unmittelbar nur Inhalt genau eines anderen Segments, woraus sich eine baumartige Struktur der HOOPS-Datenbasis ergibt.

Wenn z.B. die Segmentstruktur von Hoopsy wie in Abb. 3.2 gewählt wird, so hat man die Möglichkeit, die Figur als Ganzes (Hoopsy) oder seine Subsegmente (Kopf, Körper, Augen etc.) individuell zu manipulieren.

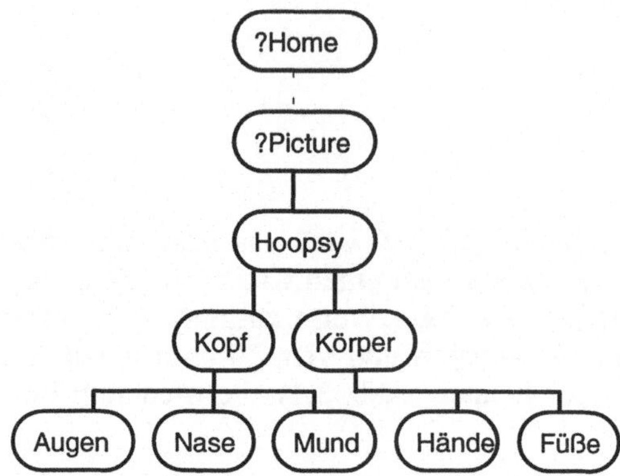

Abb. 3.2 Die Segmentstruktur von Hoopsy

Alle Segmente - also die gesamte graphische Information - sind letztlich über das *Wurzelsegment* (?Home) miteinander verknüpft. Dieses spezielle Segment ist das einzige, das nicht in einem anderen enthalten ist. Die Bedeutung von ?Picture wird im nächsten Abschnitt erklärt.

3.2 Segmentnamen

Ein Segment in HOOPS wird durch seinen **Namen** identifiziert.[1] Eine Ausnahme bilden nur die unbenannten Segmente (Abschn. 10.5). Segmentnamen sind frei wählbar und können beliebig lang sein. Um jedoch ein Programm leichter verstehen und nachvollziehen zu können, sollten sie den Inhalt des jeweiligen Segments widerspiegeln.

Da Segmente, die nicht dasselbe Muttersegment[2] haben, gleiche Namen haben können, muß statt des einfachen Namens immer der *Pfadname* {path name} benutzt werden. Der Pfadname gibt den Pfad an, über den das Segment in der

[1] evtl. zusätzlich durch einen Schlüssel (Prozedur-Referenz S. 327)

[2] Im folgenden wird dasjenige Segment, welches ein gegebenes Segment unmittelbar enthält, als dessen *Muttersegment* bezeichnet.

Baumstruktur zu finden ist, und zwar entweder den **vollständigen** Pfad vom Wurzelsegment an oder den **relativen** Pfad vom aktuellen Segment (Abschn. 3.3) an. Dabei wird jeweils ein '/' zwischen ein Segment und sein Subsegment gesetzt (dies entspricht der Art und Weise, wie Dateien unter DOS bzw. UNIX angesprochen werden). Will man z.B. das Segment ansprechen, das Hoopsys Nase enthält (Abb. 3.2), so muß man folgenden vollständigen Pfadnamen benutzen:

?Picture/Hoopsy/Kopf/Nase[3]

oder - falls z.B. Hoopsy das aktuelle Segement ist - folgenden relativen Pfadnamen:

Kopf/Nase

Wenn der gesamte Pfadname sehr lang ist oder unnötige Details des Segmentbaums verborgen werden sollen, ist es sinnvoll, einem Segment einen *Kurznamen* {alias} zuzuweisen. Dieser kann dann immer statt des Pfadnamens verwendet werden. Ein Kurzname muß eindeutig sein und mit einem '?' beginnen. Beispielsweise ist ?Picture ein vordefinierter Kurzname für ein Segment, welches sich immer auf das aktuelle Ausgabegerät, in den meisten Fällen also auf den Bildschirm bezieht. Die Verknüpfung des Segments ?Picture mit dem Bildschirm ist in Abschnitt 15.4 beschrieben. Bei der Definition eines Kurznamens dürfen auch zuvor definierte Kurznamen anderer Segmente verwendet werden. Beispielsweise kann mit

Define_Alias ("?Nase","?Picture/Hoopsy/Kopf/Nase")

Hoopsys Nasen-Segment der Kurzname ?Nase zugewiesen werden.

Kurznamen werden erst bei der Ausführung des Programms ersetzt, und zwar exakt durch die bei der ihrer Definition angegebene Zeichenfolge. Daraus folgt, daß über einen Kurznamen auch mehrere Segmente angesprochen werden können, indem bei der Definition Wildcards oder andere Platzhalter benutzt werden (s. Abschn. 10.1).

Die vollständige Syntax für Segmentnamen ist in den Orginal-Handbüchern angegeben. Weitere Einzelheiten zu Segmentnamen enthält Abschn. 10.1.

3.3 Erzeugen, Öffnen, Schließen und Löschen von Segmenten

Bevor mit einem Segment gearbeitet werden kann, muß es durch Angabe seines Namens oder durch Angabe eines Schlüssels (Prozedur-Referenz S.327) geöffnet werden. Ist ein Segment geöffnet, so können Daten eingegeben, verändert oder gelöscht werden, die Statusinformation des Segments (Attribute) kann geändert

[3] Dies ist tatsächlich ein **vollständiger** Pfadname, da ?Picture ein "von der Wurzel her" definierter Kurzname ist (Anhang A3).

werden etc.. Die Angabe eines neuen Namens beim Öffnen eines Segments bewirkt, daß ein neues Segment erzeugt und geöffnet wird. Dieses neue Segment liegt dann innerhalb des zuletzt geöffneten (und noch nicht geschlossenen) Segments. Auf diese Weise wird die hierarchische Datenbasis aufgebaut.[4]

Das grundsätzliche Schema eines Programms sieht daher folgendermaßen aus: Segmente werden geöffnet, Geometrien und Subsegmente werden in sie eingefügt, Attribute werden gesetzt und anschließend wird der solchermaßen aufgebaute Segmentbaum auf dem angeschlossenen Ausgabegerät ausgegeben:

```
Open_Segment ("Segmentname")
  <Geometrie einfügen>
  <Attribute festlegen>
  <weitere Segmente/Subsegmente erzeugen>
Close_Segment ()
<Segmentbaum ausgeben>
```

Das zuletzt geöffnete Segment bildet jeweils den **aktuellen** Arbeitsbereich, d.h. alle graphischen Befehle beziehen sich auf dieses Segment, bis es geschlossen oder ein anderes bzw. neues Segment geöffnet wird. Das Schließen eines Segments - Close_Segment - bewirkt, daß an der Stelle weitergearbeitet werden kann, an der man sich befand, bevor dieses Segment geöffnet wurde.

Mit Delete_Segment wird ein Segment und alle seine Subsegmente gelöscht. Ein Segment kann jedoch nur gelöscht werden, wenn es selbst und alle seine Subsegmente geschlossen sind. Eine weitere Verwendung dieses Befehls wird in Abschn. 12.2.2 beschrieben.

3.4 Attribute und Vererbung

Attribute {attributes} sind Eigenschaften von Objekten, die genau einen von mehreren möglichen Werten annehmen. Attribute in HOOPS sind **Eigenschaften von Segmenten**. (Technisch gesprochen ist ein Attribut ein "per Set-Prozedur veränderbarer Aspekt" eines Segments.) Beispiele hierfür sind die Sichtbarkeit von Kanten {edge visibility} und das Linienmuster {line pattern}. Das Attribut 'Linienmuster' beispielsweise kann einen der folgenden Werte annehmen: "----", "- -", "....", "-.-.", "-..-..", "-...", "-- --", "center" oder "phantom".

Jedes Segment *vererbt* seine Attribute auf alle seine Subsegmente.[5] Das bedeutet, daß jedes Subsegment bei seiner Erzeugung automatisch für alle Attribute die

[4] Mit Create_Segment (Prozedur-Referenz S. 324) wird eine neues Subsegment des aktuellen Segments erzeugt, jedoch nicht geöffnet.

[5] Die Attribute 'window' (Kap. 4), 'streaming mode' (Abschn. 3.5.2) und 'metafile' (Abschn. 12.1.1) werden nicht vererbt!

Werte seines Muttersegments erhält. Diese Werte können dann in jedem (Sub-) Segment explizit - per Set-Prozedur - gesetzt werden. Die neu gesetzten Attribute vererben sich wiederum auf etwaige Subsegmente. Die Vererbung eines Attributs kann jedoch auch erzwungen werden. Diese Technik ist in Abschn. 10.6 beschrieben. Abb. 3.3 zeigt ein Beispiel für das Attribut 'Flächenfarbe'.

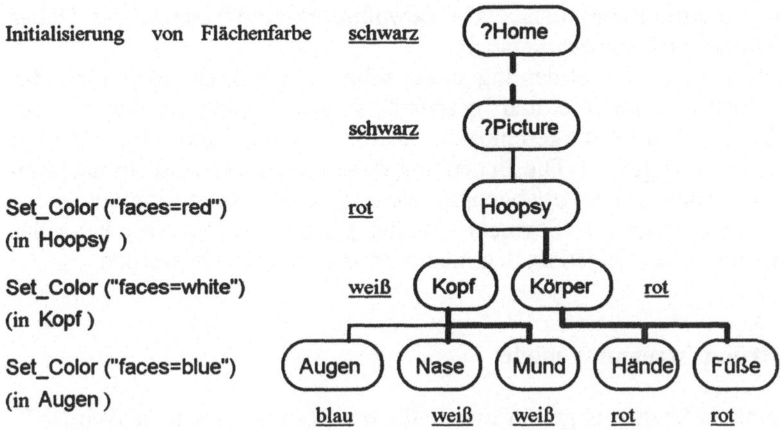

Abb. 3.3 Das Attribut 'Flächenfarbe' wird entlang der dicken Linien vererbt

Beim Start von HOOPS werden alle Attribute des Wurzelsegments (?Home) initialisiert, so daß alle später erzeugten - also auch die vordefinierten (Abschn. 15.3) - Segmente für jedes Attribut einen bestimmten voreingestellten Wert erhalten. Eine Liste der Attribute und ihrer Voreinstellungen {default attributes} befindet sich in Abschnitt 15.5.

3.5 Streaming Mode

3.5.1 Bilder erzeugen ohne Segmente

Das wichtigste und wesentliche Konzept von HOOPS ist das Segmentkonzept. Da Segmente jedoch für die Erzeugung von Bildern nicht zwingend notwendig sind, stellt HOOPS auch eine alternative Möglichkeit zur Verfügung. Diese Methode orientiert sich stark an der Art und Weise, in der Bilder aus Farbstiften und Papier entstehen.

Ist die erste HOOPS-Prozedur eines Programms eine Set- (Setzen eines Attributs) oder Insert-Prozedur (Erzeugen eines geometrischen Elements), so schaltet das System in den "Non-Segment"-Modus {"non-segmented" mode}. Wird also nicht zuerst ein Segment geöffnet, nimmt das System an, daß man sich nicht um

Segmente kümmern will, sondern daß man einfach "zeichnen" möchte. Dieses "Zeichnen" ähnelt dem Zeichnen mit Stiften und Papier: man wählt geeignete Attribute aus (man wählt einen dicken oder dünnen Stift der gewünschten Farbe aus...) und erzeugt ein geometrisches Element (...und zeichnet eine Linie, einen Kreis etc.). Dieser Vorgang wird solange wiederholt, bis das Bild fertig ist. Ein neues Bild kann begonnen werden, indem alle geometrischen Elemente mittels Clear_Display aus der Szene gelöscht werden. In HOOPS wird diese Art des Zeichnens als "stream-of-consciousness" ("Bewußtseins-Fluß") bezeichnet. Daher heißt dieser Modus auch *streaming mode*.

Wenn das System in den streaming mode schaltet, geschieht folgendes: das Segment ?Picture wird geöffnet und "gesperrt", so daß es nicht durch ein versehentliches Close_Segment geschlossen werden kann, und das Attribut 'streaming mode' wird gesetzt. Die Bedeutung dieses Attributs wird im nächsten Abschnitt beschrieben, da es unabhängig vom (System-) streaming mode ist: auch im normalen (System-) "Segment"-Modus {"segmented"-mode} kann das Attribut 'streaming mode' in jedem Segment gesetzt oder gelöscht werden.

3.5.2 Das Attribut 'streaming mode'

Die Attribute eines Segments gelten immer für das gesamte Segment. Wird z.B. das Linienmuster von "----" auf "...." gesetzt, so werden alle in dem betreffenden Segment vorhandenen Linien gepunktet dargestellt; d.h. nicht nur diejenigen, die nach der Attribut-Änderung neu erzeugt werden, sondern auch die, die bereits vorhanden waren. Will man jedoch gerade erreichen, daß nur alle **weiteren** Linien gepunktet gezeichnet werden, so muß das Attribut 'streaming mode' auf 'on' gesetzt werden: in einem Segment mit gesetztem 'streaming mode' wirken alle Attribut-Änderungen nur auf nachfolgend erzeugte geometrische Elemente. Beispielsweise erzeugt die folgende Prozedur-Sequenz eine rote und eine grüne Linie in ein und demselben Segment (in einem Segment mit gelöschtem 'streaming mode' ergäben sich aus den letzten vier Aufrufen zwei grüne Linien!):

```
...
HC_Set_Streaming_Mode ("on");
HC_Set_Color ("red");
HC_Insert_Line (1.0, 1.0, 0.0, -1.0, -1.0, 0.0);
HC_Set_Color ("green");
HC_Insert_Line (-1.0, 1.0, 0.0, 1.0, -1.0, 0.0);
...
```

Die Linien können jetzt jedoch nicht mehr geändert werden! Sie behalten ihre Farbe, ihre Stärke und ihr Muster (Abschn. 5.2). Es können lediglich **alle** Linien - und/oder andere geometrische Grundelemente - mit Flush_Contents (Kap. 5) gelöscht und danach neue erzeugt werden.

Bei der Verwendung des Attributs 'streaming mode' sollten einige Regeln beachtet werden: ein Segment "im streaming mode" sollte keine Subsegmente ha ben, d.h. weder sollten Subsegmente in einem solchen Segment erzeugt werden, noch sollte in einem Segment, das bereits Subsegmente enthält, 'streaming mode' gesetzt werden. Überdies sollte die Prozedur Bring_To_Front (Abschn. 3.6) nicht auf Segmente "im streaming mode" angewendet werden.

Das Attribut 'streaming mode' wird nicht vererbt[6] und wird auch nicht beim "Gestalten" eines Segments (Abschn. 10.2) berücksichtigt. Es muß in jedem Segment explizit gesetzt werden!

3.6 Wichtige Segment-Prozeduren auf einen Blick

Bring_To_Front	veranlaßt das System, den Inhalt des betreffenden Segments zuletzt zu zeichnen und so auf jeden Fall sichtbar zu machen (vgl. Abschn. 4.1)
Close_Segment	schließt das zuletzt geöffnete, d.h. aktuelle Segment
Create_Segment	erzeugt ein Segment, ohne es zu öffnen
Define_Alias	definiert einen Kurznamen für ein Segment
Delete_By_Key	löscht ein Segment mit Hilfe eines Schlüssels
Delete_Segment	löscht ein Segment
Flush_Contents	löscht bestimmte Segmentinhalte
Open_Segment	öffnet ein Segment
Set_<Attribute>	setzt ein Attribut explizit auf einen Wert
Show_<Attribute>	gibt den Wert eines Attributs zurück (s. auch Abschn. 2.2.4)

Weitere Segment-Prozeduren sind in Abschnitt 10.10 zu finden.

3.7 Ein Beispiel

Um die Anwendung von Segmenten und Vererbung deutlich zu machen, wollen wir eine kleine Figur - Hoopsy - entwerfen (vgl. Abb. 3.1). Eine erste Version könnte wie folgt aussehen:

```
int main () {
float q[3],r[3],s[3];                    /* Variablen-        */
struct {float x, y, z;} p[12];           /* vereinbarungen    */
q[0]=0.0; q[1]=0.6; q[2]=0.0;
```

[6] In neu erzeugten Segmenten ist das Attribut 'streaming mode' per Voreinstellung gelöscht!

```
r[0]=0.0; r[1]=0.3; r[2]=0.0;
s[0]=0.15;s[1]=0.45;s[2]=0.0;
p[0].x=0.0;p[0].y=0.3; p[0].z=0.0;
p[1].x=0.45; p[1].y=0.25;p[1].z=0.0;
p[2].x=0.45; p[2].y=0.15;p[2].z=0.0;
p[3].x=0.15; p[3].y=0.1; p[3].z=0.0;
p[4].x=0.35; p[4].y=-0.45; p[4].z=0.0;
p[5].x=0.2;p[5].y=-0.45; p[5].z=0.0;
p[6].x=0.0;p[6].y=-0.15; p[6].z=0.0;
p[7].x=-0.2; p[7].y=-0.45; p[7].z=0.0;
p[8].x=-0.35;p[8].y=-0.45; p[8].z=0.0;
p[9].x=-0.15;p[9].y=0.1; p[9].z=0.0;
p[10].x=-0.45; p[10].y=0.15; p[10].z=0.0;
p[11].x=-0.45; p[11].y=0.25; p[11].z=0.0;

HC_Open_Segment ("?Picture");              /* ?Picture öffnen     */
  HC_Insert_Circle (q,r,s);                /* Kopf                */
  HC_Insert_Polygon (12,p);                /* Körper              */
    q[0]=-0.525; q[1]=0.2; q[2]=0.0;
    r[0]=-0.585; r[1]=0.2; r[2]=0.0;
    s[0]=-0.525; s[1]=0.225; s[2]=0.0;
  HC_Insert_Ellipse (q,r,s);               /* Hand links          */
    q[0]=-0.325; q[1]=-0.5;q[2]=0.0;
    r[0]=-0.41;r[1]=-0.5;r[2]=0.0;
    s[0]=-0.325; s[1]=-0.525;s[2]=0.0;
  HC_Insert_Ellipse (q,r,s);               /* Fuß links           */
    q[0]=0.525;q[1]=0.2; q[2]=0.0;
    r[0]=0.585;r[1]=0.2; r[2]=0.0;
    s[0]=0.525;s[1]=0.225; s[2]=0.0;
  HC_Insert_Ellipse (q,r,s);               /* Hand rechts         */
    q[0]=0.325;q[1]=-0.5;q[2]=0.0;
    r[0]=0.41; r[1]=-0.5;r[2]=0.0;
    s[0]=0.325;s[1]=-0.525;s[2]=0.0;
  HC_Insert_Ellipse (q,r,s);               /* Fuß rechts          */
HC_Close_Segment ();                       /* ?Picture schließen  */
HC_Pause ();
return 0;
}
```

Zuerst wird das Segment ?Picture geöffnet. In dieses Segment werden ein Kreis, ein Polygon und vier Ellipsen eingefügt. Diese bilden Kopf, Körper, Hände und Füße. Die Variablen **p**, **q**, **r** und **s** werden jeweils als Paramenter übergeben, nachdem ihnen geeignete Werte zugewiesen wurden.

Zu beachten ist, daß sich - per Voreinstellung - der Punkt (0, 0, 0) in der Mitte des Bildschirms befindet und der Bildschirm sich in X- und Y-Richtung von -1.0 bis 1.0 ausdehnt. Der Punkt (-1, -1, 0) befindet sich links unten. (Einzelheiten zu Bildschirmkoordinaten enthält Kap. 4, zu Objektkoordinaten Kap. 7.)

Anschließend wird ?Picture geschlossen. Bis zu diesem Zeitpunkt ist auf dem Bildschirm noch nichts zu sehen, lediglich die Datenbasis wurde aufgebaut. Erst die Prozedur Pause veranlaßt das System, den aktuellen Inhalt der Datenbasis auf dem Bildschirm darzustellen und auf einen Tastendruck oder Mausklick zu warten.[7] Dieser bewirkt dann die Fortsetzung des normalen Programmablaufs: in diesem Fall terminiert das Programm.

Da wir keine Darstellungsattribute angegeben haben, zeichnet das System schwarze Flächen auf weißem Hintergrund. Das sind die voreingestellten Werte für Flächenfarbe und Window-Hintergrund, die sich vom Wurzelsegment auf das Segment ?Picture vererben. Das Ergebnis ist in Abb. 3.4 zu sehen.

Abb. 3.4 Hoopsy

Wir fügen nun die folgende Zeile hinter die letzte Insert_Ellipse-Prozedur ein:

```
HC_Set_Color ("faces = white");
```

Diese bewirkt, daß das Attribut Flächenfarbe für das Segment ?Picture explizit gesetzt wird - mit der Folge, daß alle Flächen nun weiß dargestellt werden. Da die Linienfarbe nicht verändert wurde, werden die Flächen schwarz umrandet.

Wenn wir nun den Kopf weiß und den Körper schwarz darstellen wollen, müssen wir für Kopf und Körper zwei getrennte Segmente erzeugen, in die wir die jeweiligen Flächen einfügen und für die wir das Darstellungsattribut 'Flächenfarbe' entsprechend setzen:

Der Übersicht wegen wurde das Setzen der Variablen **p**, **q**, **r** und **s** weggelassen. Es erfolgt wie bei der ersten Programmversion.

```
int main () {
HC_Open_Segment ("?Picture");          /* ?Picture öffnen         */
  HC_Open_Segment ("Kopf");            /* Kopf erzeugen u. öffnen */
```

[7] Mit Hilfe der Prozedur Define_System_Options kann das System auch auf ein "kontinuierliches" Aktualisieren des Bildschirm eingestellt werden; das bedeutet, der Bildschirm wird nach **jeder** HOOPS-Prozedur automatisch aktualisiert.
Ein bloßes "Updaten" des Bildschirms - ohne Anhalten des Programms - erfolgt durch einen Aufruf der Prozedur Update_Display.

```
                                                /* q,r,s setzen              */
    HC_Insert_Circle (q,r,s);                   /* Kopf                      */
                                                /* q,r,s setzen              */
    HC_Insert_Ellipse (q,r,s);                  /* Nase                      */
                                                /* q,r,s setzen              */
    HC_Insert_Ellipse (q,r,s);                  /* Auge rechts               */
    HC_Insert_Marker (0.075,0.5,0.0);           /* Pupille rechts            */
                                                /* q,r,s setzen              */
    HC_Insert_Ellipse (q,r,s);                  /* Auge links                */
    HC_Insert_Marker (-0.075,0.5,0.0);          /* Pupille links             */
                                                /* q,r,s setzen              */
    HC_Insert_Elliptical_Arc (q,r,s,0.0,0.5);   /* Mund                      */
    HC_Set_Color ("faces = white");             /* Kopffarbe                 */
    HC_Set_Marker_Symbol ("(*)");               /* Pupillenform              */
    HC_Set_Marker_Size (0.25);                  /* und -größe                */
  HC_Close_Segment ();                          /* Kopf schließen            */

  HC_Open_Segment ("Koerper");                  /* Koerper erzeugen u. öffnen*/
                                                /* p setzen                  */
    HC_Insert_Polygon (12,p);                   /* Körper                    */
                                                /* q,r,s setzen              */
    HC_Insert_Ellipse (q,r,s);                  /* Hand links                */
                                                /* q,r,s setzen              */
    HC_Insert_Ellipse (q,r,s);                  /* Fuß links                 */
                                                /* q,r,s setzen              */
    HC_Insert_Ellipse (q,r,s);                  /* Hand rechts               */
                                                /* q,r,s setzen              */
    HC_Insert_Ellipse (q,r,s);                  /* Fuß rechts                */
  HC_Close_Segment ();                          /* Koerper schließen         */

HC_Close_Segment ();                            /* ?Picture schließen        */
HC_Pause ();
return 0;
}
```

Der Kopf hat außerdem zwei Augen, eine Nase und einen Mund bekommen. Das Ergebnis ist in Abb. 3.6 zu sehen. Die Struktur der Datenbasis sieht nun folgendermaßen aus:

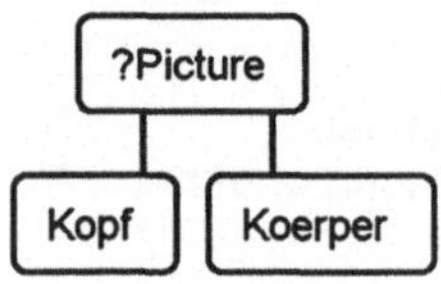

Abb. 3.5 Die Segmentstruktur von Hoopsy

Abb. 3.6 Hoopsy

Wir fügen nun noch folgende Zeile vor die Prozedur Pause ein:

```
HC_QSet_Face_Pattern ("?Picture/Koerper", "::");
```

Auf diese Weise bekommt unser Hoopsy einen gepunkteten Anzug. Diese Prozedur öffnet das Segment Koerper, setzt das Attribut 'Flächenmuster' neu und schließt das Segment wieder (s. Abschn. 2.2.2). Allerdings werden nun sowohl die Hände als auch die Füße in dem gleichen Muster und der gleichen Farbe dargestellt. Um das zu vermeiden - und um zusätzliche Verfeinerungen vornehmen zu können -, muß eine differenziertere Segmentstruktur gewählt werden, z.B. wie in Abb. 3.2 . So kann für die Hände ein anderes Muster verwendet werden, während sich die Farbe und andere Attribute vom Segment Koerper auf Hände und Füße vererben können.

Trotz dieser weiteren Verfeinerung der Segmentstruktur können auch nach wie vor alle anderen Attribute einfach und zweckmäßig angewandt werden. Das wird besonders deutlich bei den Transformationen (Abschn. 6.1): Soll beispielsweise Hoopsy seinen Kopf bewegen (Translation), so reicht ein entsprechender Befehl im Segment Kopf. Alle Subsegmente von Kopf "erben die Translationsbewegung" und bewegen sich automatisch mit. Das heißt, Nase und Augen verändern ihre Position gegenüber Kopf nicht, wenn Hoopsy seinen Kopf bewegt.

Auf die Frage, wie differenziert eine Segmentstruktur sein muß bzw. darf, um flexibel genug, jedoch nicht unübersichlich zu sein, gibt es gleichwohl keine allgemeine bzw. eindeutige Antwort. Vielmehr handelt es sich hierbei um ein dem objektorientierten Entwurf inhärentes Problem.

Weitere Einzelheiten zur Arbeit mit Segmenten finden sich in Kapitel 10.

4 Windows: Ordnung auf dem Bildschirm

4.1 Was sind Windows?

Ein Window ist nichts anderes als ein (Bildschirm-) Fenster. Es wird hier jedoch weiterhin das englische Wort Window verwendet, da es für fast jeden, der sich mit Computern beschäftigt, zu einem feststehenden Begriff geworden ist.

Ein Window in HOOPS ist ein **Attribut**. Es definiert einen rechteckigen Ausschnitt des Bildschirms, in dem der Inhalt des betreffenden Segments dargestellt wird. Die linke untere Ecke des Ausschnitts hat stets die Window-Koordinaten (-1.0, -1.0), die rechte obere Ecke (1.0,1.0) und die Mitte (0.0,0.0).

Windows gehören zu den wenigen Attributen in HOOPS, die **nicht** vererbt werden[1]: ist in einem Subsegment kein Window definiert (mit Set_Window, s.u.), so wird auch der Inhalt des Subsegments in dem Window des Muttersegments dargestellt. Ist dagegen in einem Subsegment ein Window definiert, so liegt das Subwindow immer **vor** dem Window des Muttersegments und verdeckt dieses daher teilweise oder vollständig - falls nicht ein durchsichtiger (Window-) Hintergrund gewählt wurde (Prozedur-Referenz S. 232).

Das Wurzelsegment wird beim Start von HOOPS mit einem Window initialisiert, das den gesamten Bildschirm einnimmt (Abschn. 15.5). Das hat zur Folge, daß der Inhalt von ?Picture ebenfalls den ganzen Bildschirm einnimmt, falls dort kein (anderes) Window definiert wurde.

Die Definition eines Windows erfolgt durch die Prozedur Set_Window, die als Parameter die Grenzen des zu definierenden Windows benötigt. Diese Grenzen beziehen sich immer auf das Window des Muttersegments. Beispielsweise erzeugt der Aufruf

```
Set_Window (-1.0,0.0,0.0,1.0)
```

ein Window, das im linken oberen Viertel des Windows des betreffenden Muttersegments liegt (Abb. 4.1).

Bei der Definition ist zu beachten, daß ein Window höchstens so groß sein kann wie sein Mutterwindow, auch wenn beim Aufruf von Set_Window Werte

---

[1] Andernfalls würde jedes Subwindow den Inhalt des Mutterwindows vollständig überdecken! (falls der Window-Hintergrund nicht gerade durchsichtig wäre)

größer als |1.0| angegeben werden. In diesem Fall wird das Subwindow an den Grenzen des Mutterwindows abgeschnitten.

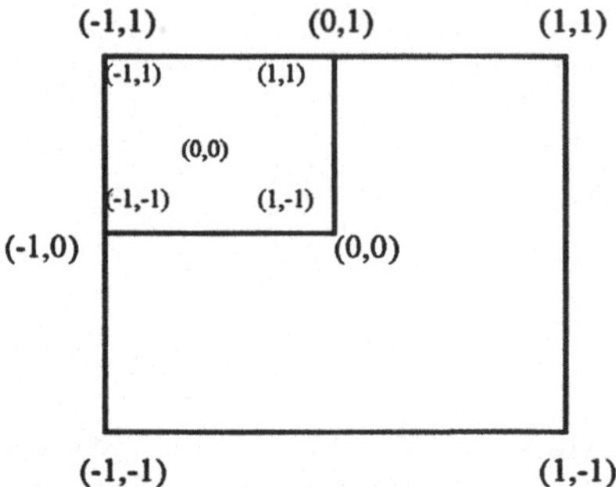

Abb. 4.1 Window-Koordinaten eines Segments und seines Subsegments

Achtung: Window-Koordinaten haben nichts mit den dreidimensionalen kartesischen Koordinaten zu tun, die bei Definition graphischer Objekte benutzt werden: Während Kameras (Kap. 7) die Abbildung der dreidimensionalen Objekte auf den Bildschirm bzw. das Window beschreiben, definieren Windows lediglich einen Ausschnitt des Bildschirms, auf dem das Bild dargestellt werden soll.

Bei Segmenten, die das gleiche Muttersegment haben {sibling segments}, ist die **Definitionsreihenfolge** der Windows maßgebend: jedes neu definierte Subwindow liegt vor den bereits definierten Windows anderer Subsegmente und kann sie daher (teilweise) verdecken. Es ist jedoch auch möglich, ein Window "ganz nach oben zu bringen". Das geschieht durch die Prozedur Bring_To_Front, die das System veranlaßt, den Inhalt des betreffenden Segments als letztes zu zeichnen und somit auf jeden Fall sichtbar zu machen.

Ein Window kann einen Rahmen (eine Linie) und ein (Hintergrund-) Muster haben. Für das Muster und den Rahmen einerseits und für das Window andererseits können verschiedene Farben gewählt werden (Abschn. 6.2).

Weitere Eigenschaften von Windows sind deren Sichtbarkeit und Auswählbarkeit. Wird das Sichtbarkeitsattribut eines Windows gelöscht, so ist nichts von dem betreffenden Segment auf dem Bildschirm zu sehen (s. a. Abschn. 6.3). Der Aspekt der Auswählbarkeit wird in Abschn. 9.3.4.1 behandelt.

In diesem Kapitel sollte nur das prinzipielle Window-Konzept von HOOPS vorgestellt werden. Die Möglichkeiten, die sich aus der Tatsache ergeben, daß HOOPS einen eigenen Window-Manager enthält, seien hier nur angedeutet: Da HOOPS Selektionsmechanismen, mehrfach schachtelbare Zeichenbereiche sowie Bitmap-Fonts und Icons unterstützt, können auch - allein mit den Möglichkeiten von HOOPS - graphische Benutzeroberflächen entwickelt werden (siehe Farbbildtafeln). Andererseits ist HOOPS auch auf Systemen mit eigenem Window-Manager (z.B. X11/OSF-Motif, MS Windows) einsetzbar, wobei dieser dann zur Erzeugung und Manipulation der Windows verwendet werden kann.

4.2 Alle Window-Prozeduren auf einen Blick

Set_Window	definiert ein Window
Set_Window_Frame	zeichnet einen Rahmen (eine Linie) um ein Window bzw. entfernt den Rahmen
Set_Window_Pattern	legt den Window-Hintergrund fest - dieser kann auch "durchsichtig" sein

4.3 Ein Beispiel

Ein Kreis soll in verschiedenen Darstellungen gezeichnet werden. Dazu wird der Bildschirm in mehrere Windows unterteilt. Die linke Seite des Bildschirms zeigt ein Drahtmodell, die rechte Seite mehrere Flächenmodelle. Die Segmentstruktur sei folgendermaßen gewählt: Das Segment ?Picture habe die beiden Subsegmente Drahtmodell und Flaechenmodell. Flaechenmodell selbst soll auch zwei Subsegmente haben - Streifen und Karos -, deren Windows in das rechte obere und rechte untere Bildschirmdrittel gelegt werden. Die Segmentstruktur ist in Abb. 4.3 zu sehen.

In jedes der vier Segmente wird ein Kreis gleicher Größe eingefügt, dessen Mittelpunkt im Ursprung (Objektkoordinaten!) liegt. Damit in Drahtmodell nur die Kante des Kreises sichtbar ist und nicht die Kreisfläche, wird die Sichtbarkeit für Flächen in diesem Segment ausgeschaltet (Abschn. 6.3).

Das Programm könnte folgendermaßen aussehen (vgl. auch das Beispiel in Abschn. 10.4):

```
int main () {
float q[3],r[3],s[3];
q[0]=0.0; q[1]=0.7;q[2]=0.0;                /* q,r,s sind drei Punkte auf   */
r[0]=0.0; r[1]=-0.7; r[2]=0.0;              /* der Kreislinie               */
s[0]=0.7; s[1]=0.0;s[2]=0.0;

HC_Open_Segment ("?Picture");
  HC_Open_Segment ("Drahtmodell");
    HC_Set_Window (-1.0,0.0,-1.0,1.0);      /* Window von Drahtmodell       */
    HC_Insert_Circle (q,r,s);               /* Kreis in Drahtmodell         */
    HC_Set_Visibility ("faces = off");      /* Flächen sind unsichtbar      */
  HC_Close_Segment ();

  HC_Open_Segment ("Flaechenmodell");
    HC_Set_Window (0.0,1.0,-1.0,1.0);       /* Window von Flaechenmodell */
    HC_Open_Segment ("Streifen");
      HC_Set_Window (-1.0,1.0,0.33,1.0);    /* Window von Streifen          */
      HC_Insert_Circle (q,r,s);             /* Kreis in Streifen            */
```

```
      HC_Set_Face_Pattern ("==");
    HC_Close_Segment ();

    HC_Open_Segment ("Karos");
      HC_Set_Window (-1.0,1.0,-1.0,-0.33);      /* Window von Karos              */
      HC_Insert_Circle (q,r,s);                  /* Kreis in Karos                */
      HC_Set_Face_Pattern ("<><>");
    HC_Close_Segment ();

    HC_Insert_Circle (q,r,s);                    /* Kreis in Flaechenmodell -     */
                                                 /* teilweise verdeckt!           */
  HC_Close_Segment ();

HC_Close_Segment ();
HC_Pause ();
return 0;
}
```

In Abb. 4.2 ist das Ergebnis zu sehen.

Abb. 4.2 Verschiedene Darstellungen eines Kreises in mehreren Windows

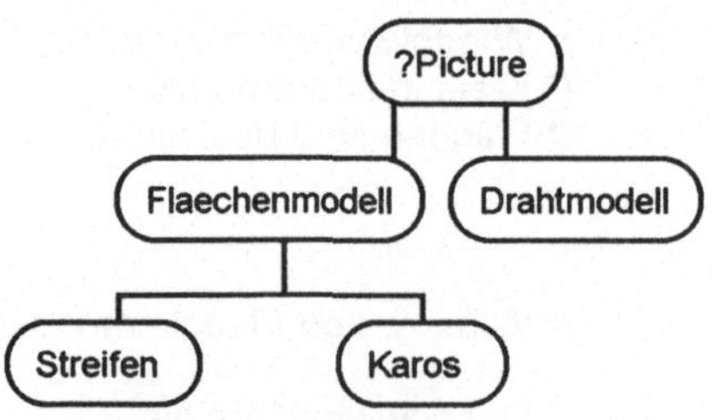

Abb. 4.3 Segmentstruktur

5 Geometrie: Darstellungselemente

Alle graphischen Szenen werden in HOOPS aus einer endlichen Menge von folgenden Darstellungselementen aufgebaut, die auch *Grundelemente* {primitives} genannt werden:

Marker	Einzelner Punkt (mehrere Symbole)
Line, Polyline, Inked Polyline	Verbindung von Punkten durch Linien
Circle, Circular Arc	Kreis, Kreisegment
Ellipse, Elliptical Arc	Ellipse, Ellipsensegment
Polygon	geschlossener gefüllter Linienzug
Shell	definiert Objekt durch Angabe von Punkt- und Flächenlisten
Mesh	Fläche, definiert durch 2D-Feld von Punkten
Grid	regelmäßiges ebenes Gitter
Image	2D-Feld mit Farbinformation
Text	Text-String (mehrere Schriften)
Cutting Plane	Schnittebene zum Clippen von 3D-Objekten
Light Source	Lichtquelle

Diese Grundelemente werden im folgenden beschrieben. Lichtquellen, die eine Szene beleuchten und somit für ein realistischeres Aussehen sorgen können, und Schnittebenen, mit denen bestimmte Bereiche eines Objekts oder einer Szene von der Darstellung ausgenommen werden können, zählen in HOOPS ebenfalls zu diesen Elementen. Da sie jedoch selbst nur indirekt zu sehen sind und insofern eine andere Funktion als die übrigen geometrischen Grundelemente haben, werden sie exklusiv in Abschn. 8.1 (Lichtquellen) bzw. Abschn. 11.2 (Schnittebenen) behandelt (s.a. Abschn. 14.1.2 Polygonale Lichtquellen im Zusatzmodul HOOPS A.I.R.).

Die für jedes Darstellungselement spezifischen Attribute werden in den einzelnen Abschnitten angegeben. Allgemeine Attribute, die für alle Darstellungselemente gleichermaßen gelten (z.B. die Farbe), werden in Kap. 6 erläutert.

Die für die Darstellungselemente wichtigsten Prozeduren sind:

Insert_<Element>	erzeugt ein geometrisches Grundelement
Delete_By_Key	löscht ein geometrisches Element mit Hilfe eines Schlüssels (Abschn. 2.2.1)
Edit_<Element>	ändert ein geometrisches Grundelement

Flush_By_Key	löscht mit Hilfe eines Schlüssels den Inhalt eines Elements, ohne dessen Struktur zu zerstören
Flush_Contents	löscht ein oder mehrere Elemente
Move_By_Key	verschiebt mit Hilfe eines Schlüssels ein Element in ein anderes Segment
Set_<Attribut>	setzt ein Attribut explizit auf einen Wert
Show_<Element>	gibt mit Hilfe eines Schlüssels die Definition eines geometrischen Grundelementes wieder
Show_<Attribut>	gibt den Wert eines Attributes zurück
Show_Owner_By_Key	gibt anhand eines Schlüssels das zu einem geometrischen Element gehörende Segment zurück
Open_<Element>	bereitet ein geometrisches Element für die lokale Änderung von Attributen vor (Abschn. 5.3.6)
Close_<Element>	schließt ein geometrisches Element nach lokaler Änderung von Attributen (Abschn. 5.3.6)

Einzelheiten zu den verschiedenen Prozeduren, ihren Varianten und den Attributen, die um der Klarheit willen hier nicht alle einzeln aufgeführt sind, können der Prozedur-Referenz entnommen werden.

5.1 Marker

Das einfachste Darstellungselement ist der *Punkt* {vertex}. Ein Punkt, der an einer bestimmten Position im Objektraum (Kap. 7) dargestellt wird, markiert einen Ort. Daher werden Punkte in HOOPS auch *Marker* {markers} genannt. Dieser Charakter wird noch dadurch unterstrichen, daß es in HOOPS eine Fülle von Marker-Symbolen gibt. Die Darstellung eines Markers wird durch die Attribute Symbol {marker symbol}, Größe {marker size} und Farbe {marker color} bestimmt. Das Marker-Symbol legt das Aussehen des Markers fest, z.B. Punkt, Kreuz, Stern etc.

Bei der im Wurzelsegment voreingestellten Marker-Größe von 1.0 nimmt ein Marker 3.0% der Bildschirmhöhe ein. Die folgenden Aufrufe setzen einen Stern, der die doppelte Größe dieses "Standard"-Markers hat, in den Ursprung (Objektkoordinaten):

```
...
HC_Set_Marker_Size (2.0);
HC_Set_Marker_Symbol ("*");
HC_Insert_Marker (0.0, 0.0, 0.0);
...
```

Marker werden immer "flach" auf dem Bildschirm gezeichnet! Das bedeutet, die Darstellung von Marker-Symbolen wird weder von irgendwelchen Transfor mationen (Abschn. 6.1) noch von den jeweiligen Kameraeinstellungen (Abschn. 7.2) beeinflußt!

5.2 Linien

Linien {lines} sind sehr einfache Darstellungselemente. HOOPS stellt verschiedene Linien-Konzepte zur Verfügung. Ihnen allen ist jedoch gemeinsam, daß ihr Aussehen von (Segment-) Attributen bestimmt wird, die ihre Farbe {line color}, Stärke {line weight} und Muster {line pattern} steuern, d.h. alle Linien eines Segments haben die gleiche Farbe und Stärke und das gleiche Muster.

Die im Wurzelsegment voreingestellte Linienstärke von 1.0 entspricht 0.1% der Bildschirmgröße. Bei den meisten Geräten werden Linien dieser Stärke einen Pixel breit gezeichnet.

5.2.1 "Einfache" Linien

Die Prozedur Insert_Line erzeugt ein einfaches gerades Linienstück. Sie benötigt als Parameter den Anfangs- und Endpunkt der Linie in Objektkoordinaten (Kap. 7). Die beiden nachfolgenden Aufrufe erzeugen im aufrufenden Segment eine gepunktete Linie, die auf der X-Achse des Objektraums von x=-0.5 bis x=0.5 verläuft:

```
...
HC_Set_Line_Pattern ("....");
HC_Insert_Line (-0.5, 0.0, 0.0, 0.5, 0.0, 0.0);
...
```

5.2.2 Polylinien

Polylinien {polylines} bestehen aus einer Folge von geraden Linienstücken. Sie werden mit Insert_Polyline definiert. Als Parameter wird ein Vektor von 3D-Punkten übergeben, entlang denen die Linie verläuft. Außerdem muß die Anzahl der für die Polylinie zu verwendenden Punkte des Vektors angegeben werden. Das heißt, der Vektor kann durchaus mehr Punkte enthalten als für die Polylinie benötigt werden. Das folgende Programmfragment erzeugt ein großes 'M':

```
...
struct {float x, y, z;} p[5];
p[0].x=-0.5; p[0].y=-0.5; p[0].z=0.0;
p[1].x=-0.5; p[1].y=0.5;  p[1].z=0.0;
```

```
p[2].x=0.0; p[2].y=0.0; p[2].z=0.0;
p[3].x=0.5; p[3].y=0.5; p[3].z=0.0;
p[4].x=0.5; p[4].y=-0.5; p[4].z=0.0;
HC_Insert_Polyline (5,p);
...
```

5.2.3 Inked Polylines

Eine spezielle Art, Linien zu erzeugen und darzustellen, wird bei den *inked polylines* angewandt. Dieses Verfahren ähnelt der Art und Weise, wie per Hand - z.B. mit Tinte {ink} - ein Linienzug gezeichnet wird.

Insert_Ink wird jeweils mit einem 3D-Punkt als Parameter aufgerufen: Der erste Aufruf erzeugt in dem betreffenden Segment ein Linienstück, das nur aus einem Punkt - dem Parameterwert - besteht. Jeder folgende Aufruf fügt zu der bereits vorhandenen Linie ein gerades Linienstück hinzu, und zwar indem die Parameterpunkte der letzten beiden Prozeduraufrufe verbunden werden. Auf diese Weise kann man Stück für Stück Polylinien zeichnen, ohne die Punkte vorher in Arrays zu organisieren. Auch wenn das Segment zwischenzeitlich geschlossen war, wird beim nächsten Aufruf die Linie an der alten Position fortgesetzt. Mit Restart_Ink wird die momentane Polylinie abgeschlossen, so daß der nächste Aufruf von Insert_Ink den Start einer neuen Polylinie bewirkt.

Das Verfahren der "stückweisen" Polylinien hat gegenüber "normalen" Polylinien den Vorteil, daß nicht alle Punkte der Polylinie im voraus bekannt zu sein brauchen. Andererseits lassen sich nur "normale" Polylinien nach ihrer Erzeugung ändern (mit Edit_Polyline).

Zum Vergleich der beiden Techniken wird nun das 'M' aus Abschn. 5.2.2 durch mehrere Aufrufe von Insert_Ink erzeugt. Die einzelnen Linien sollen hier jedoch doppelt so breit wie "normale" Linien sein:

```
...
HC_Set_Linie_Weight (2.0);              /* doppelte Linienbreite         */
HC_Insert_Ink (-0.5, -0.5, 0.0);
HC_Insert_Ink (-0.5, 0.5, 0.0);
HC_Insert_Ink (0.0, 0.0, 0.0);
HC_Insert_Ink (0.5, 0.5, 0.0);
HC_Insert_Ink (0.5, -0.5, 0.0);
HC_Restart_Ink ();
HC_Insert_Ink (...                      /* die nächste Polylinie beginnt */
...
```

5.2.4 Kreis- und Ellipsenbögen

Zu den Linien gehören auch die *Kreis*- und *Ellipsenbögen* {circular arcs, elliptical arcs}. Bei der Erzeugung eines Kreises sind drei Punkte als Parameter anzugeben: der Kreisbogen beginnt im ersten Punkt und läuft über den zweiten zum dritten Punkt. Ein Kreisbogen um den Ursprung mit Radius 1.0 wird auf folgende Weise erzeugt:

```
...
float q[3],r[3],s[3];
q[0]=0.0; q[1]=1.0; q[2]=0.0;
r[0]=1.0; r[1]=0.0; r[2]=0.0;
s[0]=0.0; s[1]=-1.0; s[2]=0.0;
HC_Insert_Circular_Arc (q,r,s);
...
```

Ellipsenbögen werden mit Insert_Elliptical_Arc erzeugt. Als Parameter sind ihr Mittelpunkt, je ein Schnittpunkt mit der Haupt- und der Nebenachse und die normalisierten Start- und End-"Punkte" auf dem Ellipsenbogen anzugeben (siehe Prozedur-Referenz S. 286).

5.3 Zweidimensionale Darstellungselemente

HOOPS stellt eine Reihe von zweidimensionalen Darstellungselementen zur Verfügung. Sie bestehen aus *Punkten* {vertices, markers}, *Kanten* {edges} und *Flächen* {faces}. Die Attribute für Punkte sind die schon unter Abschn. 5.1 beschriebenen. Die Darstellung von Kanten und Flächen wird durch folgende Attribute bestimmt: Kantenfarbe {edge color}, -stärke {edge weight} und -muster {edge pattern} sowie Flächenfarbe {face color} und -muster {face pattern}, d.h. daß die Attribute der Linien (Abschn. 5.2) nicht die Darstellung der Kanten bestimmen.

Während sich Kreise und Ellipsen (Abschn. 5.3.1) und Polygone (Abschn. 5.3.2) nur aus Kanten und Flächen zusammensetzen, bestehen Shells (Abschn. 5.3.3), Meshes (Abschn. 5.3.4) und Grids (Abschn. 5.3.5) zusätzlich aus Punkten, d.h., daß bei ihnen auch die Markerattribute relevant sind. Zur Erzeugung (Definition) von 3D-Objekten - z.B. Polyedern - eignen sich insbesondere Shells und Meshes, da bei ihnen nicht alle (Stütz-) Punkte in einer Ebene liegen müssen.

5.3.1 Kreise und Ellipsen

Kreise {circles} und *Ellipsen* {ellipises} gehören zu den einfachsten zweidimensionalen Darstellungselementen. Sie werden durch Insert_Circle bzw. Insert_Ellipse erzeugt. Beim Aufruf der ersten Prozedur sind drei Punkte auf der Kreislinie als Parameter anzugeben. Die zweite Prozedur benötigt den Ellipsenmittelpunkt und jeweils einen Schnittpunkt mit der Haupt- und Nebenachse.

Beispielsweise wird durch das folgende kleine Programmfragment ein Einheitskreis um den Ursprung erzeugt. Er hat eine gestrichelte rote Kreislinie und eine gelbe Kreisfläche mit grünen Punkten:

```
...
float q[3],r[3],s[3];
q[0]=0.0; q[1]=1.0;  q[2]=0.0;
r[0]=1.0; r[1]=0.0;  r[2]=0.0;
s[0]=0.0; s[1]=-1.0; s[2]=0.0;
HC_Set_Edge_Pattern ("- -");
HC_Set_Face_Pattern ("::");
HC_Set_Color ("edges = red, faces = yellow, face contrast = green");
HC_Insert_Circle (q,r,s);
...
```

5.3.2 Polygone

Mit Insert_Polygon wird ein ebenes *Polygon* {polygon} erzeugt. Als Parameter wird die Anzahl der Punkte und ein Feld von 3D-Punkten - die alle in einer Ebene liegen müssen - übergeben. Alle Punkte werden in der Reihenfolge, in der sie im Feld stehen, verbunden. Der erste Punkt braucht nicht noch einmal als letzter angegeben zu werden. Das System verbindet automatisch den ersten mit dem letzten Punkt.

Ein einfaches Quadrat wird beispielsweise folgendermaßen erzeugt (die Werte von p[4] und p[5] sind für den Aufruf von Insert_Polygon belanglos):

```
...
struct {float x, y, z;} p[6];
p[0].x=-0.5; p[0].y=0.5;  p[0].z=0.0;
p[1].x=0.5;  p[1].y=0.5;  p[1].z=0.0;
p[2].x=0.5;  p[2].y=-0.5; p[2].z=0.0;      /* ein Polygon aus den    */
p[3].x=-0.5; p[3].y=-0.5; p[3].z=0.0;      /* ersten vier Punkten    */
HC_Insert_Polygon (4,p);                   /*  aus p erzeugen        */
...
```

Die Kanten eines Polygons dürfen sich auch überschneiden. Auf diese Weise können Löcher erzeugt werden. Ein Punkt liegt genau dann in einem Loch, wenn in jeder Richtung eine gerade Anzahl von begrenzenden Kanten liegt, andernfalls gehört er zum Polygon. Mehrfach zusammenhängende Flächen können erzeugt werden, indem Punkte mehrfach in das Feld eingefügt werden. Um z.B. eine Fläche wie in Abb. 5.1 zu erhalten, müssen die Punkte P0 bis P7 folgendermaßen in einem Feld F übergeben werden: F=(P0, P1, P4, P5, P6, P7, P4, P1, P2, P3). Die Anzahl der übergebenen Punkte beträgt dann zehn. Die störende Kante zwischen P1 und P4 kann vermieden werden, wenn entweder die Kanten- und Flächenfarbe gleich sind und die Fläche nicht gemustert ist (das Attribut 'Flächenmuster' ist 'solid') oder wenn das Sichtbarkeits-Attribut für Kanten gelöscht ist. Eine effizientere Methode, Flächen mit beliebigen Löchern zu generieren, wird im nächsten Abschnitt beschrieben.

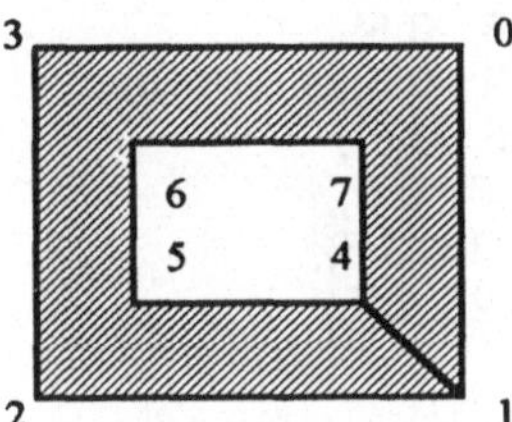

Abb. 5.1 Mehrfach zusammenhängende Fläche als Polygon

5.3.3 Shells

Eine *Shell* (im Deutschen: Schale oder Gerüst) ist eine Menge von Polygonen. Diese sind im Normalfall alle miteinander verbunden, um auf diese Weise eine facettenartige Oberfläche oder ein geschlossenes Polyeder zu bilden. Jedoch kann eine Shell auch aus vollkommen getrennten Polygonen aufgebaut werden.

Eine Shell wird in HOOPS definiert durch die Angabe eines Feldes von 3D-Punkten und einer kodierten Liste, wie diese Punkte zu Flächen organisiert werden sollen. Diese Liste besteht aus Integers. Die erste Zahl gibt die Anzahl der Punkte der ersten Fläche an. Es folgen dann die Indizes dieser Punkte, so wie sie in dem Feld definiert sind. Die darauf folgende Zahl der Liste gibt die Anzahl der Punkte der zweiten Fläche an usw.. Es sei beispielsweise das 3D-Punkte-Feld V=(P0, P1, P2, P3, P4, P5, P6, P7,...) und die Flächenliste F=(3, 0, 1, 3, 4, 2, 1, 3, 7, 3, 5, 6, 4,...). Dann besteht die erste Fläche aus drei Punkten: P0, P1, P3. Die zweite Fläche besteht aus den vier Punkten P2, P1, P3 und P7, die dritte Fläche wieder aus drei Punkten etc.. Ein besonderer Fall liegt dann vor, wenn in der Flächenliste die Anzahl der Punkte ein negatives Vorzeichen hat. Das bedeutet, daß die betreffende Fläche von der vorherigen Fläche abgezogen wird, so daß in dieser ein Loch entsteht.

Bei der Definition einer Shell ist darauf zu achten, daß alle Punkte einer Fläche in einer Ebene liegen. Shells benötigen weniger Speicherplatz und werden schneller dargestellt als das gleiche Objekt in Polygondarstellung, da jeder Punkt nur einmal vorhanden ist, egal zu wieviel Flächen er gehört. Ein weiterer Vorteil gegenüber Polygonen besteht darin, daß einzelnen Flächen oder Kanten *lokale Attribute* zugewiesen werden können. Diese Technik wird in Abschn. 5.3.6 beschrieben.

Als Beispiel für eine Shell sei hier ein Einheitswürfel angegeben, der in einer Seite ein quadratisches Loch hat (Abb. 5.2). Der erste bzw. dritte Parameter von Insert_Shell gibt die Anzahl der relevanten Punkte bzw. Flächen in der jeweiligen Liste an. (Die Listen können - ebenso wie bei Polylinien und Polygonen - auch länger sein.)

```
...
struct {float x, y, z;} p[12] = { {-0.5, -0.5, -0.5},   { 0.5, -0.5, -0.5},
                                  { 0.5,  0.5, -0.5},   {-0.5,  0.5, -0.5},
                                  {-0.5, -0.5,  0.5},   { 0.5, -0.5,  0.5},
                                  { 0.5,  0.5,  0.5},   {-0.5,  0.5,  0.5},
                                  {-0.25,-0.25,-0.5},   { 0.25,-0.25,-0.5},
                                  { 0.25, 0.25,-0.5},   {-0.25, 0.25,-0.5}  };

int fl [7*5] =  { 4, 0, 1, 2, 3,
                 -4, 8, 9,10,11,
                  4, 2, 3, 7, 6,
                  4, 4, 5, 6, 7,
                  4, 0, 1, 5, 4,
                  4, 0, 3, 7, 4,
                  4, 1, 2, 6, 5 };

HC_Insert_Shell (12,p,35,fl);
...
```

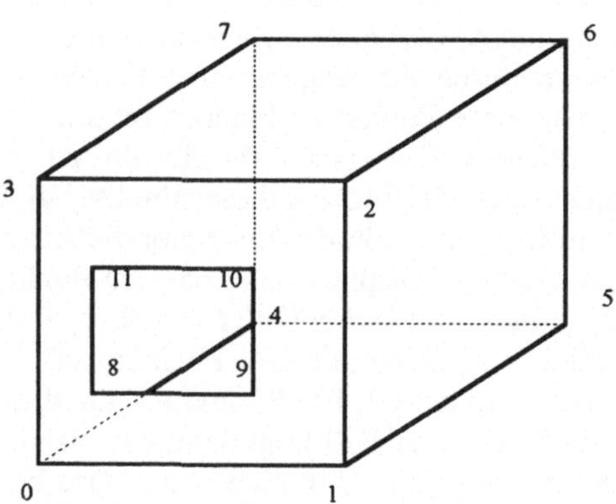

Abb. 5.2 Eine 3D-Shell mit einem Loch

Mit Hilfe der Prozedur Compute_Minimized_Shell können aus einer gegebenen Shell alle redundanten Punkte und degenerierten Flächen (Flächen mit weniger als drei Eckpunkten) entfernt werden. Dadurch wird weniger Speicherplatz benötigt, und die Shell schneller dargestellt. Die Prozedur kann auch dazu genutzt werden, aus einer gegebenen Menge von Polygonen eine Shell aufzubauen.

5.3.4 Meshes

Eine *Mesh* (im Deutschen: Masche, Netz) ist eine spezielle Shell. Sie wird in HOOPS durch ein zweidimensionales Feld aus 3D-Punkten definiert. Alle benachbarten[1] Punkte werden jeweils durch eine Kante verbunden. Auf diese Weise entsteht eine Fläche, die in der Regel aus zusammenhängenden Vierecken besteht (da nicht alle Punkte verschieden sein müssen, können teilweise auch Dreiecke oder degenerierte Flächen entstehen!). Bei Meshes braucht jedoch nicht - wie bei Shells - darauf geachtet zu werden, daß alle vier Punkte einer Fläche in einer Ebene liegen. Das System teilt jedes Viereck automatisch in zwei Dreiecke, indem es eine zusätzliche Kante einfügt, und zwar jeweils zwischen P[r+1][c] und P[r][c+1]. Wie bei Shells können auch hier einzelnen Flächen oder Kanten *lokale Attribute* zugewiesen werden. Näheres dazu findet sich in Abschn. 5.3.6.

Der Vorteil einer Mesh gegenüber einer Shell besteht darin, daß Meshes im allgemeinen effizienter abgespeichert und visualisiert werden. Auch braucht sich der Entwickler nicht um eine Flächenliste, d.h. nicht um die Verbindungen der einzelnen Eckpunkte zu kümmern. Grundsätzlich sind Meshes besonders für "regelmäßige" Objekte, wie Rotations- (z.B. Kugel) und Profilkörper (z.B. Zylinder) geeignet. Entsprechend sind Shells in den Fällen vorzuziehen, in denen sich die Eckpunkte eines Objekts nicht oder nur schwer auf ein Mesh-"Stütznetz" abbilden lassen. Jedoch hängt es immer vom konkreten Einzelfall ab, ob eine Mesh oder Shell verwendet werden sollte.

Der folgende Programmauszug erzeugt die in Abb. 5.3 gezeigte Mesh. Mit Hilfe des von der Prozedur zurückgegebenen Schlüssels (key) kann die Mesh später identifiziert und z.B. editiert werden.[2]

```
...
long key;
struct {float x, y, z;} p[2][3];
p[0][0].x=-0.7; p[0][0].y=0.9; p[0][0].z=-0.03;
p[0][1].x=0.1;  p[0][1].y=0.7; p[0][1].z=0.01;
p[0][2].x=0.6;  p[0][2].y=0.8; p[0][2].z=0.02;
p[1][0].x=-0.7; p[1][0].y=0.4; p[1][0].z=-0.01;
p[1][1].x=0.1;  p[1][1].y=0.3; p[1][1].z=0.03;
p[1][2].x=0.7;  p[1][2].y=0.2; p[1][2].z=-0.01;
```

---

[1] Zwei Punkte sind genau dann benachbart, wenn sie einen gemeinsamen Index haben und der zweite Index sich genau um eins unterscheidet.

[2] Das Editieren erfolgt mit Edit_Mesh; es können jedoch nur die Koordinaten einzelner Eckpunkte geändert werden, eine Struktur-Änderung ist nicht möglich!

```
HC_Set_Visibility ("marker = off");          /* Eckpunkte sind unsichtbar      */
HC_Set_Color ("faces=white");
key = HC_KInsert_Mesh (2,3,p);
...
```

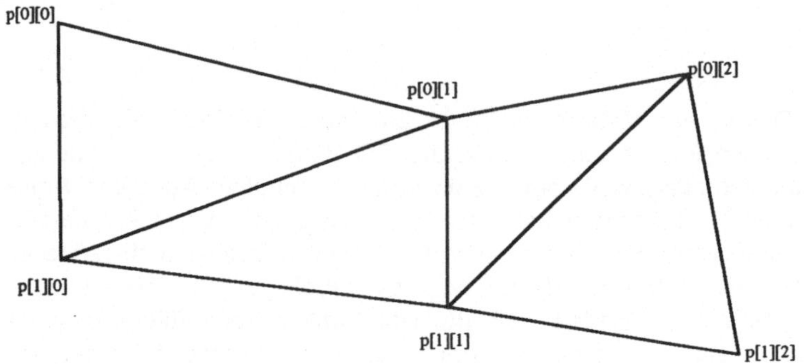

Abb. 5.3 Jedes Viereck einer Mesh wird in zwei Dreiecke geteilt

5.3.5 Grids

Eine spezielle Art einer Mesh ist ein *Grid* (im Deutschen: Gitter). Grids sind in zweierlei Hinsicht gegenüber den Meshes eingeschränkt. Einerseits ist ein Grid immer flach, d.h. es liegen immer alle Punkte in einer Ebene, andererseits lassen sich nur zwei feste Grid-Typen konstruieren. **Vierseitige** Grids bestehen aus **n** x **m** gleichen Parallelogrammen (Abb. 5.4a). **Radiale** Grids bestehen aus **n** konzentrischen Kreisbögen, die mit Hilfe von radialen Linien **m** "Tortenstücke" bilden (Abb. 5.4b). Dabei werden **n**, **m**, der **Typ** des Grids und die Größe der jeweiligen Teilflächen der Insert-Prozedur als Parameter übergeben.

Durch das folgende Programmfragment werden die beiden Grids aus Abb. 5.4 erzeugt:

```
...
float q[3],r[3],s[3];
q[0]=-0.1;q[1]=-0.3; q[2]=0.0;
r[0]=0.05;r[1]=-0.2; r[2]=0.0;
s[0]=0.0; s[1]=-0.05;s[2]=0.0;
HC_Set_Color ("faces = white");
HC_Set_Visibility ("marker = off");            /* Eckpunkte sind unsichtbar   */
HC_Insert_Grid ("quadrilateral",q,r,s,4,3);    /* Grid aus Abb. 5.4a          */
...
```

```
...
float q[3],r[3],s[3];
q[0]=0.0;q[1]=0.0; q[2]=0.0;
r[0]=0.2;r[1]=0.0; r[2]=0.0;
s[0]=0.2; s[1]=0.1;s[2]=0.0;
HC_Set_Color ("faces = white, markers=black");
HC_Set_Visibility ("marker = off");          /* Eckpunkte sind unsichtbar  */
HC_Insert_Grid ("radial",q,r,s,3,13);        /* Grid aus Abb. 5.4b         */
...
```

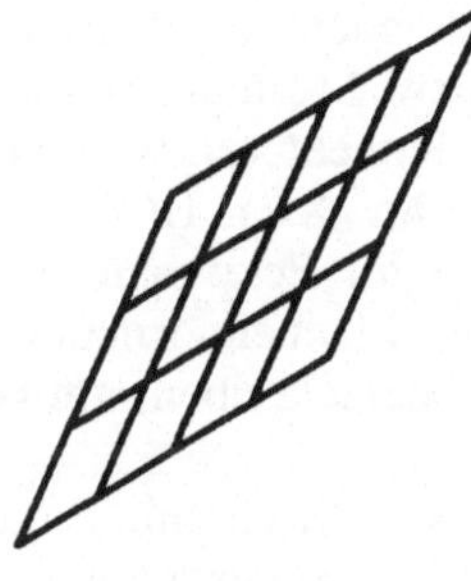

Abb. 5.4a vierseitiges Grid
n=4, m=3

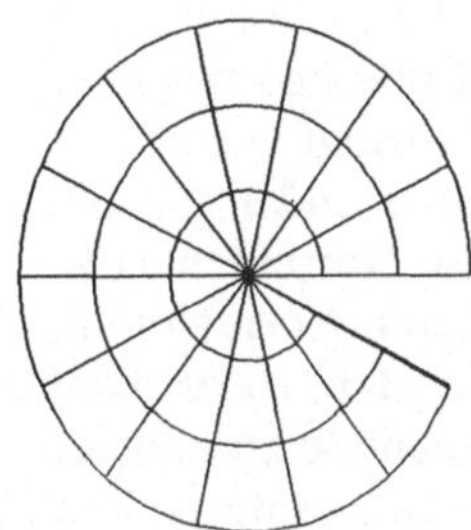

Abb. 5.4b radiales Grid
n=3, m=13

5.3.6 Lokale Attribute in Shells und Meshes

HOOPS bietet die Möglichkeit, in Shells und Meshes einzelne **Kanten**, **Flächen** und **Eckpunkte** individuell zu gestalten, indem ihnen *lokale Attribute* {local attributes} zugewiesen werden. Das scheint auf den ersten Blick gegen das Segmentkonzept zu verstoßen, demzufolge beispielsweise **alle** Flächen eines Segments gleich dargestellt werden. In der Tat bilden lokale Attribute eine Ausnahme von diesem Grundsatz. Jedoch wird der Nachteil, eine Ausnahmeregelung zuzulassen, durch die damit verbundenen Vorteile mehr als aufgewogen.

Mit Shells und Meshes kann die Struktur komplizierter dreidimensionaler Objekte auf einfache Weise erzeugt werden. Ohne die Möglichkeit lokaler Attribute müßte jedoch ein solches Objekt in mehrere kleine Objekte - die dann alle in separaten Segmenten lägen - aufgeteilt werden, falls z.B. nicht alle Flächen gleich dargestellt werden sollen (was bei komplizierteren Objekten überwiegend der Fall ist). Lokale Attribute schließen somit die Lücke zwischen dem Komfort, den Shells und Meshes bei der Erzeugung umfangreicher Objekte bieten, und der einfachen Manipulierbarkeit einzelner Teile dieser Objekte.

Um beispielsweise die Darstellung einer einzelnen Fläche in einer Shell zu ändern (deren Attribute sind ja vorerst die des zugehörigen Segments), muß zunächst die betreffende Shell mit Open_Geometry geöffnet werden. Dabei wird als Parameter ein Schlüssel übergeben, der auf diese Shell verweist und z.B. mit KInsert_Shell erzeugt wurde (Abschn. 2.2.1). Nun kann die zu bearbeitende Fläche mit Open_Face geöffnet werden (Identifikation der Fläche s.u.). Alle nachfolgenden Prozeduren, die sich auf **Flächen**attribute beziehen, beeinflussen nun allein die Darstellung dieser Fläche - bis mittels Close_Face deren individuelle Bearbeitung abgeschlossen wird. Zuletzt wird auch die Shell - mit Close_Geometry - wieder geschlossen. Kanten und Eckpunkte werden analog mit Open_Edge und Close_Edge bzw. Open_Vertex und Close_Vertex bearbeitet.

Ebenso wie einzelnen Eckpunkten, Kanten oder Flächen lokale Attribute zugewiesen werden können, kann mit Set_Normal jeder einzelnen Fläche und Kante und jedem einzelnen Eckpunkt einer Shell bzw. Mesh ein *Normalenvektor* {normal vector} zugewiesen werden. Diese Normalenvektoren werden bei interpolierenden Schattierungsverfahren benötigt (Abschn. 8.2). HOOPS berechnet die Normalen zwar automatisch, aber insbesondere für Eckpunkte und Kanten, deren Normalen als Durchschnitt der angrenzenden Flächennormalen berechnet werden, ist es manchmal sinnvoll, diese Werte zu überschreiben, um bessere Ergebnisse zu erzielen.

Des weiteren kann jedem **Eckpunkt** einer Shell oder Mesh eine *Flächen-* bzw. *Kantenfarbe* {vertex face color bzw. vertex edge color} zugewiesen werden. Aus diesen Farben kann dann durch Farbinterpolation eine Falschfarbendarstellung erzeugt werden (Abschn. 11.1).

HOOPS stellt spezielle **Multi**-Set-Prozeduren (MSet_Vertex_<Attribute>) zur Verfügung, mit denen die **Normalen** und die **Flächen-** bzw. **Kantenfarben** von **mehreren** Eckpunkten gleichzeitig gesetzt werden können. So braucht beispielsweise bei einer Shell mit 50 Punkten nicht jeder einzelne mit Open_Vertex geöffnet, der Normalenvektor mit Set_Normal gesetzt und der Punkt mit Close_Vertex wieder geschlossen zu werden.

Damit eine bestimmte Fläche oder Kante oder ein bestimmter Eckpunkt ausgewählt werden kann, sind alle Flächen und Punkte einer Shell bzw. Mesh durchnumeriert. Die erste Fläche und der erste Punkt einer **Shell** erhalten die Nummer - bzw. den *Offset* - Null. In einer "Zeilen" x "Spalten"-**Mesh** hat der Punkt P[r,c] die Nummer r * "Spalten" + c; das Dreieck aus P[r,c], P[r+1,c] und P[r,c+1] hat die Nummer r * "Spalten" + c; das "andere" Dreieck aus P[r,c], P[r-1,c] und P[r,c-1] hat die Nummer -(r * "Spalten" + c). Kanten werden anhand von zwei Punkten identifiziert. Daraus ergibt sich, daß die Prozedur Open_Edge zwei Offsets, Open_Vertex und Open_Face jeweils einen Offset als Parameter haben.

Die folgende Tabelle zeigt, welche lokalen Attribute einer Shell oder Mesh zugewiesen (Set-Prozeduren), abgefragt (Show-Prozeduren) oder "entfernt" (UnSet-Prozeduren) werden können:

Flächen	Kanten	Eckpunkte
Flächenfarbe*	Kantenfarbe*	Farbe des Markers
Sichtbarkeit	Sichtbarkeit	Sichtbarkeit
Flächen-Normale	Kanten-Normale	Eckpunkt-Normale
Muster	Muster und Stärke	Symbol und Größe des Markers
		Flächen- und Kantenfarbe*

* es kann nur die diffus reflektierende Flächen- bzw. Kantenfarbe gesetzt werden - andere Materialeigenschaften sind auf Segmentebene zu setzen (s. Abschn. 14.1.4)

5.4 Images

Ein spezielles Darstellungselement in HOOPS ist das *Image* (im Deutschen: Bild). Ein Image ist ein rechteckiger Ausschnitt des Bildschirms bzw. eines Windows, bei dem jedem **Pixel** ein Farbwert zugewiesen wird. Sein Aussehen ist somit extrem bildschirmabhängig und kann von Bildschirm zu Bildschirm sehr unterschiedlich sein. Bei der Definition eines Image mit Insert_Image werden der Mittelpunkt des Feldes in Objektkoordinaten (Kap. 7) - der die Lage auf dem Bildschirm eindeutig festlegt -, die Größe des Feldes, die Farbwerte und das Format, in dem die Farbwerte übergeben werden, angegeben.

Images sollten aufgrund ihrer Bildschirmabhängigkeit nur dann verwendet werden, wenn "von außen" Daten dieses Formats in das System kommen oder wenn quasi-photographische Bilder erzeugt werden sollen (vgl. dazu Abschn. 10.8). In allen anderen Fällen sind Linien, Polygone etc. vorteilhafter, da sie einerseits bildschirmunabhängig sind und andererseits leichter und vielfältiger manipuliert werden können.

Detaillierte Informationen zu Images finden sich in der Prozedur-Referenz bei den entsprechenden Prozeduren (Insert_Image, Edit_Image etc.). Weitere Informationen zu Farben enthält Abschn. 6.2 (siehe auch die dort angegebenen Stellen der Prozedur-Referenz).

5.5 Text

Text {text} ist das wohl älteste Darstellungselement. In HOOPS wird damit - wie auch sonst üblich - eine Zeichenkette {string} bezeichnet. Texte werden - wie jedes andere Darstellungselement auch - an einer bestimmten Stelle des Objektraums (Kap. 7) plaziert. Dieser Punkt wird *Bezugspunkt* {reference point} genannt.

Die Prozedur Insert_Text erzeugt im betreffenden Segment einen Text. Dabei wird der Zeichensatz 'ISO Latin One' zugrunde gelegt. Andere Zeichensätze können mit Hilfe von Insert_Text_With_Encoding ausgewählt werden. Einzelheiten dazu sind in der Prozedur-Referenz auf Seite 298 zu finden.

5.5.1 Textattribute

Textattribute bestimmen die Darstellung des Textes auf dem Bildschirm. Sie werden durch die folgenden Prozeduren gesetzt:

Set_Text_Alignment	legt die **Ausrichtung** {alignment} des Textes fest; das ist die Lage des Bezugspunktes bezüglich des die Zeichenkette umschließenden Rechtecks
Set_Text_Path	bestimmt die **gnuthcirbierhcS** {path} des Textes
Set_Text_Spacing	legt den **A b s t a n d** {spacing} der einzelnen Zeichen fest
Set_Text_Font	bestimmt u.a. die **Schriftart** {font}, die **Größe** {size}, Rotation {rotation} und ***Schräge*** {slant} der Zeichen und die **Transformationsattribute** {transforms}, die festlegen, inwieweit der Text geometrischen Transformationen (Abschn. 6.1) unterworfen sein soll (Abb. 5.5)

Bei der Wahl der Schriftart bzw. Schrift kann ein *generischer* {generic} oder ein *spezieller* {specific} Name angegeben werden. Generische Namen bezeichnen Schriften mit ganz bestimmten Eigenschaften. Das System sucht in diesem Fall eine auf dem angeschlossenen Bildschirm verfügbare Schrift, die möglichst viele dieser Eigenschaften besitzt. HOOPS selbst bietet vier spezielle Schriften an. Außer den generischen und den von HOOPS angebotenen speziellen Schriften kann der Name einer auf dem Bildschirm verfügbaren speziellen Schrift auch direkt angegeben oder eine benutzerdefinierte Schrift (Abschn. 5.5.2) ausgewählt werden.

Es ist auch möglich, eine **Liste** von Namen anzugeben. Das System versucht dann, die erste Schrift zu laden. Ist dies nicht möglich, wird die zweite getestet etc.. Auf diese Weise kann eine gewisse Kontrolle über die Wahl der Schrift bei der Übertragung des Programms auf andere Systeme erzielt werden. Eine Kontrolle über die **initialen** Textattribute kann durch die Umgebungsvariable 'HOOPS_TEXT_FONT' ausgeübt werden (Abschn. 15.4).

Ist auf einem Bildschirm keine Schrift verfügbar bzw. kann keine der angegebenen Schriften geladen werden, wird die Schrift 'stroked' gewählt (stroke = Pinsel- oder Federstrich). Bei dieser von HOOPS zur Verfügung gestellten Schrift bestehen die einzelnen Zeichen aus Polylinien. "stroked" ist die einzige voll transformierbare Schrift (siehe unten). Sie ist immer verfügbar und wird vom System auch dann (automatisch) geladen, wenn der betreffende Text voll transformierbar sein soll (Abb. 5.5 rechts unten).

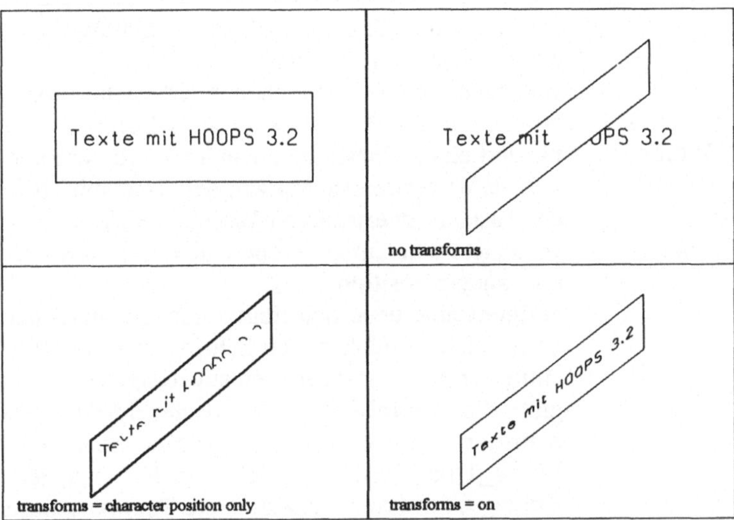

Abb. 5.5 Verschiedene Text-Transformationsattribute

Die Text-**Transformationsattribute** sollen an einem Beispiel näher erläutert werden. Ein "Schild", bestehend aus einem Polygon und einem Text, wird in der x-y-Ebene definiert (Abb. 5.5 links oben). Nun werden drei weitere Darstellungen erzeugt, in denen das Schild (Polygon und Text!) jeweils um die y- und dann um die x-Achse gedreht wird. Im ersten Fall haben die Rotationen keine Wirkung auf den Text, da Transformationen für den Text ausgeschaltet sind:

Set_Text_Font ("no transforms") (Abb. 5.5 rechts oben)

Im zweiten Fall wird der Text zwar auch rotiert, jedoch richten sich die einzelnen Zeichen am Bildschirm aus:

Set_Text_Font ("transforms=character position only") (Abb. 5.5 links unten)

Im letzten Fall schließlich wird der Text als reales geometrisches Element behandelt:

Set_Text_Font ("transforms = on") (Abb. 5.5 rechts unten)

5.5.2 Weitere Text-Prozeduren

Außer den "normalen" Prozeduren für Darstellungselemente (siehe Einleitung dieses Kapitels) gibt es für Texte noch ein paar spezielle Prozeduren:

Move_Text	verschiebt den Text mit Hilfe eines Schlüssels an einen anderen Ort im Objektraum (Kap. 7)
Scroll_Text	verschiebt den Text "zeichenweise" (siehe Prozedur-Referenz S. 307) auf dem Bildschirm
KInsert_String_Cursor	plaziert einen Cursor in einem Text - dieser kann z.B. dafür verwendet werden, den Text mit Hilfe der Tastatur zu erweitern (Abschn. 9.3.2)
Move_String_Cursor	verschiebt den Cursor - innerhalb des Textes - an eine andere Position
Define_Font	definiert eine neue Schriftart - das Aussehen der Text-Zeichen dieser neuen Schrift wird mit Hilfe einfacher geometrischer Elemente festgelegt
Show_Font	gibt die **Definition** einer benutzerdefinierten Schriftart zurück - im Gegensatz dazu gibt Show_Text_Font (wie jede andere Show_<Attribute>-Prozedur) die Text-**Attribute** des betreffenden Segments zurück
Show_Font_Info	gibt die speziellen - bildschirmabhängigen - Details (Größe der einzelnen Zeichen etc.) einer Schriftart zurück
Compute_Text_Extent	berechnet den Anteil eines Windows, der von einem gegebenen Text belegt wird

5.5.3 Suche nach Schriften

Wenn die Verfügbarkeit einer bestimmten Schrift oder alle auf dem angeschlossenen Bildschirm verfügbaren Schriften ermittelt werden sollen, kann dies mit Hilfe von speziellen Such-Prozeduren geschehen. Begin_Font_Search initialisiert die Suche. Find_Font gibt je Aufruf den Namen einer weiteren Schriftart zurück (als Referenz-Parameter). End_Font_Search beendet schließlich die Suche. Mit Show_Font_Count kann die Gesamtzahl aller verfügbaren Schriften erfragt werden.

Das folgende Programmfragment listet alle verfügbaren Schriften auf. Die einzelnen Namen werden in einer schreibmaschinen-ähnlichen Schrift (typewriter) ausgegeben. Da 'typewriter' ein generischer Name ist, ist die tatsächlich verwendete Schriftart vom jeweiligen Bildschirm abhängig. Im übrigen gelten auch für die Suche nach Schriften die allgemeinen Regeln für Suchen in HOOPS (siehe Abschn. 10.7.1).

```
...
char name[80];                              /* Name der Schriftart     */
float y;                                    /* Ausgabe-"Zeile"         */
HC_Set_Text_Font ("name = typewriter");     /* Auswahl der Schriftart  *"
```

```
HC_Begin_Font_Search ("?Picture", "specific");   /* Initialisierung der Suche  */
y = 0.8;                                         /* 1. Ausgabe-Zeile           */
while (HC_Find_Font (name)){                     /* eine weitere Schrift?      */
   HC_Insert_Text (0.0, y, 0.0, name);           /* Namen ausgeben             */
   y = y - 0.2;                                  /* Zeilenvorschub             */
}
HC_End_Font_Search ();                           /* Suche beenden              */
...
```

6 Attribute für Darstellungselemente

Im letzten Kapitel wurden die geometrischen Grundelemente und ihre **speziellen** Attribute diskutiert. Dieses Kapitel befaßt sich nun mit einigen **allgemeinen** Attributen, die für alle Darstellungselemente gleichermaßen und darüberhinaus teilweise auch für Windows und Segmente als Ganzes gelten. Im einzelnen sind dies die **Transformationen** {transformations}, die **Farbe** {color} und die **Sichtbarkeit** {visibility}.

Die Auswählbarkeit {selectability}, die ebenfalls zu den allgemeinen Attributen gehört, wird in Abschn. 9.3.4.1 behandelt, da sie eng mit der interaktiven Steuerung des Programmablaufs zusammenhängt.

6.1 Transformationen

Da in HOOPS alle geometrischen Grundelemente in einem dreidimensionalen Koordinatensystem (Abschn. 7.1) definiert werden, können sie auch dreidimensionalen Transformationen unterworfen werden. Diese lassen sich leicht mit Hilfe der dafür vorgesehenen Prozeduren durchführen, wobei jeweils **alle** geometrischen Elemente des betreffenden Segments transformiert werden.

Es können in einem Segment zwar **mehrere** Transformationen nacheinander ausgeführt werden, von denen jede einzelne die Darstellung des Segmentinhalts beeinflußt, es existiert jedoch letztlich nur **eine** akkumulierte Transformationsmatrix. Insofern sind Transformationen **Attribute** eines Segments und vererben sich daher auf etwaige Subsegmente.[1]

Die sogenannte akkumulierte Transformationsmatrix ist eine 4x4-Matrix, wobei die Belegung der einzelnen Felder in der für Transformationsmatrizen üblichen Art, die beispielsweise in [Enca90] oder [Burg90] beschrieben ist, erfolgt. So sind z.B. die Diagonalelemente für die Skalierung und die ersten drei Elemente der vierten Zeile für die Translation entlang der einzelnen Koordinatenachsen zuständig. Jede neue Transformation bedeutet eine weitere Multiplikation der akkumulierten Transformationsmatrix mit der dieser Transformation entsprechen-

[1] Genauer gesagt besteht das Attribut aus **einer akkumulierten Transformationsmatrix**.

den Matrix. Diese neue akkumulierte Transformationsmatrix wird bei einer anschließenden Visualisierung auf das gesamte Segment angewendet.

Translation {translation}, **Skalierung** {scaling} (incl. Spiegelung) und **Rotation** {rotation} um die Koordinatenachsen oder um eine beliebige Achse werden als spezielle Prozeduren angeboten. Allgemeine Transformationen können durch Angabe einer **Transformationsmatrix** erzeugt werden (wobei jedoch eine perspektivische Transformation verboten ist). Auf diese Weise kann z.B. eine Scherung bewirkt werden.

Transformationen ändern die **tatsächliche** Lage oder Größe eines Objekts im Objektraum (Abschn. 7.1). Aus diesem Grund sollten die betreffenden **Kameraprozeduren** (Abschn. 7.3) - und nicht die Transformationen - verwendet werden, wenn lediglich eine andere **Ansicht** des Objekts gewünscht wird. Beispielsweise sollte in einem solchen Fall Zoom_Camera anstelle von Scale_Object aufgerufen werden.

Alle Transformations-Prozeduren auf einen Blick

Rotate_Object	Rotieren eines Segments um eine oder mehrere Koordinatenachsen
Rotate_Object_Offaxis	Rotieren eines Segments um eine beliebige Achse
Scale_Object	Skalieren eines Segments - negative Skalierungsfaktoren bewirken eine Spiegelung
Translate_Object	Translation eines Segments
Append_Modelling_Matrix	Transformation eines Segments (und seiner Subsegmente) mit Hilfe einer Transformationsmatrix - die Transformationsmatrix wird zu der akkumulierten Transformationsmatrix dieses Segments dazumultipliziert
Set_Modelling_Matrix	Transformation eines Segments (und seiner Subsegmente) mit Hilfe einer Transformationsmatrix - die Transformationsmatrix überschreibt die Wirkung von Transformationsmatrizen, die mit Set_Modelling_Matrix oder Append_Modelling_Matrix im selben Segment gesetzt wurden

Es existieren außerdem einige andere Prozeduren, die Vektor- und Matritzenoperationen ausführen, Transformationsmatrizen berechnen und Transformationen zwischen verschiedenen Koordinatensystemen durchführen. Diese sind in der Prozedur-Referenz auf den Seiten 247 beschrieben.

6.2 Farben

Ein Attribut, welches alle Darstellungselemememente, aber auch Windows betrifft, ist die Farbe {color}, in der ein Objekt auf dem Bildschirm dargestellt wird. Für jede der verschiedenen Arten von geometrischen Elementen existiert ein eigenes Farbattribut: Mit Set_Color kann die Farbe von **Kanten, Flächen**[2] **, Flächenkontrast, Markern, Linien, Text, Windows, Window-Kontrast, direktem** und **ambientem Licht** (Abschn. 8.1) **einzeln** oder **zusammen** festgelegt werden. Beispielsweise bewirkt folgender Aufruf, daß nur die Flächen des betreffenden Segments 'rot' dargestellt werden:

Set_Color ("faces=red")

Flächenkontrast {face contrast} und Window-Kontrast {window contrast} werden benötigt, um das Muster von Flächen und Windows zu zeichnen. Mit Windowkontrast wird außerdem die Farbe des Window-Rahmens festgelegt.

Ein Aufruf von Set_Color nur mit einer Farbangabe - z.B. Set_Color ("green") - hat zur Folge, daß die Farbattribute der obigen Elemente auf diesen Wert gesetzt werden (Windows, Window-Kontrast- und Flächenkontrastfarben werden jedoch nicht verändert!).

6.2.1 Die Auswahl einer Farbe

Die Auswahl einer Farbe kann auf drei verschiedene Arten erfolgen. Die einfachste Methode, die ausschließlich bei Set_Color angewandt werden kann, ist die Angabe eines **Namens**. Alle vordefinierten Farbnamen und deren Definitionen sind in Abschnitt 15.2 aufgelistet. Einige dieser Farben haben ein oder zwei *Namens-Varianten*, eine 'er'- bzw. 'ish'-Variante.[3] Mit Hilfe von Namens-Varianten lassen sich *Farb-Variationen* bilden. Dazu wird einem einfachen Farbnamen eine Namens-Variante vorangestellt, mit der Folge, daß eine Variation dieser Farbe gebildet wird. Die folgenden drei Prozeduraufrufe geben dafür ein Beispiel:

Set_Color ("brown")	es wird das "normale" Braun ausgewählt
Set_Color ("redder brown")	es wird ein rötliches Braun ausgewählt
Set_Color ("reddish brown")	es wird ein sehr rötliches Braun ausgewählt

Mit Define_Color_Name können auch eigene Farbnamen definiert oder vorhandene Farbnamen umdefiniert werden (incl. der 'er'- und 'ish'-Varianten). Neu

[2] Das Aussehen von beleuchteten Flächen und Kanten (Kap. 8) kann durch mehr als eine Farbangabe gesteuert werden (s. auch Abschn. 14.1.4).

[3] Diese Varianten werden auch als 1°- und 2°-Namen bezeichnet.

definierte oder umdefinierte können genau wie alle vordefinierten Farbnamen verwendet werden.

Eine weitere Möglichkeit, eine Farbe auszuwählen, besteht darin, eines der vier von HOOPS angebotenen **Farbmodelle** zu verwenden: HLS-Modell, HSV-Modell, HIC-Modell oder RGB-Model. Eine ausführliche Erklärung dieser vier Farbmodelle ist z.B. zu finden in [Watt90]. Eine Farbe wird dabei als Punkt anhand von drei Parametern im jeweiligen *Farbraum* {color space} lokalisiert.[4] Dieses Verfahren kann bei den Prozeduren Set_Color und Set_Color_By_Value verwendet werden.

Als dritte Möglichkeit kann mit Set_Color_Map (oder Set_Color_Map_By_Value) eine *Farbtabelle* {color map} definiert werden, aus der die Farbe dann mit Set_Color_By_Index durch Angabe eines Indizes, also **indirekt** ausgewählt wird. Diese Methode wird u.a. bei Images (Abschn. 5.4) und Falschfarbendarstellungen (Abschn. 11.1) angewandt. Farbtabellen sind Attribute! Die Einträge einer Farbtabelle können mit Modify_Color_Map bzw. Modify_Color_Map_By_Value geändert werden.

Die verschiedenen Methoden der Farbauswahl sollen in einem Beispiel gegenübergestellt werden. Die folgenden Aufrufe sind äquivalent und setzen jeweils die Farbe für Flächen auf 'rot':

```
/* Name der Farbe:                              */
HC_Set_Color ("faces = red");
...
/* Punkt im HIC-Farbraum:                       */
HC_Set_Color ("faces = H=0.0 I=0.5 C=1.0");
...
/* Punkt im HIC-Farbraum:                       */
HC_Set_Color_By_Value ("faces", "HIC", 0.0, 0.5, 1.0);
...
/* Index aus der Farbtabelle:                   */
Set_Color_By_Index ("faces", 1);
```

Der letzte Aufruf setzt eine entsprechende Farbtabelle voraus. Beispielsweise:

```
/* Setzen einer Farbtabelle:                    */
HC_Set_Color_Map ("yellow, red, blue green");
```

Die gleiche Farbtabelle kann auch anders definiert werden:

```
/* Werte im HIC-Raum:                           */
struct {float h, i, c;} werte[3];
...
```

[4] Eine Konvertierung zwischen den Farbräumen kann mit Compute_Color durchgeführt werden.

```
/* gelb:                                        */
werte[0].h=60.0; werte[0].i=0.5; werte[0].c=1.0;
/* rot:                                         */
werte[1].h=0.0;  werte[1].i=0.5;  werte[1].c=1.0;
/* blau-grün:                                   */
werte[2].h=169.0; werte[2].i=0.35; werte[2].c=1.0;
...
/* Setzen der Farbtabelle:                      */
HC_Set_Color_Map_By_Value ("HIC", 3, werte);
```

Detaillierte Informationen zu den einzelnen Farb-Prozeduren enthält die Prozedur-Referenz.

6.2.2 Suche nach Farbnamen

Wenn die Existenz eines bestimmten Farbnamens oder alle momentan gültigen Farbnamen ermittelt werden sollen, kann dies mit Hilfe von speziellen Such-Prozeduren geschehen. Begin_Color_Name_Search initialisiert die Suche. Find_Color_Name gibt je Aufruf einen weiteren Farbnamen und dessen Varianten zurück (als Referenz-Parameter). End_Color_Name_Search beendet schließlich die Suche. Mit Show_Color_Name_Count kann die Gesamtzahl aller im System vorhandenen Farbnamen erfragt werden.

Das folgende Programmfragment listet alle Farbnamen und deren Varianten auf. Dabei wird die Existenz der Prozedur 'print_three_names' vorausgesetzt, die die drei ihr als Parameter übergebenen Strings auf dem Bildschirm ausgibt. Im übrigen gelten auch für die Suche nach Farbnamen die allgemeinen Regeln für Suchen in HOOPS (siehe Abschn. 10.7.1).

```
...
char name[80];                      /* Variablen-Definitionen für   */
char er_name[80];                   /* den "normalen" Farbnamen */
char ish_name[80];                  /* und beide Varianten          */
HC_Begin_Color_Name_Search ();       /* Initialisierung der Suche    */
  while (HC_Find_Color_Name (name, er_name, ish_name)){
  / * noch ein Farbname vorhanden?  */
     print_three_names (name, er_name, ish_name);
     /* Farbnamen und beide Varianten ausgeben                      */
  }
HC_End_Color_Name_Search ();         /* Suche beenden                */
...
```

Die **Definition** einer Farbe kann mit Show_Color_Name erfragt werden. Diese Prozedur benötigt als Parameter einen Farbnamen und gibt dann die Definition (im jeweiligen Farbraum) in einem String zurück (als Referenz-Parameter). Find_Color_Name ermittelt jedoch jeweils alle Namen einer Farbe bzw. einer Namens-Variante, so daß die Variablen 'name', 'er_name' und 'ish_name' z.B. die folgenden Werte erhalten, wenn das System die Farbe 'schwarz' findet: "black", "dimmer, dim, darker, dark, blacker" bzw. "darkish, blackish" (vgl. Kapitel 15). Daher muß aus diesen Variablen ein einzelner Name extrahiert werden, der dann Show_Color_Name als Parameter übergeben werden kann:

```
...
char name[80];
char ein_name[80];
char definition[80];
...
HC_Parse_String (name, ",", 0, ein_name);
HC_Show_Color_Name (ein_name, definition);
...
```

Der Aufruf von Parse_String bewirkt, daß der erste Teil-String (3.Parameter) aus der String-Variablen 'name' (1.Parameter) - das sind alle Zeichen bis zum ersten Komma (2.Parameter) - in die Variable 'ein_name' (4.Parameter) geschrieben wird. Im anschließenden Aufruf wird dann die Definition des Farbnamens ermittelt und in 'definition' zurückgegeben.

6.3 Sichtbarkeit

In vielen Fällen ist es nützlich, bestimmte Segmentinhalte oder sogar ganze Segmente auszublenden, d.h. nicht auf dem Bildschirm darzustellen. Die in diesem Abschnitt besprochene "Sichtbarkeit" ist nicht mit dem "Ausblenden" bestimmter Bildinhalte als Folge eines Hidden-Surface-Removal-Algorithmus' zu verwechseln (s. hsr-Option in Set_Rendering_Options!). Eine Möglichkeit, die Sichtbarkeit {visibility} einzelner Objekte zu steuern, ohne den Segmentbaum zu verändern, bietet die Prozedur Set_Visibility. Mit ihrer Hilfe können die einzelnen **Sichtbarkeitsattribute** gesetzt oder gelöscht werden.

Soll beispielsweise ein schattierter Körper (Abschn. 8.2) ohne die den realistischen Eindruck mindernden (Eck-)Punkte dargestellt werden, so braucht lediglich das Sichtbarkeitsattribut für Marker gelöscht zu werden:

```
Set_Visibility ("markers=off")
```

Es werden dann keine Marker dieses Segments dargestellt.

Auf diese Weise kann auch zwischen dem Draht- und Flächenmodell eines Körpers hin- und hergeschaltet werden (vgl. Abschn. 4.3). Das Sichtbarkeitsattribut für Flächen wird dazu auf 'off' oder 'on' gesetzt. Ist die Sichtbarkeit für Flächen ausgeschaltet, so sind auch alle Kanten und Punkte sichtbar, die sonst von Flächen verdeckt wären.

Sichtbarkeitsattribute für **Kanten**, **Flächen**, **Marker**, **Linien**, **Images**, **Text** und **String-Cursor** lassen sich **einzeln** oder **zusammen** setzen bzw. löschen. Für die Sichtbarkeit von **Kanten** bestehen einige zusätzliche Optionen, mit denen z.B. die Kanten von Polygonen oder die von Meshes **separat** sichtbar bzw. unsichtbar gemacht werden können. Details dazu sind in der Prozedur-Referenz nachzulesen. Außerdem kann die Sichtbarkeit für **Windows** (Kap. 4), **Lichtquellen** (Abschn. 8.1), **Schnittebenen** (Abschn. 11.2) und für das **gesamte Segment** (Window und geometrische Elemente) eingestellt werden. Die Sichtbarkeit für Windows ist ein Sonderfall: ist ein Window unsichtbar, so ist **nichts** (innerhalb des Windows) von dem betreffenden Segment zu sehen, also auch keine Darstellungselemente!

HOOPS bietet noch weitere Möglichkeiten, mit denen die Sichtbarkeit von Segmenten oder Segmentinhalten gesteuert werden kann. Rename_Segment verschiebt ein ganzes Segment an eine andere Stelle des Segmentbaums (Abschn. 10.2). Dort ist das Segment dann möglicherweise nicht zu sehen. Move_By_Key verschiebt ein geometrisches Grundelement mit Hilfe eines Schlüssels (Abschn. 2.2.1) in ein anderes Segment. Dort kann das Sichbarkeitsattribut für dieses Element gelöscht sein, so daß es gegebenenfalls nicht sichtbar ist.

Des weiteren existitiert ein zu ?Picture **paralleler** Ast des Segmentbaumes: die ?Include Library (Abschn. 10.4). Da per Definition (nur) das Segment ?Picture (incl. Subsegmente) mit dem Bildschirm verknüpft ist (Kap. 15), ist der ?Include Library-Ast nie sichtbar. Subsegmente dieses Astes können daher bei Bedarf von Subsegmenten des ?Picture-Astes eingebunden und somit sichtbar gemacht werden.

6.4 Ein Beispiel

Ein Fußball soll auf vier verschiedene Weisen dargestellt werden (Abb. 6.1). Dazu wird der Bildschirm in vier Windows unterteilt. Das linke obere Window zeigt ein Drahtmodell. Im rechten oberen Window werden nur Flächen - deren Farbe im Segment ?Picture auf hellgrau gesetzt wurde -, jedoch keine Kanten dargestellt. Links unten sind sowohl Kanten als auch (hellgraue) Flächen zu sehen. Das Window daneben zeigt einen in y-Richtung gestauchten (skalierten) Fußball. Die Flächen werden hier weiß gezeichnet.

Die geometrischen Daten des Fußballs (Polygone) werden einer Datei entnommen (Abschn. 12.1.1). Das Programm könnte folgendermaßen aussehen:

```
int main() {
HC_Open_Segment ("?Picture");
  HC_Set_Color ("faces = light gray");          /* Flächenfarbe ist hellgrau    */
  HC_Open_Segment ("nur Kanten");
    HC_Set_Metafile ("read, name = socbal"); /* Einlesen der Fußballdaten */
    HC_Set_Visibility ("faces = off");          /* Flächen sind unsichtbar      */
    HC_Set_Window (-1.0, 0.0, 0.0, 1.0);
  HC_Close_Segment ();
```

```
    HC_Open_Segment ("nur Flaechen");
      HC_Set_Metafile ("read, name = socbal"); /* Einlesen der Fußballdaten */
      HC_Set_Visibility ("edges = off");        /* Kanten sind unsichtbar    */
      HC_Set_Window (0.0, 1.0, 0.0, 1.0);
    HC_Close_Segment ();
    HC_Open_Segment ("Kanten und Flaechen");
      HC_Set_Metafile ("read, name = socbal"); /* Einlesen der Fußballdaten */
      HC_Set_Window (-1.0, 0.0, -1.0, 0.0);
    HC_Close_Segment ();
    HC_Open_Segment ("Football");
      HC_Set_Metafile ("read, name = socbal"); /* Einlesen der Fußballdaten */
      HC_Set_Color ("faces = white");           /* Flächenfarbe ist weiß     */
      HC_Scale_Object (1.0,0.3,1.0);            /* Skalierung in y-Richtung  */
      HC_Set_Window (0.0, 1.0, -1.0, 0.0);
    HC_Close_Segment ();
  HC_Close_Segment();
  HC_Pause();
  return 0;
  }
```

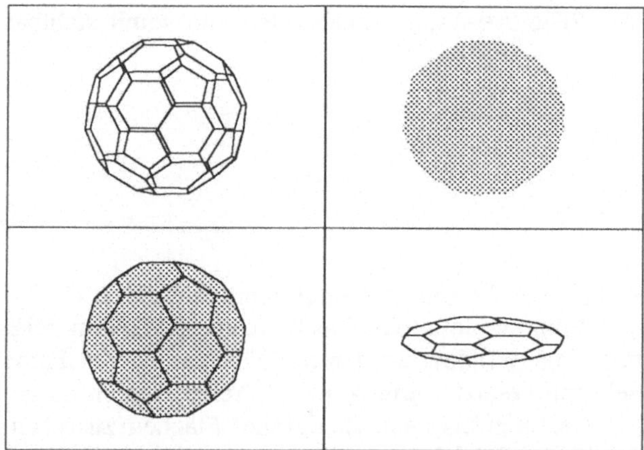

Abb. 6.1 Verschiedene Darstellungen eines Fußballs

7 Objektkoordinaten und Kameras

7.1 Begriffsbestimmung

Alle Objekte in HOOPS werden in einem dreidimensionalen kartesischen Koordinatensystem definiert. Dieses wird *Objektkoordinatensystem* {object coordinate system} und der zugehörige Raum *Objektraum* {user space} genannt. Das Objektkoordinatensystem ist per Voreinstellung (Abschn. 15.5) linkshändig. Die Händigkeit kann mit der Prozedur Set_Handedness geändert werden.

Die Abbildung dreidimensionaler Objektkoordinaten auf zweidimensionale Bildschirmkoordinaten geschieht in HOOPS mit Hilfe einer *virtuellen Kamera* {virtual camera}. Eine **explizite** Transformation zwischen den "verschiedenen" Koordinatensystemen kann mit Hilfe von Compute_Coordinates (transformiert Koordinaten) und Compute_Transform (berechnet eine entsprechende Transformationsmatrix) durchgeführt werden. Was die Kamera "sieht" - und was somit auf dem Bildschirm erscheint -, hängt ab von ihrer *Position* {position}, dem *Ziel* {target}, auf das sie gerichtet ist, ihrer *Aufwärtsrichtung* {up vektor}, dem *Sichtfeld* {field of view} und der Art der gewählten *Projektion* {projektion}. Diese Parameter werden im folgenden Abschnitt erläutert.

7.2 Kameraparameter

Die Parameter der virtuellen Kamera steuern die Abbildung eines Segments auf das zugehörige Window. In der folgenden Auflistung werden alle Kameraparameter erläutert und ihre Voreinstellungen - Kameraparameter sind **Attribute**! - angegeben (siehe auch Abb. 7.1).

Position:	der Punkt im Objektraum, an dem sich die Kamera befindet - Voreinstellung: (0.0,0.0,-5.0)
Ziel:	der Punkt im Objektraum, auf den die Kamera gerichtet ist - Voreinstellung: (0.0,0.0,0.0)
	Die Verbindungslinie zwischen Kameraposition und -ziel wird *Sichtlinie* {line of sight} genannt.
Aufwärtsrichtung:	ein Vektor, der senkrecht auf der Sichtlinie steht

Er gibt die Richtung an, die auf dem **Bildschirm oben** d.h.wieweit die Kamera um die Sichtlinie gedreht ist.
- Voreinstellung: (0.0,1.0,0.0)

Sichtfeld: der Ausschnitt des Objektraums, der **mindestens** auf dem Bildschirm bzw. dem Window sichtbar ist
Das Sichtfeld wird definiert durch die Breite {width} und Höhe {height} des Bereichs um das Kameraziel. Bei der orthogonalen und gestreckten Projektion (s.u.) wird der **gesamte** Inhalt des (unendlichen) rechteckigen Sehzylinders (also auch der Bereich **hinter** der Kamera), bei der perspektivischen Projektion der Inhalt der Sehpyramide dargestellt. Falls das Höhen-Breiten-Verhältnis {aspect ratio} des zugehörigen Windows nicht dem des Sichtfeldes entspricht und falls nicht die gestreckte Projektion gewählt wird, ist der sichtbare Ausschnitt größer als das Sichtfeld.
- Voreinstellung: Breite: 2.0, Höhe: 2.0

Projektion: die Art der Abbildung des dreidimensionalen Objektraums auf den Bildschirm
Es kann die *perspektivische* {perspective}, *orthogonale* {orthographic} oder *gestreckte* {stretched} Projektion gewählt werden. Die letzte dieser drei Projektionen ist eine orthogonale, die so gestreckt wird, daß das Sichtfeld **genau** in das Window des zugehörigen Segments paßt, mit der Folge, daß bei verschiedenen Höhen-Breiten-Verhältnis von Sichtfeld und Window die Objekte gestreckt erscheinen (Abb. 7.2). Jede der drei Projektionen ist außerdem als *schiefe* {oblique} Projektion verfügbar.
- Voreinstellung: perspektivisch

Die Parameter können mit Hilfe von Set-Prozeduren einzeln oder zusammen eingestellt werden (siehe nächster Abschnitt). Das **explizite** Setzen der verschiedenen Kameraparameter kann jedoch in einigen Situationen sehr mühsam und umständlich sein. Um beispielsweise einen Schwenk durch eine Szene auszuführen, müßte das Kameraziel nach jeder Teilbewegung neu berechnet werden. Daher stellt HOOPS außerdem eine Reihe von Prozeduren zur Verfügung, mit denen die Kamera **relativ** zu ihrer momentanen Position bewegt bzw. das Sichtfeld der Kamera **relativ** zur momentanen Größe verändert werden kann. Im Fall eines Schwenks genügt dann beispielsweise bei der Prozedur Pan_Camera jeweils die Angabe des Winkels, um den sich die Kamera sukzessive drehen soll.

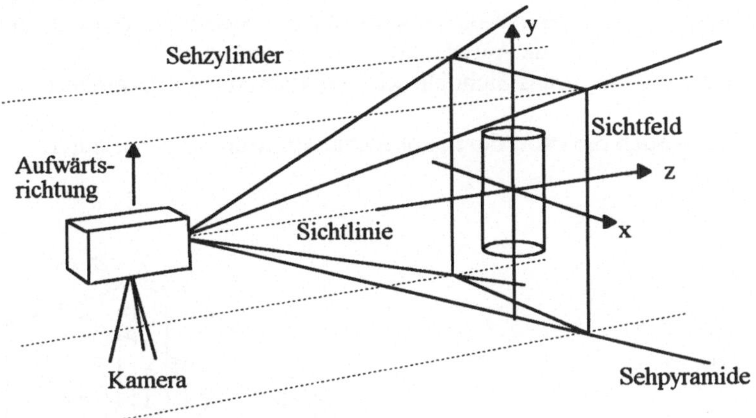

Abb. 7.1 Das Konzept der virtuellen Kamera

7.3 Alle Kamera-Prozeduren auf einen Blick

Prozeduren zur Einstellung der Kameraparameter:

Set_Camera	alle Kameraparameter werden explizit gesetzt
Set_Camera_By_Volume	es wird die Projektion und das Sichtfeld angegeben, die anderen Parameter werden aus dem Sichtfeld berechnet, so daß "vernünftige" Werte entstehen
Set_Camera_Field	das Sichtfeld wird festgelegt
Set_Camera_Position	die Position der Kamera wird festgelegt
Set_Camera_Projection	die Art der Projektion wird bestimmt
Set_Camera_Target	das Kameraziel wird angegeben
Set_Camera_Up_Vector	die Aufwärtsrichtung der Kamera wird festgelegt

Prozeduren zur Kameraführung:

Dolly_Camera	die Kamera wird nach rechts, links, oben, unten, vorne oder hinten bewegt
Pan_Camera	die Kamera wird um die eigene Achse nach links/rechts und/oder oben/unten gedreht, um z.B. Objekte neben dem Kameraziel zu erfassen
Orbit_Camera	die Kamera wird um das Kameraziel herumgedreht, um z.B. von oben auf das jeweilige Objekt zu sehen

Roll_Camera	die Kamera wird um die Sichtlinie gedreht, um die Aufwärtsrichtung zu verändern
Zoom_Camera	das Sichtfeld wird verkleinert oder vergrößert

Im folgenden Bild werden die Prozeduren zur Kameraführung näher erläutert:

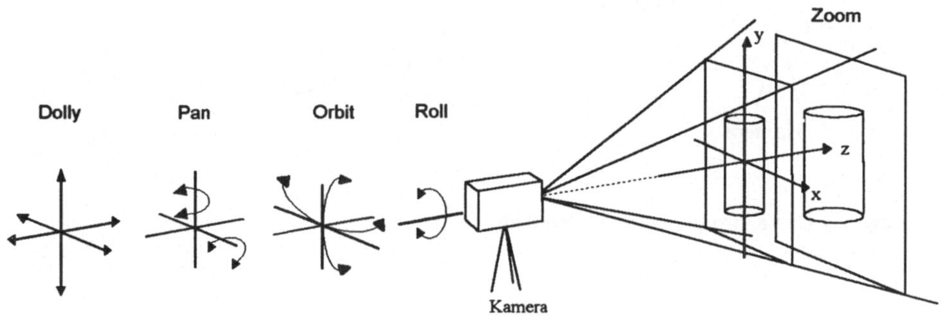

Abb. 7.2 Kameraführungs-Prozeduren

Abbildung 7.3 zeigt die Wirkung der einzelnen Kameraführungs-Prozeduren auf die Darstellung eines Objektes.

Dolly	Pan	Orbit	Roll	Zoom

Abb. 7.3 Wirkung der Kameraführungs-Prozeduren

7.4 Anmerkung zur Vererbung der Kameraparameter

Falls in einem Segment noch keine Kamera definiert wurde (alle Parameter werden geerbt!) und nun zum ersten Mal eine Kameraprozedur aufgerufen wird, die **nicht alle** Parameter setzt (das sind alle Prozeduren bis auf Set_Camera und Set_Camera_By_Volume), so werden alle übrigen Parameter auf die **voreingestellten** Werte gesetzt. Diese Parameter können dann also **nicht** mehr geerbt werden, auch wenn sie in dem betreffenden Muttersegment explizit gesetzt wurden. Entsprechend vererbt das betreffende Segment einerseits die in ihm explizit gesetzten und andererseits die voreingestellten Parameter an seine Subsegmente. Aus diesem Grund sollten alle Kameraeinstellungen in **einem** Segment erfolgen.

7.5 Ein Beispiel

Ein Champagnerglas (Drahtmodell) von der Größe eines Einheitswürfels soll in drei verschiedenen Projektionen dargestellt werden. Da Kameras (bzw. deren Parameter) zu den Attributen gehören (nicht zu den geometrischen Elementen!), muß jede Projektion in einem separaten Segment erfolgen. Jedem Segment wird ein Teil des Bildschirms als Window für die Ausgabe zugeordnet. Das Programm könnte wie folgt aussehen:

```
int main() {
HC_Open_Segment ("?picture");
  HC_Open_Segment ("perspektivische Sicht");
    HC_Set_Window (-1.0, 1.0, 0.33, 1.0);            /* oberes Bildschirmdrittel    */
    HC_Set_Camera_Projection ("perspective");        /* Einstellen d. Projektionsart */
    HC_Set_Metafile ("read, name = ch_glas");        /* Einlesen d. geometr. Daten  */
    HC_Insert_Text (-3.5,-0.7,0.0,"Perspektivisch"); /* Eingabe des Textes          */
  HC_Close_Segment ();
  HC_Open_Segment ("orthogonale Sicht");
    HC_Set_Window (-1.0, 1.0, -0.33, 0.33);          /* mittleres Bildschirmdrittel */
    HC_Set_Camera_Projection ("orthographic");       /* Einstellen d. Projektionsart */
    HC_Set_Metafile ("read, name = ch_glas");        /* Einlesen d. geometr. Daten  */
    HC_Insert_Text (-3.5,-0.7,0.0,"Orthogonal");     /* Eingabe des Textes          */
  HC_Close_Segment ();
  HC_Open_Segment ("gestrechte Sicht");
    HC_Set_Window (-1.0, 1.0, -1.0, -0.33);          /* unteres Bildschirmdrittel   */
    HC_Set_Camera_Projection ("stretched");          /* Einstellen d. Projektionsart */
    HC_Set_Metafile ("read, name = ch_glas");        /* Einlesen d. geometr. Daten  */
    HC_Insert_Text (-0.8,-0.7,0.0,"Gestreckt");      /* Eingabe des Textes          */
  HC_Close_Segment ();
HC_Close_Segment();
HC_Pause();
return 0;
}
```

Das Ergebnis ist in Abb. 7.4 zu sehen. Da in den jeweiligen Segmenten nur die Art der Projektion geändert wurde, erhalten alle anderen Kameraparameter die voreingestellten Werte. Bei der perspektivischen und orthogonalen Projektion ist ein größerer Ausschnitt des Objektraums sichtbar als der durch das Sichtfeld definierte (siehe x-Parameter der einzelnen Insert_Text-Prozeduren), da Sichtfeld und Window unterschiedliche Höhen-Breiten-Verhältnisse haben. Dies gilt nicht für die gestreckte Projektion. Hier wird das Sichtfeld exakt auf das Window abgebildet, was eine Streckung der x-Achse zur Folge hat. Das Champagnerglas erscheint dadurch in die Breite gezogen.

Die Eingabe der geometrischen Daten für das Champagnerglas erfolgt im obigen Programm nicht mittels einer Insert-Prozedur, sondern die Daten werden aus einer Datei eingelesen. Diese Technik wird in Abschn. 12.1 besprochen.

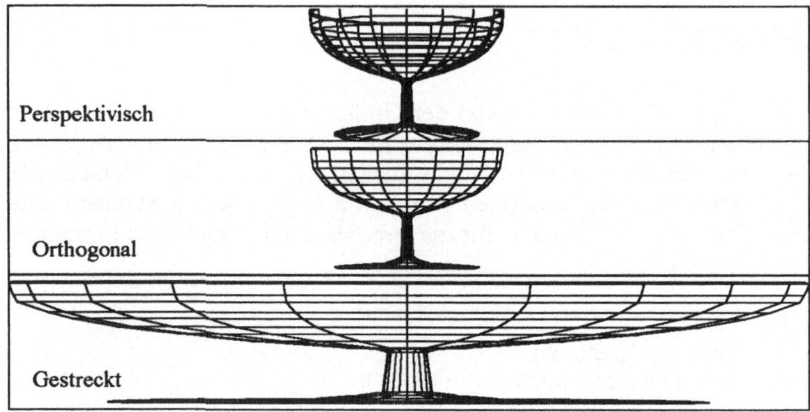

Abb. 7.4 Verschiedene Kameraprojektionen eines Champagnerglases

8 Beleuchtung

Die Darstellung **realitätsnaher** Szenen und Objekte hat aufgrund der Entwicklung leistungsfähiger Rechner in den letzten Jahren immer mehr an Bedeutung gewonnen. Ein Schritt in diese Richtung ist die Einführung der *Beleuchtung* {lighting}. Je nach Art, Position und Farbe der *Lichtquellen* {light} sowie dem verwendeten *Schattierungsmodell* {shading modell} werden beleuchtete Objekte unterschiedlich dargestellt.

Dieses Kapitel berücksichtigt nicht das Zusatzmodul HOOPS A.I.R. (Abschn. 14.1), welches Möglichkeiten zu fotorealistischen Darstellungen mit Ray-Tracing- und Radiosity-Methoden bietet.

8.1 Lichtquellen und Lichtarten

Lichtquellen {lights} gehören in HOOPS zu den **Darstellungselementen.** Sie sind jedoch nur indirekt - aufgrund ihrer Wirkung auf andere Darstellungselemente - zu sehen; gleichwohl haben beispielsweise die Rotations-Transformations-Prozeduren (Abschn. 6.1) eine Wirkung auf Lichtquellen: sie ändern die Position der Lichtquelle (das bedeutet für unendlich weit entfernte Lichtquellen (s.u.) eine Änderung der Richtung, aus der die Lichtstrahlen kommen) und somit auch deren Effekte auf die Geometrie.

Ein Segment kann mehrere Lichtquellen enthalten. Diese haben dann jedoch alle die gleichen Attribute. Will man also Lichtquellen unterschiedlicher Farbe verwenden, müssen sie in verschiedenen Segmenten liegen.

In HOOPS existieren zwei Arten von Lichtquellen, die jeweils **direkt einfallendes** {incident light} und **indirektes** Licht {ambient light}, also eine Hintergrundbeleuchtung erzeugen. Einerseits gibt es **unendlich weit entfernte** punktförmige Lichtquellen {distant light}, deren Lichtstrahlen parallel verlaufen. Andererseits gibt es - ebenfalls punktförmige - **lokale** Lichtquellen {local light}, die an einer bestimmten Position im Objektraum (oder relativ zur Kamera) definiert werden. Diese Position bildet die Spitze eines von der Lichtquelle erzeugten (Licht-) Kegels {cone}, dessen Eigenschaften - Ausrichtung, Öffnungswinkel, Abnahme der Lichtintensität zum Rand des Kegels hin etc. - individuell festgelegt werden können. Daher werden lokale Lichtquellen auch als Spot-Lights bezeichnet.

Der *Wirkungsbereich* {scope} einer Lichtquelle ist ihr zugehöriges **Window**. Das bedeutet, daß eine Lichtquelle alle geometrischen Elemente beleuchtet, die in demselben Window dargestellt werden, egal wo sie sich im Segmentbaum befinden! Eine Ausnahme bilden nur die Segmente, in denen die "Beleuchtung abgeschaltet" ist (siehe unten).

Für jede der beiden oben beschriebenen Lichtarten (direktes und indirektes Licht) kann mit Set_Color eine andere **Farbe** gewählt werden, die dann jeweils für alle Lichtquellen des Segments gilt. Indem z.B. die Farbe des direkten Lichts auf 'schwarz' gesetzt wird, kann der Effekt einer nur durch Hintergrundlicht beleuchteten Szene erzielt werden.

Ein weiteres wichtiges Attribut von Lichtquellen ist ihre **Sichtbarkeit** (vgl. Abschn. 6.3). Beispielsweise kann mit

```
Set_Visibility ("lights=off")
```

jegliche Beleuchtung eines Segments abgeschaltet werden. Das heißt, es werden bei der Darstellung der geometrischen Elemente des betreffenden Segments weder Lichtquellen des gleichen noch Lichtquellen von anderen Segmenten berücksichtigt. Außerdem wird damit jeglicher Einfluß von in dem betreffenden Segment evtl. vorhandenen Lichtquellen (auf dasselbe und auf andere Segmente) ausgeschaltet.

8.2 Schattierungsmodelle

Befinden sich in einem Window eine oder mehrere Lichtquellen, so werden die Kanten und Flächen der geometrischen Elemente dieses Windows "schattiert" dargestellt. In der derzeitigen Implementation von HOOPS beeinflussen Lichter nur die Darstellung von **Flächen** und **Kanten**. Linien und Marker werden immer mit ihren festen Farben gezeichnet. Das von HOOPS verwendete Schattierungsmodell entspricht im wesentlichen dem Standardmodell: die Farbe bzw. Intensität jedes Punktes jeder einzelnen Fläche/Kante ergibt sich als Summe dreier Terme - eines **diffusen** {diffuse}, eines **spiegelnden** {specular} und eines **indirekten** {ambient} Anteils:

I = Id + Is + Ia

Der so erhaltene Farbwert wird anschließend noch anhand der Anzahl der Lichtquellen skaliert, um das Bild nicht zu hell oder zu dunkel erscheinen zu lassen (siehe auch Prozedur-Referenz S.198). Schatten {shadows}, die in der Natur durch direkt einfallendes Licht entstehen, werden **nicht** berücksichtigt. Auch verringert sich die Lichtintensität **nicht** mit dem Abstand des beleuchteten Objekts von der (lokalen) Lichtquelle.

HOOPS stellt drei verschiedene Methoden zur Bestimmung der obigen Lichtanteile zur Verfügung. Für diese Berechnungen werden alle Farbwerte auf den Bereich zwischen 0 und 1 abgebildet.

8.2.1 Konstante Schattierung

Bei der *konstanten* Schattierung erhalten **alle** Punkte einer Fläche/Kante den **gleichen** Farbwert. Die dazu beitragenden Anteile ergeben sich wie folgt.

$\mathbf{Id} = \sum_i \mathbf{Fd} \cdot \mathbf{Ld_i} \cdot \cos(\Phi_i)$ (i: jede Lichtquelle)

$\mathbf{Is} = \sum_i \mathbf{Fs} \cdot \mathbf{Ld_i} \cdot \cos(\Psi_i)^{k_n}$ (i: jede Lichtquelle)

$\mathbf{Ia} = \mathbf{Fd} \cdot \mathbf{La}$

mit:

Fd = diffuser Anteil der Flächen-/Kantenfarbe
Fs = spiegelnder Anteil der Flächen-/Kantenfarbe
Ld = Farbe des direkten Lichts
La = Farbe des ambienten Lichts
Φ = Winkel zwischen der Flächen-/Kantennormalen und der Richtung des Lichtstrahls
Ψ = Winkel zwischen dem Sehstrahl und dem reflektierten Lichtstrahl
$\mathbf{k_n}$ = Glanz-Koeffizient (gloss)

Fd, **Fs**, **Ld**, **La** und $\mathbf{k_n}$ werden mit Set_Color festgelegt. Je größer $\mathbf{k_n}$ gewählt wird, desto kleiner ist der daraus resultierende glänzende Bereich an der Stelle eines Objekts, an der die reflektierten Lichtstrahlen parallel zu den Sehstrahlen verlaufen (s. auch Abschn. 14.1.4).

Bei Shells und Meshes ist es möglich, die Normalen der Flächen/Kanten manuell zu setzen und so ein anderes Ergebnis zu erzielen (Abschn. 5.3.6).

8.2.2 Gouraud-Schattierung

Beim Verfahren von Gouraud [Gour71] wird der Farbwert jedes einzelnen **Eckpunktes** explizit berechnet. Die übrigen Punkte der Fläche/Kante erhalten ihre Farbwerte durch **Interpolation der Farbwerte** der Eckpunkte.

Die Berechnung der Farbwerte in den Eckpunkten erfolgt analog zur konstanten Schattierung. Da hierbei Normalenvektoren benötigt werden, kann die Gouraud-Schattierung nur bei **Shells** und **Meshes** angewendet werden - nicht jedoch bei "einfachen" Polygonen. Die Normalen in den Eckpunkten werden als Durchschnitt der angrenzenden Flächen-/Kantennormalen berechnet. Es ist jedoch auch möglich, die Normalen von Flächen/Kanten oder Eckpunkten selbst zu setzen und damit die von HOOPS berechneten Werte zu überschreiben. Dieses Verfahren ist in Abschn. 5.3.6 beschrieben.

Hier sei noch angemerkt, daß die Farben der Marker für das Verfahren von Gouraud ebenso irrelevant sind wie die lokalen Flächenfarben in den Eckpunkten (s. Abschn. 5.3.6 und Abschn. 11.1). Die Farbwerte in den Eckpunkten werden allein auf der Grundlage der **Flächen-** bzw. **Kantenfarbe** berechnet.

8.2.3 Phong-Schattierung

Das Verfahren von Phong [Phon75] gleicht dem von Gouraud bis auf einen wesentlichen Punkt: Aus den Normalen in den Eckpunkten - die wiederum als Durchschnitt der angrenzenden Flächen-/Kantennormalen berechnet oder explizit gesetzt werden (Abschn. 5.3.6) - werden durch **Interpolation** die **lokalen Normalen** eines jeden Flächen-/Kantenpunktes gewonnen. Nach dem in Abschn. 8.2.1 beschriebenen Verfahren wird dann aus diesen lokalen Normalen und der zugehörigen Flächen-/Kantenfarbe der Farbwert jedes einzelnen Flächen-/Kantenpunktes bestimmt.

Wie schon beim Verfahren von Gouraud werden auch bei der Phong-Schattierung die Normalenvektoren in den Eckpunkten benötigt. Daher ist auch diese Technik nur auf **Shells** und **Meshes** anwendbar.

8.3 Ein Beispiel

Anhand des folgenden Programmbeispiels wird das Objekt Champagnerglas (gespeichert unter "ch_glas.hmf"), welches wir schon aus Kapitel 7 kennen, mit Hilfe der vorher beschriebenen Schattierungsmodelle visualisiert. Das geschieht in drei verschieden Fenstern unter Einsatz der gleichen Lichtquelle (Art, Farbe usw.). Das Ergebnis ist in Abb. 8.1 zu sehen (s. Farbbildtafel).

```
int main {

    Define_Alias("?chm","?include library/chm");
    Open_Segment ("?chm");                   /* Liest die Geometriedefinition vom  */
      Read_Metafile ("ch_glas.hmf",".","");  /* File ch_glas.hmf in das Segment    */
    Close_Segment();                         /* ?chm ein                           */

    Open_Segment ("?Picture");               /* Segment, das drei Ansichten        */
        /* unter Einsatz der drei verschiedenen Schattierungsmodelle enthält       */
      Open_Segment ("flat shaded");
        Set_Window (-1.0, -0.33, -0.33, 0.33);   /* linkes Window                  */
        Set_Rendering_Options("no light Interpolation");
        Include_Segment ("?tmp/chm");
        Set_Color ("faces=light gray");          /* Darstellung mit Flat-Shading   */
        Insert_Distant_Light ( 1.0, 1.0, -1.0);
      Close_Segment();
```

```
      Open_Segment ("gouraud shaded");
        Set_Window ( -0.33, 0.33, -0.33, 0.33);  /* mittleres Window          */
        Set_Rendering_Options("light Interpolation = gouraud");
        Include_Segment ("?tmp/chm");
        Set_Color ("faces=light gray");        /* Darstellung mit Gouraud-Shading*/
        Set_Visibility("edges = off");
        Insert_Distant_Light ( 1.0, 1.0, -1.0);
      Close_Segment();

      Open_Segment ("phong shaded");
        Set_Window ( 0.33, 1.0, -1.0, 0.0);    /* rechtes Window            */
        Set_Rendering_Options ("lighting interpolation = phong");
        Include_Segment ("?tmp/chm");
        Set_Color ("faces=light gray");        /* Darstellung mit Phong-Shading  */
        Set_Visibility("edges = off");
        Insert_Distant_Light ( 1.0, 1.0, -1.0);
      Close_Segment();

    Close_Segment();                           /* Segment ?Picture schließen     */
    Pause();
}
```

8.4 Alle Beleuchtungs-Prozeduren auf einen Blick

Insert_Distant_Light	erzeugt eine unendlich weit entfernte Lichtquelle
Insert_Local_Light	erzeugt eine **spezielle** lokale Lichtquelle: das Licht scheint in alle Richtungen, d.h. der Lichtkegel stellt eine Kugel dar
Insert_Spot_Light	erzeugt eine allgemeine lokale Lichtquelle
Move_Distant_Light	ändert die Richtung der Lichtstrahlen einer unendlich weit entfernten Lichtquelle
Move_Light_Position	ändert die Position einer lokalen Lichtquelle
Move_Light_Target	ändert die Ausrichtung des Lichtkegels eines Spot-Lights, d.h. die primäre Richtung der Lichtstrahlen
Show_<Sourcetype>_Light	gibt die Definition einer durch die jeweilige Insert-Prozedur erzeugten Lichtquelle zurück
Set_Rendering_Options	legt das Schattierungsmodell fest

Dem Leser wird inbesondere das Nachlesen von Set_Rendering_Options in der Prozedur-Referen empfohlen.

9 Eingabetechniken

Ein Computerprogramm, das dem Anwender nicht die Möglichkeit gibt, den Programmablauf durch momentane Entscheidungen und variable Daten zu beeinflussen, kann nur eine - zur Programmierzeit - fest vorgegebene Aufgabe lösen. Da jedoch oft eine ganze Klasse von Problemen bearbeitet werden soll, bzw. verschiedenste Anforderungen an das Programm gestellt werden, ist die Möglichkeit der *interaktiven Steuerung* durch den Anwender nicht nur wichtig, sondern fast immer unerläßlich.

Dies zeigt sich schon in den einfachen Beispielen der vorangegangenen Kapitel. Die Prozedur Pause, die dort jeweils am Ende der Programme aufgerufen wird, hat zwei Aufgaben. Zuerst wird der Bildschirm "auf den neusten Stand" gebracht, d.h. er reflektiert nun den aktuellen Inhalt der HOOPS-Datenbasis. Danach wird der Programmablauf solange unterbrochen, bis ein Tastendruck oder Mausklick erfolgt. Nur so hat der Anwender die Möglichkeit, selbst zu bestimmen, wie lange er das Ergebnis seiner Arbeit auf dem Bildschirm betrachten will. Diese Einwirkung auf den Programmablauf ist die einfachste Form der interaktiven Steuerung.

HOOPS stellt eine Vielzahl von Techniken zur Verfügung, die zur interaktiven Programmsteuerung verwendet werden können. So kann der Anwender beispielsweise durch Drücken einer bestimmten Taste entscheiden, welche Programmaktion als nächstes ausgeführt werden soll; oder er selektiert auf dem Bildschirm dargestellte geometrische Elemente per Mausklick, um sie einer besonderen Bearbeitung zu unterwerfen. Diese und andere Eingabetechniken werden in diesem Kapitel besprochen.

Abschnitt 9.1 behandelt den zentralen Begriff der Eingabe: das Ereignis. In Abschnitt 9.2 wird die Organisation aller Ereignisse im System beschrieben. Die einzelnen Ereignistypen und deren Informationen behandelt Abschnitt 9.3. In Abschnitt 9.4 werden die sogenannten High-Level-Prozeduren vorgestellt, die einfach zu handhaben, dafür aber nur eingeschränkt verwendbar sind. Eine Zusammenfassung der wichtigsten Eingabe-Prozeduren findet sich in Abschnitt 9.5. Ein Beispiel in Abschn. 9.6 soll schließlich den Gebrauch der HOOPS-Eingabetechniken verdeutlichen.

9.1 Ereignisse

Der zentrale Begriff bei HOOPS im Bereich der Eingabe ist das *Ereignis* {event}. Ein Ereignis ist ein Stück **Information**, das von außen in das System gelangt und dort auf seine Abarbeitung wartet. "Von außen" bedeutet in diesem Zusammenhang, daß der Ursprung der Information nicht das Programm selbst ist, sondern das Programm lediglich eine Verbindung zur Informationsquelle - z.B. zur Tastatur - bereithält.

In HOOPS gibt es verschiedene **Typen** von Ereignissen: fünf vordefinierte (Tasten-, String-, Lokater-, Auswahl- und Timer-) Ereignisse und spezielle Ereignisse {specials}. Letztere können beispielsweise zur Definition eigener Ereignis-Typen verwendet werden.

Abschnitt 9.3 beschreibt die Ereignistypen im einzelnen.

9.2 Die Ereigniswarteschlange

Alle Ereignisse, die *zugelassen* {enabled} sind, werden in der Reihenfolge ihrer Ankunft im System in einer *Warteschlange* {event queue} gespeichert. "Zugelassen" bedeutet folgendes: für jeden Typ von Ereignissen (Abschn. 9.3) gibt es einen internen **Zähler**. Jeder Aufruf der Prozedur Enable_<Type>_Events - wobei 'Type' jeweils für einen der Ereignistypen steht - erhöht den Zähler um eins. Jeder entsprechende Aufruf von Disable_<Type>_Events erniedrigt ihn um eins. Hat der Zähler einen Wert größer als null, so ist dieser Ereignistyp zugelassen, d.h. Ereignisse dieses Typs werden in die Warteschlange aufgenommen. Ist dagegen der Wert des Zählers gleich Null (negative Werte sind nicht möglich), so werden alle Ereignisse dieses Typs ignoriert.

Die Prozedur Await_Event holt das am längsten wartende Ereignis aus der Warteschlange. Dieses wird damit zum *aktuellen* Ereignis {current event} und kann mit Hilfe der für diesen Ereignistyp zuständigen Show-Routinen inspiziert werden. Eventuell muß der Typ des aktuellen Ereignisses vorher durch Show_Event erfragt werden. Gab es beim Aufruf von Await_Event bereits ein aktuelles Ereignis, so wird es durch das neue ersetzt, da jeweils nur ein Ereignis zur Zeit bearbeitet werden kann.

Ist die Warteschlange beim Aufruf von Await_Event leer, so wird der Programmablauf solange unterbrochen, bis (mindestens) ein zugelassenes Ereignis eintritt; dieses wird sogleich zum aktuellen Ereignis.

Zur Bearbeitung der Warteschlange stehen neben Await_Event noch weitere Prozeduren zur Verfügung:

Alle Warteschlangen-Prozeduren auf einen Blick

Await_Event	nimmt das erste Ereignis aus der Warteschlange - dieses ist dann das aktuelle Ereignis - und gibt seinen Typ zurück; ist die Warteschlange leer, aktualisiert Await_Event zuerst den Bildschirm und wartet dann auf (mindestens) ein Ereignis, das dann das aktuelle Ereignis wird
Check_For_Events	gibt die Anzahl der Ereignisse in der Warteschlange zurück
Flush_All_Events	leert die Warteschlange und löscht auch das aktuelle Ereignis
Queue_<Fake Event>	hängt ein Ereignis "per Hand" an die Warteschlange an - so als ob es tatsächlich stattgefunden hätte
Queue_Special_Event	hängt ein Ereignis eines **selbst definierten** Typs an die Warteschlange
Requeue_Event	bringt das aktuelle Ereignis zurück an den **Anfang** der Warteschlange, so daß es beim nächsten Aufruf von Await_Event wieder zum aktuellen Ereignis wird
Show_Event	gibt den Typ des aktuellen Ereignisses zurück - gibt es kein aktuelles Ereignis, wird 'none' zurückgegeben

Neben diesen und den im nächsten Abschnitt beschrieben Prozeduren existieren **High-Level-Prozeduren**, bei deren Verwendung sich der Programmierer nicht um die Verwaltung der Warteschlange kümmern muß. Diese Prozeduren, die in vielen Fällen ausreichen, jedoch nicht alle Aufgaben lösen können, werden in Abschn. 9.4 beschrieben.

9.3 Die Ereignistypen

In diesem Abschnitt werden die einzelnen Typen von Ereignissen vorgestellt. Jeder Typ enthält spezifische Informationen, die aber erst dann mit den entsprechenden Show-Routinen erfragt werden können, wenn das betreffende Ereignis zum **aktuellen** Ereignis geworden ist. Einzelheiten zu den Show-Routinen sind in der Prozedur-Referenz im Anhang C3 (Eingabe) zu finden.

In den beiden folgenden Abschnitten wird das Wort "Taste" als Synonym für "Tastenkombination" gebraucht. Beispielsweise bedeutet das Drücken der Taste 'A' ein Drücken der 'Shift'- und der 'a'-Taste. Außerdem wird das Wort "Tastatur" als Synonym für jedes physikalische Gerät gebraucht, das Tasten besitzt, über die dem System Zeichen übermittelt werden können.

9.3.1 Tastendruck

Drückt der Anwender während des Programmlaufs auf eine Taste {button} einer zum System gehörenden Tastatur, so ist dies ein Ereignis im Sinne von Abschn. 9.1. Damit jedoch eine bestimmte Taste zugelassen ist, d.h. dieses Ereignis in die Warteschlange aufgenommen wird, muß dem System zuvor mitgeteilt werden, daß es auf eben diese Taste "achten" soll.

Das geschieht durch die Prozedur Enable_Button_Events, die zwei Parameter hat. Der erste bezeichnet ein Segment, das mit der **Tastatur** verknüpft ist; standardmäßig ist dies das Segment ?Keyboard (Kap.15). Der zweite Parameter spezifiziert die zuzulassende(n) **Taste(n)**. Beispielsweise führt der Aufruf von

```
Enable_Button_Events (?Keyboard, "anything")
```

dazu, daß **jede** Taste zugelassen ist. Dagegen sind nach einem Aufruf von

```
Enable_Button_Events (?Keyboard, "function")
```

nur die - auf der betreffenden Tastatur verfügbaren - **Funktionstasten** zugelassen. Auf einer üblichen PC-Tastatur sind dies die Tasten **F1** bis **F12**. Das Drükken aller anderen Tasten wird in diesem Fall ignoriert.

Es läßt sich (beinahe) jede beliebige Teilmenge aller zuzulassenden Tasten angeben, indem einzelne Tasten (-gruppen) - jeweils durch Kommata getrennt - aufgeführt werden. Sollen beispielsweise nur die Tasten **0**, **1**, **2** und die **Pfeiltasten** (Cursor-Tasten) zugelassen werden, so wird das durch den folgenden Aufruf erreicht:

```
Enable_Button_Events (?Keyboard, "0, 1, 2, arrow").
```

Weitere Einzelheiten dazu finden sich in der Prozedur-Referenz auf Seite 251 ff.

Da jede Taste separat zugelassen bzw. gesperrt {disable} werden kann, wird auch für jede Taste ein eigener Zähler im Sinne von Abschn. 9.2 geführt. Das bedeutet, daß **jede** Taste einen eigenen Ereignistyp darstellt, mit allen in Abschn. 9.2 beschriebenen Konsequenzen.

Ein Tasten-Ereignis enthält dreierlei Informationen: den Namen der gedrückten Taste (die Leertaste z.B. hat den Namen 'space'), evtl. gleichzeitig gedrückte Extratasten (außer den normalen Shift- und Control-Tasten) und den Namen des Segments, das mit derjenigen Tastatur verknüpft ist, die die Quelle dieses Ereignisses darstellt.

Der Name der gedrückten Taste kann mit Show_Button erfragt werden. Show_Button_Source gibt alle drei Informationen zurück, jedoch wird statt der tatsächlich gedrückten Taste diejenige Tastenspezifikation zurückgegeben, die das Tasten-Ereignis möglich machte, d.h. die beim Aufruf von Enable_Button_Events angegebene Spezifikation. Der Name des mit der Tastatur verknüpften Segments kann z.B. dann wichtig sein, wenn mehrere Tastaturen an das System angeschlossen sind.

Tasten-Ereignisse werden typischerweise dazu benutzt, den Anwender in einer bestimmten Programmsituation zwischen verschiedenen Aktionen

(Programmzweigen) wählen zu lassen. Tasten-Ereignisse und die im nächsten Abschnitt erörterten String-Ereignisse können zur selben Zeit auf derselben Tastatur zugelassen sein.

9.3.2 String-Eingaben

String-Ereignisse {string events} sind Tasten-Ereignissen sehr ähnlich. Jedoch wird dem System nicht nur eine einzelne Taste übermittelt, sondern der Anwender drückt eine ganze **Folge** von Tasten: er gibt einen String (s.a. Abschn. 5.5) ein. Die Eingabe des Strings muß durch die **Returntaste** {carriage return} abgeschlossen werden.

Die Prozedur Enable_String_Event, die zwei Parameter hat, teilt dem System mit, daß String-Ereignisse in die Warteschlange aufgenommen werden sollen. Der erste Parameter ist das mit der **Tastatur** verknüpfte Segment. Der zweite ist der Schlüssel eines **Cursors**, der mit KInsert_String_Cursor erzeugt wurde (Abschn. 5.5.2); der eingegebene String wird dann in den zum Cursor gehörenden Text eingefügt, und zwar an der Position des Cursors. Das System reflektiert die Eingabe des Strings - Zeichen für Zeichen -, falls der Text in diesem Moment auf dem Bildschirm zu sehen ist. Wird für den zweiten Parameter "Null" eingesetzt, so wird die Eingabe des Strings nicht reflektiert.

Um dem Anwender die Möglichkeit zu geben, falsche Tastendrücke während der Eingabe zu korrigieren, haben einige Tasten bei einer String-Eingabe eine andere Bedeutung als bei einem Tasten-Ereignis. Beispielsweise löscht die Taste 'Backspace' das zuletzt eingegebene Zeichen aus dem String. Alle Tasten, die innerhalb einer String-Eingabe eine spezielle Bedeutung haben - sie werden in der Prozedur-Referenz auf Seite 259 beschrieben -, können daher nicht als Zeichen innerhalb des Strings verwendet werden.

Ein String-Ereignis kann mittels zweier Show-Routinen inspiziert werden. Show_String gibt den eingegebenen String zurück. Wurde der String in einen Text eingefügt, so gibt Show_String den ergänzten Text (ursprünglicher Text mit eingefügtem String) zurück. Mit Show_String_Source kann das mit der Tastatur verknüpfte Segment und der zum String gehörende Cursor erfragt werden.

String-Eingaben werden meistens dann verwendet, wenn der Anwender Antworten auf Fragen oder bestimmte Angaben eintippen soll. Tasten- und String-Ereignisse können zur selben Zeit auf derselben Tastatur zugelassen sein.

In den beiden vorherigen Abschnitten wurde die Eingabe über eine Tastatur besprochen. In den nächsten beiden Abschnitten geht es um eine andere Klasse von Eingabegeräten: die *Zeigegeräte* {locater devices}. Es handelt sich dabei um Geräte, mit denen - unter Verwendung eines Cursors und ein oder mehrere Knöpfe - eine Position auf dem Bildschirm bestimmt werden kann, z.B eine Maus, ein Track-Ball oder ein Tablett. Zwei Typen von Ereignissen, die auch zur selben Zeit auf demselben Zeigegerät zugelassen sein können, sind diesen Eingabegeräten zugeordnet: das Auswahl-Ereignis und das Locater-Ereignis.

9.3.3 Bildschirmkoordinaten

Bei einem *Locater-Ereignis* wird mit dem Zeigegerät die Position des Zeigegerät-Cursors auf dem Bildschirm lokalisiert. Im Normalfall bedeutet das: dem Programm werden diejenigen Bildschirmkoordinaten übermittelt, an denen sich der Cursor in dem Moment befindet, wenn ein am Zeigegerät befindlicher Knopf gedrückt wird.

Beim Aufruf von Enable_Location_Events, der dem System mitteilt, daß Locater-Ereignisse zugelassen sein sollen, sind drei Parameter anzugeben: das mit dem **Zeigegerät** verknüpfte Segment - normalerweise ?Locater (Kap. 15) -, das mit dem **Bildschirm** verknüpfte Segment - normalerweise ?Picture (Kap. 15) - und der **Action-String**, der die Art und Weise spezifiziert, in der die Position auf dem Bildschirm festgelegt wird.

Beim Action-String handelt es sich in den meisten Fällen um "v". Das bedeutet, daß diejenige Bildschirmposition selektiert wird, an der sich der Cursor in dem Moment befindet, wenn der Zustand des Zeigegerätes von "kein Knopf gedrückt" zu "mindestens ein Knopf gedrückt" wechselt. Es sind jedoch auch andere Parameter möglich. Beispielsweise bedeutet "^" gerade das Gegenteil von "v": der Zustand wechselt von "mindestens ein Knopf gedrückt" zu "kein Knopf gedrückt". Einzelheiten hierzu finden sich in der Prozedur-Referenz auf Seite 253.

Mit Hilfe zweier Show-Routinen kann die Information eines Locater-Ereignisses erfragt werden. Show_Location gibt die Bildschirmposition zurück, wobei die linke untere Ecke des Bildschirms die Koordinaten (-1,-1) und die rechte obere Ecke die Koordinaten (1,1) hat (vgl. Abschn. 4.1). Mit Show_Location_Source können die mit dem Zeigegerät und dem Bildschirm verknüpften Segmente sowie der Action-String und eine kodierte Statusinformation über das Zeigegerät und die Tastatur erfragt werden. Auf Seite 266 ff der Prozedur-Referenz wird diese Prozedur im Detail beschrieben.

Locater-Ereignisse eignen sich nur dann, wenn die Position des Zeigegerät-Cursors völlig unabhängig von dem dargestellten Bild bestimmt werden soll oder irrelevant ist. Letzteres ist beispielsweise dann der Fall, wenn die Ausführung des Programms solange unterbrochen wird, bis ein Mausklick erfolgt (siehe z.B. Prozedur Pause, Prozedur-Referenz Seite 261). Soll dagegen ein bestimmtes **Bildelement** mit Hilfe des Cursors ausgewählt werden, so kann dies nur mit einem Auswahl-Ereignis erreicht werden. Dieser Ereignis-Typ wird im folgenden Abschnitt beschrieben.

9.3.4 Die Auswahl von Bildelementen

Eine wichtige Funktion, die nicht nur für jedes Graphikprogramm unerläßlich ist, sondern die auch jedes andere Programm, das mit Zeigegeräten arbeitet, benötigt, ist die **Auswahl von Bildelementen**. Ein einfaches Beispiel ist ein Programm, bei dem einzelne Aktionen dadurch ausgelöst werden, daß mit einer Maus auf einen bestimmten Bildschirmbereich geklickt wird: beispielsweise bewirkt bei einem Textverarbeitungsprogramm das Klicken auf ein bestimmtes Symbol {icon}, daß die gerade bearbeitete Datei gespeichert wird (Abb. 9.1).

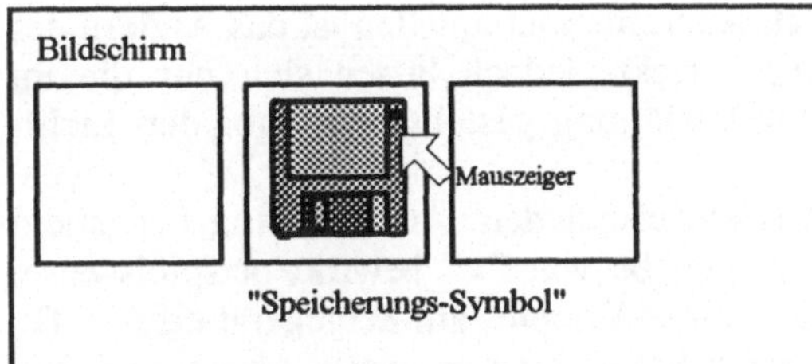

Abb. 9.1 Abspeichern einer Datei durch Klicken auf das "Speicherungs-Symbol"

In HOOPS erfolgt die Auswahl von Bildelementen durch ein *Auswahl-Ereignis* {selection event}. Ein Auswahl-Ereignis gleicht einem Locater-Ereignis bis auf einen wesentlichen Punkt: es werden nicht nur die Bildschirmkoordinaten des Zeigegerät-Cursors bestimmt, sondern diese werden mit den Bildschirmkoordinaten der dargestellten Bildelemente verglichen, und dasjenige Bildelement wird ausgewählt, welches einerseits *auswählbar* {selectable} und andererseits der Cursorposition am nächsten ist. Diese beiden Aspekte werden in Abschn. 9.3.4.1 bzw. Abschn. 9.3.4.2 besprochen. "Künstliche" Auswahl-Ereignisse können mit Compute_Selection generiert werden: die auszuwertenden Bildschirmkoordinaten werden nicht mit Hilfe eines Zeigegerätes festgelegt, sondern explizit - als Prozedurparameter - angegeben.

Ein Aufruf von Enable_Selection_Events teilt dem System mit, daß Auswahl-Ereignisse zugelassen sein sollen. Die Parameter dieser Prozedur sind - vom Action-String abgesehen - die gleichen, die bei Enable_Location_Events verwendet werden (siehe Abschn. 9.3.3).

Auswahl-Ereignisse und die in Abschn. 9.3.3 besprochenen Locater-Ereignisse können zur selben Zeit auf demselben Eingabegerät zugelassen sein. Das System "entscheidet", welches Ereignis zuerst in die Warteschlange aufgenommen wird.

9.3.4.1 Auswählbarkeit

Die *Auswählbarkeit* {selectability} eines geometrischen Elementes ist ein **Attribut**. Sie kann - wie z.B. auch die Sichtbarkeit (Abschn. 6.3) - für jeden Typ von geometrischen Grundelementen und für Windows einzeln an- bzw. ausgeschaltet werden. Nur diejenigen Bildelemente können auch ausgewählt werden, deren Auswählbarkeitsattribut gesetzt ist. Per Voreinstellung sind nur Windows auswählbar (Kap.15).

Das Ändern eines Auswählbarkeitsattributs geschieht durch die Prozedur Set_Selectability, bei deren Aufruf einerseits das zu ändernde Element und andererseits die Art und Weise des Auswählens anzugeben ist.

Das zu ändernde Element kann eines der geometrischen Grundelemente (Kanten, Linien, Flächen, Polygone, Marker, Images, Text) oder Windows sein. Außerdem kann durch die Angabe von geometry die Auswählbarkeit aller geometrischen Elemente gleichzeitig gesetzt werden, während die Angabe von everything auch Windows einschließt. Auch für Lichtquellen ist das Ändern des Auswählbarkeitsattributs (syntaktisch) korrekt. Jedoch lassen sich nur die im A.I.R.-Zusatzpaket (Abschn. 14.1) zur Verfügung gestellten polygonalen Lichtquellen **tatsächlich** auswählen.

Die Art und Weise des Auswählens entspricht dem Action-String bei einem Locater-Ereignis (Abschn. 9.3.3). Die Angabe von "**v**" bewirkt beispielsweise, daß die Auswahl durch aktives Drücken eines Knopfes am Zeigegerät erfolgt. Da diese Art des Auswählens in den meisten Fällen eine sinnvolle Alternative darstellt und somit häufig benutzt wird, kann statt "**v**" auch einfach "**on**" eingesetzt werden. Dementsprechend wird das Auswählbarkeitsattribut durch die Angabe von "**off**" gelöscht; das betreffende Element kann dann nicht mehr ausgewählt werden. Eine vollständige Erklärung aller an dieser Stelle einsetzbaren Werte findet sich in der Prozedur-Referenz auf Seite 219.

Beispielsweise bewirkt der folgende Prozeduraufruf, daß in dem betreffenden Segment Linien durch Drücken eines Zeigegerätknopfes ausgewählt werden können, Kanten jedoch nicht auswählbar sind:

```
Set_Selectability ("lines = on, edges = off")
```

Die Auswertung des Parameter-Strings erfolgt von links nach rechts, mit der Folge, daß auch der anschließende Aufruf möglich ist und bewirkt, daß alles außer Markern ausgewählt werden kann:

```
Set_Selectability ("everything = on, markers = off").
```

9.3.4.2 Weitere Auswahlregeln

Grundsätzlich sind nur diejenigen Elemente auswählbar, deren Sichtbarkeitsattribut (Abschn. 6.3) **nicht gelöscht** ist. Soll jedoch ein Element auch dann auswählbar sein, wenn es unsichtbar ist, so muß dies dem System durch ein zusätzliches Ausrufezeichen ('!') im Prozeduraufruf mitgeteilt werden. Beispielsweise bewirkt der folgende Aufruf, daß Flächen auch dann ausgewählt werden können, wenn sie unsichtbar sind:

```
Set_Selectability ("faces = on!")
```

Bei einem Auswahl-Ereignis wird dasjenige Element ausgewählt, welches der Position des Zeigegerät-Cursors im Moment der Auswahl am nächsten ist. Dabei werden die Bildschirmkoordinaten des Cursors jeweils mit den Bildschirmkoordinaten aller Elemente verglichen, deren Auswählbarkeits- (Abschn. 9.3.4.1) und Sichtbarkeitsattribut (Ausnahmen: siehe oben) nicht gelöscht ist.

In den Fällen, in denen der Cursor sich direkt auf zwei oder mehr Elementen befindet, bzw. der Abstand des Cursors zu zwei oder mehr Elementen exakt gleich groß ist, wird das Element ausgewählt, dessen Entfernung zur Kamera am geringsten ist. Diese Regel ist z.B. auch dann wichtig, wenn das Window auswählbar ist, wobei angenommen wird, daß die Entfernung des Windows zur Kamera immer größer ist als die aller in ihm enthaltenen geometrischen Elemente.

Aufgrund dieser Regeln läßt sich immer eine eindeutige Reihenfolge aller auswählbaren und sichtbaren Elemente bestimmen. Diese Reihenfolge wird dazu benutzt, eine *Elementliste* zu erstellen, die dann abgefragt werden kann, wenn das Ereignis zum aktuellen geworden ist (Abschn. 9.3.4.3). Die Länge der Elementliste - und somit der vom System benötigte Rechenaufwand - läßt sich auf zweierlei Weise beschränken. Einerseits kann ihre maximale Länge {related selection limit} festgelegt werden. Das geschieht durch die Prozedur Set_Heuristics (Abschn. 13.2). Andererseits kann die maximale Entfernung zum Cursor, in der sich in die Elementliste aufzunehmende Elemente befinden dürfen, durch die Prozedur Set_Driver_Options festgelegt werden (Prozedur-Referenz S.199).

9.3.4.3 Die Bearbeitung des Auswahl-Ereignisses

Zur Bearbeitung des aktuellen Auswahl-Ereignisses stehen eine ganze Reihe von Show-Routinen, mit denen das erste Element in der Elementliste (Abschn. 9.3.4.2) inspiziert werden kann, und die Prozedur Find_Related_Selection zur Verfügung. Der Aufruf von Find_Related_Selection hat zur Folge, daß das erste Element aus der Elementliste entfernt wird. Jeder anschließende Aufruf einer Show-Prozedur liefert also Informationen über das jeweils nächste Element in der ursprünglichen Elementliste. Auf diese Weise können alle Elemente der Liste inspiziert werden. Ist die Liste beim Aufruf von Find_Related_Selection leer, gibt die Prozedur 'false' zurück, andernfalls 'true'.

Die nachfolgende Aufstellung enthält alle Routinen zur Bearbeitung des aktuellen Auswahl-Ereignisses. Eine detailierte Beschreibung - auch ihrer Varianten - findet sich in der Prozedur-Referenz im Anhang C3 (Eingabe).

Find_Related_Selection	entfernt das erste Element aus der Elementliste, so daß das nächste Element inspiziert werden kann
Show_Selection	gibt den Namen des Segments zurück, das das ausgewählte Element enthält
Show_Selection_Element	gibt einen Schlüssel (Abschn. 2.2.1) für das ausgewählte Element und zusätzliche Informationen zurück
Show_Selection_Keys	gibt eine eindeutige Beschreibung des ausgewählten Elements in Form von Schlüsseln zurück
Show_Selection_Pathname	gibt den vollständigen Pfadnamen (Abschn. 3.2) des Segments zurück, das das ausgewählte Element enthält
Show_Selection_Position	gibt die Window- und die Weltkoordinaten (s. S. 242) der ausgewählten Position zurück
Show_Selection_Source	entspricht Show_Location_Source (Abschn. 9.3.3)

9.3.5 Einen Timer starten

Ein weiterer Ereignistyp ist das *Timer-Ereignis* {wakeup}. Hierbei handelt es sich um Ereignisse, die das **Ende eines bestimmten Zeitintervalls** anzeigen. Ein Ereignis dieses Typs kann z.B. dann benutzt werden, wenn es notwendig ist, die Ausführung des Programms für eine feste Zeitspanne zu unterbrechen.

Der Aufruf Enable_Wakeup_Events, der als Parameter eine **Zeitangabe** in Sekunden benötigt, hat zur Folge, daß ein Timer-Ereignis mit diesem Zeitintervall zugelassen wird. Ähnlich wie bei Tasten-Ereignissen, bei denen jede einzelne Taste einen eigenen Ereignistyp darstellt, werden auch bei Timer-Ereignissen durch die Angabe **verschieden langer** Zeitintervalle **verschiedene** Ereignistypen zugelassen. Das hat z.B. zur Folge, daß ein Aufruf von Disable_Wakeup_Events (1.0) nicht die Timer-Ereignisse sperrt, die mit Enable_Wakeup_Events (2.0) zugelassen wurden!

Das Zulassen eines Timer-Ereignisses bedeutet, daß eine Uhr gestartet wird. Ist die angegebene Anzahl von Sekunden verstrichen, so wird ein Timer-Ereignis in die Warteschlange aufgenommen, **und** die Uhr wird erneut gestartet. Nach Ablauf des zweiten Intervalls gelangt ein zweites Timer-Ereignis in die Warteschlange, und das dritte Intervall beginnt usw. Das System sorgt jedoch dafür, daß sich höchstens zwei Timer-Ereignisse des gleichen Typs in der Warteschlange befinden. Das bedeutet, daß zwar die Uhr immer wieder neu gestartet wird, jedoch kein weiteres Ereignis in die Warteschlange gelangt, falls sich dort bereits zwei Ereignisse dieses Typs befinden. Auf diese Weise wird verhindert, daß das System Timer-Ereignisse in der Warteschlange speichert, die vom Programm zum gegenwärtigen Zeitpunkt noch nicht abgearbeitet werden können und die somit sinnlos geworden sind.

Erst wenn durch eine entsprechende Anzahl von Disable_Wakeup_Events-Aufrufen der interne Zähler für Timer-Ereignisse eines bestimmten Typs (eines bestimmten Zeitintervalls) auf Null gesunken ist (Abschn. 9.2), wird die Uhr nicht mehr gestartet: das Timer-Ereignis ist gesperrt.

Mit Show_Wakeup kann das Zeitintervall des aktuellen (Timer-) Ereignisses erfragt werden.

9.3.6 Spezielle Ereignisse

Gelegentlich kommen bestimmte Eingabeinformationen vor, die zu keinem regulären Ereignistyp passen. Damit auch solche Informationen verarbeitet werden können, ist es möglich, einen beliebigen (speziellen) Ereignistyp zu definieren. Dies geschieht durch die Prozedur Queue_Special_Event, mit der gleichzeitig ein Ereignis dieses Typs in die Ereigniswarteschlange gebracht wird. Der Typ des Ereignisses ist special, wenn das Ereignis mit Await_Event aus der Warteschlange geholt oder mit Show_Event inspiziert wird. Jedoch kann der Typ des **speziellen** Ereignisses frei gewählt und mit Show_Special_Event erfragt werden. Darüberhinaus generieren auch einige Eingabegeräte spezielle Ereignisse (siehe Prozedur-Referenz Seite 199 Set_Driver_Options). Eine weitere Verwendung spezieller Ereignisse ist in Abschn. 14.1.1.1 und 14.1.1.2 beschrieben.

9.4 High-Level-Prozeduren

Wie schon in Abschn. 9.2 angedeutet, stellt HOOPS Eingabe-Prozeduren zur Verfügung, bei deren Verwendung der Programmierer sich nicht um die Verwaltung der Ereigniswarteschlange zu kümmern braucht. Diese Prozeduren rufen nacheinander verschiedene andere Eingabe-Prozeduren mit ganz bestimmten Parametern auf, um eine feste Folge von Aktionen durchzuführen. Daher werden sie *High-Level-Prozeduren* genannt. Die von ihnen aufgerufenen Prozeduren - das sind die "Warteschlangen-Prozeduren" Await_Event und Requeue_Event sowie die Enable-, Disable- und Show-Prozeduren - heißen dementsprechend *Low-Level-Prozeduren*. Die Verwendung von High-Level-Prozeduren hat jedoch gegenüber der von Low-Level-Prozeduren auch einige Nachteile, so daß sie nicht in jeder Situation geeignet ist.

Die Wirkungsweise einer High-Level-Prozedur sei hier am Beispiel von Get_Button verdeutlicht, einer Prozedur, die den Programmablauf solange unterbricht, bis eine beliebige Taste gedrückt wird. Der Name der gedrückten Taste wird an das Programm zurückgegeben und kann dazu benutzt werden, unterschiedliche Programmaktionen auszulösen.

Ein Aufruf von

```
Get_Button (&button),
```

wobei der Tastenname in der Variablen 'button' zurückgegeben wird, entspricht den folgenden (in Pseudo-C geschriebenen) Prozeduraufrufen:

Enable_Button_Events ("?Keyboard", "anything")	Zulassen aller Tasten
do Await_Event (&type) until strcmp (type, "button") == 0)	Auf ein Ereignis vom Typ Tastendruck warten
Disable_Button_Events ("?Keyboard", "anything")	Rücksetzen in den alten Zustand
Show_Button (&button)	Rückgabe des Tastennamens

Anhand dieser Beschreibung werden auch die Nachteile von Get_Button gegenüber den entsprechenden Low-Level-Prozeduren deutlich. Der Hauptnachteil besteht darin, daß Get_Button alle Ereignisse, die nicht vom Typ 'Taste' sind und sich in der Warteschlange vor einem Tasten-Ereignis befinden, beseitigt. Das bedeutet, es können zwar zur selben Zeit z.B. auch Auswahl-Ereignisse zugelassen sein und gegebenenfalls in die Warteschlange aufgenommen werden, falls aber ein Mausklick vor einem Tastendruck stattfindet, kann er vom System nicht verarbeitet werden, da Get_Button das entsprechende Auswahl-Ereignis aus der Warteschlange holt und "wegwirft".

Weitere Einschränkungen bestehen darin, daß es keine Kontrolle über die zu verwendende Tastatur und die zu drückenden Tasten gibt, da immer das Standard-Segment ?Keyboard sowie anything als Tastentyp verwendet wird.

Die hier dargestellten Probleme beim Gebrauch von Get_Button gelten in ähnlicher Weise auch für alle anderen High-Level-Prozeduren, die nachfolgend kurz beschrieben werden.

Alle High-Level-Prozeduren auf einen Blick

Get_Button	wartet auf einen Tastendruck und gibt den Namen der gedrückten Taste an das Programm zurück
Get_Location	wartet auf eine Zeigegerät-Eingabe und gibt die Bildschirmkoordinaten an das Programm zurück
Get_Selection	wartet auf eine Zeigegerät-Eingabe und gibt den Namen desjenigen Segments, welches das ausgewählte Darstellungselement enthält, an das Programm zurück
Get_String	erzeugt einen String-Cursor in dem als Parameter anzugebenden Segment, wartet auf eine String-Eingabe und gibt den String an das Programm zurück
Get_Wakeup	hält die Ausführung des Programms für eine als Parameter anzugebende Zeitspanne an

Des weiteren gehört zu den High-Level-Prozeduren auch die schon mehrfach erwähnte Prozedur Pause (s.a. Abschn. 9.5). Ein detaillierte Beschreibung aller High-Level-Prozeduren befindet sich in der Prozedur-Referenz auf Seite 256 ff.

9.5 Die wichtigsten Eingabe-Prozeduren auf einen Blick

Await_Event	wartet solange, bis sich mindestens ein Ereignis in der Warteschlange befindet; macht dann das am längsten wartende Ereignis zum aktuellen Ereignis
Disable_<Type>_Event	erniedrigt den internen Zähler für diesen Typ von Ereignissen um Eins - ist der Zähler danach gleich Null, so werden Ereignisse dieses Typs ignoriert
Enable_<Type>_Event	teilt dem System mit, daß es einen bestimmten Typ von Ereignissen in die Ereigniswarteschlange aufnehmen soll

Get_<Type>	High-Level-Prozedur: Wartet auf ein Ereignis eines bestimmten Typs und gibt eine Information über das Ereignis zurück
Pause	aktualisiert den Bildschirm und hält die Ausführung des Programms solange an, bis ein Tastendruck oder Mausklick erfolgt
Show_<Info>	gibt Informationen über das aktuelle Ereignis zurück

9.6 Ein Beispiel

Das nachfolgende Beispiel zeigt, wie geometrische Elemente per Mausklick ausgewählt und wie Eingaben unterschiedlicher Eingabegeräte (Maus und Tastatur) gleichzeitig verarbeitet werden.

Auf dem Bildschirm wird das Drahtmodell eines Fußballs sowie in der rechten oberen Ecke ein "Quit"-Knopf dargestellt (Abb. 9.2). Mit der Maus kann auf eine Kante des Fußballs geklickt werden. Diese wird daraufhin fett und rot dargestellt. War bereits vorher eine andere Kante ausgewählt, so wird diese nun wieder normal dargestellt. Der Vorgang des Auswählens kann solange wiederholt werden, bis das Programm entweder durch Klicken auf den "Quit"-Knopf oder durch Drücken der Taste 'q' beendet wird. Das Drücken einer von 'q' verschiedenen Taste bewirkt lediglich, daß die vorher ausgewählte Kante wieder normal dargestellt wird.

Die geometrischen Daten des Fußballs werden einer Datei entnommen (Abschn. 12.1.1). Da es sich dabei um Polygone handelt, muß die Auswählbarkeit von Polygonen in ?Picture eingeschaltet werden. Das Klicken auf eine Kante bewirkt daher, daß dasjenige **Polygon** ausgewählt wird, welches im Moment des Mausklicks dem Maus-Cursor am nächsten war. Polygone bestehen aus Flächen **und Kanten**, so daß das Löschen des Sichtbarkeitsattributs von Flächen der Auswahl von Polygonen nicht entgegensteht (vgl. Abschn. 9.3.4.2).

Das Hervorheben der ausgewählten Kante geschieht nun, indem eine rote fette Kopie dieser Kante über die ausgewählte Kante gelegt wird. (Eine andere Technik des Hervorhebens - das Sperren von Attributen - wird in Abschn. 10.6 beschrieben.) Die Kopie, deren Daten mit Hilfe der entsprechenden Show-Routinen erfragt werden, wird in ein eigenes Segment eingefügt. In diesem Segment wird die Technik der 'quick moves' angewendet. Dieses in Abschn. 13.2 beschriebene Verfahren erlaubt es, geometrische Elemente auf dem Bildschirm darzustellen und wieder zu löschen, ohne das darunterliegende Bild neu zeichnen zu müssen.

Das Programm könnte folgendermaßen aussehen:

```
#define streq(a,b) (strcmp(a,b) == 0)          /* Definition eines Makros für    */
                                               /* den Vergleich von Strings      */
typedef struct {                               /* Typ-Definition eines           */
float x, y, z;                                 /* 3D-Punktes                     */
  } Point;

int main() {
HC_Open_Segment ("?picture");
  HC_Set_Metafile ("read, name = socbal");     /* Einlesen der Fußballdaten      */
  HC_Set_Visibility ("faces = off");           /* Darstellung als Drahtmodell    */
  HC_Set_Selectability ("polygons = on");      /* Polygone sind auswählbar       */

  HC_Open_Segment ("quit");                    /* Definition des "Quit"-Knopfs   */
    HC_Set_Window (0.6, 0.9, 0.7, 0.9);
    HC_Insert_Text (0.0, 0.0, 0.0, "Quit");
    HC_Set_Selectability ("geometry = off");   /* nur das Window ist hier        */
  HC_Close_Segment ();                         /* auswählbar                     */

HC_Close_Segment();

HC_Define_Alias ("?AUSWAHL","?picture/Auswahl und quick moves");
                                               /* Definition eines Kurznamens    */
HC_Open_Segment ("?AUSWAHL");                  /* Initialisierung von AUSWAHL    */
  HC_Set_Selectability ("geometry = off");     /* die Kopie der ausgewählten     */
                                               /* Kante ist nicht auswählbar!    */
  HC_Set_Heuristics ("quick moves");           /* Einschalten der Quick moves    */
  HC_Set_Color ("red");                        /* alles wird hier rot und        */
  HC_Set_Line_Weight (5.0);                    /* fünf Pixel dick gezeichnet     */
HC_Close_Segment();

char segment[100], type[100];                  /* Variablen-Definitionen         */
char button[20];
long key;
int  offset1, offset2, offset3;

do {
  HC_Enable_Selection_Events ("?Locater", "?Picture");
                                               /* Auswahl- und Tasten-           */
  HC_Enable_Button_Events ("?Keyboard", "anything");
                                               /* Ereignisse sind möglich        */
  HC_Await_Event (type);                       /* Warten auf ein Ereigniss       */
  HC_Disable_Selection_Events ("?Locater", "?Picture");
                                               /* Auswahl- und Tasten-           */
  HC_Disable_Button_Events ("?Keyboard", "anything");
                                               /* Ereignisse sperren             */
  HC_Flush_Geometry ("?AUSWAHL");              /* alte Kopie entfernen           */
                                               /* (s. Prozedur-Referenz S.283)   */
  if (streq (type, "selection")) {             /* falls Auswahl-Ereignis:        */
    HC_Show_Selection (segment);               /* Segmentnamen erfragen          */
    HC_Show_Selection_Element (&key,           /* Schlüssel des ausgewählten     */
    &offset1, &offset2, &offset3);             /* Elementes erfragen             */
```

```
                                            /* Ist das ausgewählte Element      */
                                            /* ein Window, sind alle drei       */
                                            /* Offsets -1!                      */
                                            /* Ist das ausgewählte Element ein */
                                            /* Polygon, enthalten die ersten    */
                                            /* beiden Offsets die Endpunkte     */
                                            /* der dichtesten Kante! Details s. */
                                            /* Prozedur-Referenz S.268          */
      HC_Show_Key_Type (key, type);         /* Window oder Polygon ?            */
      if (streq (type, "polygon")) {        /* ist es ein Polygon:              */
        Point p1, p2;
        HC_Show_Partial_Polygon (key, offset1, 1, &p1);
                                            /* Erfragen der Eckpunkt-           */
        HC_Show_Partial_Polygon (key, offset2, 1, &p2);
                                            /* koordinaten - siehe              */
                                            /* Prozedur-Referenz Seite 313      */
        HC_QInsert_Line ("?AUSWAHL",p1.x, p1.y, p1.z, p2.x, p2.y, p2.z);
                                            /* Erstellen einer Kopie der        */
                                            /* Kante in AUSWAHL                 */
      }
    }
    else if (streq (type, "button")) {      /* falls Tasten-Ereignis:           */
      HC_Show_Button (button);              /* Erfragen des Tasten-Namens       */
    }
  }
  while (!((streq (button,"q")) || (streq (segment,"quit"))));
                                            /* das Programm erst beenden,       */
                                            /* wenn das Quit-Window gewählt     */
                                            /* oder "q" gedrückt wurde          */
  return 0;
}
```

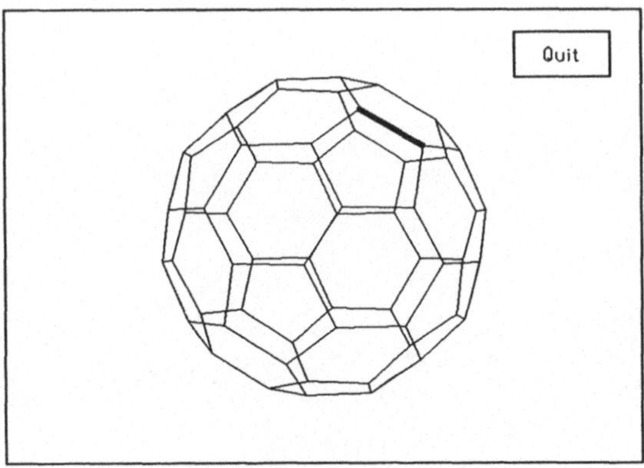

Abb. 9.2 Eine Kante des Fußballs wurde ausgewählt

10 Weitere Techniken der Segmentverwaltung

Dieses Kapitel stellt eine Reihe verschiedener Techniken und Verfahren vor, die es dem Entwickler interaktiver Graphikprogramme möglich machen, dem Anwender komfortable und nützliche Funktionen zur Bearbeitung geometrischer Daten zur Verfügung zu stellen. Jeder der folgenden Abschnitte enthält eine kurze Beschreibung eines dieser Verfahren sowie einen Hinweis auf eine mögliche Anwendung. Die für die Programmierung notwendigen Details und zusätzliche Erläuterungen werden in der Prozedur-Referenz bei den entsprechenden Prozeduren angegeben.

10.1 Wildcard-Segmentnamen

Manche Prozeduren, bei denen ein (oder mehrere) Segmentnamen als Parameter anzugeben sind, erlauben die Verwendung von *Wildcards* (Platzhaltern), *Auslassungen* {ellipses} und anderen Platzhaltern. Die betreffende Prozedur wird dann auf alle Segmente angewandt, deren Namen die angegebene Spezifikation erfüllen. Es folgt eine Beschreibung der wichtigsten Syntaxelemete:

.	Ein Punkt bezeichnet das aktuelle Segment.
.. oder ^	Zwei Punkte (oder ein Aufwärtspfeil) bezeichnen das Muttersegment des aktuellen Segments.
...	Drei Punkte (Auslassung) bezeichnen einen beliebigen Segmentnamen.
*	Ein Stern steht für kein, ein oder mehrere Zeichen.
%	Das Prozentzeichen steht für genau ein Zeichen (nur am Anfang eines Segmentnamens zulässig!).

Beispiele:

?Picture/.../geo*	alle Subsegmente (und Sub-Subsegmente etc.) von ?Picture, deren Namen mit 'geo' beginnen
^/*	alle Subsegmente des Muttersegments des aktuellen Segments, d.h. das aktuelle Segment und alle seine "Geschwister"

./% alle Subsegmente des aktuellen Segments, deren Namen genau ein Zeichen lang sind

Die vollständige Syntax für Segmentnamen ist im Original-Handbuch angegeben.

10.2 Segmente verschieben und kopieren

Mit Hilfe der Prozedur Rename_Segment können Segmente nicht nur umbenannt, sondern auch an eine andere Stelle des Segmentbaumes **verschoben** werden. Beim Aufruf der Prozedur sind als Parameter der alte und der neue Segmentname anzugeben. Wird der neue Name mit dem **gleichen** - relativen oder vollständigen (Abschn. 3.2) - Pfad angeben, so erfolgt lediglich eine Umbenennung. Der Aufruf von

```
Rename_Segment ("Hoopsy","Kasper")
```

im Segment ?Picture bewirkt folgende Änderung im Segmentbaum von Abb. 3.2:

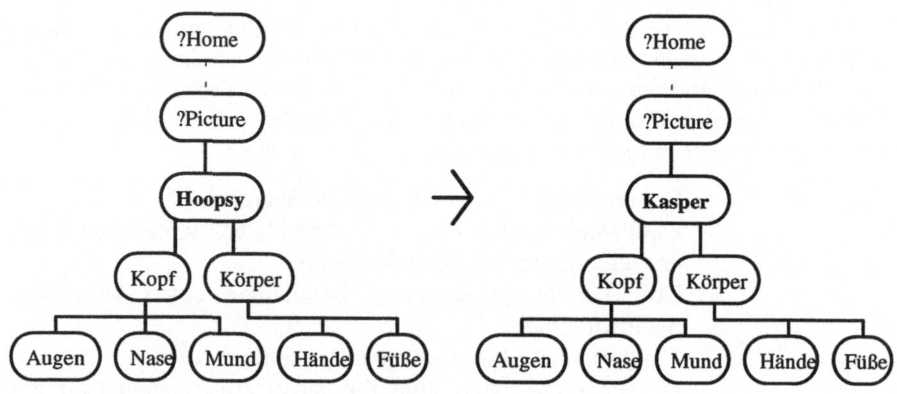

Abb. 10.1: Umbenennen eines Segments

Wird als neuer Name jedoch eine andere Stelle im Segmentbaum angeben, so wird das Segment dahin verschoben, d.h. die Segmentstruktur ändert sich. Der folgende Aufruf im Segment Hoopsy bewirkt die in Abb. 10.2 dargestellte Änderung:

```
Rename_Segment ("Koerper","Kopf/*")
```

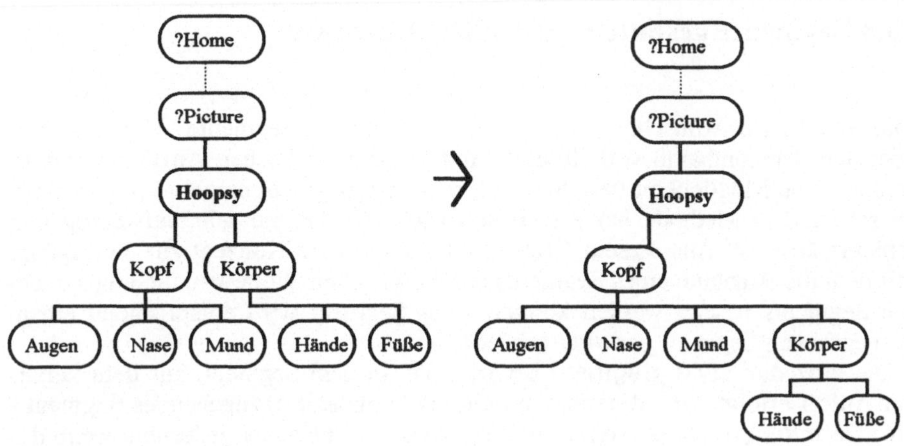

Abb. 10.2 Verschieben eines Segments

Dieses Beispiel zeigt, daß das Segment samt seiner Subsegmente verschoben wird. Natürlich kann im obigen Aufruf statt der Wildcard (*), die zur Beibehaltung des Names führt, auch ein anderer Name angegeben werden. Damit wird das Segment gleichzeitig umbenannt. Wildcards können außerdem dazu benutzt werden, mehrere Segmente auf einmal zu verschieben (Prozedur-Referenz S.328).

Beim Aufruf von Rename_Segment kann der zweite Parameter auch ganz weggelassen werden: das betreffende Segment wird dann zu einem unbenannten Segment (Abschn. 10.5).

Das verschobene Segment "verhält" sich an seinem neuen Ort so, als ob es dort erzeugt worden wäre. Das bedeutet, daß sich all die Attibute ändern können, die dort nicht explizit gesetzt sind.

Durch das Verschieben eines Segments in einen momentan nicht sichtbaren Ast des Segmentbaums kann der gesamte Segmentinhalt aus der aktuellen Szene entfernt werden. Natürlich ist der umgekehrte Vorgang ebenso möglich und sinnvoll, bei dem ein komplettes Segment in die aktuelle Bildschirmszene gebracht wird.

Das **Kopieren** von Segmenten erfolgt in gleicher Weise wie das Verschieben. Die Prozedur Copy_Segment ist gegenüber Rename_Segment nur insofern verschieden, als daß das zu kopierende (verschiebende) Segment an seiner alten Stelle im Segmentbaum nicht gelöscht wird. Mit Hilfe von Wildcards können mehrere Segmente zugleich kopiert werden (Prozedur-Referenz Seite 323).

10.3 Segmente gestalten - die ?Style Library

Manchmal ist es wünschenswert, den Inhalt mehrerer Segmente - die u.U. weit über den Segmentbaum verteilt sind - mit exakt den gleichen Attributen darzustellen. Eine Möglichkeit besteht darin, in jedem Segment einzeln alle Attribute zu setzen. Die Methode hat jedoch den Nachteil, daß sie sehr aufwendig und fehleranfällig ist. Aus diesem Grund stellt HOOPS ein Konzept zur Verfügung, mit dem die Attribute eines Segments auf die gleichen Werte wie die eines anderen Segments gesetzt werden können - das Segment wird entsprechend einem vorgegebenen Segment *gestaltet* {styled}.

Die Prozedur Style_Segment bewirkt, daß in dem Segment, aus dem heraus der Aufruf erfolgt, eine Referenz auf ein als Parameter anzugebendes Segment - eine *Gestaltungsvorlage* {style} - erzeugt wird. Das bedeutet, jedesmal, wenn das Segment auf dem Bildschirm dargestellt werden soll, sucht das System nach der Gestaltungsvorlage, um daraus die Attribute[1] für die Darstellung zu entnehmen. Die Gestaltungsvorlage muß jedoch bereits beim Aufruf von Style_Segment existieren!

Gestaltungsvorlagen sollten in einem zu ?Picture parallelen Ast des Segmentbaumes, der ?Style Library, gehalten werden und keine geometrischen Elemente enthalten. Diese Bedingungen sind zwar nicht zwingend notwendig - im Prinzip kann jedes Segment als Gestaltungsvorlage verwendet werden -, sollten jedoch aus systematischen und ästhetischen Gesichtspunkten eingehalten werden. Da nur ?Picture mit dem Bildschirm verknüpft ist, würden eventuelle geometrische Elemente eines ?Style Library-Segments ohnehin nicht dargestellt werden.

Welchen Wert ein bestimmtes Attribut in einem zu gestaltenden Segment nun tatsächlich hat, hängt von folgenden Regeln ab:

- ist in dem zu gestaltenden Segment ein Attribut explizit gesetzt, so behält es diesen Wert, andernfalls erhält es den Wert der Gestaltungsvorlage
- eingebundene Segmente (Abschn. 10.4) und Subsegmente der Gestaltungsvorlage sind irrelevant
- falls mehrere Gestaltungsvorlagen auf ein Segment angewendet werden sollen (das ist beispielsweise dann der Fall, wenn der Parameter Wildcards enthält), ist der Wert eines Attributs unvorhersagbar, falls sich die Vorlagen darin widersprechen
- falls Vorlagen selbst aufgrund anderer Vorlagen gestaltet werden sollen, wird zuerst die Vorlage verwendet, die keinen Aufruf von Style_Segment enthält; danach wird die anhand der ersten Vorlage gestaltete Vorlage benutzt etc. - das Ergebnis dieses Prozesses wird schließlich auf das ursprünglich zu gestaltende Segment angewendet.

[1] Die Attribute 'driver' (Prozedur-Referenz S.195), 'streaming mode' (Abschn. 3.5.2) und 'metafile' (Abschn. 12.1.1) werden nicht durch eine Gestaltungsvorlage verändert!

Abschnitt 10.6 erläutert, welchen Einfluß das Attribut 'attribute lock' auf gestaltete Segmente hat (siehe auch das dort angegebene Beispiel).

10.4 Segmente einbinden - die ?Include Library

In vielen Fällen ist es nützlich, ein Objekt (oder eine ganze Szene) in mehreren, vielleicht sogar vielen verschiedenen Kontexten verwenden zu können, ohne das Objekt jedesmal von neuem an der entsprechenden Stelle im Segmentbaum aufzubauen. Beispielsweise sollte ein einmal entwickeltes Icon immer wieder abrufbar sein. Auch wäre es sinnvoll, eine komplette Szene, die z.B. in mehreren Ansichten auf dem Bildschirm dargestellt werden soll, nicht in jedem der dafür vorgesehenen Segmente (diese unterscheiden sich dann lediglich durch einige Kameraattribute!), sondern nur ein einziges Mal zu erzeugen.

Ein Verfahren zum mehrfachen Verwenden von Segmenten wurde bereits in Abschn. 10.2 beschrieben: das Kopieren von Segmenten. Diese Technik impliziert jedoch, daß eine Änderung an einem Objekt, welches bereits an mehrere andere Stellen des Segmentbaums kopiert wurde, sich nicht auf diese Stellen auswirkt. Das kann durchaus sinnvoll sein. Jedoch ist häufig auch das Gegenteil erwünscht: eine Änderung in einer Szene, die auf der linken Bildschirmseite als Drahtmodell dargestellt wird, sollte automatisch auch in der schattierten Ansicht auf der rechten Seite erfolgen.

Für solche Fälle stellt HOOPS das Konzept der *Segment-Einbindung* zur Verfügung. Der Aufruf der Prozedur Include_Segment erzeugt im aktuellen (einbindenden) Segment einen Verweis auf ein als Parameter anzugebendes Segment: das einzubindende Segment. Das bedeutet, daß das System immer dann, wenn das einbindende Segment auf dem Bildschirm dargestellt werden soll, nach dem eingebundenen Segment sucht und es ebenfalls auf dem Bildschirm darstellt, so als wäre es ein Subsegment des einbindenden Segments.

Das eingebundene Segment kann jedoch nicht die Darstellung des einbindenden Segments oder irgendwelcher andere Segmente, die sich im Teilbaum des einbindenden Segments befinden, beeinflussen. Beispielsweise scheint eine in dem eingebundenen Segment vorhandene Lichtquelle (Abschn. 8.1) lediglich auf den Inhalt ihres eigenen Segments und ggf. dessen Subsegmente, auch wenn das eingebundene Segment kein Window hat!

Eine Einbindung ist im Gegensatz zum Kopieren "zeitlos", da jede Änderung im eingebundenen Segment bei jeder Darstellung des einbindenden Segments berücksichtigt wird. Beim Aufruf von Include_Segment muß das einzubindende Segment lediglich existieren, der genaue Inhalt braucht jedoch noch nicht festzustehen.

Prinzipiell kann jedes Segment von anderen eingebunden werden. Um jedoch zu verhindern, daß eingebundene Segmente plötzlich und unerwartet in der aktuellen Bildschirmszene auftauchen, sollten sie in der ?Include Library, einem zu ?Picture parallen Ast des Segmentbaums, erzeugt werden. Dort sind sie immer "unsichtbar" - da ja nur ?Picture mit dem Bildschirm verknüpft ist - und können zu einer "Segmentbibliothek" aufgebaut werden.

Ein Beispiel

In Abschnitt 4.3 wurde ein Kreis in verschiedenen Darstellungen in mehreren Windows gezeichnet. Das Programm zur Lösung dieser Aufgabe könnte unter Anwendung des eben beschriebenen Verfahrens auch folgendermaßen aussehen:

```
int main () {
float q[3],r[3],s[3];
q[0]=0.0; q[1]=0.7;  q[2]=0.0;
r[0]=0.0; r[1]=-0.7; r[2]=0.0;                /* q, r und s sind drei Punkte     */
s[0]=0.7; s[1]=0.0;  s[2]=0.0;                /* auf der Kreislinie              */

HC_Open_Segment ("?Include Library/Kreis"); /* Erzeugen des einzubindenden */
                                              /* Segments                        */
  HC_Insert_Circle (q,r,s);                   /* Erzeugen eines Kreises          */
HC_Close_Segment ();

HC_Open_Segment ("?Picture");                 /* ?Picture öffnen                 */
  HC_Open_Segment ("Drahtmodell");            /* Drahtmodell                     */
    HC_Set_Window (-1.0,0.0,-1.0,1.0);
    HC_Set_Visibility ("faces = off");
    HC_Include_Segment ("?Include Library/Kreis");/* Einbinden des Kreises      */
  HC_Close_Segment ();

  HC_Open_Segment ("Flaechenmodell");         /* Flächenmodelle                  */
    HC_Set_Window (0.0,1.0,-1.0,1.0);

    HC_Open_Segment ("Streifen");             /* Streifenmuster                  */
      HC_Set_Window (-1.0,1.0,0.0,0.33);
      HC_Set_Face_Pattern ("==");
      HC_Include_Segment ("?Include Library/Kreis");/* Einbinden des Kreises    */
    HC_Close_Segment ();

    HC_Open_Segment ("Karos");                /* Karomuster                      */
      HC_Set_Window (-1.0,1.0,-1.0,-0.33);
      HC_Set_Face_Pattern ("<><>");
      HC_Include_Segment ("?Include Library/Kreis");/* Einbinden des Kreises    */
    HC_Close_Segment ();

    HC_Include_Segment ("?Include Library/Kreis");/* Einbinden des Kreises      */
                                              /* Kreis ist teilweise verdeckt    */
  HC_Close_Segment ();
HC_Close_Segment ();                          /* ?Picture schließen              */
HC_Pause ();
return 0;
}
```

Das Ergebnis ist das gleiche wie in Abschn. 4.3 (s. Abb. 4.2).

10.5 Unbenannte Segmente

Ein Segment wird normalerweise durch die Prozedur Open_Segment, die als Parameter den (neuen) Segmentnamen benötigt, erzeugt. Es gibt jedoch viele Situationen, in denen es lästig oder unnötig ist, einem neuen Segment einen Namen zu geben. Soll beispielsweise ein komplexer Körper aus vielen Polygonen aufgebaut werden, die verschiedene Attribute haben (z.B. verschiedene Farben), so muß jedes Polygon in einem separaten Segment mit einem individuellen Namen liegen. Wenn diese Segmente nun aber anschließend nur in ihrer Gesamtheit oder überhaupt nicht mehr bearbeitet (d.h. geöffnet) werden, ist es unnötig, ihnen sinnvolle bzw. bedeutungsvolle Namen zu geben. Eine Benennung im Sinne von 'Polygon 1',...,'Polygon n' ist natürlich immer möglich, doch kann diese Arbeit auch dem System überlassen werden. Zu diesem Zweck enthält HOOPS das Konzept der *unbenannten Segmente* {unnamed / no-name segments}.

Unbenannte Segmente werden erzeugt, indem beim Aufruf von Open_Segment **kein** Name angegeben wird; beispielsweise ist in C ein leerer String ("") anzugeben. Jeder Aufruf der Prozedur ohne Namensangabe erzeugt in dem aufrufenden Segment ein **weiteres** unbenanntes Segment. Dieses erhält vom System einen individuellen Namen. Über diesen kann z.B. nach einem Auswahl-Ereignis (Abschn. 9.3.4) das ausgewählte Segment geöffnet und bearbeitet werden. Im folgenden Beispiel wird ein Polyeder aus unbenannten Segmenten, die je ein grünes Polygon enthalten sollen, aufgebaut. Mit der Maus kann dann ein Polygon ausgewählt werden, das daraufhin rot dargestellt wird:

```
...
char segmentname[100];                   /* Variablen-Definition          */
...
HC_Open_Segment ("?Picture/Polyeder/");  /* Erzeugen eines Polyeders      */
  HC_Set_Color ("faces = green");        /* Flächenfarbe ist 'grün'       */

  HC_Open_Segment ("");                  /* Erzeugen eines unbenannten    */
    HC_Insert_Polygone (5,poly);         /* Segments mit einem Polygon    */
  HC_Close_Segment ();

  HC_Open_Segment ("");                  /* Erzeugen weiterer             */
...                                      /* unbenannter Segmente          */
...                                      /* mit je einem Polygon          */
HC_Close_Segment ();                     /* Das Polyeder ist fertig       */

HC_Set_Selectability ("polygons = on");  /* Polygone sind auswählbar      */
HC_Get_Selection (segmentname);          /* Warten auf einen Mausklick    */
                                         /* Rückgabe des Segmentna-       */
                                         /* mens, in dem das ausgewähl-   */
```

```
                                         /* te Polygon liegt - das ist der  */
                                         /* Name, den das System beim      */
                                         /* Aufruf von Open_Segment ("")   */
                                         /* vergebenen hat                 */
HC_Open_Segment (segmentname);           /* Öffnen dieses Segments         */
  HC_Set_Color ("faces = red");          /*Flächenfarbe auf 'rot' setzen   */
HC_Close_Segment ();

HC_Pause ();                             /* Ergebnis ansehen               */
...
```

Dieses Beispiel zeigt außerdem eine weitere Anwendung unbenannter Segmente: falls auf (gleichartige) Segmente nur mit Hilfe von Prozeduren (hier: Get_Selection) zugegriffen werden soll, die den Segmentnamen in einer Variablen (hier: 'segmentname') an das System zurückgeben, so ist es nicht erforderlich, diesen Segmenten bei ihrer Erzeugung individuelle Namen zu geben.

Sollen alle Subsegmente eines Segments in gleicher Weise geändert werden, so kann dies mit Hilfe von Wildcards geschehen. Insofern läßt sich natürlich auch auf die unbenannten Subsegmente zugreifen. Beispielsweise setzt der folgende Aufruf in jedem der unbenannten Segmente (siehe obiges Beispiel) die Flächenfarbe wieder auf 'grün' zurück:

```
QSet_Color ("?Picture/Polyeder/*","faces = green")
```

Zuletzt sei noch erwähnt, daß unbenannte Segmente auch durch die Prozedur KOpen_Segment erzeugt werden können, die einen Schlüssel für das Segment zurückgibt. Solche Segmente können dann entweder durch Open_Segment unter Angabe ihres vom System vergebenen Namens (s.o.) oder durch Open_Segment_By_Key unter Angabe des Schlüssels geöffnet werden.

10.6 Attribute sperren

Komplexe Objekte bestehen in HOOPS immer aus mehr oder weniger großen Teilbäumen, deren Segmente und Subsegmente sich in ihren Attributen unterscheiden. Manchmal kommt es vor, daß ein Attribut in allen zu einem solchen Objekt gehörenden Segmenten **temporär** auf einen **einheitlichen** Wert gesetzt werden soll. Um beispielsweise ein Polyeder, das aus vielen Polygonen unterschiedlicher Farbe besteht, gegenüber anderen Objekten auf dem Bildschirm besonders hervorzuheben, könnten alle seine Flächen vorübergehend hellrot dargestellt werden. Damit in einem solchen Fall das betreffende Attribut nicht in jedem Segment einzeln geändert und anschließend auf seinen ursprünglichen Wert zurückgesetzt werden muß, stellt HOOPS einen Mechanismus zur Verfügung, mit dem dies auf einfache Weise erreicht werden kann.

Mit Hilfe der Prozedur Set_Rendering_Options kann die Vererbung eines Attributs erzwungen werden - das betreffende Attribut wird *gesperrt* {locked}.

Beispielsweise habe das Segment Cubus sechs Subsegmente, die je ein Polygon enthalten. Jedes Polygon habe eine andere Farbe, d.h. jedes Subsegment enthält einen Aufruf der Prozedur Set_Color. In Cubus selbst sei die Farbe auf hellrot gesetzt. Wenn nun alle Flächen des Würfels vorübergehend hellrot dargestellt werden sollen, so wird das durch folgenden Aufruf im Segment Cubus erreicht:

```
Set_Rendering_Options ("attribute lock = (color = face)")
```

Dieser Aufruf ändert das Attribut 'attribute lock', das für jedes Attribut die Information enthält, ob dieses gesperrt ist oder nicht: das Attribut 'Flächenfarbe' ist damit gesperrt. Die (lokalen) Flächenfarben in den Subsegmenten haben keinen Einfluß mehr auf die Darstellung: jedes Polygon wird nun hellrot gezeichnet.

Jedes der in Kapitel 15.5 aufgelisteten **vererbbaren** Attribute kann auf diese Weise gesperrt werden. Die Attribute 'streaming mode' (Abschn. 3.5.2), 'metafile' (Abschn. 12.1.1) und 'window' (Kap. 4) sind nicht vererbbar und können daher auch nicht gesperrt werden. Zu beachten ist dabei, daß nur die Farbe und die Sichtbarkeit gezielt (d.h. für einzelne geometrische Elemente) gesperrt werden können. Alle anderen Attribute können nur **als Ganzes** gesperrt werden! Das gilt beispielsweise für die Kameraeinstellungen ('camera') - z.B. kann die Kamera**position** nicht separat gesperrt werden - und die Darstellungsoptionen ('rendering options'). Zu den letzteren gehört auch das Attribut 'attribute lock'. Dieses kann jedoch - im Gegensatz zu allen anderen Attributen - selbst **nicht** gesperrt werden!

Eine beliebige Kombination von Attributen kann durch einen einzigen Aufruf gesperrt werden. Dazu sind die Attribute - durch Kommata getrennt - einzeln aufzulisten. Beispielsweise sperrt der folgende Aufruf die Kameraeinstellungen, die Linien- und Flächenfarbe sowie die Sichtbarkeit von Kanten:

```
Set_Rendering_Options("attribute lock = (camera, color=(face,line), visibility=(edge))")
```

Durch die Angabe von everything werden alle Attribute gesperrt.

Gesperrte Attribute erhalten auch dann ihren Wert durch Vererbung, wenn das betreffende Segment mit einer Gestaltungsvorlage verknüpft ist, d.h. Gestaltungsvorlagen (Abschn. 10.3) haben auf gesperrte Attribute keinen Einfluß!

Als zusätzliche Möglichkeit kann auch das Wort style eingesetzt werden:

```
Set_Rendering_Options ("attribute lock = style")
```

Das hat zur Folge, daß etwaige Gestaltungsvorlagen bei der Darstellung der Subsegmente des aufrufenden Segments ignoriert werden.

Jedes Subsegment hat die Möglichkeit, die Sperrung seiner Attribute wieder aufzuheben (das ist immer möglich, da - wie oben bereits erwähnt - das 'attribute lock'-Attribut selbst nicht gesperrt werden kann). Der Aufruf

```
Set_Rendering_Options ("no attribute lock")
```

bewirkt, daß alle Attribute in dem aufrufenden Segment (und all seinen Subsegmenten, denn das Attribut 'attribute lock' vererbt sich wie jedes andere Attribut!) "entsperrt" werden. Ein selektives Entsperren einzelner Attribute ist nicht möglich.

Ein Beispiel

Das folgende Programmbeispiel zeigt, wie die Farbe in zwei Subsegmenten von ?Picture vom Wert des Attributs 'attribute lock' abhängt. Außerdem wird die Verwendung der ?Style Library demonstriert.

```
main () {
HC_Open_Segment ("?Style Library/alles rot"); /* erzeugen einer Gestaltungs-*/
  HC_Set_Color ("rot");                       /* vorlage                   */
HC_Close_Segment ();

HC_Open_Segment ("?Picture");

  HC_Open_Segment ("Seg1");                   /* erzeugen von zwei Seg-    */
                                              /* menten, die jeweils einen */
    HC_Insert_Text (0.0, 0.5, 0.0, "Text 1"); /* Text enthalten            */
  HC_Close_Segment ();

  HC_Open_Segment ("Seg2");                   /* das zweite Segment soll   */
    HC_Insert_Text (0.0, -0.5, 0.0, "Text 2"); /* mit Hilfe einer Vorlage ge- */
    HC_Style_Segment ("?Style Library/alles rot"); /* staltet werden       */
  HC_Close_Segment ();

HC_Close_Segment ();
                                              /* Im folgenden werden jeweils */
                                              /* beim Aufruf von Pause die */
                                              /* derzeitigen Farben der Texte */
                                              /* mit einer kurze Begründung */
                                              /* in Klammern angegeben.    */
HC_Pause ();                                  /* Seg1: schwarz (Vererbung) */
                                              /* Seg2: rot (gestaltet)     */
HC_QSet_Color ("Text 1","blue");
HC_QSet_Color ("Text 2","yellow");
HC_Pause ();                                  /* Seg1: blau (explizit gesetzt) */
                                              /* Seg2: gelb (explizit gesetzt, */
                                              /* die Gestaltungsvorlage ist */
                                              /* jetzt unwirksam)          */
HC_QSet_Rendering_Options ("?Picture","attribute lock = color");
HC_Pause ();                                  /* Seg1, Seg2: schwarz       */
                                              /* (Farbe ist gesperrt)
HC_QSet_Rendering_Options ("Seg2","no attribute lock");
HC_Pause ();                                  /* Seg1: schwarz (gesperrt)  */
                                              /* Seg2: gelb (Sperrung ist  */
                                              /*        aufgehoben)        */
HC_QUnSet_Rendering_Options ("?Picture");
HC_QUnSet_Color ("Text 2");
HC_Pause ();                                  /* Seg1: blau (Sperrung ist  */
                                              /*        aufgehoben)        */
                                              /* Seg2: rot (Sperrung ist   */
                                              /* aufgehoben - da außerdem  */
                                              /* keine Farbe (mehr) explizit */
```

```
                                   /* gesetzt ist, ist nun die          */
                                   /* Gestaltungsvorlage wirksam)*/
HC_QSet_Rendering_Options ("?Picture","attribute lock = style");
HC_Pause ();                       /* Seg1: blau (wie oben)             */
                                   /* Seg2: schwarz (Vererbung -        */
                                   /* die Anwendung von Gestal-         */
                                   /* tungsvorlagen ist gesperrt)       */
}
```

10.7 Suchen im Segmentbaum

Für die meisten Anwendungsprogramme ist die bloße Darstellung graphischer Information nicht ausreichend. Die in der Datenbasis gehaltenen geometrischen Elemente sollen manipuliert und in geeigneter Weise verwaltet werden können. Um diesen Anforderungen zu genügen, muß es auch eine Möglichkeit geben, die Datenbasis anhand bestimmter Kriterien durchsuchen zu können.

Zu diesem Zweck stellt HOOPS eine Reihe von Prozeduren zur Verfügung, mit denen nicht nur nach geometrischen Elementen, sondern auch nach Segmenten, Attributen und anderen Informationen gesucht werden kann. Das allgemeine Schema einer Suche, das für alle Suchen in gleicher Weise gilt, wird in Abschn. 10.7.1 beschrieben. Die darauf folgenden Abschnitte beschreiben die Suche nach Segmenten, Segmentinhalten und Kurznamen.

10.7.1 Die allgemeine Aufrufsequenz

In HOOPS besteht die Möglichkeit, den Segmentbaum nach **Segmenten** {segments} und **Segment-Inhalten** {contents} und das System nach **Kurznamen** {alias}, **Farbnamen** {color names} und **Schriftarten** {fonts} zu durchsuchen. (Die Suche nach Farbnamen und Schriftarten wurde bereits in Abschn. 6.2.2 bzw. in Abschn. 5.5.3 erörtert). Für jedes dieser Elemente existieren eigene Prozeduren. Das nachfolgend dargestellte allgemeine Schema einer Suche ist jedoch überall gleich, so daß für eine konkrete Suche lediglich der spezielle Name der Prozedur eingesetzt werden muß (statt <wonach> muß jeweils eines der Worte Segment, Open_Segment, Contents, Alias, Color_Name oder Font eingesetzt werden):

Begin_<wonach>_Search — Die Suche wird initialisiert. Beim Aufruf ist als Parameter anzugeben, wo und wonach gesucht werden soll.

Find_<wonach> — Die Suche wird durchgeführt. Jeder Aufruf dieser Prozedur liefert ein weiteres - die Suchbedingung erfüllendes - Element (Referenz-Parameter) und gibt 'true' zurück. Sind bereits alle Elemente gefunden, gibt die Prozedur 'false' zurück.

Show_<wonach>_Count — Der Aufruf dieser Prozedur ist optional. Es wird die Anzahl der Elemente zurückgegeben, die die Suchformulierung erfüllen.

End_<wonach>_Search — Die monentan aktive Suche wird beendet (wichtig für geschachtelte Suchen - s.u.).

Eine Suche wird immer mit einer Begin-Prozedur begonnen und mit einer End-Prozedur beendet. Die beiden anderen Prozeduren dürfen nur zwischen diesen beiden Prozeduren aufgerufen werden. Die Show-Prozeduren geben immer die Anzahl **aller** Elemente zurück, die die Suchbedingung erfüllen, und nicht etwa die Anzahl der noch verbleibenden; d.h. nicht die Anzahl derjenigen, die noch nicht durch einen Aufruf der Find-Prozedur zurückgegeben wurden! Mit Hilfe der Show-Prozeduren kann z.B. die Größe einer Datenstruktur bestimmt werden, die alle gefundenen Elemente aufnehmen soll. Die Find-Prozeduren werden im allgemeinen in einer Programmschleife so oft aufgerufen, bis alle Elemente gefunden sind; es wird dann 'false' zurückgegeben.

Innerhalb einer Begin-und einer End-Prozedur können auch andere Prozeduren und Programmbefehle aufgerufen werden, insbesondere ist eine **Schachtelung** von Suchen möglich. Eine Schachtelung kann z.B. dazu benutzt werden, durch den Segmentbaum zu "wandern", indem immer dann, wenn man auf ein Subsegment stößt, eine neue Suche (mit Begin_<wonach>_Search) initialisiert wird. Diese neue Suche ist dann die aktuelle und bleibt solange aktiv, bis entweder eine weitere Suche aktiviert oder sie selbst beendet wird. Letzteres führt dazu, daß diejenige Suche "reaktiviert" wird, die unmittelbar vor der beendeten aktiv war.

Wenn eine Suche in oder nach mehreren Segmenten durchgeführt werden soll, brauchen nicht alle Segmentnamen einzeln aufgelistet zu werden (diese sind u.U. gar nicht a priori bekannt). In solchen Fällen können Wildcards verwendet werden (siehe Abschn. 10.1). Ein Beispiel für geschachtelte Suchen und die Verwendung von Wildcards wird im nächsten Abschnitt gegeben.

10.7.2 Suchen nach Segmenten

Manche Anwendungsprogramme müssen die Segmentstruktur der Datenbasis ermitteln können. Zu diesem Zweck können die Prozeduren verwendet werden, mit denen eine Suche nach Segmenten durchgeführt werden kann. Der Aufruf von Begin_Segment_Search erfordert eine **Segmentspezifikation** (als Parameter), die angibt, nach welchen Segmenten gesucht werden soll. Diese enthält in der Regel Wildcards, jedoch kann auch ein einfacher Name angegeben werden, um herauszufinden, ob ein bestimmtes Segment existiert. Jeder Aufruf von Find_Segment gibt ein weiteres Segment (Referenz-Parameter) zurück, das die

Segmentspezifikation erfüllt. Show_Segment_Count gibt die Anzahl aller gefundenen Elemente zurück.

Die Anwendung dieser Prozeduren soll anhand eines kleinen Beispiels gezeigt werden. Das folgende Programm gibt die Namen aller Subsegmente des Wurzelsegments aus. Die rekursive Prozedur 'print_subname' demonstriert außerdem die Schachtelung von Suchen.

```
float x,y;

int main () {
HC_Open_Segment ("?Picture");
  x = 0.0;
  y = 0.0;
  HC_Set_Text_Font ("size = 0.01 sru");       /* Textgröße wird eingestellt     */
HC_Close_Segment ();
print_subname ("/");                          /* alle Subsegmente des Wurzel- */
                                              /* segments ausgeben            */
HC_Pause ();                                  /* Ausgabe ansehen              */
return 0;
}

int print_subname (segment)
char*segment;{
  char child[80];
  char name[80];
  HC_Open_Segment (segment);                  /* zu durchsuchendes Segment    */
                                              /* öffnen                       */
    HC_Begin_Segment_Search ("*");            /* es soll nach allen Subseg-   */
                                              /* menten gesucht werden        */
      while (HC_Find_Segment (child)) {       /* falls noch ein Subsegment    */
                                              /* vorhanden ist:               */
        HC_Parse_String (child, "/", -1, name);/* einfachen Namen extrahieren */
        HC_QInsert_Text ("?Picture",-0.8+x, 0.8-y, 0.0, name);
                                              /* einfachen Namen ausgeben     */
        x = x + 0.4;                          /* Subsegmentnamen einrücken    */
        y = y + 0.04;                         /* Zeilenvorschub               */
        print_subname (name);                 /* Subsegment nach dessen Sub   */
                                              /* segmenten durchsuchen        */
        x = x - 0.4;                          /* Einrückung zurücknehmen      */
      }
    HC_End_Segment_Search ();                 /* aktuelle Suche beenden und   */
                                              /* vorherige Suche reaktivieren */
  HC_Close_Segment ();                        /* Segment schließen            */
  return 0;
}
```

Zu diesem Programm, das leicht modifiziert und für andere Zwecke angepaßt werden kann, seien hier noch einige erklärende Anmerkungen gegeben:

- Die Variablen x und y steuern die Ausgabe-"Zeile" bzw. -"Spalte". Jedes Segment wird in eine neue Zeile geschrieben. Jedes Subsegment wird gegenüber seinem Muttersegment eingerückt. "Geschwister-Segmente" (Segmente, die dasselbe Muttersegment haben) stehen auf gleicher Stufe.
- Die Größe des Textes wird verkleinert, damit alle Segmentnamen in das Window passen.
- Begin_Segment_Search hat einen Stern ('*') als Parameter. Diese Wildcard bedeutet, daß nach allen Subsegmenten des aufrufenden Segments gesucht werden soll.
- Nach dem Aufruf von Find_Segment enthält die als Parameter angegebene Variable 'child' den vollständigen Pfadnamen eines Subsegments, und Find_Segment gibt 'true' zurück. Falls keine Subsegmente vorhanden sind oder falls schon alle erfragt wurden, gibt Find_Segment 'false' zurück. Solange also noch Subsegmente gefunden werden, wird die while-Schleife durchlaufen.
- Parse_String (Prozedur-Referenz S.347) extrahiert aus dem vollständigen Pfadnamen des Subsegments ('child') den einfachen Namen ('name'). Dieser wird auf dem Bildschirm ausgegeben, und das gefundene Subsegment wird seinerseits nach Subsegmenten durchsucht (rekursiver Aufruf von 'print_subname').

Der Segmentbaum kann nicht nur nach Segmenten durchsucht werden, deren Namen eine gegebene Spezifikation erfüllen, sondern es ist auch möglich, alle **offenen** Segmente zu suchen. Dazu wird die Suche mit Begin_Open_Segment_Search initialisiert. Mit Find_Open_Segment und Show_Open_Segment_Count können die Namen aller offenen Segmente und deren Anzahl ermittelt werden. End_Open_Segment_Search beendet die Suche.

Falls lediglich die **Anzahl** der eine bestimmte Segmentspezifikation erfüllenden Segmente gesucht ist, braucht nicht die gesamte Suchsequenz (Begin-, Show- und End-Prozedur) aufgerufen zu werden. Es reicht in diesem Fall ein Aufruf von Show_Existence (siehe Prozedur-Referenz S.330).

10.7.3 Suchen nach Segment-Inhalten

Die Suche nach Segment-Inhalten ist ein in vielen Fällen nützliches und unverzichtbares "Werkzeug". Um beispielsweise ein Objekt "optimal" auf dem Bildschirm darzustellen, müssen die Lage und die Größe aller daran beteiligten geometrischen Elemente bekannt sein. Damit nicht jedes Anwendungsprogramm alle Daten (Art, Anzahl und Koordinaten aller geometrischen Grundelemente) selbst speichern und verwalten muß - dies hätte u.a. eine Duplizierung der schon von HOOPS gehaltenen Information zur Folge-, existieren in HOOPS Prozeduren, mit denen aus dem Segmentbaum die jeweils relevanten Informationen extrahiert werden können.

Eine Suche nach Segment-Inhalten wird mit Begin_Contents_Search initialisiert. Beim Aufruf sind zwei Parameter anzugeben, die dem System sagen, wo und wonach gesucht werden soll. Es kann in beliebig vielen Segmenten gesucht werden, die entweder explizit anzugeben oder mit Hilfe von Wildcards zu spezifizieren sind. Die folgenden Elemente sind suchbar und können entweder einzeln oder in beliebiger Kombination angegeben werden:

- alle geometrischen Grundelemente, die mit einer Insert-Prozedur erzeugt werden können
- alle explizit gesetzten Attribute
- Segmente, Gestaltungsvorlagen und eingebundene Segmente
- Inked Polylines

Detaillierte Informationen sind in der Prozedur-Referenz auf S.275 zu finden.

Nachdem die Suche mit Begin_Contents_Search initialisiert wurde, kann Find_Contents aufgerufen werden, um die Suche durchzuführen. Findet das System ein Element, das die Suchspezifikation erfüllt, so gibt Find_Contents 'true' zurück und liefert außerdem zwei Informationen (per Referenz-Parameter) über das gefundene Element.

Zum einen wird der "Typ" des Elements zurückgegeben, und zwar so, wie beim Aufruf von Begin_Contents_Search angegeben. Zum anderen wird, falls es sich nicht um ein Attribut handelt, ein Schlüssel für dieses Element zurückgegeben. (Bei Attributen wird stattdessen '-1' zurückgegeben.) Dieser kann beispielsweise dazu benutzt werden, mit Hilfe einer entsprechenden Show-Routine weitere Informationen über das Element zu erhalten.

Show_Contents_Count gibt die Gesamtzahl aller gefundenen Elemente zurück. End_Contents_Search beendet die aktuelle Suche und reaktiviert ggf. die vorherige.

Bevor die Suche nach Segment-Inhalten durch eine Reihe kleinerer Beispiele veranschaulicht werden soll, sind einige Anmerkungen notwendig, um den Suchmechanismus zu verdeutlichen und die oben gegebenen Ausführungen zu ergänzen:

- Wenn nach Attributen gesucht wird, werden genau die Attribute von Find_Contents zurückgegeben, die in dem betreffenden Segment explizit - d.h. per Set-Prozedur - gesetzt wurden.
- Der Wert eines Attributs wird nicht zurückgegeben. Das bedeutet, es kann nicht nach Segmenten gesucht werden, in denen ein bestimmtes Attribut einen ganz bestimmten Wert hat.
- Wird in mehreren Segmenten nach geometrischen Elementen gesucht, so kann über den von Find_Contents zurückgegebenen Schlüssel und die Prozedur Show_Owner_By_Key das zum Element gehörende Segment ermittelt werden.
- Wird in mehreren Segmenten nach Attributen gesucht, so ist das zugehörige Segment - und somit auch der Wert des Attributs - nicht zu ermitteln.

- Der Name eines gefundenen Segments, einer Gestaltungsvorlage oder eines eingebundenen Segments kann mit Show_Segment, Show_Style_-Segment bzw. Show_Include_Segment ermittelt werden.

Falls lediglich die **Anzahl** der eine bestimmte Suchspezifikation erfüllenden Elemente gesucht ist, braucht nicht die gesamte Suchsequenz (Begin-, Show- und End-Prozedur) aufgerufen zu werden. Es reicht in diesem Fall ein Aufruf von Show_Existence (siehe Prozedur-Referenz S.330).

Beispiele

Es soll die Gesamtfläche aller Polygone ermittelt werden, die sich in Segmenten befinden, deren Name die Buchstabenfolge 'geo' enthält. Bei der folgenden Lösung wird davon ausgegangen, daß eine Prozedur 'poly_area' existiert, die die Fläche eines Polygons zurückgibt. Dieser Prozedur ist der Schlüssel des Polygons als Parameter zu übergeben.

```
long* key_pointer;                          /* Zeiger auf einen Schlüssel     */
char type[80];
float sum = 0.0;
HC_Begin_Contents_Search ("/...*geo*", "polygon");
  while (HC_Find_Contents (type, key_pointer)) {
                                            /* 'type' hat hier immer den      */
                                            /* Wert "polygon"                 */
    sum = sum + poly_area (*key_pointer);   /* die Polygonfläche wird zur     */
  }                                         /* Gesamtfläche addiert           */
HC_End_Contents_Search ();                  /* die Suche wird beendet         */
```

Die folgende Prozedur print_subname gibt die Namen aller Subsegmente (und Sub-Subsegmente etc.) des als Parameter angegebenen Segments aus (vgl. auch das Beispiel in Abschn. 10.7.2).

```
int print_subname (segment)                 /* in 'segment' nach allen        */
char*segment;{                              /* Subsegmenten etc. suchen       */
  long* key_pointer;                        /* Zeiger auf einen Schlüssel     */
  char type[80];
  char child[80];
  char name[80];
  HC_Begin_Contents_Search (segment,"segment");
                                            /* es soll nach allen Subseg-     */
                                            /* menten gesucht werden          */
    while (HC_Find_Contents (type, key_pointer))
                                            /* falls noch ein Subsegment      */
                                            /* vorhanden ist:                 */
      HC_Show_Segment (*key_pointer, child);
                                            /* Segmentnamen ermitteln         */
      HC_Parse_String (child, "/", -1, name); /* einfachen Namen extrahieren  */
      HC_QInsert_Text ("?Picture",-0.8+x, 0.8-y, 0.0, name);
                                            /* einfachen Namen ausgeben       */
      x = x + 0.4;                          /* Subsegmentnamen einrücken      */
```

```
        y = y + 0.04;                          /* Zeilenvorschub                */
        print_subname (child);                 /* Subsegment nach dessen        */
                                               /* Subsegmenten durchsuchen      */
        x = x - 0.4;                           /* Einrückung zurücknehmen       */
     }
   HC_End_Contents_Search ();                  /* aktuelle Suche beenden und    */
                                               /* vorherige Suche reaktivieren  */
   return 0;
}
```

Im letzten Beispiel wird die Anzahl aller (mit Insert-Prozeduren erzeugbarer) geometrischen Elemente eines Sub-Baums (der hier das aktuelle Segment als Wurzel hat) ermittelt.

```
#define streq(a,b) (strcmp(a,b) == 0)          /* Definition eines Makros für   */
                                               /* den Vergleich von Strings     */
long* key_pointer;                             /* Zeiger auf einen Schlüssel    */
char type[80];
char child[80];
char name[80];
int sum_lines, sum_lights,... = 0;             /* Zähler werden initialisiert   */
...
HC_Begin_Contents_Search (".,./...","geometry");
                                               /* es soll im aktuellen Segment  */
                                               /* und all' seinen Subsegmenten  */
                                               /* nach allen geometrischen      */
                                               /* Elementen gesucht werden      */
  while (HC_Find_Contents (type, key_pointer)) {
                                               /* weiteres Element gefunden?    */
     if (streq (type, "line")) {               /* ist es eine Linie?            */
        sum_lines = sum_lines + 1;             /* Linienanzahl erhöhen          */
     }
     else if (streq (type, "light")) {         /* ist es eine Lichtquelle?      */
        ...
     }
     ...
  }
HC_End_Contents_Search ();                     /* Suche beenden                 */
...
```

10.7.4 Suchen nach Kurznamen

Mit Hilfe der folgenden Prozeduren können alle im System existierenden Kurznamen (Abschn. 3.2) erfragt werden, d.h. sowohl die vom System vordefinierten (?Picture etc.) als auch die mit Define_Alias definierten. Das anschließende Programmfragment gibt alle Kurznamen und deren vollständige Pfadnamen aus.

Dabei wird vorausgesetzt, daß eine Prozedur 'print_two_names' existiert, die die beiden ihr als Parameter übergebenen Strings auf dem Bildschirm ausgibt.

```
...
char alias[80];                          /* Variablen-Definitionen für      */
char def[80];                            /* Kurzname und Definition         */
int count;
HC_Begin_Alias_Search ();                /* Initialisierung der Suche       */
while (HC_Find_Alias (alias)){           /* noch ein Kurzname vorhanden */
  HC_Show_Alias (alias, def);            /* Definition ermitteln            */
  print_two_names (alias, def);          /* Kurznamen und Definition        */
}                                        /* ausgeben                        */
HC_End_Alias_Search ();                  /* Suche beenden                   */
...
```

Mit Show_Alias_Count kann die Gesamtzahl aller im System existierenden Kurznamen erfragt werden.

10.8 Konvertierung des Segmentinhalts in ein Image

Ein Bild in HOOPS entsteht, wie üblich in der Computergraphik, indem eine Szene im virtuellen (dreidimensionalen) Objektraum beschrieben und anschließend auf einen (zweidimensionalen) Bildschirm abgebildet wird. Dieses Verfahren impliziert einerseits, daß die Darstellungszeiten für komplexe Bilder - beispielsweise für ein Molekülmodell, bestehend aus mehreren Kugeln (Shells mit unterschiedlichen Attributen) - meist relativ hoch sind[2], und andererseits, daß unterschiedliche Bilder in der Regel auch unterschiedlich lange Darstellungszeiten benötigen (der Aufbau eines schattierten Bildes dauert länger als die Darstellung des gleichen Objektes als Drahtmodell). Für manche Anwendungen ist es jedoch notwendig, daß alle Szenen - egal wie komplex sie sind - relativ schnell und darüber hinaus auch mit der gleichen Geschwindigkeit dargestellt werden. Das gilt beispielsweise für Animationen, die durch eine rasche (Darstellungs-) Folge unterschiedlicher Bilder realisiert werden.

Zur Lösung dieses Problems bietet HOOPS ein Verfahren an, bei dem der Inhalt eines Segments in ein Image geschrieben wird. Genauer gesagt geschieht dabei folgendes: Der Inhalt des Segments wird so in das Image geschrieben wie er auch im zugehörigen Window dargestellt wird (bzw. werden würde, falls das Segment sich nicht im ?Picture-Teilbaum befindet). Das bedeutet, es findet eine Abbildung des im zugehörigen Window dargestellten Segmentinhalts auf das Image statt. Da ein Image (nur) eine Folge von Farbwerten enthält (ist), wird es

[2] Die Zeiten hängen natürlich auch von "äußeren" Umständen wie zusätzlichen Hardwarekomponeten oder dem verwendeten Rechner ab.

relativ schnell und - gleichgültig welchen Inhalt es im Einzelfall hat - immer mit der gleichen Geschwindigkeit dargestellt. Darüberhinaus bietet diese Methode die Möglichkeit, eine Szene als Bitmuster von Farbwerten in einer Datei abzulegen, die dann anschließend von entsprechenden Text- oder Zeichenprogrammen weiterverarbeitet werden kann.
Die wesentlichen Punkte des Verfahren sind:

1. Erzeugen eines Images und eines zugehörigen **Schlüssels**:
   In einem beliebigen Segment muß zunächst ein leeres Image (RGB-Format!) erzeugt werden. Ist das Segment ein Subsegment von ?Picture, so ist das Image auf dem Bildschirm sichtbar, andernfalls nicht. Letzteres kann auch durch ein Löschen des Sichtbarkeitsattributs (Abschn. 6.3) erreicht werden. Die Größe und Lage (Mittelpunkt) des Images sollte zweckmäßigerweise so gewählt werden, daß es das gesamte Window des Segments ausfüllt, in dem es später dargestellt werden soll. (Dies ist jedoch nicht für alle Anwendungen notwendig.) Dazu können die Prozeduren Show_Device_Info und Compute_Coordinates verwendet werden (siehe Prozedur-Referenz S. 350 u. 241).
2. Aufbau der Szene in der gewohnten Weise in einem Segment des **Image-Treiber-Astes**:
   HOOPS enthält einen (internen) Image-Treiber. Dieser kann den Inhalt eines Segments in ein Image konvertieren.
3. Herstellen einer **Verbindung** zwischen dem Image aus 1. und dem Segment aus 2.:
   Mit Hilfe der Driver-Option use window ID (siehe Prozedur-Referenz S. 200) wird dem Image-Treiber der Schlüssel des Images übergeben, in das er den Segmentinhalt schreiben soll.

Das folgende Beispiel soll das Verfahren verdeutlichen:

```
#include <stdio.h>
#include <stdlib.h>
char *puffer, *groesse, *br, *ho;
int breite, hoehe;
long image_key;
short daten[921600];          /* groß genug, um 640x480 RGB-Werte zu halten  */
...
HC_Open_Segment ("/null");
   /* das Image soll zunächst nicht sichtbar sein und wird daher in /null einge- */
   /* fügt da es später das äußerste HOOPS-Window ausfüllen soll, wird des-  */
   /* sen Größe ermittelt: */
   HC_Show_Device_Info ("?Picture", "pixels", groesse);
   HC_Parse_String (groesse, ",", 0, br);
   HC_Parse_String (groesse, ",", -1, ho);
   breite = atoi (br);
   hoehe = atoi (ho);
   image_key = HC_KInsert_Image (0.0, 0.0, 0.0, "RGB", breite, hoehe, daten);
HC_Close_Segment ();
```

```
HC_Open_Segment ("?driver/image/szene");
  HC_Insert_Marker (0.0, 0.0, 0.0);
  /* der Marker steht hier nur stellvertretend für die aufzubauende Szene      */
  /* der Schlüssel des Images wird dem Image-Treiber übergeben:                */
  sprintf (puffer, "use window id = %ld", image_key);
  HC_Set_Driver_Options (puffer);
HC_Close_Segment ();

HC_Update_Display ();
  /* der Inhalt von ?driver/image/szene wird in das Image geschrieben          */
HC_Move_By_Key (image_key, "?Picture");
  /* das Image wird sichtbar gemacht */
HC_Pause ();
...
```

Anmerkungen:

- Der Image-Treiber schreibt bei jedem Update_Display (expliziter Aufruf oder mittels Pause etc.) den aktuellen Inhalt des Segments (hier: ?driver/image/szene) in das Image. Soll das Schreiben in das Image gestoppt werden, muß dem Image-Treiber entweder ein anderer Image-Schlüssel übergeben oder das gesamte Segment gelöscht werden:

  Delete_Segment ("?driver/image/szene")

- Die Szene braucht nicht in einem Segment des Image-Treiber-Astes aufgebaut zu werden. Enthält beispielsweise das Segment ?Objekt die in das Image zu schreibende Szene, so ist im Segment des Image-Treiber-Astes (hier: ?driver/image/szene) nur folgender Aufruf hinzuzufügen:

  Include_Segment ("?Objekt")

- Mit Show_Image läßt sich der Inhalt des Images erfragen. Das die einzelnen Farbwerte enthaltende Array kann dann z.B. als TIFF-Datei abgespeichert und weiterbearbeitet werden.

10.9 Beliebige Informationen in einem Segment ablegen

Mit Set_User_Options hat man die Möglichkeit, eigene Attribute zu setzen (= zu definieren), und zwar in Form eines Strings, d.h. in der gleichen Weise, in der z.B. auch die Farbe definiert ist. Ein Aufruf von Set_User_Options setzt frei anzugebene **Typen** auf frei anzugebende **Werte**. 'User Options' werden genau wie alle anderen Attribute vererbt, haben aber keinerlei Einfluß auf die Programmausführung. Es können lediglich die gesetzten Werte mit Show_User_Options (oder einer Variante) abgefragt werden.

Mit Hilfe von 'User Options' lassen sich somit beliebige Zusatzinformationen in einem Segment speichern. Enthält beispielsweise das Segment ?Auto die Be schreibung eines Autos, wobei die einzelnen Bauteile in verschiedenen Subsegmenten organisiert sind, so bewirkt folgender Aufruf:

```
QSet_User_Options ("?Auto", "Hersteller = Seat, Typ = Ibiza,
                              Baujahr = 1991"),
```

daß allen Subsegmenten von ?Auto - und somit allen Bauteilen - der Hersteller Seat zugewiesen wird. Falls nun eine Baugruppe, beispielsweise der Motor, von einem anderen Hersteller stammt, kann dieses eine benutzerdefinierte Attribut (für die gesamte betreffende Baugruppe) geändert werden:

```
QSet_User_Options ("?Auto/Motor", "Hersteller = Porsche")
```

Baujahr und Typ bleiben jedoch unverändert.
Weitere Einzelheiten sind in der Prozedur-Referenz auf Seite 226 zu finden.

10.10 Weitere Segment-Prozeduren auf einen Blick

Begin_<wonach>_Search	initialisiert eine Suche nach Segmenten, Segment-Inhalten, Kurznamen, Farbnamen oder Schriftarten
Show_<wonach>_Count	gibt die Anzahl der gefundenen Elemente zurück
Find_<wonach>	führt eine Suche durch
End_<wonach>_Search	beendet die aktuelle Suche und reaktiviert ggf. die vorherige
Copy_Segment	kopiert ein Segment an eine andere Stelle des Segmentbaums
Include_Segment	bindet ein Segment ein, so als ob es ein Subsegment des aktuellen Segments wäre
Rename_Segment	ändert den Namen eines Segments und/oder verschiebt es an eine andere Stelle im Segmentbaum
Show_Alias	gibt die in Define_Alias angegebene Definition eines Kurznamens zurück
Show_Existence	gibt die Anzahl von Attributen, geometrischen Elementen und/oder Segmenten in einem oder mehreren Segmenten zurück
Show_Include_Segment	gibt den vollständigen Pfadnamen eines eingebundenen Segments zurück
Show_Owner	gibt den Namen des Muttersegments eines Segments zurück
Show_Pathname_Expansion	gibt den vollständigen Pfadnamen eines Segments zurück

Show_Segment	gibt den Namen eines zu einem bestimmten Schlüssel gehörenden Segments zurück
Show_Style_Segment	gibt den vollständigen Pfadnamen einer Gestaltungsvorlage zurück
Set_Rendering_Options	erzwingt die Vererbung von Attributen

11 Weitere Darstellungstechniken

In den Kapiteln 6 und 8 wurde gezeigt, wie die Darstellung eines Objekts durch allgemeine Darstellungsattribute (Tranformationen, Farben und Sichtbarkeit) und durch das Einbringen von Lichtquellen gesteuert werden kann. Dieses Kapitel stellt zwei weitere Methoden - Falschfarbendarstellungen und die Verwendung von Schnittebenen - vor, mit denen die Wiedergabe eines Objekts beeinflußt werden kann.

11.1 Falschfarbendarstellungen

Bei einer *Falschfarbendarstellung* {false coloring} wird ein Objekt nicht mit seinen "realen" Farben dargestellt, sondern es wird mit Hilfe irgendeines Algorithmus' die Farbe jedes einzelnen Objektpunktes bestimmt. Darunter fallen nicht die Schattierungsalgorithmen, die ja eine mehr oder weniger realitätsnahe Darstellung des Objektes bewirken sollen. Jedoch können beide Techniken auch sinnvoll kombiniert werden.

Um beispielsweise die verschiedenen Temperaturen auf der Oberfläche eines Körpers darzustellen, kann man verschiedenen Temperaturbereichen verschiedene Farben zuweisen. So werden kältere Regionen meist blau und grün dargestellt, während wärmere Gebiete rot und gelb erscheinen.

In HOOPS werden Falschfarbendarstellungen dadurch erzeugt, daß die den **Eckpunkten** einer Fläche bzw. Kante zugewiesenen (nominalen) **Flächen**farben {vertex face colors} über die **Fläche** bzw. **Kanten**farben {vertex edge colors} über die **Kante interpoliert** werden. Da nur die Eckpunkte von Shells und Meshes Flächen- bzw. Kantenfarben haben können (Abschn. 5.3.6), lassen sich Falschfarbendarstellungen nur von **Shells** und **Meshes** erzeugen. Die Flächenfarbe (Kantenfarbe) in den Eckpunkten kann mit allen Set_Color-Prozeduren gesetzt werden, insbesondere auch mit den MSet_Vertex_Color-Prozeduren, mit denen die Flächen- bzw. Kantenfarbe von mehreren Eckpunkten gleichzeitig gesetzt werden kann.

Die folgenden Ausführungen beschränken sich - aus sprachlichen Gründen - auf die Falschfarbendarstellung von Flächen, sie gelten jedoch in gleicher Weise für die Falschfarbendarstellung von **Kanten**!

Es existieren zwei Attribute zur Steuerung der Falschfarbendarstellung: *Farb-Interpolation* {color interpolation} und *Farb-Index-Interpolation* {color index interpolation}. Diese können mit Hilfe der Prozedur Set_Rendering_Options gesetzt (color interpolation bzw. color index interpolation) oder gelöscht werden (**no** color interpolation bzw. **no** color index interpolation).

Ist die 'Farb-Interpolation' gesetzt, so werden die einzelnen Flächenfarben in den Eckpunkten im RGB-Raum über die gesamte Fläche interpoliert, so daß fließende Übergänge entstehen. Falls einem Eckpunkt keine Flächenfarbe zugewiesen wurde, so wird für diesen Punkt die globale Flächenfarbe interpoliert. Daraus folgt insbesondere, daß eine Fläche, deren sämtliche Eckpunkte **keine** explizit gesetzten Flächenfarben haben, ihre (einheitliche) Flächenfarbe durch **Interpolation** erhält, wenn die 'Farb-Interpolation' gesetzt ist. Ist die 'Farb-Interpolation' hingegen gelöscht, findet keine Interpolation im RGB-Raum statt.

Das Attribut 'Farb-Index-Interpolation' wirkt sich nur dann auf die Darstellung aus, wenn die Flächenfarben in **allen** Eckpunkten als Index einer Farbtabelle gesetzt wurden (mit Set_Color_By_Index). Ist die 'Farb-Index-Interpolation' gesetzt, so werden die Indizes der Farbtabelle interpoliert und danach die gerundeten Werte - Pixel für Pixel - in die Farben der Farbtabelle konvertiert. Ist das Attribut gelöscht, so werden die Indizes in die Farben der Farbtabelle konvertiert und anschließend - falls die 'Farb-Interpolation' gesetzt ist - im RGB-Raum interpoliert.

	FII gesetzt <u>und</u> Farbe per Index gesetzt (in allen Eckpunkten)	FII gelöscht <u>oder</u> Farbe nicht per Index gesetzt (in mindestens einem Eckpunkt)
FI gesetzt	Die Indizes der Farben werden über die Fläche interpoliert. Die gerundeten Werte werden in die Farben der Farbtabelle konvertiert. Daraus ergeben sich diskrete Farb-Bereiche auf der Fläche. Anschließend werden die "scharfen" Übergänge zwischen den Bereichen geglättet, indem zwischen den Farben interpoliert wird (im RGB-Raum): Die Fläche erhält eine sich kontinuierlich ändernde Farbe.	In den Eckpunkten, in denen die Farben per Index gesetzt wurden, werden zuerst die Indizes in die Farben der Farbtabelle konvertiert. Anschließend werden die Farben über die Fläche interpoliert (im RGB-Raum). Die Fläche erhält eine sich kontinuierlich ändernde Farbe.
FI gelöscht	Die Indizes der Farben werden über die Fläche interpoliert. Die gerundeten Werte werden in die Farben der Farbtabelle konvertiert: Die Fläche erhält diskrete Bereiche mit jeweils einer Farbe aus der Farbtabelle.	Es wird keine Interpolation durchgeführt: Die Fläche erhält eine einheitliche Farbe, und zwar entweder die explizit gesetzte lokale Flächenfarbe, andernfalls die segmentweite Flächenfarbe.

FI = Farb-Interpolation

Die vorstehende Tabelle zeigt die Kombinationsmöglichkeiten der Attribute. Die sich daraus ergebenden unterschiedlichen Darstellungen einer Fläche sind in Abb. 11.1 (s. Farbbildtafel) wiedergegeben.

Die erste Spalte dieser Tabelle soll nun etwas genauer untersucht werden, da HOOPS für diese Fälle eine zusätzliche Steuerung anbietet. Sieht man sich z.B. eine Fläche mit diskreten Farb-Bereichen genauer an, so fällt auf, daß nicht alle verwendeten Farben "in gleichem Maße" beteiligt sind. Dieser Umstand soll an einem kleinen Beispiel verdeutlicht werden.

Die belgische Fahne besteht aus drei gleichgroßen senkrechten Streifen, die von links nach rechts die Farben schwarz, gelb und rot haben. Mit Hilfe der Falschfarbendarstellung könnte eine solche Fahne folgendermaßen erzeugt werden:

```
...
struct {float x, y, z;} p[4];                          /* vier Eckpunkte            */
long key;                                              /* ein Schlüssel für die Shell */
int fl[5];                                             /* die Flächenliste          */
fl[0]=4;                                               /* die erste (und einzige)   */
fl[1]=0; fl[2]=1;fl[3]=2; fl[4]=3;                     /* Fläche hat vier Eckpunkte */
p[0].x=-0.7;   p[0].y=0.5;    p[0].z=0.0;              /* die Koordinaten der Punkte */
p[1].x=-0.7;   p[1].y=-0.5;   p[1].z=0.0;              /* ergeben ein Rechteck      */
p[2].x=0.7;    p[2].y=-0.5;   p[2].z=0.0;
p[3].x=0.7;    p[3].y=0.5;    p[3].z=0.0;
HC_Set_Color_Map ("black, yellow, red");               /* Definition der Farbtabelle */
HC_Set_Rendering_Options ("no color interpolation");
                                                       /* keine Farb-Interpolation  */
HC_Set_Rendering_Options ("color index interpolation");
                                                       /* Farb-Index-Interpolation  */
key = HC_KInsert_Shell (4,p,5,fl);                     /* Erzeugen der Shell        */

HC_Open_Geometry (key);                                /* Öffnen der Shell          */
  HC_Open_Vertex (0);                                  /* Öffnen der einzelnen      */
    HC_Set_Color_By_Index ("faces",0);                 /* Eckpunkte und Setzen der  */
  HC_Close_Vertex ();                                  /* Flächenfarben:            */
  HC_Open_Vertex (1);                                  /* links jeweils schwarz     */
    HC_Set_Color_By_Index ("faces",0);                 /* rechts jeweils rot        */
  HC_Close_Vertex ();
  HC_Open_Vertex (2);
    HC_Set_Color_By_Index ("faces",2);
  HC_Close_Vertex ();
  HC_Open_Vertex (3);
    HC_Set_Color_By_Index ("faces",2);
  HC_Close_Vertex ();
HC_Close_Geometry ();                                  /* Schließen der Shell       */
HC_Pause ();                                           /* Ergebnis ansehen          */
...
```

Es entsteht eine Fahne, deren linkes **Viertel** schwarz und deren rechtes **Viertel** rot ist. Dazwischen liegt ein gelber Bereich, der die **Hälfte** der Fläche ausfüllt. Es nimmt also nicht jeder Bereich ein **Drittel** der Fläche ein.

Zur Erklärung wird die Interpolation zwischen den linken und den rechten Ecken betrachtet:

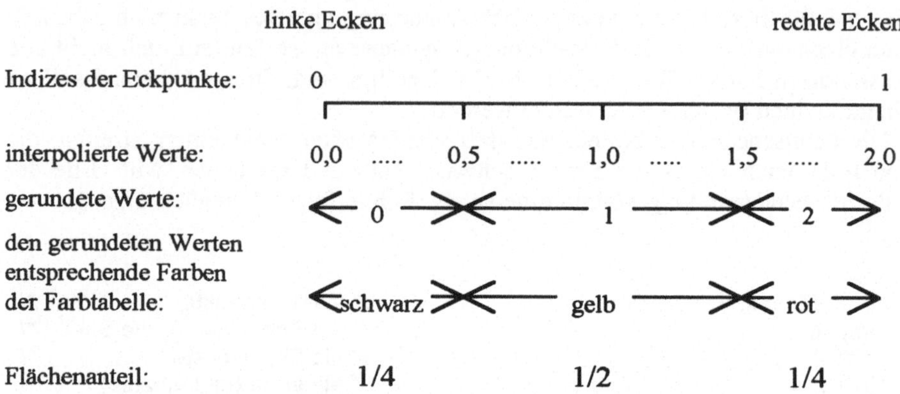

Um nun auch Teilflächen gleicher (oder beliebiger) Größe erzeugen zu können, stellt HOOPS eine Prozedur zur Verfügung, mit der man den Eckpunkten **gebrochene** {fractional} Indizes zuweisen kann: Set_Color_By_FIndex. Gebrochene Indizes werden ebenso interpoliert wie ganzzahlige (vgl. Abb. 11.1 in Farbbildtafel: Mitte links und unten rechts).

Die Aufrufe von Set_Color_By_Index im obigen Beispiel werden nun durch die folgenden Aufrufe ersetzt, wodurch sich andere Farb-Bereiche ergeben:

```
HC_Set_Color_By_FIndex ("faces", -0.499);   /* für die linken Ecken */
HC_Set_Color_By_FIndex ("faces", 2.499);    /* für die rechten Ecken */
```

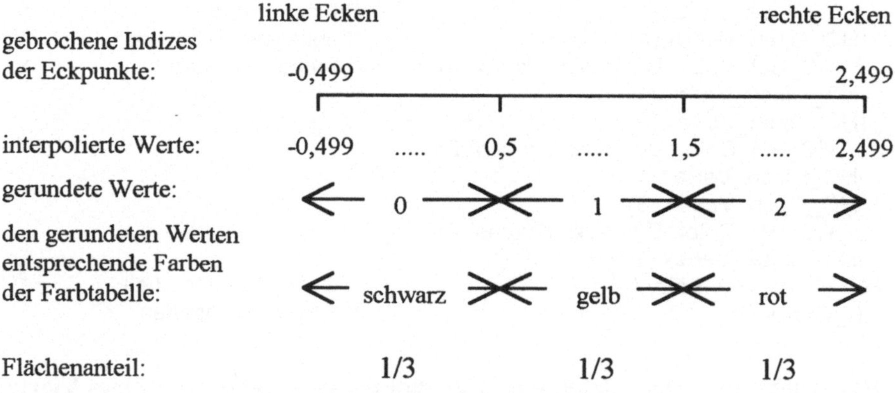

Für gebrochene Indizes können Werte im Bereich von -0,5 bis 65.535 eingesetzt werden. Diese Werte werden immer modulo [Anzahl der Elemente der Farbtabelle] genommen, so daß auch Werte eingesetzt werden können, die größer sind als die Anzahl der Elemente der Farbtabelle.

Set_Color_By_FIndex kann auch bei gesetzter 'Farb-Interpolation' verwendet werden. Dabei verschieben sich die oben beschriebenen kontinuierlichen Übergänge zwischen den Farben in der Farbtabelle, je nachdem, welche gebrochenen Indizes den einzelnen Eckpunkten zugewiesen wurden.

Mit einer Variante der Prozedur - MSet_Vertex_Colors_By_FIndex - können auch mehrere gebrochene Indizes auf einmal gesetzt werden.

Zuletzt sei noch erwähnt, daß Falschfarbendarstellungen auch von beleuchteten Objekten erzeugt werden können. Die Berechnung der Schattierung erfolgt dann nicht mit Hilfe der globalen oder lokalen Flächenfarbe, sondern es wird die tatsächliche Farbe jedes einzelnen Pixels - so wie sie sich aufgrund der Falschfarbendarstellung ergibt - herangezogen.

11.2 Objekte "aufschneiden"

Wenn dreidimensionale Objekte auf dem Bildschirm dargestellt werden, ist es manchmal schwer, die genaue Struktur des Objekts zu erkennen. Das liegt daran, daß bei der Reduktion der Dimensionen ein Informationsverlust eintritt, der sich mehr oder weniger stark auf das "Verstehen" des Objekts auswirkt. Die durch den Informationsverlust eingetretenen Mehrdeutigkeiten und Unklarheiten können auf verschiedene Weisen kompensiert werden. Einige dieser Methoden wurden bereits in diesem Buch beschrieben, z.B. 'mehrere Ansichten eines Objekts in verschiedenen Windows' oder 'schattierte Darstellungen'. Eine weitere Technik, die das Verständnis eines dreidimensionalen Objekts unterstützt, soll nun in diesem Abschnitt vorgestellt werden.

Schneidet man ein Stück von einem Objekt ab - so wie man ein Stück aus einem Kuchen schneidet -, so wird der Blick auf Teilbereiche frei, die normalerweise von anderen Teilen verdeckt werden, insbesondere kann man auf diese Weise in ein Objekt hineinsehen. Solche Darstellungen können in HOOPS mit Hilfe von *Schnittebenen* {cutting plane} erzeugt werden.

Schnittebenen gehören in HOOPS zu den geometrischen Darstellungselementen. Gleichwohl sind sie - genau wie Lichtquellen - selbst nie zu sehen; sie machen sich lediglich durch ihre Wirkung auf die Darstellung anderer geometrischer Objekte bemerkbar: alle 3D-Punkte, die in dem einen (s.u.) der beiden durch die Ebene definierten Halbräume liegen, werden aus der Szene entfernt.

Eine Schnittebene wird durch die vier Parameter der Gleichung **ax + by + cz + d = 0** definiert, die eine Ebene im dreidimensionalen Raum beschreibt. Betrachtet man die drei Parameter a, b und c als Vektor (a, b, c), so ist dies ein Normalen-Vektor der Ebene, der per Definition in den Halbraum zeigt, der aus der Szene herausgeschnitten wird. Beispielsweise werden durch folgenden Aufruf alle 3D-Punkte, die positive x-Werte haben, aus der Szene entfernt:

```
Insert_Cutting_Plane (1.0, 0.0, 0.0, 0.0)
```

Will man hingegen nur den Halbraum mit positiven x-Werten betrachen, muß das Vorzeichen des ersten Parameters geändert werden:

```
Insert_Cutting_Plane (-1.0, 0.0, 0.0, 0.0)
```

Der Wirkungsbereich einer Schnittebene ist - genau wie der einer Lichtquelle - ihr zugehöriges Window, d.h. eine Schnittebene beeinflußt die Darstellung aller Objekte, die mit ihr im gleichen Window liegen. In einer Szene können beliebig viele Schnittebenen definiert werden, von denen dann jede auf alle Objekte der Szene angewandt wird. Schnittebenen beeinflussen sich jedoch gegenseitig nicht. Wählt man für eine Schnittebene ein separates Segment, so kann sie ihre eigenen Attribute haben, von denen insbesondere die Transformationsmatrix und die Sichtbarkeit wichtig sind.

Die Regeln für die Anwendung bei gelöschtem Sichtbarkeitsattribut entsprechen denen für Lichtquellen (Abschn. 8.1). Der folgende Aufruf löscht die Sichtbarkeit von Schnittebenen in dem betreffenden Segment:

```
Set_Visibility ("cutting plane = off")
```

Das hat zur Folge, daß bei der Darstellung des betreffenden Segments weder Schnittebenen des gleichen noch Schnittebenen von anderen Segmenten berücksichtigt werden. Außerdem wird damit jeglicher Einfluß von in dem betreffenden Segment evtl. vorhandenen Schnittebenen ausgeschaltet.

Es gibt ein paar Ausnahmen bei der Anwendung von Schnittebenen: Lichtquellen sind vollständig ausgenommen, sie werden niemals aus einer Szene entfernt. Des weiteren wird nicht **innerhalb** von Marker-Symbolen, breiten Linien bzw. Kanten und einzelnen Text-Zeichen[1] geschnitten.

---

[1] Außer es handelt sich um einen voll transformierbaren Zeichensatz!

12 Langzeitspeicherung

Viele Programme, insbesondere Graphikanwendungen, erzeugen Daten, die im Moment ihrer Entstehung noch nicht benötigt werden oder noch nicht weiterverarbeitet werden können. Auch sollten bestimmte Daten - sind sie erst einmal erzeugt - jederzeit zugreifbar sein. Daher enthalten viele Programme Mechanismen, die der *Langzeitspeicherung* von Daten dienen, sei es zum Zwecke der reinen **Archivierung** oder, um einen **Datenaustausch** mit anderen Programmen zu ermöglichen, d.h. zum Zwecke der Weiterverarbeitung.

Auch in HOOPS gibt es verschiedene Möglichkeiten, einmal erzeugte Daten "abzuspeichen", so daß sie zu einem (jedem) späteren Zeitpunkt wieder verfügbar sind. Darunter fallen sowohl die Ausgabe-Daten (z.B. die Bilder auf dem Bildschirm) als auch die "internen" Daten. Damit ist nicht das bloße Programm (in irgendeiner Hoch- oder Maschinensprache) gemeint, sondern der gesamte Segmentbaum (Struktur und Inhalt) sowie die dazugehörigen Systemdefinitionen zu einem bestimmten (jedem beliebigen) Zeitpunkt der Programmausführung.

12.1 HOOPS Metafile

In HOOPS können Dateien erzeugt werden, die den Inhalt von Segmenten repräsentieren. Auf der anderen Seite kann der Inhalt solcher Dateien von (anderen) HOOPS-Programmen in deren Segmentstruktur eingelesen werden. Auf diese Weise ist ein Datenaustausch zwischen verschiedenen (HOOPS-) Programmen möglich. Die dabei verwendeten Dateien heißen **HOOPS Metafiles** und haben dementsprechend die standardmäßige Namenserweiterung 'hmf'.

Ein HOOPS Metafile ist eine ASCII-Datei, die den Inhalt des jeweiligen Segments in englischsprachlicher Form enthält. Daher ist es nicht nur möglich, sondern auch relativ einfach, eine HOOPS-Datei mit einem normalen Text-Editor zu bearbeiten, um Änderungen an der darin abgespeicherten Szene durchzuführen. Es kann sogar eine vollkommen neue Szene oder ein geometrisches Objekt für eine auf einem Datenträger vorhandene "Langzeit"-Bibliothek mit einem Text-Editor erzeugt werden. "Manuell" geänderte bzw. erzeugte Dateien können - genau wie alle automatisch erzeugten - von jedem HOOPS-Programm eingelesen und weiterverarbeitet werden. Darüber hinaus sind HOOPS Metafiles aufgrund des ASCII-Formats leicht auf andere Plattformen zu übertragen.

Das Erzeugen und Einlesen von HOOPS-Dateien kann explizit geschehen. Es kann aber auch eine automatische dauerhafte Verbindung zwischen einem Segment und einer Datei geschaffen werden, die bewirkt, daß alle Änderungen im Segment auch in der zugehörigen Datei stattfinden.

12.1.1 Das Attribut 'metafile'

Eine automatische dauerhafte Verbindung zwischen einem Segment und einer Datei wird mit Hilfe der Prozedur Set_Metafile, die das Attribut 'metafile' "auf die gewünschte Weise einstellt", erzeugt. Dieses Attribut besteht aus einer Reihe von Optionen, die entweder gesetzt ('option') oder gelöscht ('no option') werden können. Einige Optionen können oder müssen - falls sie gesetzt sind - noch näher spezifiziert werden ('option = suboption, ...').

Es werden nun kurz die einzelnen Optionen erläutert:

[no] read

Ist read gesetzt, so wird der Inhalt einer Datei ausgelesen und in das aufrufende Segment eingefügt.

[no] write

Ist write gesetzt, so wird der gesamte Segmentinhalt (Geometrie, alle explizit gesetzten Attribute[1], eingebundene Segmente, Gestaltungsvorlagen sowie alle Subsegmente und deren gesamter Inhalt) in die angegebene Datei geschrieben. Solange write gesetzt ist, wird mit jeder Änderung des Segmentinhalts auch die zugehörige Datei aktualisiert.

[no] name = 'Name'

Es kann der Name der Datei angegeben werden. Wird die Namens-Erweiterung weggelassen, ergänzt das System .hmf. Wird kein Name angegeben, setzt das System den Namen des Segments ein.

[no] directory = 'Verzeichnis'

Hier kann das Verzeichnis der Datei angegeben werden. Wird diese Option gelöscht, so wird das in der HOOPS-Umgebungsvariablen 'HOOPS_METAFILES' (Abschn. 15.4) gesetzte Verzeichnis benutzt, andernfalls das aktuelle Verzeichnis.

[no] comment = 'Kommentar'

Hiermit kann ein Kommentar abgespeichert werden. Dieser kann nach dem Einlesen der Datei mit Show_Metafile erfragt werden.

[no] original name = 'Segment-Name'

Der Name des abzuspeichernden Segments kann hier angegeben und nach dem Einlesen der Datei mit Show_Metafile erfragt werden.

---

[1] Die Attribute 'driver' und 'driver options' werden nicht abgespeichert.

[no] overwrite

Ist diese Option gesetzt, so wird eine evtl. existierende Datei gleichen Namens überschrieben, andernfalls wird eine neue Versions-Nummer der Datei angelegt.[2]

[no] follow cross-references

Ist follow cross-references gesetzt, so wird der vollständige Inhalt jedes eingebundenen Segments und jeder Gestaltungsvorlage abgespeichert. Andernfalls zeichnet das System nur deren Segment-Namen auf.

[no] save state [= (suboption,...)]

Diese Option ermöglicht das zusätzliche Abspeichern "systemweiter" Information. Zusätzlich zum Segmentinhalt können hiermit die Definitionen aller momentan gültigen Kurz- und Farbnamen, die mit Define_Font definierten Schriftarten sowie die momentan offenen Segmente abgespeichert werden.

[no] restore state [= (suboption,...)]

Dies ist das Gegenstück zur vorherigen Option. Beim Lesen einer Datei werden die abgespeicherten Definitionen von Kurz- und Farbnamen und die mit Define_Font definierten Schriftarten wiederhergestellt sowie die zum Zeitpunkt des Abspeicherns offenen Segmente geöffnet. Diese Option ist jedoch nur verfügbar, falls die entsprechenden Informationen mit save state abgespeichert wurden!

[no] use color names

Bei gesetzter Option speichert das System nur die Namen der Farben. Wird diese Option gelöscht, so wird statt des Namens die Definition einer Farbe abgespeichert. Will man sowohl den Namen einer Farbe als auch die dazugehörende Definition aufzeichnen, so kann dies durch Löschen dieser Option und Speicherung der Definitionen mit safe state erreicht werden.

Das **Einlesen** einer Datei in ein Segment erfolgt genau zu dem Zeitpunkt, wenn die read-Option gesetzt wird. Das **Schreiben** eines Segments in eine Datei erfolgt immer dann, wenn die Prozedur Update_Display aufgerufen wird (explizit oder mittels Pause, Get_Selection etc.) und - falls notwendig - beim Löschen der write-Option und bei Programmende.

Falls read und write gleichzeitig in einem Segment gesetzt sind, erfolgt das read zuerst: die Datei wird in das Segment eingelesen. Danach wird das write wirksam: jede Segmentänderung wird auch in die Datei geschrieben.

Bei gesetzter write-Option werden alle Subsegmente und Sub-Subsegmente etc. des betreffenden Segments in die angegebene Datei geschrieben. Dabei gibt es jedoch eine Ausnahme: ist bei einem abzuspeichernden Subsegment ebenfalls die write-Option gesetzt, so zeichnet das System nur den Namen des Subsegments und dessen gesamtes 'metafile'-Attribut auf. Stößt das System dann später beim

[2] Unter MS-DOS gibt es keine verschiedenen Versionen einer Datei. Daher ist das Setzen von 'no overwrite' in diesem Fall irrelevant!

Lesen der Datei auf ein solches Subsegment, so setzt es in diesem die read-Option, was zu einem "automatischen" Einlesen dieses Subsegments führt.

In **eine** Datei kann immer nur der Inhalt **eines** Segments bzw. der daran hängende Segment-Teilbaum geschrieben werden. Um mehrere Segmente in einer einzigen Datei abzuspeichern, muß daher folgendermaßen vorgegangen werden: in ein neues temporäres Segment werden alle gewünschten Segmente eingebunden; dann werden in diesem Segment die Optionen write und follow cross-references gesetzt.

Ein kompletter "Schnappschuß" des Systems kann durch die folgenden Aufrufe im Segment ?Picture erzielt werden:

```
...
HC_Set_Metafile ("write, name=snapshot, follow cross-references, save
state, color names");
HC_Set_Metafile ("no write");          /* die nachfolgenden Änderungen*/
...                                    /* werden nicht abgespeichert   */
```

Der "Schnappschuß" befindet sich dann in der Datei 'snapshot.hmf'. Der entsprechende System-Zustand kann später (ggf. von einem anderen Programm) auf die folgende Weise wiederhergestellt werden:

```
int main {
HC_Open_Segment ("?Picture);
  HC_Set_Metafile ("read, name=snapshot, restore state");
...
```

Das Attribut 'metafile' unterscheidet sich in zweierlei Hinsicht von den meisten anderen Attributen: erstens wird es nicht vererbt, d.h. jede Option muß in jedem Subsegment explizit gesetzt bzw. gelöscht werden. Alle nicht explizit gesetzten Optionen erhalten die voreingestellten Werte (s. Abschn. 15.5). Zweitens wird das Attribut nicht beim Gestalten eines Segments berücksichtigt, auch wenn es in der Gestaltungsvorlage gesetzt ist. Das bedeutet, das 'metafile'-Attribut muß immer explizit gesetzt werden!

12.1.2 Explizites Abspeichern eines Segments

Das explizite Übertragen eines Segmentinhalts in eine Datei geschieht mit Hilfe der Prozedur Write_Metafile, die drei Parameter benötigt: das abzuspeichernde Segment und den Namen der Datei. Mit dem dritten Parameter können die in Abschn. 12.1.1 beschriebenen Optionen, die sich auf das Schreiben einer Datei beziehen, festgelegt werden.

Bei der Ausführung der Prozedur Write_Metafile wird der momentane Inhalt des Segments in die angegebene Datei geschrieben. Nachfolgende Änderungen des Segments werden in der Datei nicht mehr berücksichtigt, da der Prozeduraufruf nur einen einmaligen Schreibvorgang auslöst und nicht, wie bei

Set_Metafile, eine andauernde Verbindung erzeugt. Ansonsten gleicht ein Aufruf von Write_Metafile einem Aufruf von Set_Metafile bei gesetzter 'write'-Option. Die in Abschn. 12.1.1 in bezug auf das Schreiben einer Datei gegebenen Erläuterungen gelten daher auch für die Prozedur Write_Metafile.

12.1.3 Explizites Einlesen einer Datei

Das explizite Übertragen eines Datei-Inhalts in ein Segment geschieht mit Hilfe der Prozedur Read_Metafile, die die gleichen Parameter benötigt wie Write_Metafile (Abschn. 12.1.2). Für den dritten Parameter kommen nur die Optionen name, directory und restore state in Frage.

Das Ausführen von Read_Metafile gleicht dem von Set_Metafile bei gesetzter read-Option. Daher gelten die Erläuterungen aus Abschn. 12.1.1, die sich auf das Einlesen einer Datei beziehen, auch für die Prozedur Read_Metafile.

12.1.4 Ein Beispiel für den Einsatz von Metafiles

Das Metafile **bike.hmf** enthält 11 Shells mit insgesamt 1273 Definitionspunkten, alle explizit gesetzten Attribute, insbesondere das verwendete Darstellungsverfahren (Ray-Tracing, s. Kap. 14), sowie Angaben über Art und Anzahl der wirkenden Lichtquellen. Die folgenden Zeilen zeigen einen Ausschnitt aus dem Kopfbereich von **bike.hmf**, wobei einige für das Beispiel nicht relevante Daten weggelassen wurden:

```
(Rendering_Options "lighting interpolation = (faces=phong, no edges),
technology = standard, ray-trace options = scan-line method")
(Visibility "edges=off,faces=on,markers=on,images=on,cutting planes = on,
lines=on, lights=(faces,no edges, no markers), text=on, string cursors=on")
(Color "Ambient=r=0 g=0 b=0, Window=r=0.6 g=0.6 b=0.6, Line =Marker =Text
=Edge=white, Face=peach")
(Zoom_Camera 0.6)
(Heuristics "hidden surfaces")
(Segment "lights" (
  (Segment "left" (
   (Color "Lighting=dark gray")
   (Distant_Light -0.5 0.5 -0.5)
   (Line 0 0 0 -0.5 0.5 -0.5)))
  (Segment "right" (
   (Color "Lighting=light gray")
   (Distant_Light 0.5 0.5 -0.5)
   (Line 0 0 0 0.5 0.5 -0.5)))
  (Segment "top" (
   (Visibility "lights=off")
   (Color "Lighting=light gray")
   (Distant_Light 0.2 0 -0.5)
   (Line 0 0 0 0.2 0 -0.5)))))
```

```
(Segment "polygon" (
  (Polygon ((-6.79826 -5.06657 -1.14722) (-6.79826 6.47891 -1.14722)
(7.30624 6.47891 -1.14722) (7.30624 -5.06657 -1.14722)))
  (Segment "1" (
    (Visibility "markers=off")
    (Color "Face= r=0.780392 g=0.0823529 b=0.521569")
    (Shell ((-2.02126 -1.2801 0.935484) (-1.91455 -1.1718 0.964484) (-2.44456
  -0.3817 0.738384) (-2.42375 -0.3251 0.743284) (-1.68535 -1.2813 0.961384 )
(-2.49255 -0.3635 0.873984) (-1.71976 -1.175 0.972084) (-1.40366
      ..........
```

Das anschließende Beispiel demonstriert, daß ein Gegenstand (Motorrad) in zwei verschiedenen Ansichten einfach und mit wenig Programmcode dargestellt werden kann, wenn die geometrischen Daten als Metafile vorliegen. Mit Read_Metafile wird das Metafile **bike.hmf** eingelesen. Für jede der Ansichten wird mit Set_Window ein eigenes Fenster definiert. Im "top view" findet außerdem eine Drehung der Kamera um das Objekt (dieses befindet sich ungefähr im Koordinatenursprung) um 90° statt. Anschließend wird das System durch den Aufruf von Pause instruiert, den aktuellen Stand der Datenbasis (den momentanen Segmentbaum) auf dem Bildschirm darzustellen (Abb. 12.1 in Farbbildtafel). Zum Schluß wird eine druckbare Postscript-Datei erzeugt und unter dem Namen "Abb121.eps" abgespeichert.

```
int main () {
  HC_Open_Segment ("?Picture");
    HC_Open_Segment ("project view");
      HC_Set_Window (-1.0, 1.0, -0.25, 1.0);
      HC_Read_Metafile ("bike", ".", "");
    HC_Close_Segment ();

    HC_Open_Segment ("top view");
      HC_Set_Window (-1.0, 1.0, -1.0, -0.25);
      HC_Read_Metafile ("bike", ".", "");
      HC_Orbit_Camera (0.0, 90.0);
    HC_Close_Segment ();
  HC_Close_Segment ();
  HC_Pause ();

  HC_Open_Segment ("?driver/postscript/abb121.eps");
    HC_Include_Segment ("?Picture");
    HC_Update_Display ();
  HC_Close_Segment ();
  HC_Delete_Segment ("?driver/postscript/abb121.eps");
  return 0;
}
```

Die Syntax von Metafiles ist sehr einfach und verständlich. Man kann dort direkt die dem Quellcode entsprechenden Prozeduraufrufe erkennen. Daher ist es nicht nur möglich, sondern sogar zu empfehlen, während der Entwurfsphase eines Programms außer den geometrischen Daten möglichst viele Prozeduren in einen Metafile auszulagern, insbesondere solche, die viele Attribute haben oder deren Attribute oft geändert werden. Die entsprechenden Änderungen können dann mit einem ASCII-Editor direkt in dem Metafile durchgeführt und sofort anschließend das Programm aufgerufen werden, ohne daß eine erneute Übersetzung notwendig wäre. So kann beispielsweise durch Einfügen von (Window_Frame "off") das Zeichnen der Fensterrahmen beim nächsten Programmlauf entfallen, oder das Motorrad wird in einer anderen Farbe dargestellt, indem peach durch den entsprechenden Farbnamen (z.B. red) ersetzt wird.

12.2 Speichern der Ausgabe-Daten

HOOPS bietet für viele Ausgabe-Geräte Treiberprogramme an. Mit deren Hilfe können die Ausgabe-Daten eines Programms, d.h. die erzeugten Bilder oder Szenen, in **Dateien** abgespeichert werden (siehe dazu auch Abschn. 10.8). Die so erzeugten Dateien werden dann an das jeweilige Ausgabe-Gerät "geschickt". Auf diese Weise kann beispielsweise eine Zeichnung auf einem Plotter erstellt werden. Einige Systeme, wie z.B. MS-DOS, erlauben auch die **direkte Ausgabe** über ein anderes Ausgabe-Gerät als den Bildschirm.

Die folgenden Abschnitte beschreiben nur die **grundsätzliche** Vorgehensweise. Die für jedes Gerät spezifischen Einzelheiten und die damit verbundenen Vorarbeiten (z.B. Anpassen der Papiergröße eines Plotters) sind im Original-Handbuch nachzulesen.

12.2.1 Erzeugen von Dateien unter Verwendung von ?Picture

In Kapitel 15 wird beschrieben, wie die Verknüpfung zwischen dem Segment ?Picture und dem Bildschirm erfolgt: der Inhalt von ?Picture wird mit Hilfe des bei der Umgebungsvariablen 'HOOPS_PICTURE' bzw. bei der direkten Definition von ?Picture (erster Programmaufruf: Define_Alias) angegebenen Treiberprogramms zu dem ebenfalls dort angegebenen Gerät gesendet.

Soll nun die Ausgabe nicht zum Bildschirm, sondern in eine Datei geleitet werden, so braucht lediglich ?Picture auf die entsprechenden Angaben gesetzt zu werden. Im folgenden ist dies für die Verwendung der Umgebungsvariablen 'HOOPS_PICTURE' gezeigt, die Ausführungen gelten jedoch in gleicher Weise für die direkte Definition von ?Picture am Anfang eines Programms.

Der anschließende Aufruf unter MS-DOS bewirkt beispielsweise, daß die Ausgabe eines HOOPS-Programms bei jedem Update_Display nicht auf den Bildschirm, sondern in die Datei 'bild.hp' geschrieben wird - d.h. 'bild.hp' wird laufend aktualisiert -, und zwar in Form von HP-Graphik-Befehlen der HP Graphics Language (HPGL):

```
set HOOPS_PICTURE=hpgl/bild.hp
```

Die so erzeugte Datei kann dann - nach Beendigung des HOOPS-Programms - zum Plotter geschickt werden, der daraufhin eine Zeichnung des Inhalts von ?Picture erstellt:

```
copy bild.hp com1:
```

Bei diesem Aufruf wird davon ausgegangen, daß der Plotter an der ersten seriellen Schnittstelle des Systems ('COM1') angeschlossen ist und HPGL interpretieren kann.

Der Vorteil dieser Methode ist, daß ein HOOPS-Programm nicht modifiziert oder neu compiliert zu werden braucht, lediglich 'HOOPS_PICTURE' wird vor dem Programmstart geändert.[3] Die Nachteile sind, daß das Programm nicht auf Eingaben (Mausklicks und Tastendrücke) reagieren kann und daß die Ausgabe-Daten nicht auf dem Bildschirm ausgegeben werden. Diese Nachteile können jedoch mit der im nächsten Abschnitt beschriebenen Technik vermieden werden. Allerdings muß das Programm in diesem Fall um einige Zeilen erweitert werden.

12.2.2 Erzeugen von Dateien unter Verwendung von HOOPS_HARDCOPY

Ebenso wie 'HOOPS_PICTURE' ein Ausgabe-Gerät mit dem Segment ?Picture verknüft, entsteht durch das Setzen der Umgebungsvariablen 'HOOPS_HARDCOPY' eine Verbindung zwischen dem dort angegebenen "Gerät" und dem Segment ?Hardcopy. Der folgende Aufruf verknüpft ?Hardcopy mit der Datei 'bild.hp', in die bei jedem Update_Display die dem Inhalt von ?Hardcopy entsprechenden HP-Graphik-Befehle geschrieben werden:

```
set HOOPS_HARDCOPY=hpgl/bild.hp
```

Das Segment ?Hardcopy kann nun in gleicher Weise wie das Segment ?Picture geöffnet und bearbeitet werden. Um beispielsweise einen einzigen "Schnappschuß" von ?Picture in die Datei 'bild.hp' zu schreiben, wären dem Programm folgende Zeilen hinzuzufügen:

```
...
HC_Open_Segment ("?Hardcopy");       /* ?Hardcopy wird vorbereitet: */
  HC_Include_Segment ("?Picture");
  HC_Update_Display ();              /* nun wird bild.hp geschrieben */
HC_Close_Segment ();
```

[3] Dies gilt natürlich nicht, falls ?Picture direkt am Anfang eines Programms definiert wird.

```
HC_Delete_Segment ("?Hardcopy");      /* Schließen von bild.hp         */
...
```

Delete_Segment wird hier benutzt, um die Verbindung zwischen einem Segment (?Hardcopy) und einer Ausgabedatei ('bild.hp') zu unterbrechen. Die Datei 'bild.hp' kann dann später - wie in Abschn. 12.2.1 beschrieben - auf dem Plotter ausgegeben werden.

Jedesmal wenn die obige Sequenz aufgerufen wird, schreibt HOOPS eine neue Version der Datei 'bild.hp'. Unter MS-DOS bedeutet das, daß die alte Datei überschrieben wird, da es hier keine verschiedenen 'Datei-Versionen' gibt. Mit Aufrufen der folgenden Form können mehrere Bilder in einer einzelnen Datei - jedes auf einer neuen Seite - erzeugt werden:

```
...
HC_Open_Segment ("?Hardcopy");          /* ?Hardcopy wird vorbereitet:*/
  HC_Include_Segment ("?Picture");
  HC_Set_Visibility ("off");            /* es wird (noch) nichts in die*/
HC_Close_Segment();                     /* Datei geschrieben          */
...
HC_QSet_Visibility ("?Hardcopy", "on");
HC_Update_Display();                    /* ein "Schnappschuß"         */
HC_QSet_Visibility ("?Hardcopy", "off");
...
HC_Delete_Segment ("?Hardcopy");        /* Schließen von bild.hp      */
...
```

Die Verwendung von ?Hardcopy hat gegenüber der Verwendung von ?Picture (Abschn. 12.2.1) den Vorteil, daß die Ausgabe auch auf dem Bildschirm betrachtet werden kann und daß nicht bei jedem Update_Display ein Bild abgespeichert werden **muß**.

12.2.3 Erzeugen von Dateien unter direkter Angabe eines Dateinamens

In der gleichen Weise wie ?Hardcopy verwendet wurde, kann auch ein Segment direkt beim Öffnen mit einer Datei verknüpft werden. Dazu sind der entsprechende Treiber und der Dateiname als Parameter anzugeben. Um eine HP-Datei 'bild1.hp' zu erzeugen, in die der momentane Inhalt von ?Picture geschrieben werden soll, sind dem Programm folgende Aufrufe hinzuzufügen:

```
...
HC_Open_Segment ("?Driver/hpgl/bild1.hp");
  HC_Include_Segment ("?Picture");
  HC_Update_Display();
HC_Close_Segment();
```

```
HC_Delete_Segment ("?Driver/hpgl/bild1.hp");
...
```

Mit dieser Methode kann auch pro Bild eine neue Datei erzeugt werden, indem jeweils ein anderer Dateiname angegeben wird - 'bild1.hp', 'bild2.hp' etc. Die Dateien können dann wiederum zur Ausgabe an den Plotter geschickt werden (Abschn. 12.2.1).

12.2.4 Direkte Ausgabe

Manche Systeme, beispielsweise MS-DOS, erlauben auch die direkte Ausgabe eines Segments über ein anderes Gerät als den Bildschirm. Dazu kann jede der in den drei vorherigen Abschnitten beschriebene Methode eingesetzt werden.
Sollen die Daten beispielsweise direkt auf einem HP-Plotter ausgegeben werden, der an der ersten seriellen Schnittstelle des Systems angeschlossen ist, so muß die Umgebungsvariable 'HOOPS_HARDCOPY' folgendermaßen gesetzt werden:

```
set HOOPS_HARDCOPY=hpgl/COM1
```

Das gleiche Ergebnis würde man auch auf folgende Weise aus dem Programm heraus erzielen:

```
Open_Segment ("?Driver/hpgl/COM1")
```

13 Steuerung des Systemverhaltens

HOOPS stellt eine Reihe von Möglichkeiten zur Verfügung, mit denen das Verhalten des Systems gesteuert werden kann. Dies geschieht größtenteils mit Hilfe von *System-Routinen*. Allen System-Routinen ist gemeinsam, daß sie keinen Einfluß auf die graphische Datenbasis haben. (Dies ist eine Eigenschaft, die sie mit den von HOOPS angebotenen Hilfs-Routinen gemeinsam haben. Dabei handelt es sich um Prozeduren, mit denen verschiedene nützliche Berechnungen durchgeführt werden können, wie z.B. die Bestimmung der konvexen Hülle einer gegebenen Menge von Punkten. Erläuterungen dazu sind in der Prozedur-Referenz ab Seite 238 zu finden.)

Die wichtigsten Möglichkeiten zur Steuerung des Systemverhaltens werden in den folgenden Abschnitten beschrieben.

13.1 Kontrolle des Bildaufbaus

Normalerweise sorgt das System dafür, daß der Bildschirm beim Aufruf von Update_Display den aktuellen Stand der Datenbasis widerspiegelt. Dies wird mit möglichst wenig Aufwand versucht, indem das System diejenigen Segmente kennzeichnet, die seit dem letzten Update geändert wurden, und nur diese Segmente bzw. die zugehörigen Windows neu zeichnet. In jedem Fall wird aber der Bildaufbau vollständig abgeschlossen, bevor die Programmausführung fortgesetzt wird.

Es gibt jedoch Situationen, in denen es nicht notwendig ist, den gesamten Bildaufbau abzuwarten. Falls beispielsweise eine komplexe Szene in vielen Schritten aufgebaut werden soll, wäre es vorteilhaft, wenn sich der Anwender nach jedem Schritt einen Eindruck von der bis dahin fertiggestellten Szene verschaffen könnte, ohne den gesamten Bildaufbau abwarten zu müssen. Das gilt insbesondere dann, wenn dies, wie bei schattierten Darstellungen, sehr zeitaufwendig ist.

Für solche und ähnliche Situationen stellt HOOPS die Möglichkeit zur Verfügung, den Bildaufbau durch das Anwendungsprogramm kontrollieren zu lassen. Dies geschieht durch folgenden Aufruf:

```
Define_System_Options ("no update control")
```

Danach bestimmt allein das Anwendungsprogramm, was beim Aufruf von Update_Display geschieht, und zwar mit Hilfe der Prozedur Control_Update. Bei deren Aufruf sind als Parameter ein Segment oder geometrisches Element und eine Liste von Optionen anzugeben, wobei die Optionen festlegen, ob und inwieweit das Segment bzw. geometrische Element bei den folgenden (direkten oder indirekten) Aufrufen von Update_Display berücksichtigt wird. Alle Segmente und geometrischen Elemente, deren Darstellung nicht durch Control_Update gesteuert wird, werden auch bei den nachfolgenden Updates nicht berücksichtigt, d.h. beispielsweise nicht neu gezeichnet, falls sie geändert wurden!

Die Kontrolle des Bildaufbaus durch das Anwendungsprogramm soll anhand eines kleinen Beispiels verdeutlicht werden:

```
...
Open_Segment ("?Picture");
  Insert_Line (-1.0, 0.0, 0.0, 1.0, 0.0, 0.0);
  Set_Color ("lines = blue");
Close_Segment ();
Pause ();
/* eine blaue Linie ist auf dem Bildschirm zu sehen                    */
Define_System_Options ("no update control");
/* Kontrolle über den Bildaufbau wird an das Programm übergeben        */
Set_Color ("lines = red");
/* Linienfarbe wird auf rot gesetzt                                    */
Pause ();
/* die Linie bleibt blau                                               */

Control_Update ("?Picture", "redraw geometry");
/* geometrische Segmente in ?Picture sollen aktualisiert werden        */
Pause ();
/* nun wird die Linie rot dargestellt                                  */
...
```

Mit einer Variante der Prozedur läßt sich auch ein Bereich in einem Window spezifizieren, auf den das Updaten beschränkt bleiben soll:

```
Control_Update_By_Area ("?Picture", -1.0, 1.0, 0.33, 1.0,
                        "redraw geometry")
```

Mit diesem Aufruf wird beispielsweise das Aktualisieren des Segments ?Picture auf diejenigen geometrischen Elemente beschränkt, die in dessen oberem Window-Drittel dargestellt werden.

13.2 Begrenzungsvolumen

Um dem Entwickler eines HOOPS-Programms eine gewisse Freiheit hinsichtlich der beiden ambivalenten Faktoren "Ausführungszeit" und "Speicherplatzbedarf" zu lassen, stellt HOOPS das Konzept der *Begrenzungsvolumen* {boundering volumes} zur Verfügung. Ein Begrenzungsvolumen ist eine segmentspezifische Information, die den Raum (in Weltkoordinaten) beschreibt, in dem sich sämtliche geometrischen Elemente eines Segments befinden.

Es gibt zwei Typen von Begrenzungsvolumen: an den Koordinatenachsen ausgerichtete Quader, genannt *Kuboide* {cuboids}, und *Kugeln* {spheres}. Mit Hilfe der Prozedur Define_System_Options kann das System veranlaßt werden, für jedes Segment ein Begrenzungsvolumen zu berechnen. Dies geschieht von den Blättern des Segmentbaumes her: Für jedes Segment, das kein Subsegment besitzt, wird das Begrenzungsvolumen berechnet, und zwar entweder in Form eines Kuboiden, der durch zwei gegenüberliegende Eckpunkte definiert wird, oder in Form einer Kugel, definiert durch einen Mittelpunkt und einen Radius. Das System verwendet die für das jeweilige Segment effizientere Form. Ein Begrenzungsvolumen liegt immer in Weltkoordinaten vor, berücksichtigt also nicht die lokale Transformationsmatrix des Segments. Das so berechnete Begrenzungsvolumen wird nun mit der lokalen Transformationsmatrix des betreffenden Segments multipliziert und zur Berechnung des Begrenzungsvolumens des Muttersegments dieses Segments herangezogen. Allgemein wird ein Begrenzungsvolumen also berechnet aus den geometrischen Elementen des jeweiligen Segments und den transformierten Begrenzungsvolumen seiner Subsegmente.

Die Verwendung von Begrenzungsvolumen erhöht zwar den Speicherplatzbedarf des betreffenden Programms, jedoch erhöht sich in der Regel auch die Darstellungsgeschwindigkeit: das Begrenzungsvolumen jedes Segments wird vor der Darstellung des Segmentinhalts mit dem Sichtvolumen (Sehzylinder bzw. Sehpyramide, s. Abb. 7.1) der jeweiligen Szene verglichen. Liegt das Begrenzungsvolumen vollkommen außerhalb des Sichtvolumens, braucht die Berechnung für diesen Segmentast nicht fortgesetzt zu werden - der Inhalt dieses Segmentastes ist nicht sichtbar.

Es existieren Prozeduren zum Abfragen des Typs (Show_Bounding_Info), zum Abfragen des Inhalts (Show_Bounding_Cuboid, Show_Bounding_-Sphere), zum Setzen (Set_Bounding_Cuboid, Set_Bounding_Sphere), zum erneuten Berechnen (UnSet_Bounding_Volume) und zum Berechnen von Begrenzungsvolumen (Compute_Bounding_Cuboid, Compute_Bounding_-Sphere).

13.3 Das Heuristik-Attribut

Eine weitere Möglichkeit, Einfluß auf die Ausführungszeit und den Speicherplatzbedarf eines Programms zu nehmen, besteht darin, dem System "von Hand" geeignete Informationen zur Verfügung zu stellen, die z.B. zur Auswahl schnellerer Algorithmen führen. Solche Informationen können von Segment zu Segment unterschiedlich sein und werden dem System daher mit Hilfe eines Attributs, den *Heuristiken* {heuristics}, übermittelt. Heuristiken sind nur als "Hinweise" zu verstehen: das System kann, muß sie jedoch nicht nutzen!

Das Heuristik-Attribut wird durch die Prozedur Set_Heuristics gesetzt.[1] Dabei können ein oder mehrere fest vorgegebene Aussagen bejaht oder verneint werden; teilweise sind auch differenziertere Angaben möglich. Falls beispielsweise alle Flächen eines Segment konvex sind, kann dies dem System durch folgenden Aufruf mitgeteilt werden, der in der Regel zu einem schnelleren Bildaufbau führt:

```
Set_Heuristics ("no concave polygons")
```

Alle bei dieser Prozedur möglichen Angaben werden in der Prozedur-Referenz erklärt. An dieser Stelle sei nur noch das quick moves-Konzept erläutert. Ein Segment wird folgendermaßen in den quick moves-Modus gesetzt:

```
Set_Heuristics ("quick moves")
```

Dieser Aufruf sagt dem System, daß sich der Inhalt des betreffenden Segments oft und schnell ändert, so daß es sich lohnt, den Bildschirm zu aktualisieren, ohne jeweils den gesamten Inhalt des zugehörigen Windows neu zu zeichnen. Falls die darunter liegende Szene komplex und der Inhalt des quick moves-Segments einfach ist, können Änderungen schnell durchgeführt werden: auf diese Weise kann z.B. eine Linie wie ein Gummiband gedehnt und gezogen werden. Wenn jedoch der Inhalt des quick moves-Segments komplex wird, verlangsamt sich der Bildaufbau, da bei jedem "Update" das gesamte quick moves-Segment neu gezeichnet wird. In jedem Fall erhöht sich aber der benötigte Speicherplatz durch das Setzen von quick moves.

Auf vielen Systemen werden quick moves durch einen "xor-Zeichenmodus" implementiert. Das führt dazu, daß die sichtbaren Farben der quick moves-Geometrie nicht mehr den gesetzten Farben entsprechen. Manchmal kann es sogar vorkommen, daß die Farben nicht mehr vom Hintergrund zu unterscheiden sind. Um in solchen Fällen trotzdem noch etwas zu sehen, kann man ein zweites quick moves-Segment mit identischem Inhalt, aber anderen Farben ein wenig versetzt über das erste legen.

---

[1] Die initialen Werte des Heuristik-Attributs, die dem Wurzelsegment beim Systemstart zugewiesen werden und somit als Voreinstellung für die gesamte Datenbasis gelten, können mit Hilfe der Umgebungsvariablen 'HOOPS_HEURISTICS' eingestellt werden.

Zuletzt sei noch angemerkt, daß Segmente, die Images oder schattierte Darstellungen enthalten, nicht in den quick moves-Modus gesetzt werden können.

13.4 Optionen für Ausgabe-Geräte

Mit Hilfe der Prozedur Set_Driver_Options können besondere Optionen für Ausgabe-Geräte - in Form von Attributen - festgelegt werden. 'Driver Options' wirken nur auf Segmente, die mit Geräten verknüpft sind, z.B. ?Picture, ?Hardcopy etc. Eine Verknüpfung zwischen einem Segment und einem Gerät (in Form des 'driver'-Attributs) wird durch die Prozedur Set_Driver erzeugt, die beim Systemstart automatisch in den entsprechenden Segmenten aufgerufen wird (Abschn. 15.4).

In den meisten Fällen werden durch 'Driver-Options' besondere Eigenschaften spezieller Ausgabe-Geräte berücksichtigt. Beispielsweise kann hier festgelegt werden, daß ein Farb-Bild in ein Schwarz-Weiß-Bild konvertiert wird, um es auf einem "Schwarz-Weiß"-Gerät auszugeben.

Eine detaillierte Beschreibung aller Optionen, die (mindestens) vom System erkannt werden, ist in der Prozedur-Referenz zu finden. Darüberhinaus gibt es weitere sehr spezielle Optionen, die in den Dokumentationen einzelner Gerätetreiber enthalten sind.

14 Die Zusatzmodule A.I.R. und I.M.

Im folgenden werden zwei Zusatzmodule für das "klassische"[1] HOOPS beschrieben: HOOPS A.I.R. und HOOPS I.M. Ein drittes Zusatzpaket, das hier jedoch nicht beschrieben wird, enthält einen japanischen Zeichensatz: HOOPS Kanji. Mit diesen optionalen Modulen, die in der Version 1.1 bzw. Version 1.0 als Grundlage für dieses Kapitel zur Verfügung standen, können erheblich realistischere Darstellungen erzeugt bzw. benutzerdefinierte Interaktionen gesteuert werden. Ihre Installation erfolgt anschließend an die des "klassischen" HOOPS - unter MS-DOS beispielsweise durch den Aufruf

```
addair
```

bzw.

```
addim
```

Vergleiche dazu auch Anhang A.

Ob ein bestimmtes Zusatzpaket auf einer Plattform zur Verfügung steht, kann mit Show_System_Info erfragt werden.

14.1 Advanced Interactive Rendering (A.I.R.)

Mit HOOPS A.I.R. werden die Darstellungmöglichkeiten des "klassischen" HOOPS erheblich erweitert. Die auffallendste und wichtigste Neuerung besteht in zwei Verfahren, mit denen sich qualitativ hochwertige photorealistische Darstellungen erzeugen lassen: **Ray-Tracing** und **Radiosity**. Diese in der Computergraphik bereits lange bekannten Verfahren wurden in HOOPS A.I.R. verwirklicht, um auch die Bereiche für HOOPS erreichbar zu machen, in denen wirklichkeitsgetreue Darstellungen benötigt werden. Sie sind auch die Voraussetzung für einige weitere Effekte in dieser Richtung, die mit dem A.I.R.-Modul erzielt werden können: **realistischere Lichtquellen**, Erzeugen von **Schatten** und **indirekte Flächen-Spiegelungen**.

---

[1] Im folgenden wird HOOPS ohne diese Zusatzpakete als "klassisches" HOOPS bezeichnet.

14.1.1 Darstellungsverfahren zur Erzeugung photorealistischer Bilder

Die folgenden beiden Abschnitte stellen keine Beschreibung oder Erklärung des Ray-Tracing- und Radiosity-Verfahrens dar. Dies soll der Literatur über die allgemeine Computergraphik[2] überlassen bleiben, da es sich hierbei um etablierte **prinzipielle** Verfahren handelt, die nicht an ein bestimmtes (Computer-) System gebunden sind, geschweige denn eigens für HOOPS A.I.R. entwickelt wurden. Dennoch lassen die prinzipiellen Ideen, die hinter diesen Verfahren stehen, einen beträchtlichen Spielraum in ihrer Realisierung und damit letztlich ihrer Implementation zu. So entscheidet schließlich in erheblichem Maße die Umsetzung der Ideen in tatsächlich lauffähige Systeme über den Erfolg eines Projekts. Und dies ist den Entwicklern von HOOPS A.I.R. in hervorragender Weise gelungen; nicht nur in bezug auf die Leistungsfähigkeit, sondern vor allem wegen der flexiblen Möglichkeiten, die dem Benutzer von A.I.R. weitestgehende Freiheiten lassen, welche der potentiellen Fähigkeiten er in welchem Maße in seiner speziellen Anwendung einsetzen möchte. Diese Freiheit zeigt sich in den auf den ersten Blick zwar unübersichtlich und erdrückend wirkenden, aber bei näherem Hinsehen sinnvoll gewählten und einfach zu handhabenden Optionen, deren Beschreibung das Thema der beiden folgenden Abschnitte ist.

Das Ray-Tracing- und das Radiosity-Verfahren sind im A.I.R. - und mithin in HOOPS - als **Attribut** implementiert. Das bedeutet, die Art und Weise, wie der Inhalt eines Segments dargestellt wird[3], wird als Attribut in dem betreffenden Segment gesetzt und unterliegt den Vererbungsregeln. Diese Tatsache ist in HOOPS nicht neu, da ja beispielsweise die Schattierungsalgorithmen für die Flächen und Kanten eines Segments auch in Attributform festgelegt werden (Abschn. 8.2). Und in der Tat ist es die gleiche Prozedur - Set_Rendering_Options -, mit der nun auch diese weitergehenden Techniken eingesetzt werden können.

Da es sich hier um eine - bereits im "klassischen" HOOPS bekannte - Prozedur handelt, mit der die neuen Verfahren eingesetzt werden können, werden die folgenden Ausführungen sich an die Art und Weise anlehnen, wie in der Prozedur-Referenz die einzelnen Prozeduren und ihre Optionen erklärt werden. Somit kann das folgende auch für die Programmierung genutzt werden.

Eine der drei neuen Optionen, die mit Hilfe des "universellen" Parameters *Liste* in Set_Rendering_Options gesetzt werden können (s. Prozedur-Referenz S. 215), ist die generelle Auswahl der **Darstellungstechnologie**. Dies geschieht durch die Angabe:

```
technology = 'Typ'
```

wobei 'Typ' einen der fünf folgenden Werte annehmen kann:

[2] Gute Darstellungen der Verfahren finden sich beispielsweise in [Raub93] u. [Burg90].

[3] Da Lichtquellen nur die Darstellung von **Flächen** und **Kanten** beeinflussen, haben diese Attribute keinen Einfluß auf die Darstellung von Markern, Linien oder Text.

standard	Es wird das Schattierungsmodell des "klassischen" HOOPS verwendet (s. Abschn. 8.2).
radiosity	Diffuse Reflexionen zwischen Flächen/Kanten (= indirekte diffuse Reflexionen), weiche Schatten und die Beleuchtung durch polygonale Lichtquellen werden mit einem Radiosity-Algorithmus berechnet. Da mit der Radiosity-Methode nur diffuse Reflexionen berechnet werden können, ist das Ergebnis nicht vom Blickwinkel der Kamera abhängig, so daß sich die Kamera beispielsweise "durch die Szene bewegen" kann, ohne daß die Darstellung neu berechnet werden muß!
ray-trace	Schatten, Transparenz, Lichtbrechung und spiegelnde Reflexionen zwischen Flächen/Kanten (= indirekt spiegelnde Reflexionen) werden mit einem Ray-Tracing-Algorithmus berechnet. Polygonale Lichtquellen werden durch lokale Lichtquellen approximiert. Alle von Flächen/Kanten verschiedenen geometrischen Elemente (Linien, Marker etc.) werden nach Beendigung des Ray-Tracing-Algorithmus' über das fertige Ray-Trace-Bild gezeichnet. In der momentanen Version von HOOPS A.I.R. werden indirekte diffuse Reflexionen, die aus indirekten spiegelnden Reflexionen resultieren, nicht berechnet; im umgekehrten Fall findet jedoch eine Berechnung statt!
(radiosity, standard)	Erst werden die diffusen Reflexionen mit dem Radiosity-Modell berechnet und anschließend die direkten Reflexionen mit der "Standard"-Technologie hinzugefügt.
(radiosity, ray-trace)	Erst wird die Darstellung der Flächen/Kanten mit dem Radiosity-Modell berechnet, und anschließend werden die daraus resultierenden Farben (Intensitäten) als Grundlage für die Berechnung mit dem Ray-Tracing-Modell verwendet. Dies ist die Methode, mit der die besten Bilder erzeugt werden, jedoch ist dies auch die zeitaufwendigste Methode!

Anmerkung: Bei Verwendung des Ray-Tracing-Verfahrens sollte die Driver-Option no double-buffering gesetzt werden, da diese beiden Techniken nicht miteinander "kooperieren"!

14.1.1.1 Die Radiosity-Optionen

Optionen für den Radiosity-Algorithmus können mit einer weiteren (neuen) Option des Parameters *Liste* in Set_Rendering_Options gesetzt werden. Dies geschieht durch die Angabe:

radiosity options = (suboption, suboption, ...)

Die **Voreinstellungen** der Suboptionen lauten:

convergence goal = 50 %
interim display
no special events
no internal subdivision
accuracy = 2
no boundary continuity
energy preservation

Es folgt eine ausführliche Beschreibung jeder einzelnen Suboption.

convergence goal = 'Wert' %

Der Radiosity-Algorithmus ist ein **progressives** Verfahren. Das bedeutet, daß die Berechnung der Darstellung in einheitlichen **Schritten** erfolgt, wobei nach jedem Schritt

1. das Ergebnis der Berechnungen bis zu diesem Punkt bereits dargestellt werden kann und
2. sich das Ergebnis im Vergleich zum Ergebnis des vorherigen Schritts (in der Regel) verbessert.

Der Algorithmus terminiert, wenn sich in der Szene ein Energiegleichgewicht eingestellt hat, d.h. wenn alle (abgestrahlte) Energie in die Berechnung eingegangen ist. Da jedoch im jeweils nächsten Schritt der Energiefluß von der hellsten bis dahin noch nicht berücksichtigten Lichtquelle berechnet wird, werden meistens schon vor Erreichen des Energiegleichgewichts qualitativ hochwertige Bilder erzeugt.
convergence ist der Prozentsatz der Energie, die bereits in die Berechnungen eingegangen ist. Das convergence goal gibt den Prozentsatz der Energie an, die an einem bestimmten Punkt der Berechnungen (mindestens) schon berücksichtigt sein muß, damit der Algorithmus an diesem Punkt abgebrochen werden kann: Die convergence wird nach jedem Berechnungsschritt (s.o.) mit dem convergence goal verglichen, und, falls das convergence goal erreicht oder überschritten ist, werden keine weiteren Schritte durchgeführt.
Ist die Qualität eines Bildes nach Erreichen des convergence goals noch nicht zufriedenstellend, so kann dasselbe durch einen erneuten Aufruf von Set_Rendering_Options **erhöht** werden. In diesem Fall nimmt HOOPS seine Berechnungen an der Stelle wieder auf, an der das alte convergence goal erreicht wurde. Auf diese Weise ist es beispielsweise möglich,

sich schrittweise an eine zufriedenstellende Lösung "heranzutasten", ohne daß dies mit einem erhöhten Rechenaufwand verbunden wäre.
Wenn das Anwendungsprogramm den Bildaufbau kontrolliert (Abschn. 13.2), so wird ein weiterer Berechnungsschritt durch den Aufruf von

Control_Update ("redo radiosity")

durchgeführt (Prozedur-Referernz S.322).
Andererseits kann das convergence goal auch **während** der Berechnungen **erniedrigt** werden. Das ist jedoch nur mit Hilfe der Suboption special events möglich (s.u.).

[no] interim display[s] [= on/off]
Soll das Ergebnis nach jedem Berechnungsschritt (siehe convergence goal) auf dem Bildschirm dargestellt werden, so ist interim display[s] zu setzen. Ist die Qualität des Bildes zufriedenstellend, können beispielsweise weitere Berechnungsschritte verhindert werden, indem das convergence goal auf 0% (oder einen anderen Wert, der niedriger als die momentane convergence ist,) gesetzt wird. Das ist jedoch nur mit Hilfe der Suboption special events möglich (s.u.).

[no] special events [= on/off]
Beim Aufruf von Await_Event werden normalerweise (wegen des indirekten Aufrufs von Update_Display) solange Radiosity-Berechnungsschritte (siehe convergence goal) durchgeführt, bis das convergence goal erreicht ist. Erst danach wartet das System auf den Eintritt eines Ereignisses.
Wird jedoch special events gesetzt, so fügt das System nach **einem** Berechnungsschritt ein Ereignis in die Warteschlange ein und gibt die Kontrolle an das Programm zurück. Das Ereignis ist vom Typ special und kann anschließend mit Show_Special_Event inspiziert werden. Diese Prozedur gibt einen *Typ* und ein *Info* zurück (s. Prozedur-Referenz Seite 272). *Typ* ist gleich radiosity status und kann so von anderen speziellen Ereignissen unterschieden werden. *Info* ist ein String der folgenden Form: "[not] complete, convergence = 'Wert'%, segment = 'Pfadname', steps = 'Schrittanzahl'". Er beschreibt den momentanen Zustand der Radiosity-Berechnungen. (Die einzelnen Informationen können mit Parse_String - Prozedur-Referenz S. 347 - extrahiert werden.)
not complete heißt, daß das convergence goal noch nicht erreicht wurde und die Berechnungen beim nächsten Aufruf von Await_Event fortgesetzt werden. complete bedeutet, daß der nächste Aufruf von Await_Event wieder die "gewohnte" Wirkung dieser Prozedur hat.
Sind die Berechnungen noch nicht beendet und ist no interim display gesetzt, so kann nun beispielsweise eine Statusmeldung auf dem Bildschirm ausgegeben werden, die den Stand der Berechnungen anzeigt. Oder die Berechnungen können abgebrochen werden, indem das convergence

goal auf 0% gesetzt wird, falls interim display gesetzt ist und das Bild die gewünschte Qualität erreicht hat.
Zu beachten ist, daß die Get_<Type>-Prozeduren und Update_Display selbst spezielle Ereignisse ignorieren, so daß obige Ausführungen nur für den Aufruf von Await_Event gelten, obwohl die Radiosity-Berechnungen durch Update_Display initiiert werden!

[no] internal subdivision [= 'Größe' / ('Start', 'Ende', 'Diff' %]
Normalerweise berechnet der Radiosity-Algorithmus nur die (Farb-) Intensitäten an den Eckpunkten der Flächen/Kanten und interpoliert sie dann über die Fläche/Kante. Bei großen Flächen/Kanten kann das bedeuten, daß beispielsweise Schatten, die (nur) in der Mitte der Fläche/Kante auftreten, nicht dargestellt werden.
Diese Suboption erlaubt dem System, die in dem betreffenden Segment vorhandenen Flächen/Kanten in mehrere Teilflächen/-kanten zu unterteilen, so daß die Darstellung mit einer "höheren Auflösung" erfolgt. Entweder wird nur eine Fließkommazahl ('Größe') angegeben, die die Größe der einzelnen Teilflächen/-kanten in Objektkoordinateneinheiten beschreibt, oder man kann eine automatische rekursive Unterteilung definieren. Die drei dabei in Klammern anzugebenden Werte haben folgende Bedeutung: Zuerst wird die Fläche/Kante in Teilflächen/-kanten der Größe 'Start' unterteilt (entspricht 'Größe'). Anschließend wird jede der Teilflächen/-kanten rekursiv weitergeteilt. Die Unterteilung einer neu entstandenen Teilfläche/-kante unterbleibt entweder, wenn sie nur noch eine Größe von 'Ende' hat, oder wenn sich die Intensitäten der Eckpunkte der Fläche/Kante um weniger als 'Diff' Prozent unterscheiden. (Dieser Algorithmus ist nicht "intelligent" in dem Sinne, daß eine weitere Unterteilung in jedem Fall unterbleibt, wenn die Intensitäten der Eckpunkte um weniger als 'Diff' Prozent differieren, auch wenn sich zwischen den Eckpunkten ein Schatten befindet!)
Der Nachteil der Unterteilung in Teilflächen/-kanten besteht in einem erheblichen Mehraufwand an Rechenzeit. Daher ist es manchmal vorteilhaft und sinnvoll, für verschiedene Teile ein und derselben Szene unterschiedliche internal subdivision-Optionen zu setzen. So kann beispielsweise dem Fußboden (eines Raums), auf den viele Schatten fallen, eine hohe "Unterteilung" zugewiesen werden, während die Wände und die Decke nur wenig unterteilt zu werden brauchen, da dort kaum Schatten zu finden sind.
Es sei noch angemerkt, daß auch polygonale Lichtquellen - wenn sie sich in dem betreffenden Segment befinden - unterteilt werden, was zu einem im Vergleich zur Unterteilung "normaler" Flächen erheblich größeren Rechenaufwand führt.

accuracy = 'Wert'

Mit dieser Suboption kann der "Aufwand" festgelegt werden, den das System überhaupt auf die Berechnung der Farbintensitäten mit dem Radiosity-Algorithus verwendet. Dabei ist für 'Wert' eine ganze Zahl zwischen 1 und 5 einzusetzen, wobei bei 5 ungefähr 25 mal soviel Berechnungen pro Eckpunkt durchgeführt werden wie bei 1. Je höher der Aufwand, d.h. je höher 'Wert' ist, desto bessere Bilder entstehen, aber desto länger ist auch die Berechnungszeit. Auf der anderen Seite kann ein zu kleiner 'Wert' "schlechte" Schatten und unkorrekte Effekte polygonaler Lichtquellen zur Folge haben.

Auch für diese Suboption gilt, daß es sinnvoll sein kann, für verschiedene Teile ein und derselben Szene unterschiedliche 'Wert'e zu setzen (vgl. internal subdivision).

accuracy und internal subdivision hängen eng miteinander zusammen: Auch mit einer hohen accuracy können Schatten nicht korrekt berechnet werden, wenn die betreffende Fläche/Kante nicht ausreichend unterteilt ist. Andererseits werden die (Farb-) Intensitäten einer durch eine große polygonale Lichtquelle beleuchteten Fläche nicht einwandfrei dargestellt - selbst wenn diese sehr fein unterteilt ist -, falls accuracy zu niedrig ist.

[no] boundary continuity [= on/off]

Ist boundary continuity gesetzt, so werden die (Farb-) Intensitäten zweier benachbarter Flächen an der gemeinsamen Kante "geglättet", so daß ein fließender Übergang entsteht. Dies kann insbesondere bei Polyedern mit vielen Facetten wünschenswert sein. Wiederum ist jedoch auch diese Qualitätserhöhung - wie auch schon accuracy und internal subdivision - mit einem größeren Rechen- und somit Zeitaufwand verbunden.

[no] energy preservation [= on/off]

Ist energy preservation gesetzt, so wird die bei dem betreffenden Berechnungsschritt (siehe convergence goal) noch nicht berücksichtigte Energie (sozusagen die Komplementärmenge zur convergence) als konstanter ambienter Term der Darstellung hinzugefügt, so daß insbesondere die ersten Berechnungsschritte hellere Ergebnisse hervorbringen. Dadurch erscheinen jedoch beschattete Gebiete teilweise zu hell, so daß energy preservation = off gesetzt werden sollte, wenn der Energie-"Fluß" in der Szene - Schritt für Schritt - beobachtet werden soll.

14.1.1.2 Die Ray-Trace-Optionen

Optionen für den Ray-Tracing-Algorithmus können mit einer weiteren (neuen) Option des Parameters *Liste* in Set_Rendering_Options gesetzt werden. Dies geschieht durch die Angabe:

ray-trace options = (suboption, suboption, ...)

Die **Voreinstellungen** der Suboptionen lauten:

no special events
scan-line method
no anti-aliasing
bounce limit = 5
required contribution = 10%
display style = interlaced raster

Es folgt eine ausführliche Beschreibung jeder einzelnen Suboption.

[no] special events [= on/off/'Schritte']

Beim Aufruf von Await_Event werden normalerweise (wegen des indirekten Aufrufs von Update_Display) alle Scan-Linien des Ray-Trace-Bildes berechnet. Erst danach wartet das System auf den Eintritt eines Ereignisses.

Wird jedoch special events gesetzt, so fügt das System nach **jedem** Ray-Trace-Schritt - dies ist in der Regel eine Scan-Linie (s.u. display style) - ein Ereignis in die Warteschlange ein und gibt die Kontrolle an das Programm zurück. Das Ereignis ist vom Typ special und kann anschließend mit Show_Special_Event inspiziert werden. Diese Prozedur gibt einen *Typ* und ein *Info* zurück (s. Prozedur-Referenz S. 272). *Typ* ist gleich raytrace status und kann so von anderen speziellen Ereignissen unterschieden werden. *Info* ist ein String der folgenden Form: "[not] complete, completed = 'Wert'%, segment = 'Pfadname', steps = 'Schrittanzahl', intensity = (Minimum, Maximum)". Er beschreibt den momentanen Zustand der Ray-Trace-Berechnungen. Die einzelnen Informationen können mit Parse_String - Prozedur-Referenz S. 347 - extrahiert werden.)

not complete heißt, daß die Berechnungen noch nicht beendet sind und beim nächsten Aufruf von Await_Event fortgesetzt werden. complete bedeutet, daß der nächste Aufruf von Await_Event wieder die "gewohnte" Wirkung dieser Prozedur hat.

Sind die Berechnungen noch nicht beendet, so kann beispielsweise eine Statusmeldung auf dem Bildschirm ausgegeben werden, die den Stand der Berechnungen anzeigt; insbesondere dann, wenn das Ray-Trace-Bild in ein nicht sichtbares Image geschrieben wird (siehe Abschn. 10.8).

Da das Einfügen eines speziellen Ereignisses nach jedem Ray-Trace-Schritt die Berechnungszeit erheblich vergrößern kann, wird mit dem Parameter 'Schritte' ein Kompromiß zwischen Geschwindigkeit und Kontrolle zur Verfügung gestellt. 'Schritte' gibt an, nach wievielen Ray-Trace-Schritten (s.o.) ein spezielles Ereignis generiert werden soll (insofern ist special events = on dasselbe wie special events = 1). Im Detail bedeutet das folgendes: Ist display style = sequential raster (s.u.), so wird jeweils nach der Berechnung von 'Schritte' Scan-Linien ein spezielles Ereignis generiert. Ist display style = interlaced raster, so werden solange Scan-Linien berechnet, bis in den Zwischenräumen nur noch 'Schritte'

Scan-Linien (oder weniger) übrig sind. Von diesem Punkt an wird die Berechnung wie bei sequential raster fortgesetzt: alle Scan-Linien des "ersten" Zwischenraumes werden berechnet und anschließend ein spezielles Ereignis generiert, danach alle des "zweiten" Zwischenraums und wieder ein spezielles Ereignis usw.
Zu beachten ist, daß die Get_<Type>-Prozeduren und Update_Display selbst spezielle Ereignisse ignorieren, so daß obige Ausführungen nur für den Aufruf von Await_Event gelten, obwohl die Ray-Tracing-Berechnungen durch Update_Display initiiert werden!

[no] scan-line method [= on/off]
Ist scan-line method gesetzt, so verwendet das System eine optimierte Berechnungsmethode, die auf den Kohärenz-Eigenschaften von Objekten beruht. Dadurch wird eine schnellere Berechnung des Schnittpunktes des Sehstrahls mit der Objektoberfläche durchgeführt. Spiegelnde Reflexionen und Schatten werden jedoch mit dem "normalen" Ray-Trace-Verfahren berechnet.
scan-line method sollte nur dann nicht gesetzt werden, wenn die Szene transparente Objekte enthält, da dies weniger exakte Bilder liefert.

[no] anti-aliasing [= 'Strategie' [= 'suboptions']
Hier kann eine 'Strategie' angegeben werden, die dem "aliasing"-Effekt ("Treppenbildung bei schrägen Linien und Kanten") entgegenwirkt. Zur Zeit wird nur eine 'Strategie' vom System zur Vergüng gestellt: super-sample. Bei super-sample werden durch einen Pixel **mehrere** Sehstrahlen geschickt; beispielsweise vier durch die vier Ecken des Pixels. Die (Farb-) Intensität des Pixels ergibt sich dann aus dem Durchschnitt der einzelnen Intensitäten.
Mit 'suboptions' kann die Zahl der Sehstrahlen angegeben werden, die **mindestens** durch einen Pixel gesandt werden; die einzig möglichen Werte sind 1, 4, 16. Falls die (Farb-) Intensität innerhalb eines Pixels erheblich schwankt, kann das System die Anzahl der Sehstrahlen bis auf das vierfache von 'suboptions' erhöhen.
Ist anti-aliasing gesetzt, aber keine 'Strategie' angegeben, so wird super-sample angenommen. Ist super-sample ohne 'suboptions' gesetzt, so wird 1 angenommen.

bounce limit = 'max'
'max' legt die Zahl der Reflexionen fest, die ein vom Augenpunkt ausgesandter Sehstrahl mit den Objekten der Szene haben darf, bevor seine weitere Berechnung abgebrochen wird. Ein Verringern von 'max' kann die Berechnung erheblich beschleunigen, insbesondere für transparente Objekte, bei denen die Anzahl der weiter zu berechnenden Strahlen aufgrund der Transmissionsstrahlen geometrisch wächst. Andererseits kann ein Erhöhen von 'max' die Qualität des Bildes beträchtlich verbessern, insbe-

sondere bei Szenen mit extrem spiegelnden Oberflächen, wo sehr komplexe indirekte Spiegelungen auftreten.

required contribution = 'Wert' %

Jedesmals wenn ein Sehstrahl auf ein Objekt trifft, berechnet das System den Anteil der Energie, den ein weiterer Reflexions- bzw. Transmissionsstrahl zur Gesamtenergie des Pixels beitragen würde. Die Berechnung für den betreffenden Strahl wird nur dann fortgeführt (d.h. der betreffende Strahl wird nur dann "weitergeschickt"), wenn sein Anteil an der Gesamtenergie des Pixels mindestens 'Wert' beträgt. Das bedeutet, falls die beitragende Energie weniger als 'Wert' Prozent beträgt, wird der Strahl selbst dann nicht weiterberechnet, wenn sein bounce limit (s.o.) noch nicht erreicht ist.

display style = 'Methode' [, fill]

Mit 'Methode' wird die Reihenfolge festgelegt, in der die Pixel des Bildes berechnet werden. So kann man schon vor der Vollendung des Bildes einen Eindruck der Qualität bekommen und evtl. die weiteren Berechnungen abbrechen, falls beispielsweise eine nicht zufriedenstellende Blickrichtung gewählt wurde. 'Methode' kann sein:

sequential raster — Dies ist die schnellere der beiden Methoden. Die Berechnung beginnt bei der untersten Scan-Linie und setzt sich Scan-Linie für Scan-Linie nach oben fort.

interlaced raster — Die Berechnung beginnt bei der untersten Scan-Linie und überspringt dann jeweils 256 Scan-Linien, bis die Oberkante erreicht ist. Danach wird wieder unten begonnen, und es werden jeweils 128 Scan-Linien, danach 64, 32 etc. übersprungen.
Wird fill zusätzlich gesetzt, so füllt das System die in den Lücken liegenden Pixel mit den (Farb-) Intensitäten der jeweils am nächsten gelegenen berechneten Pixel. Dies kann unter Umständen schon einen schnelleren Eindruck des Bildes vermitteln, erhöht jedoch in der Regel die Berechnungszeit. Das macht sich insbesondere dann bemerkbar, wenn die Zahl der Lücken gegen Ende immer größer wird.

14.1.1.3 Anmerkungen zur Unterbrechung der Berechnungen

- Das Updaten des Bildschirms kann durch das Eintreten eines Ereignisses - z.B. durch einen Mausklick oder bei Setzen von special events = on (s.o.) - nur unterbrochen werden, wenn mit Hilfe der Prozedur

Set_Driver_Options die Option update interrupts (s. Prozedur-Referenz S. 200) gesetzt wurde.

- Dies ist während der Berechnungen des Radiosity-Verfahrens normalerweise nur zwischen den einzelnen Berechnungsschritten (bzw. jeweils nach einem Berechnungsschritt) möglich. Um nun auch eine Unterbrechung während eines Berechnungsschritts hervorrufen zu können, stellt HOOPS A.I.R. bei der Prozedur Set_Driver_Options zusätzlich zu den beiden Möglichkeiten update interrupts und no update interrupts eine dritte zur Verfügung: update interrupts = unrestricted. Damit kann das Updaten auch während eines Radiosity-Berechnungsschritts unterbrochen werden, mit der Folge, daß (für die gesamte Berechnung) die convergence auf 0% zurückgesetzt wird. Das Setzen von update interrupts = unrestricted ist äquivalent zu update interrupts, falls kein Radiosity-Algorithmus angewendet wird.
- Das Setzen von update interrupts kann die Berechnungzeiten für den Radiosity- und für den Ray-Trace-Algorithmus drastisch erhöhen.

14.1.2 Polygonale Lichtquellen

Das "klassische" HOOPS bietet lokale {spot lights, local lights} und unendlich weit entfernte Lichtquellen {distant lights} an, jedoch handelt es sich in beiden Fällen um **Punkt**-Lichtquellen. Aus deren unendlich kleiner Ausdehnung ergeben sich zwei Nachteile in bezug auf die Darstellung realistischer Bilder. Erstens sind derartige Lichtquellen selbst nie zu sehen, und zweitens haben alle in der Natur und auch in der Technik vorkommenden Lichtquellen eine von Null verschiedene Ausdehnung, so daß deren Wirkungen mit Hilfe der vom "klassischen" HOOPS angebotenen Lichtquellen nur annähernd wiedergegeben werden können.

HOOPS A.I.R. bietet als Ergänzung zu den in Abschn. 14.1.1 beschriebenen Techniken zur Darstellung realistischer Bilder eine weitere Art von Lichtquellen an. Es handelt sich dabei um Licht emittierende Polygone: **polygonale** Lichtquellen {area lights}. Polygonale Lichtquellen haben nicht die oben beschriebenen Nachteile von Punkt-Lichtquellen, jedoch zahlt man für sie einen höheren Preis: nur bei gleichzeitigem Einsatz des **Radiosity**-Algorithmus (Abschn. 14.1.1) erzielt man wirklichkeitsnahe Effekte. Andernfalls werden polygonale Lichtquellen (intern) durch die "üblichen" lokalen Lichtquellen (spot lights) simuliert, wodurch kein Qualitätsgewinn erreicht werden kann. Außerdem haben sie dann das Aussehen einfacher Polygone und sind von diesen nicht zu unterscheiden. In jedem Fall lassen sich jedoch polygonale Lichtquellen - im Gegensatz zu allen anderen Lichtquellen - mit der Maus oder einem anderen Zeigegerät auf dem Bildschirm **auswählen**.

Zwei Prozeduren werden zur Verwendung polygonaler Lichtquellen angeboten. Da dies die einzigen vollkommen neuen Prozeduren von HOOPS A.I.R. sind, werden sie in der Form vorgestellt, die in der Prozedur-Referenz verwendet wird. Vergleiche dazu die einleitenden Erläuterungen aus Anhang C.

Insert_Area_Light

Zweck erzeugt eine polygonale Lichtquelle

Aufruf **Insert_Area_Light** (*Anzahl*, *Punkte*, *Liste*)

Anzahl	integer	Anzahl der relevanten Punkte in *Punkte*
Punkte	point vector	die Koordinaten der Eckpunkte der polygonalen Lichtquelle **(Ref)**
Liste	string	eine Liste von Optionen (s.u.)

Varianten **KInsert_Area_Light** (*Anzahl*, *Punkte*, *Liste*)→ *Schlüssel*
QInsert_Area_Light (*Segment*, *Anzahl*, *Punkte*, *Liste*)
QKInsert_Area_Light (*Segment*, *Anzahl*, *Punkte*, *Liste*)→ *Schlüssel*

Segment	string	Liste der zu ändernden Segmente
Schlüssel	long	Schlüssel zur Identifizierung des Polygons
alle anderen	wie oben	wie oben

Wirkung Es wird ein Licht emittierendes Polygon - eine polygonale Lichtquelle - erzeugt. Die ersten *Anzahl* Punkte aus *Punkte* bilden die Eckpunkte des Polygons. Dabei ist es nicht nötig, das Polygon zu "schließen", indem der erste Punkt noch einmal als letzter angegeben wird. Achtung: alle Punkte müssen in einer Ebene liegen.
Mit *Liste* kann festgelegt werden, ob nur eine oder beide Seiten des Polygons Licht emittieren sollen. *Liste* ist
bright side = 'Seite'
wobei 'Seite' einen der drei folgenden Werte annehmen kann:

front	nur die Vorderseite (s.u.) des Polygons emittiert Licht
back	nur die Rückseite des Polygons emittiert Licht
both	beide Seiten emittieren Licht

Vorder- und Rückseite sind dabei wie folgt definiert: Wenn man die Innenfläche der rechten Hand um das Polygon herumdreht, und zwar in Richtung der Finger von Punkt zu Punkt in der Reihenfolge, in der die Punkte definiert wurden, so zeigt der Daumen aus der Vorderseite heraus, falls das Koordinatensystem rechtshändig ist, andernfalls aus der Rückseite.
Weitere Informationen zu polygonalen Lichtquellen sind in den vorangehenden Abschnitten enthalten.

C-Beispiel Es wird eine polygonale Lichtquelle (ein Einheits-Quadrat), deren beide Seiten Licht emittieren, in der x-y-Ebene erzeugt.

```
struct {float x, y, z;} pl[4];
pl[0].x=-0.5; pl[0].y=0.5;  pl[0].z=0.0;
pl[1].x=0.5;  pl[1].y=0.5;  pl[1].z=0.0;
pl[2].x=0.5;  pl[2].y=-0.5; pl[2].z=0.0;
pl[3].x=-0.5; pl[3].y=-0.5; pl[3].z=0.0;
HC_Insert_Area_Light (4, pl, "bright side = both");
```

Show_Area_Light

Zweck gibt die Definition einer polygonalen Lichtquelle zurück

Aufruf **Show_Area_Light** (*Schlüssel*, *Anzahl*, *Punkte*, *Liste*)

Schlüssel	long	*Schlüssel* zur Identifizierung der polygonalen Lichtquelle
Anzahl	integer	Anzahl der relevanten Punkte in *Punkte* **(Ref/rück)**
Punkte	point vector	die Koordinaten der Eckpunkte der polygonalen Lichtquelle **(Ref/rück)**
Liste	string	die Liste der Optionen **(Ref/rück)**

Varianten **Show_Area_Light_Count** (*Schlüssel*, *Anzahl*, *Liste*)

alle Param.	wie oben	wie oben

Wirkung Es wird die Definition der polygonalen Lichtquelle erfragt, die durch den Schlüssel *Schlüssel* referenziert wird. Mit **Show_Area_Light_Count** kann vorab die Größe der Variablen *Punkte* für den Aufruf von **Show_Area_Light** ermittelt werden.

C-Beispiel Es soll die Definition der durch den Schlüssel p_light_key referenzierten polygonalen Lichtquelle erfragt werden. (Bekannt sei, daß diese Lichtquelle höchstens 12 Eckpunkte habe.)

```
int anzahl;
struct {float x, y, z;} pl[12];
char* liste;
HC_Show_Area_Light (polygon_key, &anzahl, &pl, liste);
```

14.1.3 Schatten

Die beiden neuen Darstellungstechniken Radiosity und Ray-Tracing - und nur diese beiden Techniken - erlauben auch die Berechnung und Darstellung von Schatten, die im "klassischen" HOOPS nicht vorgesehen sind. Während mit dem Radiosity-Verfahren weiche - vom Blickwinkel des Betrachters unabhängige - Schatten dargestellt werden können, ermöglicht das Ray-Tracing scharf abgegrenzte Schatten, deren Aussehen auch vom Standpunkt des Betrachters abhängen kann. Wie schon in Abschn. 14.1.1 erwähnt, ergibt eine Kombination dieser beiden Verfahren die wirklichkeitsnahsten Bilder, und das gilt auch für die Darstellung von Schatten.

Da die Berechnung von Schatten jedoch einen zusätzlichen, nicht zu vernachlässigenden (Zeit-) Aufwand darstellt, bietet HOOPS A.I.R. die Möglichkeit, Schatten gezielt einzusetzen bzw. außer acht zun lassen. Das geschieht in **Attribut**-Form, und zwar mit Hilfe der - bereits im "klassischen" HOOPS vorhandenen - Prozedur Set_Visibility, deren universeller Parameter *Liste* (vgl. Prozedur-Referenz S. 228) ein weiteres Element enthalten kann:

[no] shadows [= on/off/('Komponenten')]

Mit 'Komponenten' kann die Wirkung der drei an der Entstehung eines Schattens beteiligten Komponenten - die Lichtquelle, die Fläche/Kante, auf die der Schatten fällt, und die Fläche/Kante, die das Licht blockiert - individuell eingestellt werden. 'Komponenten' ist eine Liste, die ein oder mehrere der folgenden Elemente enthält, die jeweils durch ein Komma getrennt werden:

[no] emitting	Lichtquellen, für die dieses Attribut gilt, können [keine] Schatten verursachen
[no] receiving	für von diesem Attribut betroffene Flächen/Kanten wird [k]eine Berechnung von Schatten durchgeführt
[no] casting	Flächen/Kanten, für die dieses Attribut gilt, können [kein] Licht blockieren, um Schatten entstehen zu lassen

Anmerkungen:

shadows bzw. shadows = on ist äquivalent zu shadows = (emitting, receiving, casting). Andererseits ist no shadows bzw. shadows = off äquivalent zu shadows = (no emitting, no receiving, no casting).

Der *Typ* Geometrie (geometry) im Parameter *Liste* (s. Prozedur-Referenz S. 229) umfaßt (in der momentanen Version von HOOPS A.I.R.) auch Schatten (shadows).

14.1.4 Farbeigenschaften von Flächen und Kanten

An dieser Stelle sollen die verschiedenen optischen Eigenschaften von Flächen/Kanten vorgestellt werden (s. dazu auch Abschn. 8.2.1). Sie sind zwar bis auf eine Ausnahme schon im "klassischen" HOOPS vorhanden, jedoch sind insbesondere die fortgeschrittenen Darstellungstechniken von HOOPS A.I.R. dafür prädestiniert, die mit diesem Farbkonzept verbundenen Möglichkeiten (sinn-) voll auszunutzen.

Dieser Abschnitt gilt daher - abgesehen von der Eigenschaft mirror **- auch für das "klassische" HOOPS!**

Jede Fläche/Kante[4] in HOOPS hat fünf verschiedene (optische) Eigenschaften, wovon vier im "klassischen" HOOPS und die fünfte nur in HOOPS A.I.R. vorhanden sind. Diese Eigenschaften werden im folgenden beschrieben (wie sie in einem Programm syntaktisch richtig eingesetzt werden, ist in der Prozedur-Referenz bei Set_Color auf S. 189ff zu finden):

diffuse = 'Farbe'
: Es wird die Farbe der **diffusen Reflexion** festgelegt. Dies ist die Primärfarbe einer Fläche/Kante und die einzige (Farb-) Eigenschaft, die auch alle anderen geometrischen Elemente haben.

specular = 'Farbe'
: Es wird die Farbe der **spiegelnden Reflexion** festgelegt. "Spiegelnde Reflexionen" in dem hier gebrauchten Sinn sind ausschließlich Reflexionen von Lichtstrahlen, die direkt von Punktlichtquellen ausgehend auf die (Ober-) Fläche/Kante treffen. In 'Farbe' werden diejenigen "Wellenlängen" angegeben, die von der Fläche/Kante reflektiert werden. Ist beispielsweise specular = red, so wird ausschließlich rotes Licht reflektiert. Gibt man dagegen specular = white an, so werden alle "Wellenlängen" reflektiert. Das bedeutet, das reflektierte Licht hat die Farbe der Lichtquelle. Diese Annahme führt für die meisten nicht-metallischen Materialien zu guten Ergebnissen. Dagegen haben metallische Objekte einen gewissen "metallischen Glanz". Ein Stück poliertes Messing beispielsweise glänzt - angestrahlt mit weißem Licht - gelb-orange. Dementsprechend würde man in diesem Fall specular = orangish white setzen.

gloss = 'Wert'
: Dieser (positive Fließkomma-) Wert beschreibt die Größe des Bereichs der direkten spiegelnden Reflexion (s.o. specular) auf der (Ober-) Fläche/Kante (**Glanz-Koeffizient**). Da die oben beschriebenen direkten spiegelnden Reflexionen von Punktlichtquellen herrühren, würde sich auch auf der betreffenden Oberfläche/Kante nur ein unendlich kleiner Bereich ergeben, in dem die Spiegelung zu sehen wäre. Mit Hilfe von gloss kann dieser Bereich nun vergrößert

[4] Für spätere HOOPS-Versionen ist die Ausdehnung dieser Eigenschaften auf alle geometrischen Grundelemente geplant.

werden, so daß der Effekt einer Lichtquelle von einer gewissen Ausdehnung erzielt wird. Je kleiner 'Wert' gewählt wird, desto ausgedehnter ist der spiegelnde Flächen-/Kantenbereich und desto stumpfer wirkt die Fläche/Kante bzw. eine desto größere Fläche scheint die anstrahlende Lichtquelle zu haben. Auf der anderen Seite hat ein hoher 'Wert' einen kleinen sehr glänzenden Bereich bzw. den Eindruck einer (in der Ausdehnung) sehr kleinen Lichtquelle zur Folge. Für die meisten Flächen liegt der 'Wert' zwischen 1.0 und 30.0.

transmission = 'Farbe' Es wird die Farbe der **Transmission** festgelegt.[5] Wie schon bei der direkten spiegelnden Reflexion (s.o. specular) wird auch hier mit 'Farbe' diejenige Farbe (Wellenlänge) angegeben, die die Oberfläche/Kante durchdringen kann. So resultiert transmission = black in einer vollkommen lichtundurchlässigen Oberfläche/Kante, während transmission = white ein - für alle Farben - durchlässiges Material, beispielsweise Glas, beschreibt. Eine Fläche/Kante mit der Eigenschaft transmission = green läßt nur grünes, jedoch kein blaues und rotes Licht durch.

mirror = 'Farbe' Es wird die Farbe der **indirekten spiegelnden Reflexion** festgelegt. Indirekt spiegelnde Reflexionen sind Reflexionen von Lichtstrahlen, die nicht auf direktem Weg von einer Lichtquelle zu der betreffenden Fläche/Kante gelangen, sondern auf dem Umweg über (mindestens) eine andere Fläche/Kante. Dabei können von der anderen Fläche/Kante nur "einfache" Lichtstrahlen oder sogar ganze Bilder auf die betreffende Fläche/Kante geworfen werden. Ebenso wie bei der direkten spiegelnden Reflexion (s.o. specular) beschreibt 'Farbe' diejenigen Wellenlängen, die indirekt reflektiert werden. Die Voreinstellung ist mirror = black - es werden keine indirekten spiegelnden Reflexionen berechnet. Indirekt spiegelnde Reflexionen können nur bei gleichzeitiger Verwendung des Ray-Tracing-Algorithmus' erzeugt werden. **Daher ist diese Option auch nur in HOOPS A.I.R. verfügbar.**

---

[5] Hiermit ist der (Licht-) Durchgang durch eine zweidimensionale Oberfläche bzw. Kante gemeint. Für spätere A.I.R.-Versionen ist ein dreidimensionales Transmissions-Attribut geplant.

Anmerkungen:

- Ist eine Fläche/Kante nicht beleuchtet, so wird sie nur mit ihrer diffusen Farbkomponente dargestellt.
- Jede der hier beschriebenen Flächen-/Kanteneigenschaften vererbt sich unabhängig von den anderen.
- Wenn mit Define_Color_Name ein neuer Farbname definiert wird, müssen nicht alle Eigenschaften spezifiziert werden. Beispiel:

  ```
  Define_Color_Name ("durchsichtig", "durchsichtiges", "",
                     "transmission = white")
  ```

  Wird eine Fläche/Kante mit Set_Color auf eine Farbe gesetzt, bei der nicht alle Eigenschaften definiert sind - das sind alle vordefinierten Farben (diese haben nur eine diffuse Komponete) und z.B. auch der oben definierte Name durchsichtig -, so werden nur die dort definierten Eigenschaften (Farben) neu gesetzt, alle anderen Eigenschaften bleiben unverändert. Beispiel:

  ```
  Define_Color_Name ("erdfarben", "erdfarbenes", "", "diffus =
                     brown, specular = gray, gloss = 3.0, mirror =
                     black, transmission = black")
  Set_Color ("faces = erdfarben")
  Set_Color ("faces = durchsichtig")
  ```

  Die betreffenden Flächen haben nun folgende Eigenschaften:

  diffus = brown, specular = gray, gloss = 3.0, mirror = black, transmission = white

  Gleiches gilt auch für die Verwendung von Farbvarianten. Der Aufruf

  ```
  Set_Color ("faces = durchsichtiges erdfarben")
  ```

  bewirkt, daß nur die Transmissions-Komponente von erdfarben modifiziert wird, alle anderen Komponenten bleiben unverändert.
  Werden zwei (oder mehr) Farben, die keine Varianten sind, hintereinander angegeben, so erfolgt die Auswertung von rechts nach links:

  ```
  Set_Color ("faces = durchsichtig erdfarben")
  ```

  ist identisch zu

  ```
  Set_Color ("faces = erdfarben, faces = durchsichtig")
  ```

  da in diesem Fall die Auswertung von links nach rechts erfolgt (s. Abschn. 2.3)!

14.1.5 Alle funktionell neuen A.I.R.-Prozeduren auf einen Blick

Insert_Area_Light	erzeugt eine polygonale Lichtquelle
Set_Color	setzt die Farbe der indirekten spiegelnden Reflexion
Set_Driver_Options	ermöglicht die Unterbrechung von Radiosity-Schritten
Set_Rendering_Options	legt die Darstellungstechnik fest
Set_Visibility	legt die Sichtbarkeit von Schatten fest
Show_Area_Light	gibt die Definition einer polygonalen Lichtquelle zurück

14.2 Intermediate Mode Access (I.M.)

Prinzipiell kann jedes Anwendungsprogramm, das mit Hilfe von HOOPS entwikkelt wurde, als Zyklus mit zwei (sich wiederholenden) Hauptphasen angesehen werden. Die eine besteht im Aufbau bzw. in der Änderung einer Szene, die andere in der Darstellung dieser Szene (siehe auch Abb. 1.3). Anders ausgedrückt wechselt sich die benutzerkontrollierte Modifikation des Segmentbaums mit der systemgesteuerten Traversierung desselben ab. Dieser Mechanismus ist für eine große Zahl von Anwendungen vollkommen zufriedenstellend, jedoch wäre in manchen (speziellen) Fällen auch eine Einflußnahme des Benutzers während der Traversierung vorteilhaft.

Das in diesem Abschnitt vorgestellte Zusatzmodul HOOPS I.M. bietet dem Benutzer genau diese Möglichkeit. Seine Funktionsweise und die prinzipiellen Grundideen werden im folgenden beschrieben. Der Leser möge alle verfügbaren I.M.-Prozeduren und deren Syntaxbeschreibungen seinen Original-HOOPS I.M.-Handbüchern entnehmen.

14.2.1 Funktionsmechanismus

Das Zusammenspiel der von HOOPS I.M. zur Verfügung gestellten Prozeduren könnte mit einem Wort als *Überladen* {overloading} von "klassischen" HOOPS-Methoden bezeichnet werden. Der Benutzer kann beispielsweise eine eigene Linien-Prozedur definieren, die unter bestimmten - benutzerdefinierten - Umständen statt der HOOPS-internen "Linien-Prozedur" aufgerufen wird. Insofern wird die HOOPS'sche "Linien-Prozedur", die immer dann aufgerufen wird, wenn das System beim Traversieren des Segmentbaums auf eine zu zeichnende Linie trifft, mit der eigenen Linien-Prozedur "überladen". Solche selbst definierten Prozeduren, "Callbacks" genannt, können vom Benutzer frei gestaltet werden - so kann beispielsweise statt einer Linie eine Reihe von Markern gezeichnet werden. Was sie jedoch von den HOOPS-Prozeduren unterscheidet ist die Tatsache, daß sie nicht auf die HOOPS-Datenbasis wirken!

HOOPS I.M. stellt somit ein Tor dar, das den Weg öffnet vom konsequenten deklarativen Datenbank-Konzept des "klassischen" HOOPS zum reinen Zeichnen von Geometrie ("draw and forget").

Jedoch können nicht nur diejenigen Methoden "überladen" werden, die geometrische Elemente auf dem jeweiligen Gerät ausgeben, sondern es lassen sich auch eigene Prozeduren definieren, mit denen Bildelemente auf dem Bildschirm ausgewählt[6] und Entscheidungen in bezug auf das Traversieren des Segmentbaums getroffen werden können.

Das folgende kleine Beispiel soll den grundsätzlichen Mechanismus dieses "Überladens" erläutern: Alle in einem bestimmten Segment (der Einfachheit halber ist es hier ?Picture) vorhandenen Polylinien sollen als Schienen (so wie auf einer Landkarte: ‡‡‡‡‡) dargestellt werden. Stellvertretend wird eine aus zwei Linienstücken bestehende Polylinie in ?Picture eingefügt. Das Programm könnte etwa folgendermaßen aussehen:

```
float Punkte[] ={-0.5, -0.5, 0.0,
                 0.0, 0.0, 0.0,
                 0.5, -0.5, 0.0};
int main () {
  HC_Open_Segment ("?Picture");
    HC_Define_Callback_Name ("meine Schienen", Meine_Linie);
    HC_Insert_Polyline (3, Punkte);
    HC_Pause ();
    HC_Set_Callback ("draw dc polylines = meine Schienen");
    HC_Pause ();
  HC_Close_Segment ();
  return 0;
}
```

Mit dem Aufruf von Define_Callback_Name wird eine neue Callback-Prozedur (also eine Prozedur, die anstelle einer HOOPS-internen Prozedur aufgerufen werden soll) zur (system-internen) Liste aller gültigen Callbacks hinzugefügt. Gleichzeitig wird ein Name für diese Callback-Prozedur definiert, der in nachfolgenden Aufrufen von Set_Callback verwendet werden kann. In diesem Fall ist die Callback-Prozedur Meine_Linie (sie wird weiter unten definiert) und der mit ihr verknüpfte Name meine Schienen.

Anschließend wird die Polylinie eingefügt und der Segmentinhalt auf dem Bildschirm ausgegeben. Dazu ruft Pause die Prozedur Update_Display auf, die eine Traversierung des Segmentbaumes zur Folge hat. Das Ergebnis ist eine schwarze durchgezogene Polylinie auf weißem Hintergrund mit der Linienstärke

---

[6] Das "Überladen" von Auswahl-Prozeduren ist für eine spätere HOOPS I.M.-Version vorgesehen.

1.0. Dies sind die voreingestellten (in diesem Zusammenhang relevanten) Attribute.

Der folgende Aufruf von Set_Callback setzt ein Callback-Attribut: statt der HOOPS-internen Prozedur, die eine Polylinie auf den Bildschirm zeichnet (draw dc polylines), soll in diesem Segment die Callback-Prozedur Meine_Linie, die anhand ihres vereinbarten Namens (meine Schienen) identifiziert wird, aufgerufen werden.

Der anschließende (zweite) Aufruf von Pause hat wieder eine Traversierung des Segmentbaums zur Folge. Doch diesmal "entdeckt" das System im Segment ?Picture ein Callback-Attribut, mit der Anweisung, statt der HOOPS-internen "Polylinien-Prozedur" die Prozedur Meine_Linie aufzurufen. Meine_Linie zeichnet statt der normalen Polylinie einen Schienenstrang:

```
void Meine_Linie (
   Rendition* Darst_Attr,
   int  Anzahl,
   DC_Point* Punkte) {

   int  i, j;

   HIC_Draw_DC_Polyline (Darst_Attr, Anzahl, Punkte);

   for (i = 1; i < Anzahl; ++i) {
      int  xj = (Punkte[i].x + Punkte[i-1].x) / 2.0,
           yj = (Punkte[i].y + Punkte[i-1].y) / 2.0;
      int  dx = Punkte[i].x - Punkte[i-1].x,
           dy = Punkte[i].y - Punkte[i-1].y;
      int  laenge = sqrt ((double) (dx * dx + dy * dy));
      float  s = 6.0 / laenge;
      int  n = laenge / 7.0;

      for (j = 0 ; j < n; ++j) {
         DC_Point neue_Punkte[2];

         xj = Punkte[i-1].x + ((float) (j)/n) * dx;
         yj = Punkte[i-1].y + ((float) (j)/n) * dy;

         neue_Punkte[0].x = xj + s * dy;
         neue_Punkte[0].y = yj - s * dx;
         neue_Punkte[0].z = 0;

         neue_Punkte[1].x = xj - s * dy;
         neue_Punkte[1].y = yj + s * dx;
         neue_Punkte[1].z = 0;

         HIC_Draw_DC_Polyline (Darst_Attr, 2, neue_Punkte);
      }
   }
}
```

Die Anzahl und die Datentypen der Parameter einer Callback-Prozedur sind fest vorgeschrieben (Abschn. 14.2.2.2). Beispielsweise muß eine Callback-Prozedur, die anstelle der HOOPS-internen "Polyline-Prozedur" aufgerufen wird, wie Meine_Linie, drei Parameter haben, von denen der zweite und dritte den Parametern von Insert_Polyline entsprechen (der Datentyp DC_Point enthält jedoch die **Bildschirmschirmkoordinaten** der Linien-Eckpunkte). Der erste Parameter (Darst_Attr) enthält die für das betreffende Segment gültigen (Darstellungs-) Attribute {rendition} (s.u.).

Gleich zu Anfang ruft Meine_Linie die Prozedur HIC_Draw_DC_Polyline auf, eine sogenannte "HIC-Prozedur" (das Präfix zeigt an, daß es sich um eine HOOPS I.M.-Prozedur handelt). Diese Prozedur zeichnet eine Polylinie auf den Bildschirm, entspricht also Insert_Polyline, jedoch mit dem entscheidenden Unterschied, daß die HOOPS-Datenbasis nicht verändert wird (es wird keine Polylinie in die Datenbasis eingefügt!). HIC-Prozeduren haben die gleichen Parameter (Anzahl und Datentypen) wie die entsprechenden Callbacks: da Meine_Linie die Callback-Prozedur für (Poly-) Linien (in diesem Segment) ist und HIC_Draw_DC_Polyline die HIC-Prozedur, mit der (Poly-) Linien gezeichnet werden, haben sie die gleichen Parameter.

Im ersten Aufruf wird HIC_Draw_DC_Polyline mit den Parameter-Werten aufgerufen, die in Meine_Linie übergeben wurden. Das bedeutet, HIC_Draw_DC_Polyline zeichnet die Polylinie so, wie sie auch die HOOPS-interne "Polyline-Prozedur" zeichnen würde: Punkte enthält die (Bildschirm-) Koordinaten der Eckpunkte und Darst_Attr die (Linien-) Attribute, die beim Zeichnen der Polylinie angewandt werden sollen - das sind hier die des zugehörigen Segments.

Die anschließende for-Schleife berechnet die "Schwellen" des Schienenstrangs (Bildschirmkoordinaten) und zeichnet sie, indem HIC_Draw_DC_Polyline je Schwelle einmal aufgerufen wird. Neue_Punkte enthält dabei die (Bildschirm-) Koordinaten der Eckpunkte der jeweiligen Schwellen-Linie, "2" gibt die Anzahl der Eckpunkte an und Darst_Attr enthält wieder die beim Zeichnen anzuwendenden (Linien-) Attribute.

Das Beispiel soll nun in zweierlei Hinsicht erweitert werden. Erstens soll an den Eck- bzw. Knickpunkten der Schienen jeweils ein Marker (ein gefüllter Kreis) gezeichnet werden, und zweitens sollen die Schwellen nur halb so dick sein wie die Schiene selbst. Meine_Linie wird dazu in folgender Weise erweitert:

```
void Meine_Linie (
   Rendition*  Darst_Attr,
   int         Anzahl,
   DC_Point*   Punkte) {

   int         i, j;
   Rendition*  neue_Attr;

   HIC_Draw_DC_Polyline (Darst_Attr, Anzahl, Punkte);

   neue_Attr = HIC_New_Rendition (Darst_Attr);
```

```
    HIC_Set_Marker_Symbol (neue_Attr, MK_SOLID_CIRCLE)

    for (i =  0; i < Anzahl; ++i) {
      HIC_Draw_DC_Marker (neue_Attr, &Punkte[i]);
    }

    HIC_Set_Line_Weight (neue_Attr, 0.5);

    for (i = 1; i < Anzahl; ++i) {
      int  xj = (Punkte[i].x + Punkte[i-1].x) / 2.0,
           yj = (Punkte[i].y + Punkte[i-1].y) / 2.0;
      int  dx = Punkte[i].x - Punkte[i-1].x,
           dy = Punkte[i].y - Punkte[i-1].y;
      int  laenge = sqrt ((double) (dx * dx + dy * dy));
      float   s = 6.0 / laenge;
      int  n = laenge / 7.0;

      for (j = 0 ; j < n; ++j) {
        DC_Point neue_Punkte[2];

        xj = Punkte[i-1].x + ((float) (j)/n) * dx;
        yj = Punkte[i-1].y + ((float) (j)/n) * dy;

        neue_Punkte[0].x = xj + s * dy;
        neue_Punkte[0].y = yj - s * dx;
        neue_Punkte[0].z = 0;

        neue_Punkte[1].x = xj - s * dy;
        neue_Punkte[1].y = yj + s * dx;
        neue_Punkte[1].z = 0;

        HIC_Draw_DC_Polyline (neue_Attr, 2, neue_Punkte);
      }
    }

    HIC_Free_Rendition (neue_Attr);
}
```

In Darst_Attr werden wieder die Attribute übergeben, die für das betreffende Segment gültig sind. Darunter sind unter anderem das (voreingestellte) Marker-Symbol O und die (voreingestellte) Linienstärke 1.0. Die Marker sollen jedoch mit einem anderen Symbol (gefüllter Kreis) dargestellt werden. Daher wird der "Satz" von Attributen von Darst_Attr mittels HIC_New_Rendition nach neue_Attr kopiert und das Marker-Symbol in neue_Attr auf 'gefüllter Kreis' gesetzt (HIC_Set_Marker_Symbol). Anschließend kann je Eckpunkt ein solcher Marker gezeichnet werden, indem HIC_Draw_DC_Polyline mit neue_Attr als Parameter aufgerufen wird.

In gleicher Weise wird die Linienstärke in neue_Attr auf 0.5 gesetzt, so daß die Schwellen nur halb so dick dargestellt werden wie die Schiene.

Der abschließende Aufruf von HIC_Free_Rendition gibt den durch die Attribut-Kopie (neue_Attr) belegten Speicherplatz wieder frei.

Dieses Beispiel zeigt auch, daß die Verwendung von Callbacks den Speicherplatzbedarf reduzieren kann, wenn es nur um die Darstellungs**form** von Objekten geht: Da lediglich die **Art** der Darstellung von Polylinien (Schienen-Form) geändert werden soll, brauchen die Schwellen nicht als Linien-**Objekte** in die HOOPS-Datenbasis **eingefügt** zu werden - dies würde unnötigen Speicherplatz kosten -, es reicht, sie (auf dem Bildschirm) zu **zeichnen**.

14.2.2 Prozeduren

In diesem Abschnitt werden die in 14.2.1 gegebenen Erläuterungen noch einmal in einer etwas allgemeineren Form wiederholt. Dazu werden die relevanten Prozeduren in funktionelle Gruppen unterteilt: die Prozeduren einer Gruppe erfüllen jeweils eine bestimmte Funktion beim "Überladen" von HOOPS-internen Prozeduren.

14.2.2.1 Definition von Callback-Namen

Mit Define_Callback_Name wird einer Callback-Prozedur ein Name zugeordnet. Der Name ist ein frei zu wählender String und kann in späteren Aufrufen von Set_Callback (s.u.) angegeben werden, um die damit verknüpfte Callback-Prozedur zu identifizieren.

Mit UnDefine_Callback_Name wird diese Definition rückgängig gemacht, d.h. die Verbindung zwischen dem Namen und der Callback-Prozedur gelöst, so daß diese nicht mehr mittels Set_Callback angesprochen werden kann.

Mit Show_Callback_Name kann die Definition (Adresse der zugehörigen Callback-Prozedur) eines Callback-Namens erfragt werden.

Mit Begin_Callback_Name_Search, End_Callback_Name_Search etc. kann nach allen im System definierten Callback-Namen gesucht werden. Die Suche ist der nach Farbnamen äquivalent (Abschn. 6.2.2).

14.2.2.2 Setzen von Callback-Attributen

Mit Set_Callback werden ein oder mehrere Callback-Attribute gesetzt. Als Parameter wird eine Liste von - durch Kommata getrennten - Elementen der folgenden Form angegeben: 'Situation' = 'Callback-Name'. 'Situation' beschreibt die Situation, in der die durch 'Callback-Name' identifizierte Callback-Prozedur statt der entsprechenden HOOPS-internen Prozedur aufgerufen werden soll.
'Situation' kann u.a. sein:

draw dc polylines	es soll eine (Poly-) Linie in Gerätekoordinaten gezeichnet werden
draw dc faces	es soll eine Fläche in Gerätekoordinaten gezeichnet werden

draw dc text	es soll ein Text in Gerätekoordinaten ausgegeben werden
draw segment	es soll der Inhalt eines Segments dargestellt werden
draw segment tree	es soll der Inhalt eines Segments und all' seiner Subsegmente dargestellt werden

Jede 'Situation' stellt ein Attribut (bzw. einen Aspekt des gesamten Callback-Attributs) dar, das entweder explizit auf einen Wert - einen Callback-Namen - gesetzt werden kann oder nicht explizit gesetzt wird, d.h. es werden die HOOPS-internen Prozeduren ausgeführt. Alle Attribute werden separat vererbt, bis auf zwei Ausnahmen: einerseits gilt draw segment nur für das betreffende Segment und nicht für seine Subsegmente, und andererseits braucht draw segment tree nicht vererbt zu werden, da es ja bereits für den gesamten Teilbaum gilt.

Es folgt eine Liste der Parameter, welche die zu einer bestimmten 'Situation' gehörenden Callbacks - und daher auch die entsprechenden HIC-Prozeduren (Abschn. 14.2.2.5) - haben müssen:

'Situation'	Parameter der Callback- bzw. HIC-Prozedur
draw dc polylines	(*Attribute*, *Anzahl*, *Punkte*)
draw dc faces	(*Attribute*, *Anzahl*, *Punkte*)
draw dc text	(*Attribute*, *Punkt*, *Länge*, *Text*)
draw segment	(*Attribute*, *Seg_Info*)
draw segment tree	(*Attribute*, *Schlüssel*, *Seg_Info*)

Die Parameter sind dabei wie folgt definiert:[7]

Attribute	Rendition	enthält alle Attribut-Werte des betreffenden Segments **(Ref)**
Anzahl	integer	die Anzahl der Punkte in *Punkte*
Punkte	DC_Point	x-y-z-Koordinaten der Linie oder Fläche bzw. des Bezugspunktes des Textes **(Ref)**
Länge	integer	Anzahl der Zeichen in *Text*
Text	string	der auszugebende Text **(Ref)**
Seg_Info	Segment_Info	enthält verschiedene Informationen über das Segment **(Ref)**

Des weiteren steht Set_Callback in einer UnSet-, UnSet_One-, QSet-, QUnSet- und QUnSet_One-Variante zur Verfügung (s.a. Abschn. 2.2).

14.2.2.3 Callbacks

Callbacks sind vom Benutzer zu definierende Prozeduren, die anstelle von HOOPS-internen Prozeduren aufgerufen werden sollen. Sie haben die gleichen Parameter (Anzahl und Typen) wie die ihnen entsprechenden HIC-Prozeduren.

[7] s.a. Vorbemerkungen zu Anhang C

Beispielsweise hat eine Callback-Prozedur, die anstelle der HOOPS-internen "Linien"-Prozedur aufgerufen werden soll, die gleichen Parameter wie die HIC-Prozedur, mit der Linien gezeichnet werden.

Der erste Parameter ist für alle Callbacks gleich. In ihm werden der Callback-Prozedur die (Darstellungs-) Attribute des betreffenden Segments übergeben. Auf diese Weise können die innerhalb einer Callback aufgerufenen HIC-Prozeduren die segmentspezifischen Darstellungs-Attribute benutzen. Die übrigen Parameter enthalten die zum Zeichnen notwendigen Angaben, wie z.B. die Anzahl und Koordinaten der (Eck-) Punkte einer Polylinie.

Callbacks können vom Programmierer frei gestaltet werden, d.h. es kann jede beliebige Aktion ausgeführt werden. Jede Callback kann dabei jede HIC-Prozedur aufrufen[8], jedoch dürfen die "klassischen" HOOPS-Prozeduren nicht aufgerufen werden. Das bedeutet - da HIC-Prozeduren nicht auf die Datenbasis wirken -, daß auch Callbacks nicht die HOOPS-Datenbasis verändern (können)!

Eine Callback-Prozedur wird jedesmal aufgerufen, wenn die entsprechende HOOPS-interne Prozedur aufgerufen werden würde. Sind beispielsweise in einem Segment drei Polylinien, die nun auf dem Bildschirm dargestellt werden sollen, so wird auch die entsprechende Callback-Prozedur dreimal aufgerufen.

14.2.2.4 HIC-Prozeduren zum Einstellen der Darstellungsparameter

Jeder Callback-Prozedur werden die (Darstellungs-) Attribute {rendition} des zugehörigen Segments als Parameter übergeben. Diese Attribute - im folgenden Darstellungsparameter genannt, da es sich nur um Attribut-**Werte** und nicht um tatsächliche Attribute mit all' ihren Eigenschaften handelt - werden von (fast) allen HIC-Prozeduren benötigt. Beispielsweise benötigen alle HIC-"Zeichen"-Prozeduren (Abschn. 14.2.2.5) Darstellungsparameter, um anzugeben, mit welchen Attributen die betreffenden Linien, Marker etc. gezeichnet werden sollen.

Damit eine Callback-Prozedur nicht ausschließlich die Attribut-Werte des betreffenden Segments verwenden muß, kann mit New_Rendition eine Kopie der ihr übergebenen Darstellungsparameter - ein neuer Darstellungsparametersatz - erzeugt werden. Die darin enthaltenen Attribut-Werte können dann mit entsprechenden HIC_Set_<Attributes>-Routinen geändert werden. Diese geeignet geänderte Kopie kann als Parameter einer HIC-"Zeichen"-Prozedur angegeben werden, so daß das Zeichnen mit den geänderten Attributen erfolgt.

Alle Attribut-Werte eines Darstellungsparametersatzes können mit Prozeduren der Form HIC_Show_<Attributes> erfragt werden.

HIC_Free_Rendition gibt den durch einen neuen Darstellungsparametersatz belegten Speicherplatz wieder frei.

---

[8] Die einzige Ausnahme bildet HIC_Draw_DC_Text, die momentan nur von einer "draw dc text"-Callback aufgerufen werden kann. Diese Einschränkung soll jedoch in einer späteren HOOPS I.M.-Version beseitigt werden.

14.2.2.5 HIC-Prozeduren zum Zeichnen

Es existieren eine Fülle von HIC-Prozeduren, mit denen gezeichnet werden kann. Diese benötigen (als Parameter) die Angabe, **wie** und **was** gezeichnet werden soll. Das "Wie" wird ihnen in Form eines Darstellungsparametersatzes (Abschn. 14.2.2.4) und das "Was" in der Art und Weise der Parameter der "klassischen" HOOPS-Prozeduren übergeben (Einzelheiten sind den Original-HOOPS I.M.-Handbüchern zu entnehmen).

Bei HIC_Draw_DC_<Element>-Prozeduren werden die Koordinaten des zu zeichnenden Elements in Bildschirm-Pixeln (Gerätekoordinaten) angegeben.

Bei HIC_Draw_3D_<Element>-Prozeduren werden die Koordinaten des zu zeichnenden Elements in Objektraum-Punkten (Objektkoordinaten) angegeben.

HIC_Draw_Segment zeichnet den gesamten Inhalt des betreffenden Segments, jedoch ohne dessen Subsegmente. Diese werden automatisch gezeichnet, falls das Callback-Attribut draw segment tree (Abschn. 14.2.2.2) gesetzt wurde, denn dann wird die betreffende Callback-Prozedur je Subsegment einmal aufgerufen und somit das jeweilige Subsegment gezeichnet.

Ist jedoch draw segment tree nicht gesetzt, so werden die Subsegmente des betreffenden Segments entweder durch HOOPS-interne Prozeduren gezeichnet (in den jeweiligen Subsegmenten ist das Callback-Attribut draw segment nicht gesetzt), oder es wird eine Callback-Prozedur aufgerufen, die das jeweilige Subsegment zeichnet oder auch nicht (draw segment ist in dem jeweiligen Subsegment gesetzt). Diese Callback-Prozedur kann dieselbe sein wie im ursprünglichen Muttersegment, jedoch kann hier auch eine völlig andere aufgerufen werden.

14.2.2.6 Weitere HIC-Prozeduren

Mit verschiedenen Prozeduren der Form HIC_Show_Device_<Info> können Informationen über das Gerät erfragt werden, auf das die betreffende Callback-Prozedur ihre Ausgabe schickt.

14.2.3 Benutzerdefinierte Attribute als Schalter

Auf einfache Weise kann in einem Segment festgelegt werden, was eine dazugehörende Callback-Prozedur tun soll. Das geschieht durch das Setzen benutzerdefinierter Attribute in dem betreffenden Segment (Abschn. 10.9). Deren Werte können dann in der Callback-Prozedur abgefragt und als Schalter für alternative Handlungen benutzt werden.

Das folgende Beispiel, das lediglich die Funktionsweise erläutern soll, kann leicht auf komplexere Gegebenheiten erweitert werden. Es wird ein Callback-Marker-Attribut für das Segment ?Picture und alle seine Subsegmente gesetzt. Die zugehörige Callback-Prozedur ist so definiert, daß nur Marker in Segmenten, in denen das benutzerdefinierte Attribut mit Index 10 größer als zwei ist, gezeichnet werden.[9] Daher werden die Marker in ?Picture und A gezeichnet, der Marker in B jedoch nicht.

```
void Mein_Marker (Darst_Attr, Punkt)
  Rendition* Darst_Attr;
  DC_Point* Punkt; {

  long   Schalter;

  Schalter = (long) HIC_Show_User_Option_By_Index (Darst_Attr, 10);

  if (Schalter > 2) {
    HIC_Draw_Marker (Darst_Attr, Punkt);
  }
}

int main () {
  HC_Open_Segment ("?Picture");
    HC_Define_Callback_Name ("Mein Marker", Mein_Marker);
    HC_Set_Callback ("draw dc markers = Mein Marker");
    HC_Set_User_Option_By_Index (10, (void *)3);
    HC_Insert_Marker (0.0, 0.0, 0.0);

    HC_Open_Segment ("A");
      HC_Insert_Marker (1.0, 0.0, 0.0);
    HC_Close_Segment ();

    HC_Open_Segment ("B");
      HC_Insert_Marker (0.0, 1.0, 0.0);
      HC_Set_User_Option_By_Index (10, (void *)1);
    HC_Close_Segment ();

    HC_Pause ();
  HC_Close_Segment ();
  return 0;
}
```

[9] In der momentanen HOOPS I.M.-Version sind nur **indizierte** benutzerdefinierte Attribute in Callbacks abfragbar.

15 Systeminitialisierung

Wenn die erste HOOPS-Routine aufgerufen wird (entweder beim Start eines Anwendungsprogramms oder nach einem Aufruf von **Reset_System**), wird das System durch eine festgelegte Start-Sequenz initialisiert. In deren Verlauf werden z.B. die Standard-Farben und -Segmente definiert sowie eine Reihe anderer Aktionen durchgeführt, die im folgenden im Detail beschrieben werden.

15.1 Definieren einer Fehlerbehandlungsroutine für die Systeminitialisierung

Die erste Aktion in der Start-Sequenz besteht darin, durch einen Aufruf von **Define_Error_Handler** eine spezielle Fehlerbehandlungsroutine zu definieren. Deren einzige Aufgabe ist es, die Systeminitialisierung im Falle eines Fehlers oder einer Warnung abzubrechen, so daß das System nur korrekt initialisiert werden kann. Dazu wird jeder evtl. auftretende Fehler bzw. jede Warnung als schwerwiegend {fatal} eingestuft, und nachdem mit Hilfe von **Report_Error** eine entsprechende Fehlermeldung ausgegeben wurde, wird das Programm beendet.

15.2 Definition der Standardfarben

Als nächstes werden die Namen der Standardfarben definiert. Diese Namen sind abgeleitet von der "Crayola 64"-Farbmenge und durch acht weitere Farben erweitert, so daß letztlich 72 Farbnamen definiert werden. Tabelle 15.1 zeigt alle 72 Namen - incl. der vorhandenen 1°- und 2°-Namen - sowie deren Definitionen im RGB-Farbraum.

Tabelle 15.1 Die "Crayola 72"-Farbmenge (Teil 1)

Name	1°	2°	RGB-Definition
apricot			1.00, 0.76, 0,65
aquamarine			0.00, 0.95, 0.85
bittersweet			0.81, 0.04, 0.00
black	dimmer,dim,darker, dark, blacker	darkish, blackish	0.00, 0.00, 0.00
blue	bluer	bluish	0.00, 0.00, 1.00
blue green			0.00, 0.71, 0.66
blue grey			0.16, 0.46, 0.65
blue violet			0.10, 0.00, 0.25
brick red			0.64, 0.01, 0.00
brown, moose brown	browner	brownish	0.20, 0.032, 0.00
burnt orange			0.71, 0.31, 0.00
burnt sienna			0.56, 0.10, 0.05
cadet blue			0.31, 0.31, 0.56
cerulean			0.00, 0.32, 0.40
copper		copperish	0.52, 0.21, 0.00
cornflower			0.42, 0.42, 1.00
cyan			0.00, 1.00, 1.00
dandelion			0.90, 0.75, 0.00
forest green			0.00, 0.36, 0.09
fuchsia			0.65, 0.00, 0.40
gold	golder	goldish	0.68, 0.37, 0.00
goldenrod			1.00, 0.36, 0.00
green	greener	greenish	0.00, 1.00, 0.00
green blue			0.00, 0.58, 0.80
green yellow			0.90, 1.00, 0.00
grey, gray	greyer, grayer	greyish, grayish	0.50, 0.50, 0.50
indian red			0.50, 0.00, 0.00
jungle green			0.00, 0.65, 0.40
lavender			1.00, 0.56, 0.78
lemon yellow			1.00, 0.86, 0.04
magenta			1.00, 0.00, 0.61
mahogany			0.53, 0.00, 0.00
maize			1.00, 0.67, 0.00
maroon			0.50, 0.00, 0.23
melon			0.96, 0.37, 0.30
midnight blue, midnite blue			0.00, 0.00, 0.36
mulberry			0.76, 0.00, 0.47
navy blue			0.00, 0.00, 0.48
olive green			0.49, 0.49, 0.00

Tabelle 15.1 Die "Crayola 72"-Farbmenge (Teil 2)

Name	1°	2°	RGB-Definition
orange	oranger	orangish	1.00, 0.12, 0.00
orange red			0.75, 0.03, 0.00
orange yellow			1.00, 0.50, 0.00
orchid			0.95, 0.22, 0.81
peach			1.00, 0.64, 0.49
periwinkle			0.68, 0.75, 1.00
pine green			0.00, 0.36, 0.27
pink, carnation pink	pinker	pinkish	1.00, 0.35, 0.52
plum			0.54, 0.00, 0.44
purple, violet	purpler	purplish	0.09, 0.00, 0.12
raw sienna			0.58, 0.22, 0.01
raw umber			0.32, 0.15, 0.00
red	redder	reddish	1.00, 0.00, 0.00
red orange			1.00, 0.04, 0.00
red violet			0.62, 0.00, 0.55
royal purple			0.25, 0.00, 0.40
salmon			1.00, 0.49, 0.37
sea green			0.16, 1.00, 0.16
sepia			0.16, 0.032, 0.00
silver		silverish	0.72, 0.72, 0.72
sky blue			0.44, 0.85, 1.00
spring green			0.74, 1.00, 0.26
strawberry, wild strawberry			0.80, 0.20, 0.00
tan			0.71, 0.16, 0.00
tangerine, vivid tangerine			1.00, 0.40, 0.00
teal, teal blue			0.00, 0.40, 0.32
thistle			0.82, 0.04, 0.66
turquise blue			0.00, 0.56, 0.64
violet blue			0.04, 0.00, 0.16
violett red			0.64, 0.00, 0.25
white	brighter, bright, lighter, light, whiter	lightish, whitish	1.00, 1.00, 1.00
yellow	yellower	yellowish	1.00, 1.00, 0.00
yellow green			0.49, 1.00, 0.00
yellow orange			1.00, 0.23, 0.00

15.3 Definition der Standardsegmente und Standardkurznamen

Im nächsten Schritt der Systeminitialisierung werden alle Standardsegmente erzeugt und die zugehörigen Kurznamen definiert. Das Wurzelsegment wird dabei implizit durch das erste Subsegment erzeugt. Tabelle 15.2 enthält zusätzlich eine kurze Erläuterung jedes Segments.

Tabelle 15.2 HOOPS-Standard-Segmente

Kurzname	Definition	Erläuterung
?Home	/	die Wurzel des Segmentbaums - dieses Segment enthält alle anderen Segmente
?Include Library	/include library	ein nicht sichtbarer Ast zum Aufbewahren von einzubindenden Segmenten
?Style Library	/style library	ein nicht sichtbarer Ast zum Aufbewahren von Gestaltungsvorlagen
?Driver	/driver	der Standardast für Gerätetreiber - nur Segmente dieses Astes haben ein vom "Null-Driver" verschiedenes "driver"-Attribut
?Null	/driver/null	ein Segment, das mit dem "Null-Driver" verknüpft ist - alle Segmente außerhalb des ?Driver-Astes haben ein auf den "Null-Driver" verweisendes "driver"-Attribut, d.h. sind nicht mit Ein- oder Ausgabegeräten verknüpft
?Picture	?Driver/*generic/ specific*	das Standardsegment für die Ausgabe auf den Bildschirm - (nur) der Inhalt dieses Segments wird auf dem angeschlossenen Bildschirm ausgegeben (s.a. Abschn. 15.4)
?Locater	?Driver/*generic/ specific*	das Standardsegment für die Zeigegerät-Eingabe (s.a. Abschn. 15.4)
?Keyboard	?Driver/*generic/ specific*	das Standardsegment für die Tastatur-Eingabe (s.a. Abschn. 15.4)

Segmente des ?Driver-Astes bilden die Schnittstelle zu physikalischen Ein- und Ausgabegeräten. Das System erzeugt für jeden unterstützten Gerätetyp ein

Segment der Form ?Driver/*generic*, wobei *generic* der entsprechende Gerätetypname ist. Innerhalb dieser Segmente wird dann mittels der Prozedur **Set_Driver** eine Verbindung zu den jeweiligen realen Gerätetreibern hergestellt. Mit *specific* erfolgt eine nähere Spezifikation des Gerätes (s.a Abschn. 15.4).

15.4 Umgebungsvariablen

Das Segment ?Picture wird beim Programmstart erzeugt. Die dazu benötigte Definition entnimmt das System in der Regel der *Umgebungsvariablen* {environment variable} 'HOOPS_PICTURE'. Um beispielsweise auf einem PC unter MS-DOS die Ausgabe eines HOOPS-Programms zu einem VGA-kompatiblen Bildschirm zu senden, ist vor dem Start des HOOPS-Programms folgender Aufruf auf der "DOS-Ebene" erforderlich:

```
set HOOPS_PICTURE=metawindow/pc
```

Der hier gewählte Treiber 'pc' bedeutet, daß HOOPS einen internen (Standard-) Treiber verwendet, der für (fast) jede Graphikkarte und jeden Bildschirm geeignet ist.

Alternativ zur Verwendung von 'HOOPS_PICTURE' kann ?Picture auch durch den **ersten** (HOOPS-) Aufruf des jeweiligen Programms definiert werden:

```
Define_Alias ("?Picture", "?Driver/metawindow/pc")
```

Mit Hilfe von Umgebungsvariablen werden bestimmte Optionen eingestellt, die dann für ein nachfolgend ausgeführtes (HOOPS-) Programm gelten. Alle für HOOPS relevanten Umgebungsvariablen beginnen mit 'HOOPS_'. Das System wertet diese beim Start aus und überschreibt die voreingestellten Werte (s.u.) bzw. erzeugt - z.B. im Falle von ?Picture - ein entsprechendes Segment. Alle durch die HOOPS-Umgebungsvariablen gewählten Optionen können zwar auch innerhalb des Programms eingestellt werden, jedoch erhöht der Gebrauch von Umgebungsvariablen die Portabilität eines Programms und gibt dem Anwender eine gewisse Kontrolle über systemabhängige Faktoren.

Es folgt eine Liste der vom System erkannten Umgebungsvariablen:

HOOPS_PICTURE	Diese Umgebungsvariable enthält den Namen des für den angeschlossenen Ausgabebildschirm benötigten Gerätetreibers, der mit dem Segment ?Picture verknüpft wird.
HOOPS_HARDCOPY	Ist diese Umgebungsvariable definiert, so wird beim Systemstart das Segment ?Hardcopy (im Driver-Ast) erzeugt und eine Verknüpfung zu dem hier angegebenen Gerätetreiber - z.B. einem Plottertreiber - hergestellt.

HOOPS_LOCATER	Diese Umgebungsvariable stellt eine Verknüpfung zu einem Zeigegerät her. Ist HOOPS_LOCATER nicht definiert, so wird der Kurzname ?Locater auf den gleichen Wert wie ?Picture gesetzt (s.a. Abschn. 15.3).
HOOPS_KEYBOARD	Diese Umgebungsvariable stellt eine Verknüpfung zur Tastatur her. Ist HOOPS_KEYBOARD nicht definiert, so wird der Kurzname ?Keyboard auf den gleichen Wert wie ?Picture gesetzt.
HOOPS_FILES	Mit dieser Umgebungsvariablen werden die Verzeichnisse der Treiber- und Schrift-Dateien von HOOPS angegeben.
HOOPS_METAFILES	Hier kann das Verzeichnis angegeben werden, aus dem Metafiles gelesen bzw. in das Metafiles geschrieben werden sollen (Prozedur-Referenz S.211).
HOOPS_ERROR_FILE	Hier kann der Name einer Datei angegeben werden, in die während der Programmausführung auftretende Fehler und Meldungen geschrieben werden. Ist diese Umgebungsvariable nicht definiert, so werden auftretende Meldungen in die Datei HOOPS.ERR des aktuellen Verzeichnisses geschrieben. Falls ein zweiter (Text-) Bildschirm zur Verfügung steht, können die Meldungen auch dort ausgegeben werden, indem die Umgebungsvariable auf 'CON:' gesetzt wird.
HOOPS_DRIVER_OPTIONS	Alle Segmente, insbesondere die Segmente des Driver-Astes, erhalten aufgrund der Vererbung die voreingestellten Werte für die "Driver_Options"-Attribute (s. Abschn. 15.5). Mit HOOPS_DRIVER_OPTIONS können diese Werte überschrieben werden. Dazu wird die Umgebungsvariable auf einen Wert gesetzt, der einer Parameterangabe beim Aufruf der Prozedur **Set_Driver_Options** entspricht.[1] Falls jedoch die Umgebungsvariablen

[1] Für das Setzen einer Umgebungsvariablen, die voreingestellte Attribute oder System-Optionen überschreibt, gilt Abschn. 2.3 entsprechend.

	HOOPS_PICTURE_OPTIONS und/oder HOOPS_HARDCOPY_OPTIONS gesetzt sind, haben die dort angegebenen Werte (aufgrund der Vererbung) Vorrang.
HOOPS_PICTURE_OPTIONS	Das Segment ?Picture erhält aufgrund der Vererbung die voreingestellten Werte für die "Driver_Options"-Attribute (s. Abschn. 15.5). Mit Hilfe dieser Umgebungsvariablen können die Werte dieses Attributs im Segment ?Picture überschrieben werden. Dazu wird die Umgebungsvariable auf einen Wert gesetzt, der einer Parameterangabe beim Aufruf der Prozedur **Set_Driver_Options** entspricht.
HOOPS_HARDCOPY_OPTIONS	Die bei HOOPS_PICTURE_OPTIONS gegebenen Erläuterungen gelten hier für das Segment ?Hardcopy entsprechend.
HOOPS_COLORS	Hiermit können die Farbattribute voreingestellt werden. Die hier angegebenen Werte für die Farbattribute überschreiben die "normalen" voreingestellten Werte im Wurzelsegment (s. Abschn. 15.5) und gelten somit für den gesamten Segmentbaum.
HOOPS_TEXT_FONT	Die unter HOOPS_COLORS gegebenen Erläuterungen gelten hier für das Attribut "Text_Font" entsprechend.
HOOPS_HEURISTICS	Die unter HOOPS_COLORS gegebenen Erläuterungen gelten hier für das Heuristik-Attribut entsprechend.
HOOPS_RENDERING_OPTIONS	Die unter HOOPS_COLORS gegebenen Erläuterungen gelten hier für die "Rendering_Options"-Attribute entsprechend.
HOOPS_VISIBILITY	Die unter HOOPS_COLORS gegebenen Erläuterungen gelten hier für das Sichtbarkeits-Attribut entsprechend.
HOOPS_SYSTEM_OPTIONS	Hiermit können die voreingestellten System-Optionen (s. Prozedur-Referenz S.344) überschrieben werden.
HOOPS_APPLICATION	Die System-Option application = 'name' - der Name des Anwendungsprogramms - kann hiermit gesetzt werden (s. Prozedur-Referenz S.345).

15.5 Die voreingestellten Attribute

Nachdem alle Standardsegmente und -kurznamen definiert wurden, erhält das Wurzelsegment für jedes Attribut einen Wert. (Das Window des Wurzelsegments nimmt dabei den gesamten Bildschirm ein.) Diese Werte gelten dann aufgrund der Vererbung als Voreinstellung für alle Segmente. Eine Ausnahme bilden lediglich die nicht vererbbaren Attribute.

Tabelle 15.3 zeigt alle Attribute und ihre voreingestellten Werte. Einigen Attributen können mit Hilfe von Umgebungsvariablen (Abschn. 15.4) andere Werte zugeordnet werden. Diese werden dem Wurzelsegment dann statt der in der Tabelle angegebenen Werte zugewiesen.

Tabelle 15.3 Alle Attribute und ihre Voreinstellungen (Teil 1)

Attribut	Voreinstellung	Bemerkungen
Camera	position = (0.0, 0.0,- 5.0), target = (0.0, 0.0, 0.0), up vector = (0.0, 1.0, 0.0), width = 2.0, height = 2.0, projection = perspective	(NV) → s. Abschn. 7.4
Color	geometry = window contrast = black, windows = polygon contrast = lighting = white, ambient = dark gray, faces = (diffuse = transmission = black, specular = white, gloss =5.0)	
Color_Map	none (lenght zero)	
Driver	the null driver	NG, NM
Driver_Options	no backing store, border, color consolidation = 1.5625%, control area, no debug, no disable input, no double-buffering, no first color, no fixed colors, no force black-and-white, gamma correction, landscape orientation, no light scaling, no locater transform, no number of colors, pen speed = 1, no physical size, no selection proximity, no special events, no subscreen, subscreen moving, subscreen resizing, no subscreen stretching, title = 'application-System-Option' , update interrupts, no use color-map ID, no use window ID, no write mask	Diese Angaben sind immer möglich (ein Gerätetreiber "achtet" nur auf die für ihn in Frage kommende Optionen). Bei einigen Geräten sind zudem spezielle Angaben möglich. NM
Edge_Pattern	"---"	
Edge_Weight	1.0	
Face_Pattern	solid	

NV, NG, NM s. S.165 unten

Tabelle 15.3 Alle Attribute und ihre Voreinstellungen (Teil 2)

Attribut	Voreinstellung	Bemerkungen
Handedness	left	
Heuristics	backplane cull, clipping, no concave polygons, hidden surfaces, incremental updates, no intersection polygons, no memory purge, no quick moves, no partial erase, no polygon handedness, related selection limit = 5, transformations	
Line_Pattern	"---"	
Line_Weight	1.0	
Marker_Size	1.0	
Marker_Symbol	"O"	
Metafile	no read, no write, no name, no directory, no follow cross references, no overwrite, no state save, no use color names	NG, NV
Modelling_Matrix	$\begin{bmatrix} 1.0 & 0.0 & 0.0 & 0.0 \\ 0.0 & 1.0 & 0.0 & 0.0 \\ 0.0 & 0.0 & 1.0 & 0.0 \\ 0.0 & 0.0 & 0.0 & 1.0 \end{bmatrix}$	
Rendering_Options	color interpolation, color index interpolation, lighting interpolation, no attribute lock, hsr algorithm = hardware z-buffer, software frame buffer options = (no size limit, color depth = match device, retention), face displacement = 8, no debug	
Selectability	everything = off, windows = v	
Streaming Mode	off	NV, NG
Text_Alignment	"**"	
Text_Font	name = sans serif, size = 0.03 sru, size tolerance = 50%, no transforms, no rotation, no slant, no extra space	
Text_Path	1.0, 0.0, 0.0	
Text_Spacing	1.0	
User_Options	(none)	
User_Value	zero	obsolet
Visibility	on	
Window	-1.0, 1.0, -1.0, 1.0	NV
Window_Frame	on	
Window_Pattern	solid	

NV = der Wert des Attribut wird nicht vererbt
NG = der Wert des Attribut wird nicht durch eine Gestaltungsvorlage verändert
NM = der Wert des Attribut wird nicht in einer Metadatei abgespeichert

15.6 Beenden der Systeminitialisierung

Zum Abschluß der Systeminitialisierung wird die zu Beginn der Startsequenz definierte spezielle Fehlerbehandlungsroutine durch die reguläre (**Report_Error**) ersetzt und die Kontrolle an die ursprüngliche HOOPS-Routine zurückgegeben. Falls diese Routine eine **Set**- oder **Insert**-Routine war, wird das System zusätzlich in den 'streaming mode' geschaltet (s. Abschn. 3.5.1).

Anhang A: HOOPS unter MS-DOS

Die folgenden Abschnitte beschreiben die Verwendung von HOOPS 3.30 unter MS-DOS und C. Die Nutzung von HOOPS auf anderen Plattformen und unter anderen Sprachen (insb. FORTRAN) ist in den Original-Handbüchern beschrieben.

A1 Hardware-Voraussetzungen

Folgende Hardware ist für die Verwendung von HOOPS mindestens Voraussetzung:
Ein Personal Computer mit 80386 Prozessor, 1,5 MByte RAM, einem mathematischen Koprozessor vom Typ 80387 und 7 MByte freiem Speicherplatz auf einer Festplatte.

Darüber hinaus unterliegt der Anwender kaum Einschränkungen: HOOPS unterstützt eine große Zahl von Geräten wie VGA- und Super-VGA-Karten, HPGL kompatible Plotter, Postscript kompatible Drucker etc. Des weiteren kann unter HOOPS jede Maus und jedes Graphik-Tablett mit Microsoft kompatiblem Treiber verwendet werden.

A2 Software-Voraussetzungen

Zur Entwicklung von HOOPS-Programmen wird folgende Software benötigt:
Betriebssystem MS-DOS (Version 3.2 oder höher), der MetaWare HighC 386 Compiler (Version 3.04 oder höher) und der PharLap DOS-Extender und Linker (Version 4.1 oder höher). Benutzer von FORTRAN benötigen den Absoft Fortran 77 Compiler (Version 3.15 oder höher).

Zum Schreiben des Quellcodes kann jeder (Text-) Editor verwendet werden.

A3 Installation

HOOPS wird auf vier 3,5"-Disketten (je 1,44 MByte) geliefert. Zur Installation auf der Festplatte wird die erste Diskette in Laufwerk A (bzw. B) eingelegt und folgendes eingegeben:

```
a:\install
```

Nachdem das Installationsprogramm nach dem Namen des Verzeichnisses, in dem HOOPS installiert werden soll, und dem Umfang der Installation - welche Bibliotheken?, Installation der Demoprogramme? etc. - gefragt hat, wird HOOPS auf der Festplatte installiert. Anschließend werden in der Datei AUTOEXEC.BAT einige Befehle eingefügt, die die folgenden - für das Compilieren und Linken bzw. für die Ausführung von (HOOPS-) Programmen notwendigen - Umgebungsvariablen setzen (die Umgebungsvariablen können auch manuell gesetzt werden):

HOOPS	das Verzeichnis, in dem HOOPS installiert wurde
HOOPS_FILES	Verzeichnisse, in denen sich die Gerätetreiber- und Schriftendateien befinden
HCDIR	das Verzeichnis, in dem sich der C-Compiler befindet
PLDIR	das Verzeichnis, in dem sich der DOS-Extender und der Linker befinden
HOOPS_PICTURE	der Gerätetreiber des (Standard-) Ausgabebildschirms

Die Befehle könnten beispielsweise lauten:

```
set HOOPS           = c:\hoops
set HOOPS_FILES     = c:\hoops\font;c:\hoops\driver
set HCDIR           = c:\highc304
set PLDIR           = c:\phar41
set HOOPS_PICTURE   = metawindow/pc
```

Damit ist die Installation von HOOPS beendet.

A4 Besonderheiten des Programmcodes

Beim Erstellen des Quellcodes eines (HOOPS-) Programms ist folgendes zu beachten:

- Alle HOOPS-Prozeduren müssen mit dem für die Programmiersprache C vorgesehenen Präfix 'HC_' aufgerufen werden.
- Die unter C zu verwendenden Datentypen der Prozedur-Parameter sind der Prozedur-Referenz zu entnehmen (s. Tabelle C1).

- Das Programm sollte mit folgender Zeile beginnen:

  #include "hc.h"

  Die Datei HC.H enthält die Deklarationen aller HOOPS-Prozeduren. Fehlt diese Zeile, gibt der Compiler für jede verwendete HOOPS-Prozedur die Warnung aus, daß die betreffende Routine (zwar) aufgerufen, nicht aber deklariert wurde. Diese Warnungen haben zwar keine weiteren Konsequenzen, jedoch werden bei Einfügen der o.a. Zeile eventuelle Schreibfehler bei den Prozedurnamen - ebenso wie Fehler bei den Parametern: falsche Datentypen, zuviel oder zuwenig Parameter - bereits vom Compiler erkannt und entsprechende Fehlermeldungen erzeugt.

A5 Compilieren und Linken

Das Compilieren und Linken von HOOPS-Programmen erfolgt mit Hilfe der mitgelieferten Datei CC.BAT, die mit der Programm-Quelldatei als Parameter aufgerufen wird. Die Verzeichnisse des Compilers und Linkers müssen sich dabei ebenso wie das Verzeichnis von CC.BAT im DOS-Pfad befinden (Umgebungsvariable PATH).[1] Voraussetzung für das Linken ist außerdem, daß der Erweiterungsspeicher des Rechners (der Speicherbereich über 1 MByte) nicht schon von einem anderen Speichermanager als dem PharLap DOS-Extender - beispielsweise von HIMEM.SYS von Microsoft - verwaltet wird.

CC.BAT erzeugt - bei fehlerfreiem Quellcode - eine EXE-Datei mit dem Namen der Quelldatei. Wenn beispielsweise die Datei BILD.C den C-Quellcode eines HOOPS-Programms enthält, so erzeugt der Aufruf

```
CC BILD
```

die Datei BILD.EXE.

Falls beim Compilieren oder Linken Fehler auftreten, werden diese in die Datei CC.ERR geschrieben, die im aktuellen Verzeichnis abgespeichert wird.

A6 Ausführung eines Programms

Folgende Voraussetzungen müssen erfüllt sein, damit eine mit Hilfe von CC.BAT erstellte EXE-Datei ausgeführt werden kann:

---

[1] Die Verzeichnisse des Compilers und Linkers werden meist bereits bei deren Installationen in den DOS-Pfad aufgenommen.

- Da die Ausgabe eines Graphikprogramms in der Regel (auch) auf einen Bildschirm erfolgt, muß die Umgebungsvariable HOOPS_PICTURE geeignet gesetzt werden (s. Abschn. 15.4).[2] Hat der Rechner beispielsweise eine Trident-Graphikkarte mit mindestens 512 kByte Graphikspeicher und soll die Ausgabe mit einer Auflösung von 800 x 600 Pixeln bei 256 Farben erfolgen (ein geeigneter Bildschirm vorausgesetzt), so ist folgender Metawindow-Treiber zu wählen:

  ```
  set HOOPS_PICTURE=metawindow/tr-4
  ```

  Metawindow-Treiber für andere Graphikkarten und Auflösungen sind den Original-Handbüchern zu entnehmen. Ist für die vorhandene Graphikkarte kein spezieller Treiber vorhanden oder ist die verwendete Graphikkarte nicht bekannt, so kann ein interner (Standard-) Treiber verwendet werden, der für (fast) alle Graphikkarten und Bildschirme geeignet ist. Dazu wird HOOPS_PICTURE folgendermaßen gesetzt:

  ```
  set HOOPS_PICTURE=metawindow/pc
  ```

- Da die Treiber und Schriften zur Ausführungszeit geladen werden, müssen sich die entsprechenden Dateien (*.HDI und *.HDW einerseits und *.HFF andererseits) entweder im aktuellen Verzeichnis befinden, oder in einem Verzeichnis, das im DOS-Pfad eingetragen ist. Ein schnellerer Zugriff erfolgt jedoch, wenn die Umgebungsvariable HOOPS_FILES die entsprechenden Verzeichnisse enthält (s. Abschnitt A3).
- Des weiteren muß das Verzeichnis des PharLap DOS Extenders im DOS-Pfad eingetragen sein, und der Erweiterungsspeicher des Rechners darf nicht von einem anderen Speichermanager verwaltet werden (vgl. Abschn. A5).

Sind all' diese Voraussetzungen gegeben, kann das Programm ausgeführt werden. Dies geschieht durch Eingabe des Dateinamens. Ist beispielsweise BILD.EXE die von CC.BAT erzeugte Datei, so wird das Programm durch das Eingeben von

```
BILD
```

gestartet.

Treten während der Programmausführung irgendwelche Fehler auf, so werden diese in die Datei HOOPS.ERR geschrieben, die im aktuellen Verzeichnis abgespeichert wird. Eine entsprechende Meldung wird bei Programmende auf dem Bildschirm ausgegeben. Die Ausgabe der Fehlermeldungen kann mit Hilfe der Umgebungsvariablen HOOPS_ERROR auch in eine andere Datei oder auf einen zusätzlichen (Text-) Bildschirm umgeleitet werden (s. Abschn. 15.4).

[2] Alternativ kann ?Picture auch durch den ersten Aufruf des betreffenden Programms definiert werden (s. Abschn. 15.4).

Anhang B: Anmerkungen zu HOOPS unter UNIX

B1 Allgemeines

HOOPS ist wie in Kap. 1 erwähnt auch unter UNIX auf Workstations unterschiedlicher Hersteller und Prozessortypen lauffähig (s. dazu die Plattformliste in Abb. 1.1).

UNIX hat gegenüber der vorher besprochenen DOS-Plattform eine Reihe von Vorteilen. Erstens ist dieses System Multi-User und Multi-Tasking fähig, d.h. mehrere Prozesse können auf dem System parallel ablaufen, und zweitens können bei Graphikprogrammen bespielsweise photorealistische Berechnungsverfahren in einem Hintergrundprozeß durchgeführt werden, d.h. das aktuelle Programm wird dabei nicht blockiert.

Gemeinsam ist diesen Workstations, daß sie über Window-Manager verfügen, die auf dem X-Window-System basieren. Dieses X-Window-System stellt aber auch zweidimensionale Zeichenbefehle zur Verfügung, die zur Generierung von Graphiken benutzt werden können. Gemeinsam allen HOOPS-Installationen unter UNIX ist daher ein X11-Treiber, der X11-Befehle als letztes Glied in der Graphikpipeline benutzt.

Das X11-System hat den Vorteil, daß es alle Befehle über ein spezielles Protokoll netzwerktransparent ausführen kann. Dies bedeutet, daß eine Graphik beispielsweise über eine Netzwerkverbindung und einer zweiten Workstation ausgegeben wird.

Bei der Benutzung des X11-Treibers können aber keine speziellen Graphikbeschleuniger ausgenutzt werden, die über 3D-Fähigkeiten verfügen. Dazu müssen andere Treiber benutzt werden.

In den letzten Jahren haben die Hersteller ihre eigenen Low-Level-Graphikbibliotheken entwickelt, die direkt die Graphikkarten ansprechen. Die Graphikhardware übernimmt, je nach Ausstattung, Transformationsberechnungen, Gouraud-Schattierung oder auch Z-Buffering.

Leider hat sich aber kein Standard entwickelt. So hat beispielsweise Silicon Graphics eine sehr leistungsfähige Bibliothek, die GL-Bibliothek entwickelt, während Hewlett Packard bisher ihre eigene Starbase-Bibliothek verwendet.

Neuerdings versucht Silicon Graphics mit einer abgewandelte GL-Bibliothek, der OpenGL-Bibliothek, eine größere Verbreitung zu erreichen. Es ist allerdings abzuwarten, ob dies gelingt, da eine 3D-Erweiterung des X11-Systems im Entstehen ist, die mit OpenGL konkurriert, der PEX-Bibliothek.

HOOPS stellt auf all diesen Systemen einen entsprechenden Treiber zur Verfügung, der diese Low-Level-Bibliotheken benutzt, wie z.B. einen Starbase-Treiber bei Hewlett Packhard oder einen GL-Treiber bei Silicon Graphics.

B2 HOOPS und die Integration von graphischen Benutzeroberflächen

Die graphischen Benutzeroberfächen haben in den letzten Jahren erhebliche Bedeutung gewonnen, da mit ihrer Hilfe eine komfortable Bedienung auch komplexer Programme möglich ist.

Als Standard unter UNIX-Workstations hat sich in letzter Zeit immer mehr das auf X basierende Toolkit Xt Intrinsic und die Motif-Bibliothek herauskristalisiert. Motif stellt eine Vielzahl sogenannter Widgets zur Verfügung. Dies sind die Komponenten des User Interfaces wie beispielsweise Druckknöpfe (Push Buttons), Texteingabefelder oder Dateiauswahlfelder (File selection box).

Eine mit Motif generierte Benutzeroberfläche läßt sich recht einfach mit HOOPS verbinden. Hierzu wird in Motif ein graphisches Eingabe-Widget, ein sogenanntes DrawingArea-Widget erzeugt. Dies ist zunächst ein mit der Benutzeroberfläche verknüpftes leeres Window. Als nächstes wird ein Identifizierungsschlüssel dieses Widgets an HOOPS übergeben. Die gesamte, durch HOOPS erzeugte Graphik, wird hierdurch in HOOPS eingebunden.

Ein analoges Verfahren ist übrigens auch unter Microsoft Windows möglich.

Man muß sich aber darüber im klaren sein, daß ein solches Programm natürlich nur bedingt portabel ist. Bei der Portierung auch Microsoft Windows muß beispielsweise der komplette Teil des Programmes, der verantwortlich für die graphische Benutzeroberfläche ist, überarbeitet werden.

Einen Ausweg bilden aber Softwarewerkzeuge, die auf einer hardwareübergreifenden Ebene (wie dies auch HOOPS praktiziert) die Generierung der Benutzeroberflächen ermöglichen. Mittlerweile gibt es auf dem Markt eine große Vielzahl solcher Produkte, die dem oben genannten Anspruch mehr oder weniger gut gerecht werden.

Anhang C: Prozedur-Referenz

Im folgenden werden alle HOOPS-Prozeduren der Version 3.30 aufgelistet und erläutert.[1] Dazu ist die Prozedur-Referenz in folgende Abschnitte unterteilt, die die dazugehörenden Prozeduren jeweils in alphabetischer Reihenfolge enthalten: *Attribute*, *Berechnungen*, *Eingabe*, *Geometrie*, *Segmente* und *System*.

Die Erläuterungen der Wirkung jeder einzelnen Prozedur beschränken sich auf die **wichtigsten** Einzelheiten, die "im Normalfall" ausreichen, diese Prozedur sinnvoll und korrekt anzuwenden. Dies geschieht nach einem einheitlichen Muster: Name der Prozedur (Überschrift), Zweck, Aufrufsequenz (Parameter), Varianten, Erklärung der Wirkung und C-Beispielaufruf. Sämtliche Einzelheiten zu den Prozeduren sind in der Original-(HOOPS)-Prozedur-Referenz zu finden.

Die bei den Prozedur-Parametern angegebenen Datentypen sind allgemein gehalten, da sie für alle Sprachen gelten, in den HOOPS-Programme entwickelt werden können. Tabelle C1 enthält eine Liste der in C und FORTRAN zu verwendenden Datentypen.

Referenzparameter werden durch die Angabe **(Ref)** bei der Erklärung des Parameters gekennzeichnet, bzw. durch **(Ref/rück)**, falls der Parameter durch die Prozedur geändert werden soll. Gibt eine Prozedur einen Wert zurück, so wird das durch "→ *Wert*" im Aufruf gekennzeichnet.

Bei der Angabe von Segmentnamen, Attributnamen und Attributwerten@ in Stringparametern sind führende und abschließende Leerzeichen ebenso irrelevant wie die Verwendung von Groß- oder Kleinbuchstaben. Das System entfernt alle überflüssigen Leerzeichen und konvertiert alle Groß- in Kleinbuchstaben. Leerzeichen **innerhalb** von Segment-Namen etc. (beispielsweise ?Style Library) sind jedoch relevant!

Einige Parameter werden als 'Liste' bezeichnet. Eine 'Liste' in diesem Sinn ist ein String, der ein oder mehrere, durch Kommata getrennte gleichartige Elemente enthält.

Falls bei einer Prozedur als Parameter ein Segmentname bzw. eine Liste von Segmentnamen anzugeben ist, so kann immer - wenn nicht ausdrücklich etwas Gegenteiliges gesagt wird - ein Wildcard-Segmentname (Abschn. 10.1) eingesetzt werden.

---

[1] Darüber hinaus existieren noch einige obsolete Routinen, die nur aus Kompatibilitätsgründen zu früheren HOOPS-Versionen noch verfügbar sind.

Allgemeines zu HOOPS-Prozeduren und Erklärungen der häufigsten Varianten enthält Kapitel 2.

Tabelle C1 HOOPS-Datentypen in C und FORTRAN

HOOPS-Datentyp	C	FORTRAN
long	long	INTEGER*4
integer	int	INTEGER
boolean	int	LOGICAL
short	short	INTEGER*2
float	float	REAL
string	char * (zero terminated) oder char [n]	CHARACTER* (*)
single point	struct {float x,y,z;} oder float [3]	REAL point (3)
point vector	struct {float x,y,z;} [n] oder float [n][3]	REAL pvec (3,n)
array of 4 floats	float [4]	REAL array (4)
4 x 4 array of floats	float [4] [4]	REAL array (4,4)
vector of short integers	short [n]	INTEGER*2 vec (n)
vector of long integers	long [n]	INTEGER*4 vec (n)
2D array of short integers	short [r] [c]	INTEGER*2 array (c,r)
vector of integers	int [n]	INTEGER vec (n)
float vector	float * oder float [n]	REAL vec (n)

C1 Attribute

Dieser Abschnitt enthält alle Prozeduren, mit denen Attribute gesetzt, geändert, zurückgesetzt und abgefragt werden können.

Append_Modelling_Matrix

Zweck erzeugt mit Hilfe einer Transformationsmatrix eine zusätzliche Transformation der geometrischen Elemente eines Segments

Aufruf **Append_Modelling_Matrix** (*Matrix*)

Matrix	4 x 4 array of floats	Transformationsmatrix **(Ref)**

Varianten **QAppend_Modelling_Matrix** (*Segment, Matrix*)

Segment	string	Liste der zu ändernden Segmente
Matrix	4 x 4 array of floats	wie oben

Wirkung Die Transformation, die durch *Matrix* definiert ist, wird zusätzlich zu den momentanen Transformationen des betreffenden Segments ausgeführt. Das bedeutet, *Matrix* wird von links an die momentan aktuelle akkumulierte Transformationsmatrix des aufrufenden Segments heranmultipliziert. Eine perspektivische Transformation ist nicht erlaubt, d.h. das erste, zweite und dritte Element der vierten Spalte muß Null sein.

C-Beispiel Alle Elemente eines Segments werden (zusätzlich) an der xy-Ebene gespiegelt.

```
float matrix [4] [4];
matrix[0][0]=1.0; matrix[0][1]=0.0; matrix[0][2]=0.0;  matrix[0][3]=0.0;
matrix[1][0]=0.0; matrix[1][1]=1.0; matrix[1][2]=0.0;  matrix[1][3]=0.0;
matrix[2][0]=0.0; matrix[2][1]=0.0; matrix[2][2]=-1.0; matrix[2][3]=0.0;
matrix[3][0]=0.0; matrix[3][1]=0.0; matrix[3][2]=0.0;  matrix[3][3]=1.0;
HC_Append_Modelling_Matrix (matrix);
```

Dolly_Camera

Zweck ändert die Kameraposition, d.h. den Augenpunkt des Beobachters

Aufruf **Dolly_Camera** (*rechts, oben, tief*)

rechts	float	Distanz, um die die Kamera nach rechts bewegt wird (negative Werte: nach links)
oben	float	Distanz, um die die Kamera nach oben bewegt wird (negative Werte: nach unten)
tief	float	Distanz, um die die Kamera in die Szene hinein bewegt wird (neg. Werte: aus der Szene heraus)

Varianten **QDolly_Camera** (*Segment*, *rechts*, *oben*, *tief*)

Segment	string	Liste der zu ändernden Segmente
alle anderen	float	wie oben

Wirkung Die Kamera wird nach rechts/links, oben/unten und/oder in die Szene hinein/aus der Szene heraus bewegt. Dadurch ändert sich die Kameraposition und das Kameraziel.

Die Bewegungen erfolgen relativ zum Sichtfeld der Kamera, dessen Größe nicht verändert wird. So erscheinen Objekte beispielsweise größer als zuvor, wenn die Kamera in die Szene hineinbewegt wird.

Achtung! Der **erste** Aufruf einer Kameraprozedur führt in dem betreffenden Segment dazu, daß alle Kameraattribute auf die **voreingestellten** Werte (s. Abschn. 15.5) gesetzt werden (die Kameraattribute des Muttersegments werden ignoriert) und danach die jeweilige Prozedur ausgeführt wird.

C-Beispiel Die Kamera wird um 0.5 Einheiten nach links bewegt.

```
HC_Dolly_Camera (-0.5, 0.0, 0.0);
```

Modify_Color_Map

Zweck ändert ein oder mehrere Einträge in der Farbtabelle

Aufruf **Modify_Color_Map** (*Index*, *Farben*)

Index	integer	erster Index der Farbtabelle, dessen Farbeintrag geändert werden soll - der erste Eintrag der Farbtabelle hat den Index Null
Farben	string	eine Liste von Farbnamen bzw. Farb-Varianten

Varianten **QModify_Color_Map** (*Segment*, *Index*, *Farben*)
Modify_Color_Map_By_Value (*Index*, *Farbraum*, *Anzahl*, *Werte*)
QModify_Color_Map_By_Value (*Segment*, *Index*, *Farbraum*, *Anzahl*, *Werte*)

Segment	string	Liste der zu ändernden Segmente
Farbraum	string	der Farbraum, in dem die Punkte in *Werte* angegeben sind - eine der folgenden Konstanten: "HLS", "HSV", "HIC", "RGB"
Anzahl	integer	Anzahl der Punkte im *Werte*-Array
Werte	point vector	ein Array von Punkten im *Farbraum*
alle anderen	wie oben	wie oben

Wirkung Es werden einige oder alle Einträge einer Farbtabelle geändert. Die Parameter sind bis auf *Index* und *Anzahl* die gleichen wie bei der Erstellung der Farbtabelle mit **Set_Color_Map**. *Index* bezeichnet den Index des ersten zu ändernden Farbeintrags und *Anzahl* die Anzahl der zu ändernden Einträge.

Die Länge einer Farbtabelle, d.h. die Anzahl der Einträge, kann nur durch Definieren einer neuen Farbtabelle mit **Set_Color_Map** geändert werden.

C-Beispiel Es werden die letzten drei Einträge einer Farbtabelle (rot, blau, weiß, grün, gelb) geändert, so daß diese nun folgende Farben enthält: (rot, blau, schwarz, weiß, grau).

```
HC_Set_Color_Map ("red, blue, white, green, yellow");
HC_Modify_Color_Map (2, "black, white, gray");
```

MSet_Vertex_<Attribute>

Zweck setzt die Normalen bzw. Flächenfarben von **mehreren** Eckpunkten einer Shell oder Mesh in einem Schritt

Aufruf **MSet_Vertex_Normals** (*Schlüssel*, *Offset*, *Anzahl*, *Normalen*)

Schlüssel	long	Schlüssel der zu ändernden Shell oder Mesh
Offset	integer	Offset des ersten zu ändernden Punktes in der Shell / Mesh - der erste Offset einer Shell / Mesh ist Null
Anzahl	integer	Anzahl der Normalen in *Normalen*
Normalen	point vector	ein Array von Normalenvektoren **(Ref)**

Varianten **MSet_Vertex_Colors_By_FIndex** (*Schlüssel*, *Typen*, *Offset*, *Anzahl*, *FIndizes*)
MSet_Vertex_Colors_By_Value (*Schlüssel*, *Typen*, *Offset*, *Farbraum*, *Anzahl*, *Werte*)

Typen	string	Eine Liste der zu ändernden Farbtypen - der einzig mögliche Wert zur Zeit (Version 3.22) ist "faces"
Anzahl	integer	Anzahl der Indizes in *FIndizes* bzw. (Farb-) Punkte in *Werte*
FIndizes	float vector	Vektor "gebrochener" Indizes **(Ref)**
Farbraum	string	der Farbraum, in dem die Punkte in *Werte* angegeben sind - eine der folgenden Konstanten: "HLS", "HSV", "HIC", "RGB"
Werte	point vector	ein Array von Punkten im *Farbraum* **(Ref)**
Schlüssel	long	wie oben
Offset	integer	wie oben

Wirkung Mit diesen MultiSet-Prozeduren können die Normalen bzw. Flächenfarben von mehreren Eckpunkten einer Shell oder Mesh gleichzeitig gesetzt werden.

C-Beispiel Nachdem eine Mesh von 10 x 10 Punkten erzeugt wurde, werden die Normalen der Eckpunkte mit den Offsets 4 bis 9 "manuell" gesetzt.

```
typedef struct {float x, y, z;} Point;
Point Mesh_Points [10] [10];
```

```
Point Mesh_Normals [6];
long key;
/* Setzen von Mesh_Points und Mesh_Normals */
HC_KInsert_Mesh (10, 10, Mesh_Points);
HC_MSet_Vertex_Normals (key, 4, 6, Mesh_Normals);
```

Orbit_Camera

Zweck ändert die Kameraposition, d.h. den Augenpunkt des Beobachters

Aufruf **Orbit_Camera** (θ, ϕ)

θ	float	der Winkel (in Grad), um den die Kamera nach rechts um das Kameraziel herumbewegt wird (negative Werte: nach links)
ϕ	float	der Winkel (in Grad), um den die Kamera nach oben um das Kameraziel herumbewegt wird (negative Werte: nach unten)

Varianten **QOrbit_Camera** (*Segment*, θ, ϕ)

Segment	string	Liste der zu ändernden Segmente
θ, ϕ	float	wie oben

Wirkung Die Kamera wird zuerst um θ Grad nach rechts/links und dann um ϕ Grad nach oben/unten um das Kameraziel herumgedreht. Durch diese Drehung ändert sich die Kameraposition und evtl. die Kameraaufwärtsrichtung. **Achtung**! Der **erste** Aufruf einer Kameraprozedur führt in dem betreffenden Segment dazu, daß alle Kameraattribute auf die **voreingestellten** Werte (s. Abschn. 15.5) gesetzt werden (die Kameraattribute des Muttersegments werden ignoriert) und danach die jeweilige Prozedur ausgeführt wird.

C-Beispiel Die Kamera wird so gedreht, daß man nun von oben auf die Szene sieht.

```
HC_Orbit_Camera (0.0, 90.0);
```

Pan_Camera

Zweck ändert das Kameraziel, d.h. die Blickrichtung des Beobachters

Aufruf **Pan_Camera** (θ, ϕ)

θ	float	der Winkel (in Grad), um den die Kamera nach rechts um die eigene Achse gedreht wird (negative Werte: nach links)
ϕ	float	der Winkel (in Grad), um den die Kamera nach oben um die eigene Achse gedreht wird (negative Werte: nach unten)

Varianten **QPan_Camera** (*Segment*, θ, ϕ)

Segment	string	Liste der zu ändernden Segmente
θ	float	wie oben
ϕ	float	wie oben

Wirkung Die Kamera wird zuerst um θ Grad nach rechts/links und dann um ϕ Grad nach oben/unten um die eigene Achse geschwenkt. Durch diese Drehung ändert sich das Kameraziel und evt. die Kameraaufwärtsrichtung.

Achtung! Der **erste** Aufruf einer Kameraprozedur führt in dem betreffenden Segment dazu, daß alle Kameraattribute auf die **voreingestellten** Werte (s. Abschn. 15.5) gesetzt werden (die Kameraattribute des Muttersegments werden ignoriert) und danach die jeweilige Prozedur ausgeführt wird.

C-Beispiel Die Kamera wird um 15° nach rechts geschwenkt, so daß nun Objekte - vom Beobachter aus gesehen - rechts des (ursprünglichen) Kameraziels gesehen werden können.

```
HC_Pan_Camera (15.0, 0.0);
```

Roll_Camera

Zweck dreht die Kamera um die Sichtlinie

Aufruf **Roll_Camera** (θ)

θ	float	der Winkel (in Grad), um den die Kamera um die Sichtlinie gedreht wird - positive Werte: gegen den Uhrzeigersinn

Varianten **QRoll_Camera** (*Segment*, θ)

Segment	string	Liste der zu ändernden Segmente
θ	float	wie oben

Wirkung Die Kamera wird θ Grad um die Sichtlinie gedreht. Ein positives θ ergibt eine Drehung gegen den Uhrzeigersinn, so daß der Eindruck entsteht, die Szene drehe sich im Uhrzeigersinn um das Kameraziel. Die Drehung verändert nur die Kameraaufwärtsrichtung.

Achtung! Der **erste** Aufruf einer Kameraprozedur führt in dem betreffenden Segment dazu, daß alle Kameraattribute auf die **voreingestellten** Werte (s. Abschn. 15.5) gesetzt werden (die Kameraattribute des Muttersegments werden ignoriert) und danach die jeweilige Prozedur ausgeführt wird.

C-Beispiel Die Kamera wird um 180° gedreht, so daß nun alle Objekte auf dem Kopf stehen.

```
HC_Roll_Camera (180.0);
/* ist äquivalent zu HC_Roll_Camera (-180.0); */
```

Rotate_Object

Zweck rotiert die Objekte eines Segments um die x-, y-, und/oder z-Achse

Aufruf **Rotate_Object** (θ, ϕ, ψ)

θ	float	Winkel (in Grad), um den der Segmentinhalt um die x-Achse gedreht wird
ϕ	float	Winkel (in Grad), um den der Segmentinhalt um die y-Achse gedreht wird
ψ	float	Winkel (in Grad), um den der Segmentinhalt um die z-Achse gedreht wird

Varianten **QRotate_Object** (*Segment*, θ, ϕ, ψ)

Segment	string	Liste der zu ändernden Segmente
θ	float	wie oben
ϕ	float	wie oben
ψ	float	wie oben

Wirkung Die geometrischen Objekte des betreffenden Segments werden zuerst θ Grad um die x-, dann ϕ Grad um die y- und zuletzt ψ Grad um die z-Achse des Objektkoordinatensystems gedreht. Positive Werte erzeugen Drehungen gegen den Uhrzeigersinn, wenn man entlang der Rotationsachse in Richtung der positiven Werte sieht. **Rotate_Object** ändert die akkumulierte Transformationsmatrix des betreffenden Segments.

C-Beispiel Der Inhalt des aktuellen Segments wird um 180° um die y-Achse gedreht, so daß die Rückseite der Objekte zu sehen ist.

```
HC_Rotate_Object (0.0, 180.0, 0.0);
```

Rotate_Object_Offaxis

Zweck rotiert die Objekte eines Segments um eine beliebige - durch den Objektkoordinatenursprung verlaufende - Achse

Aufruf **Rotate_Object_Offaxis** (x, y, z, θ)

x, y, z	float	ein Vektor, der die Rotationsachse definiert
θ	float	Winkel (in Grad), um den der Segmentinhalt gedreht wird

Varianten **QRotate_Object_Offaxis** (*Segment*, x, y, z, θ)

Segment	string	Liste der zu ändernden Segmente
x, y, z, θ	float	wie oben

Wirkung Die geometrischen Elemente des betreffenden Segments werden um die Achse gedreht, die durch den Ursprung und den Punkt [x, y, z] verläuft. Ein positiver Wert von θ erzeugt eine Drehung gegen den Uhrzeigersinn, wenn man vom Ursprung in Richtung des Punktes [x, y, z] sieht. **Rotate_Object_Offaxis** ändert die akkumulierte Transformationsmatrix des betreffenden Segments.

C-Beispiel Der Inhalt des aktuellen Segments wird um 30° um die Winkelhalbierende der x- und y-Achse rotiert.

```
HC_Rotate_Object_Offaxis (1.0, 1.0, 0.0, 30.0);
```

Scale_Object

Zweck skaliert die Objekte eines Segments

Aufruf **Scale_Object** (x, y, z)

x	float	Faktor, um den in x-Richtung skaliert wird
y	float	Faktor, um den in y-Richtung skaliert wird
z	float	Faktor, um den in z-Richtung skaliert wird

Varianten **QScale_Object** (*Segment*, x, y, z)

Segment	string	Liste der zu ändernden Segmente
x, y, z	float	wie oben

Wirkung Die geometrischen Elemente des betreffenden Segments werden entsprechend der Faktoren x, y und z skaliert. Werte größer als |1.0| ergeben eine Vergrößerung, Werte zwischen 0.0 und |1.0| eine Verkleinerung. Ein Wert von 0.0 läßt die Ausdehnung der Objekte in der betreffenden Dimension auf Null schrumpfen. Negative Werte bewirken eine zusätzliche Spiegelung der Objekte, und zwar an einer der drei (Objekt-) Koordinatenebenen, falls nur ein Wert negativ ist, oder an einer der drei (Objekt-) Koordinatenachsen, falls zwei Werte negativ sind, oder am (Objekt-) Koordinatenursprung, falls alle drei Werte negativ sind. **Scale_Object** ändert die akkumulierte Transformationsmatrix des betreffenden Segments.

C-Beispiel Alle Elemente eines Segments werden um den Faktor 2 vergrößert, und zwar in allen Dimensionen, so daß die Proportionen der Objekte erhalten bleiben. Zusätzlich erfolgt eine Spiegelung an der xy-Ebene.

```
HC_Scale_Object (2.0, 2.0, -2.0);
```

Set_Bounding_Cuboid

Zweck legt ein Begrenzungsvolumen in Form eines Kuboiden für ein Segment fest

Aufruf **Set_Bounding_Cuboid** (*Min*, *Max*)

Min, Max	single point	Objektkoordinaten zweier gegenüberliegender Eckpunkte des zu setzenden Begrenzungskuboiden

Varianten **QSet_Bounding_Cuboid** (*Segment, Min, Max*)
Set_Bounding_Cuboid_By_Key (*Schlüssel, Min, Max*)

Segment	string	das Segment, in dem der Begrenzungskuboid gesetzt werden soll
Schlüssel	long	Schlüssel des Segments, in dem der Begrenzungskuboid gesetzt werden soll
Min, Max	single point	wie oben

Wirkung Es wird das Begrenzungsvolumen in Form eines Kuboiden für das aktuelle Segment bzw. für *Segment* oder für das durch *Schlüssel* referenzierte Segment festgelegt. Der so festgelegte Begrenzungskuboid wird von HOOPS für die Berechnung der Darstellung verwendet.

C-Beispiel Für das aktuelle Segment soll der Einheitswürfel (mit dem Ursprung als Mittelpunkt) als Begrenzungskuboid festgelegt werden.

```
typedef struct {float x, y, z;} Point;
Point Min, Max;
Min.x = -0.5; Min.y = -0.5; Min.z = -0.5;
Max.x = 0.5; Max.y = 0.5; Max.z = 0.5;
HC_Set_Bounding_Cuboid (Min, Max);
```

Set_Bounding_Sphere

Zweck legt ein Begrenzungsvolumen in Form einer Kugel für ein Segment fest

Aufruf **Set_Bounding_Sphere** (*Mitte, Radius*)

Mitte	single point	Objektkoordinaten des Mittelpunkts der zu setzenden Begrenzungskugel
Radius	float	der Radius der zu setzenden Begrenzungskugel in Objektkoordinateneinheiten

Varianten **QSet_Bounding_Sphere** (*Segment, Mitte, Radius*)
Set_Bounding_Sphere_By_Key (*Schlüssel, Mitte, Radius*)

Segment	string	das Segment, in dem die Begrenzungskugel gesetzt werden soll
Schlüssel	long	Schlüssel des Segments, in dem die Begrenzungskugel gesetzt werden soll
alle anderen	wie oben	wie oben

Wirkung Es wird das Begrenzungsvolumen in Form einer Kugel für das aktuelle Segment bzw. für *Segment* oder für das durch *Schlüssel* referenzierte Segment festgelegt. Die so festgelegte Begrenzungskugel wird von HOOPS für die Berechnung der Darstellung verwendet.

C-Beispiel Für das aktuelle Segment soll die Einheitskugel (mit dem Ursprung als Mittelpunkt) als Begrenzungskugel festgelegt werden.

```
typedef struct {float x, y, z;} Point;
Point Mitte;
Mitte.x = 0.0; Mitte.y = 0.0; Mitte.z = 0.0;
HC_Set_Bounding_Sphere (Mitte, 0.5);
```

Set_Camera

Zweck setzt alle Kameraparameter neu

Aufruf **Set_Camera** (*Position*, *Ziel*, *Aufwärts*, *Breite*, *Höhe*, *Projektion*)

Position	single point	die Position der Kamera **(Ref)**
Ziel	single point	das Ziel der Kamera **(Ref)**
Aufwärts	single point	die Aufwärtsrichtung der Kamera **(Ref)**
Breite	float	die Breite des Sichtfeldes
Höhe	float	die Höhe des Sichtfeldes
Projektion	string	die Projektionsart - eine der folgenden Konstanten: "perspective", "orthographic", "stretched" - oder eine der "oblique"-Formen (s. **Set_Camera_Projection**)

Varianten **UnSet_Camera** ()
QSet_Camera (*Segment*, *Position*, *Ziel*, *Aufwärts*, *Breite*, *Höhe*, *Projektion*)
QUnSet_Camera (*Segment*)

Segment	string	Liste der zu ändernden Segmente
alle anderen	wie oben	wie oben

Show-Proz. **Show_Camera** (*Position*, *Ziel*, *Aufwärts*, *Breite*, *Höhe*, *Projektion*)
Show_Net_Camera (*Position*, *Ziel*, *Aufwärts*, *Breite*, *Höhe*, *Projektion*)
QShow_Camera (*Segment*, *Position*, *Ziel*, *Aufwärts*, *Breite*, *Höhe*, *Projektion*)
QShow_Net_Camera (*Segment*, *Position*, *Ziel*, *Aufwärts*, *Breite*, *Höhe*, *Projektion*)

Segment	string	Name des Segments, dessen Attribut-Wert erfragt werden soll
alle anderen	wie oben	wie oben **(Ref/rück)**

Wirkung Es werden in dem betreffenden Segment **alle** Kameraparameter gesetzt.

C-Beispiel Der folgende Aufruf setzt die Kameraparameter auf die voreingestellten Werte.

```
float pos [3], target [3], up [3];
pos [0] = 0.0; pos [1] = 0.0; pos [2] = -5.0;
target [0] = 0.0; target [1] = 0.0; target [2] = 0.0;
```

```
up [0] = 0.0; up [1] = 1.0; up [2] = 0.0;
HC_Set_Camera (pos, target, up, 2.0, 2.0, "perspective");
```

Set_Camera_By_Volume

Zweck definiert eine Standardkamera anhand des Sichtfeldes und der Projektionsart

Aufruf **Set_Camera_By_Volume** (*Projektion*, x_{min}, x_{max}, y_{min}, y_{max})

Projektion	string	die Projektionsart - eine der folgenden Konstanten: "perspective", "orthographic", "stretched" oder eine der "oblique"-Formen (s. **Set_Camera_Projection**)
x_{min}, x_{max}	float	die Grenzen des Sichtfeldes in x-Richtung
y_{min}, y_{max}	float	die Grenzen des Sichtfeldes in y-Richtung

Varianten **QSet_Camera_By_Volume** (*Segment*, *Projektion*, x_{min}, x_{max}, y_{min}, y_{max})

Segment	string	Liste der zu ändernden Segmente
Projektion	string	wie oben
x_{min}, x_{max}	float	wie oben
y_{min}, y_{max}	float	wie oben

Show-Proz. **Show_Camera_By_Volume** (*Projektion*, x_{min}, x_{max}, y_{min}, y_{max})
Show_Net_Camera_By_Volume (*Projektion*, x_{min}, x_{max}, y_{min}, y_{max})
QShow_Camera_By_Volume (*Segment*, *Projektion*, x_{min}, x_{max}, y_{min}, y_{max})
QShow_Net_Camera_By_Volume (*Segment*, *Projektion*, x_{min}, x_{max}, y_{min}, y_{max})

Segment	string	Name des Segments, dessen Attribut-Wert erfragt werden soll
alle anderen	wie oben	wie oben **(Ref/rück)**

Wirkung Diese Prozedur setzt **alle** Kameraparameter neu. Jedoch sind als Parameter nur die Projektionsart und das Sichtfeld anzugeben. Die anderen Parameter werden daraus abgeleitet bzw. auf Standardwerte gesetzt, so daß mit Hilfe dieser Prozedur auch ohne detaillierte Kenntnisse "gute" Bilder erzeugt werden können. **Set_Camera_By_Volume** ruft zu diesem Zweck **Set_Camera** mit folgenden Parametern auf:

Position	($(x_{min} + x_{max})/2$, $(y_{min} + y_{max})/2$, $-2.5 * \max(x_{max} - x_{min}, y_{max} - y_{min})$)
Ziel	($(x_{min} + x_{max})/2$, $(y_{min} + y_{max})/2$, 0.0)
Aufwärts	(0.0, 1.0, 0.0)
Breite	$(x_{max} - x_{min})$
Höhe	$(y_{max} - y_{min})$
Projektion	wie in **Set_Camera_By_Volume**

Die Sichtlinie verläuft also immer parallel zur z-Achse, das Sichtfeld - bzw. das Kameraziel - liegt immer in der xy-Ebene und die Kameraposition immer im Halbraum negativer z-Werte.

C-Beispiel Ein Würfel mit einer Kantenlänge von 1.0, dessen Mittelpunkt sich bei (2.0, 0.0, 0.5) befindet, soll so dargestellt werden, daß seine Frontseite (die Seite mit $1.5 \leq x \leq 2.5$, $-0.5 \leq y \leq 0.5$ und $z = 0.0$) das gesamte Window ausfüllt. (Ein quadratisches Window wird dabei vorausgesetzt.) Die Sehstrahlen sollen dabei senkrecht auf die Frontseite auftreffen, und die Projektion soll perspektivisch sein.

```
HC_Set_Camera_By_Volume ("perspective", 1.5, 2.5, -0.5, 0.5);
```

Set_Camera_Field

Zweck setzt die Breite und Höhe des Sichtfeldes

Aufruf **Set_Camera_Field** (*Breite, Höhe*)

Breite	float	Breite des Sichtfeldes
Höhe	float	Höhe des Sichtfeldes

Varianten **QSet_Camera_Field** (*Segment, Breite, Höhe*)

Segment	string	Liste der zu ändernden Segmente
Breite	float	wie oben
Höhe	float	wie oben

Show-Proz. **Show_Camera_Field** (*Breite, Höhe*)
Show_Net_Camera_Field (*Breite, Höhe*)
QShow_Camera_Field (*Segment, Breite, Höhe*)
QShow_Net_Camera_Field (*Segment, Breite, Höhe*)

Segment	string	Name des Segments, dessen Attribut-Wert erfragt werden soll
Breite, Höhe	float	wie oben **(Ref/rück)**

Wirkung Es wird die Breite und Höhe des Sichtfeldes in Objektkoordinateneinheiten festgelegt. Alle anderen Kameraattribute bleiben unverändert.
Achtung! Der **erste** Aufruf einer Kameraprozedur führt in dem betreffenden Segment dazu, daß alle Kameraattribute auf die **voreingestellten** Werte (s. Abschn. 15.5) gesetzt werden (die Kameraattribute des Muttersegments werden ignoriert) und danach die jeweilige Prozedur ausgeführt wird.

C-Beispiel Das Sichtfeld soll vier Einheiten breit und drei Einheiten hoch sein.

```
HC_Set_Camera_Field (4.0, 3.0);
```

Set_Camera_Position

Zweck legt den Augenpunkt des Beobachters, d.h die Kameraposition fest

Aufruf **Set_Camera_Position** (x, y, z)

x, y, z	float	Position der Kamera in Objektkoordinaten

Varianten **QSet_Camera_Position** (*Segment*, x, y, z)

Segment	string	Liste der zu ändernden Segmente
x, y, z	float	wie oben

Show-Proz. **Show_Camera_Position** (x, y, z)
Show_Net_Camera_Position (x, y, z)
QShow_Camera_Position (*Segment*, x, y, z)
QShow_Net_Camera_Position (*Segment*, x, y, z)

Segment	string	Name des Segments, dessen Attribut-Wert erfragt werden soll
x, y, z	float	wie oben **(Ref/rück)**

Wirkung Es wird die Position der Kamera festgelegt. Alle anderen Kameraattribute - bis auf die Kameraaufwärtsrichtung, die evt. angepaßt werden muß - bleiben unverändert.

Achtung! Der **erste** Aufruf einer Kameraprozedur führt in dem betreffenden Segment dazu, daß alle Kameraattribute auf die **voreingestellten** Werte (s. Abschn. 15.5) gesetzt werden (die Kameraattribute des Muttersegments werden ignoriert) und danach die jeweilige Prozedur ausgeführt wird.

C-Beispiel Die Kamera wird im Objektpunkt (0.0, 1.0, -5.0) positioniert, d.h. eine Einheit höher als die voreingestellte Position.

```
HC_Set_Camera_Position (0.0, 1.0, -5.0);
```

Set_Camera_Projection

Zweck legt die Projektionsart fest, d.h. wie die dreidimensionale Szene auf den zweidimensionalen Bildschirm projiziert wird

Aufruf **Set_Camera_Projection** (*Projektion*)

Projektion	string	Die Projektionsart - eine der folgenden Konstanten: "perspective", "orthographic", "stretched" oder "oblique perspective= (ψ [, φ])", "oblique orthographic= (ψ [, φ])", "oblique stretched= (ψ [, φ])" mit $\psi, \varphi \in$ float

Varianten **QSet_Camera_Projection** (*Segment*, *Projektion*)

Segment	string	Liste der zu ändernden Segmente

Projektion	string	wie oben

Show-Proz. **Show_Camera_Projection** (*Projektion*)
Show_Net_Camera_Projection (*Projektion*)
QShow_Camera_Projection (*Segment*, *Projektion*)
QShow_Net_Camera_Projection (*Segment*, *Projektion*)

Segment	string	Name des Segments, dessen Attribut-Wert erfragt werden soll
Projektion	string	wie oben **(Ref/rück)**

Wirkung Es wird die Projektionsart - perspektivisch, orthogonal oder gestreckt - festgelegt. Alle anderen Kameraattribute bleiben unverändert. Bei einer gestreckten Projektion wird das Sichtfeld exakt an das Window angepaßt, so daß Objekte i.a. verzerrt dargestellt werden. Jede der obigen Projektionsarten ist auch als schiefe (oblique) Projektion verfügbar. Dazu ist ein Winkel ψ und ggf. ein Winkel φ anzugeben. Die x- bzw. y-Koordinaten eines (Objekt-) Punktes werden dann folgendermaßen verändert, bevor sie in Bildschirmkoordinaten umgewandelt werden:

$x_{neu} = x_{alt} + (z * \tan \psi)$
$y_{neu} = y_{alt} + (z * \tan \varphi)$
mit z = Abstand des Punktes von der Sichtfeldebene

Falls nur ψ angegeben wird, bleiben die y-Koordinaten unverändert, d.h. für φ wird der Wert 0.0 angenommen.

Achtung! Der **erste** Aufruf einer Kameraprozedur führt in dem betreffenden Segment dazu, daß alle Kameraattribute auf die **voreingestellten** Werte (s. Abschn. 15.5) gesetzt werden (die Kameraattribute des Muttersegments werden ignoriert) und danach die jeweilige Prozedur ausgeführt wird.

C-Beispiel Der folgende Aufruf hat zur Folge, daß eine orthogonale Projektion erfolgt, wobei alle Punkte, die in der Sichtfeldebene liegen, unverändert bleiben, während Punkte vor dem Sichtfeld nach links unten und Punkte hinter dem Sichtfeld nach rechts oben verschoben werden, und zwar um so mehr je größer ihr Abstand zur Sichtfeldebene ist.

```
HC_Set_Camera_Projection ("oblique orthographic= (30.0, 30.0)");
```

Set_Camera_Target

Zweck legt die Blickrichtung des Beobachters, d.h. das Kameraziel fest

Aufruf **Set_Camera_Target** (x, y, z)

x, y, z	float	Ziel der Kamera in Objektkoordinaten

Varianten **QSet_Camera_Target** (*Segment*, x, y, z)

Segment	string	Liste der zu ändernden Segmente
x, y, z	float	wie oben

Show-Proz. **Show_Camera_Target** (x, y, z)
Show_Net_Camera_Target (x, y, z)
QShow_Camera_Target (*Segment*, x, y, z)
QShow_Net_Camera_Target (*Segment*, x, y, z)

Segment	string	Name des Segments, dessen Attribut-Wert erfragt werden soll
x, y, z	float	wie oben **(Ref/rück)**

Wirkung Die Blickrichtung des Beobachters wird durch einen Punkt festgelegt, auf den die Kamera gerichtet ist. Alle anderen Kameraattribute - bis auf die Kameraaufwärtsrichtung, die evtl. angepaßt werden muß - bleiben unverändert.

Achtung! Der **erste** Aufruf einer Kameraprozedur führt in dem betreffenden Segment dazu, daß alle Kameraattribute auf die **voreingestellten** Werte (s. Abschn. 15.5) gesetzt werden (die Kameraattribute des Muttersegments werden ignoriert) und danach die jeweilige Prozedur ausgeführt wird.

C-Beispiel Die Kamera wird auf den Punkt (0.0, -1.0, 0.0) gerichtet, d.h. falls die Kamera sich in der voreingestellten Position befindet (0.0, 0.0, -0.5), ist die Blickrichtung des Beobachters nun ein wenig nach unten geneigt.

```
HC_Set_Camera_Target (0.0, -1.0, 0.0);
```

Set_Camera_Up_Vector

Zweck legt die Richtung fest, die auf dem Bildschirm oben ist

Aufruf **Set_Camera_Up_Vector** (x, y, z)

x, y, z	float	ein Vektor in Objektkoordinaten, der die Richtung angibt, die auf dem Bildschirm oben ist

Varianten **QSet_Camera_Up_Vector** (*Segment*, x, y, z)

Segment	string	Liste der zu ändernden Segmente
x, y, z	float	wie oben

Show-Proz. **Show_Camera_Up_Vector** (x, y, z)
Show_Net_Camera_Up_Vector (x, y, z)
QShow_Camera_Up_Vector (*Segment*, x, y, z)
QShow_Net_Camera_Up_Vector (*Segment*, x, y, z)

Segment	string	Name des Segments, dessen Attribut-Wert erfragt werden soll
x, y, z	float	wie oben **(Ref/rück)**

Wirkung Der Vektor, der die Aufwärtsrichtung der Kamera angibt, steht senkrecht auf der Sichtlinie. Er zeigt in die Richtung, die auf dem Bildschirm oben sein soll. Normalerweise wird dieser Vektor automatisch vom System gesetzt, je-

doch kann er auch mittels dieser Prozedur "manuell" gesetzt werden, um die Kamera um die Sichtlinie herum zu drehen.
Steht [x, y, z] nicht senkrecht auf der Sichtlinie, so wird er in den "nächsten" senkrechten Vektor konvertiert; ist [x, y, z] parallel zur Sichtlinie, so wird eine Fehlermeldung ausgegeben.
Alle anderen Kameraattribute werden durch diese Prozedur nicht verändert.
Achtung! Der **erste** Aufruf einer Kameraprozedur führt in dem betreffenden Segment dazu, daß alle Kameraattribute auf die **voreingestellten** Werte (s. Abschn. 15.5) gesetzt werden (die Kameraattribute des Muttersegments werden ignoriert) und danach die jeweilige Prozedur ausgeführt wird.

C-Beispiel Die Kamera wird so um die Sichtlinie gedreht, daß das Bild "auf dem Kopf steht" (die voreingestellten Kameraattribute vorausgesetzt).

```
HC_Set_Camera_Up_Vector (0.0, -1.0, 0.0);
```

Set_Color

Zweck setzt die Farbe von ein oder mehreren (farbig darstellbaren) Elementen

Aufruf **Set_Color** (*Spezifikation*)
Spezifikation string Liste von Farb-Spezifikationen (s.u.)

Varianten **UnSet_Color** ()
UnSet_One_Color (*Typ*)

Wirkung Es wird die Farbe für ein oder mehrere Elemente festgelegt. Diese werden dann in den betreffenden Farben auf dem Bildschirm dargestellt. *Spezifikation* besteht entweder aus einer einzelnen *Farbangabe* - d.h. die Farbe wird für alle geometrischen Elemente einheitlich gesetzt, nur Windows- und Kontrastfarben bleiben unverändert - oder aus ein oder mehreren Farb-Spezifikationen der folgenden Form:

Typ = Farbangabe

Für *Typ* kann einer der folgenden Werte eingesetzt werden: edges (Kanten), faces (Flächen), markers (Marker), lines (alle Arten von Linien), text (Text), geometry (Flächen, Kanten, Marker, alle Arten von Linien und Text), windows (Window-Hintergrund), window contrast (Window-Rahmen und -Muster), face contrast (Flächen-Muster), lights (Lichtquellen), ambient light (Hintergrundlicht), polygons (Flächen und Kanten).

Farbangabe ist entweder ein Farbname (z.B. red) bzw. eine Farb-Variante (z.B. pinkish blue) oder ein Punkt in einem der vier Farbräume. Dieser wird folgendermaßen angegeben:

X=*Wert* Y=*Wert* Z=*Wert*

mit XYZ ∈ (HLS, HSV, HIC, RGB) und

Wert ∈ [0.0..360.0] für X=H, sonst: *Wert* ∈ [0.0..1.0]

Für Flächen sind auch differenziertere Farbangaben möglich. Diese bestehen aus ein oder mehreren Elementen der folgenden Form:

Materialeigenschaft = Farbangabe (bzw. positiver float-Wert bei gloss)

Für *Materialeigenschaft* können die folgenden vier Werte eingesetzt werden: diffuse (die Farbe der diffusen Reflexion), specular (die Farbe der spiegelnden Reflexion - nur bei direkt einfallendem Licht), transmission (die Farbe der Transmission), gloss (der Glanz-Koeffizient).

Beispiel:

```
Set_Color ("faces = (diffuse=red, specular=white, gloss=8.0)")
```

Anmerkungen:

- Set_Color ("faces = red")
  ist identisch zu
  Set_Color ("faces = (diffuse=red)")
- Alle von Flächen verschiedene Typen haben nur eine diffuse Farbkomponente!
- Es kann auch eine abkürzende Schreibweise in folgender Form benutzt werden:
  Set_Color ("edges=lines=red, text=yellow")

C-Beispiel Die Farbe wird für Flächen auf 'rot' und für Kanten auf 'blau' gesetzt. Der erste Aufruf verwendet Farbnamen, der zweite Punkte im RGB-Raum.

```
HC_Set_Color ("faces = red, edges = blue");
HC_Set_Color ("faces = R=1.0 G=0.0 B=0.0, edges = R=0.0 G=0.0
B=1.0");
```

Set_Color_By_FIndex

Zweck setzt die Farbe für Falschfarbendarstellungen

Aufruf **Set_Color_By_FIndex** (*Typen*, *FIndex*)

Typen	string	Eine Liste der Elemente, deren Farbe gesetzt werden soll - nur **faces** ist sinnvoll
FIndex	float	gebrochener {fractional} Index in der Farbtabelle - der erste Index der Farbtabelle ist Null Werte zwischen -0.5 und 65.535.0 sind zulässig (*FIndex* wird immer modulo [Anzahl der Elemente der Farbtabelle] genommen)

Varianten **QSet_Color_By_FIndex** (*Segment*, *Typen*, *FIndex*)

Segment	string	Liste der zu ändernden Segmente
alle anderen	wie oben	wie oben

Wirkung Den Flächenfarben von Eckpunkten einer Shell oder Mesh werden gebrochene Indizes der für dieses Segment gültigen Farbtabelle zugewiesen. Es hängt dann von den Attributen Farb-Interpolation und Farb-Index-Interpolation ab, in welcher Weise aus diesen Indizes eine Falschfarbendarstellung der betreffenden Fläche erzeugt wird.

C-Beispiel Im folgenden Beispiel werden den vier Eckpunkten einer Shell (= eine rechteckige Fläche) entsprechende gebrochene Indizes einer Farbtabelle zugewiesen, um eine belgische Fahne mit **gleichgroßen** farbigen Bereichen zu erzeugen.

```
long key;
        /* Schlüssel zur Identifikation der Shell */
        /* Erzeugen der Shell und ihres Schlüssels */
HC_Set_Color_Map ("black, yellow, red");
        /* Definition der Farbtabelle */
HC_Set_Rendering_Options ("no color interpolation,color index inter-
polation");
        /* Setzen der notwendigen Darstellungsattribute*/
HC_Open_Geometry (key);
        /* Öffnen der Shell*/
HC_Open_Vertex (0);
        /* Öffnen der einzelnen Eckpunkte */
HC_Set_Color_By_FIndex ("faces",-0.499);
        /*Setzen der        Flächenfarben*/
        /* links jeweils -0.499        */
HC_Close_Vertex ();
HC_Open_Vertex (1);
HC_Set_Color_By_FIndex ("faces",-0.499);
HC_Close_Vertex ();
HC_Open_Vertex (2);
HC_Set_Color_By_FIndex ("faces",2.499);
```

```
        /* rechts jeweils 2.499 */
HC_Close_Vertex ();
HC_Open_Vertex (3);
HC_Set_Color_By_FIndex ("faces",2.499);
HC_Close_Vertex ();
HC_Close_Geometry ();
        /* Schließen der Shell      */
```

Set_Color_By_Index

Zweck setzt die Farbe indirekt über eine Farbtabelle

Aufruf **Set_Color_By_Index** (*Typen*, *Index*)

Typen	string	eine Liste der Elemente, deren Farbe gesetzt werden soll - die einsetzbaren Typen sind bei **Set_Color** angegeben
Index	integer	ein Index in der Farbtabelle - der erste Index ist Null

Varianten **QSet_Color_By_Index** (*Segment*, *Typen*, *Index*)

Segment	string	Liste der zu ändernden Segmente
alle anderen	wie oben	wie oben

Show-Proz. **Show_Color_By_Index** (*Typen*, *Index*) (*)
Show_Net_Color_By_Index (*Typen*, *Index*) (*)
Show_One_Color_By_Index (*Typ*, *Index*)
Show_One_Net_Color_By_Index (*Typ*, *Index*)
QShow_Color_By_Index (*Segment*, *Typen*, *Index*) (*)
QShow_Net_Color_By_Index (*Segment*, *Typen*, *Index*) (*)
QShow_One_Color_By_Index (*Segment*, *Typ*, *Index*)
QShow_One_Net_Color_By_Index (*Segment*, *Typ*, *Farbe*)

Typ	string	ein bestimmtes Element
Segment	string	Name des Segments, dessen Attribut-Wert erfragt werden soll
alle anderen	wie oben	wie oben **(Ref/rück)**

Wirkung Die in *Typen* angegebenen Elemente werden in der Farbe auf dem Bildschirm dargestellt, die über den *Index* aus der für das betreffende Segment gültigen Farbtabelle ermittelt wurde.
Die mit (*) gekennzeichneten Prozeduren können nur aufgerufen werden, wenn lediglich ein einziger Index der Farbtabelle verwendet wurde, d.h. die Farben aller Elemente des betreffenden Segments sind entweder nicht per Index gesetzt oder, falls Farben per Index gesetzt wurden, haben alle betreffenden Elemente den gleichen (Farb-) Index. Dieser Index und die entsprechenden Elemente werden in *Typen* und *Index* zurückgegeben.

C-Beispiel Alle Linien und Kanten des aktuellen Segments sollen in der Farbe dargestellt werden, die an erster Stelle in der Farbtabelle steht.

```
HC_Set_Color_By_Index ("lines, edges", 0);
```

Set_Color_By_Value

Zweck setzt die Farbe eines Elementes als einen Punkt in einem Farbraum

Aufruf **Set_Color_By_Value** (*Typen*, *Farbraum*, a, b, c)

Typen	string	eine Liste der Elemente, deren Farbe gesetzt werden soll - die einsetzbaren Typen sind bei **Set_Color** angegeben
Farbraum	string	der Farbraum, der den Punkt (a, b, c) enthält - eine der folgenden Konstanten ist erlaubt: "HLS", "HSV", "HIC", "RGB"
a, b, c	float	ein Punkt im *Farbraum*

Varianten **QSet_Color_By_Value** (*Segment*, *Typen*, *Farbraum*, a, b, c)

Segment	string	Liste der zu ändernden Segmente
alle anderen	wie oben	wie oben

Show-Proz. **Show_Color_By_Value** (*Typen*, *Farbraum*, a, b, c)
Show_Net_Color_By_Value (*Typen*, *Farbraum*, a, b, c)
Show_One_Color_By_Value (*Typ*, *Farbraum*, a, b, c)
Show_One_Net_Color_By_Value (*Typ*, *Farbraum*, a, b, c)
QShow_Color_By_Value (*Segment*, *Typen*, *Farbraum*, a, b, c)
QShow_Net_Color_By_Value (*Segment*, *Typen*, *Farbraum*, a, b, c)
QShow_One_Color_By_Value (*Segment*, *Typ*, *Farbraum*, a, b, c)
QShow_One_Net_Color_By_Value (*Segment*, *Typ*, *Farbraum*, a, b, c)

Typ	string	ein bestimmtes Element
Segment	string	Name des Segments, dessen Attribut-Wert erfragt werden soll
alle anderen	wie oben	wie oben **(Ref/rück)**

Wirkung Die in *Typen* angegebenen Elemente werden in der Farbe auf dem Bildschirm dargestellt, die sich an dem Punkt (a, b, c) im ausgewählten *Farbraum* befindet. Für b und c müssen Werte im Bereich zwischen Null und Eins angegeben werden. Das gleiche gilt für a, falls der *Farbraum* = RGB. Ansonsten gilt: $a \in [0.0..360.0]$.

C-Beispiel Alle Flächen des (nicht aktuellen) Segments ?Dach sollen kupferfarben dargestellt werden. Dazu wird der entsprechende Punkt aus dem HIC-Raum ausgewählt.

```
QHC_Set_Color_By_Value ("?Dach", "faces", "HIC", 26.0, 0.26, 1.0);
```

Set_Color_Map

Zweck definiert eine neue Farbtabelle

Aufruf **Set_Color_Map** (*Farben*)

Farben	string	eine Liste von Farbnamen bzw. Farb-Varianten

Varianten **Set_Color_Map_By_Value** (*Farbraum, Anzahl, Werte*)
UnSet_Color_Map ()
QSet_Color_Map (*Segment, Farben*)
QSet_Color_Map_By_Value (*Segment, Farbraum, Anzahl, Werte*)
QUnSet_Color_Map (*Segment*)

Segment	string	Liste der zu ändernden Segmente
Farbraum	string	der Farbraum, in dem die Punkte in *Werte* angegeben sind; eine der folgenden Konstanten: "HLS", "HSV", "HIC", "RGB"
Anzahl	integer	Anzahl der Punkte im *Werte*-Array
Werte	point vector	ein Array von Punkten im *Farbraum*
Farben	string	wie oben

Show-Proz. **Show_Color_Map** (*Farben*)
Show_Net_Color_Map (*Farben*)
QShow_Color_Map (*Segment, Farben*)
QShow_Net_Color_Map (*Segment, Farben*)
Show_Color_Map_By_Value (*Farbraum, Anzahl, Werte*)
Show_Net_Color_Map_By_Value (*Farbraum, Anzahl, Werte*)
QShow_Color_Map_By_Value (*Segment, Farbraum, Anzahl, Werte*)
QShow_Net_Color_Map_By_Value (*Segment, Farbraum, Anzahl, Werte*)
Show_One_Color_Map (*Index, Farbe*)
Show_One_Net_Color_Map (*Index, Farbe*)
QShow_One_Color_Map (*Segment, Index, Farbe*)
QShow_One_Net_Color_Map (*Segment, Index, Farbe*)
Show_One_Color_Map_By_Value (*Index, Farbraum*, a, b, c)
Show_One_Net_Color_Map_By_Value (*Index, Farbraum*, a, b, c)
QShow_One_Color_Map_By_Value (*Segment, Index, Farbraum*, a, b, c)
QShow_One_Net_Color_Map_By_Value(*Segment, Index, Farbraum*, a, b, c)

Index	integer	die zu erfragende Position in der Farbtabelle (s. **Modify_Color_Map**)
Farbe	string	die Farbe an der Position *Index* in der Farbtabelle **(Ref/rück)**
a, b, c	float	ein Punkt im *Farbraum* an der Position *Index* **(Ref/rück)** (s. **Modify_Color_Map**)
Segment	string	Name des Segments, dessen Attribut-Wert erfragt werden soll

alle anderen wie oben wie oben **(Ref/rück)**

Wirkung Es wird eine Farbtabelle definiert, und zwar entweder durch Angabe von Farbnamen (bzw. Farbvarianten) oder durch Angabe von Punkten in einem *Farbraum*.

C-Beispiel Es wird eine Farbtabelle definiert mit den Einträgen 'rot', 'schwarz' und 'blau'. Der erste Aufruf verwendet Farbnamen, der zweite Punkte im RGB-Raum.

```
typedef struct {float x, y, z;} Point;
Point colors [3];
colors [0].x = 1.0; colors [0].y = 0.0; colors [0].z = 0.0;
colors [1].x = 0.0; colors [1].y = 0.0; colors [1].z = 0.0;
colors [2].x = 0.0; colors [2].y = 0.0; colors [2].z = 1.0;
HC_Set_Color_Map ("red, black, blue");
HC_Set_Color_Map_By_Value ("RGB", 3, colors);
```

Set_Driver

Zweck stellt die Verknüpfung zwischen einem Segment und einem Gerätetreiber her

Aufruf **Set_Driver** (*Aktion*)
Aktion Zeiger auf eine Routine Adresse der neuen Aktionsroutine

Varianten **QSet_Driver** (*Segment, Aktion*)
UnSet_Driver ()
QUnSet_Driver (*Segment*)
Segment string Liste der zu ändernden Segmente
Aktion Zeiger auf eine Routine wie oben

Show-Proz. **Show_Driver** (*Aktion*)
Show_Net_Driver (*Aktion*)
QShow_Driver (*Segment, Aktion*)
QShow_Net_Driver (*Segment, Aktion*)
Segment string Name des Segments, dessen Attribut-Wert erfragt werden soll
Aktion Zeiger auf eine Routine wie oben **(Ref/rück)**

Wirkung Diese Prozedur stellt eine Verknüpfung zu einem Gerätetreiber her und ermöglicht so die Verbindung der Datenbasis zu den angeschlossenen Geräten. Sie sollte normalerweise niemals vom Anwendungsprogrammierer aufgerufen werden, sondern nur bei der Systeminitialisierung.
Driver-Attribute werden beim Gestalten eines Segments nicht berücksichtigt!

Set_Driver_Options

Zweck legt geräteabhängige Optionen für bestimmte Ausgabe-Geräte fest

Aufruf **Set_Driver_Options** (*Liste*)

Liste	string	eine Liste der gewünschten Optionen

Varianten **QSet_Driver_Options** (*Segment, Liste*)
UnSet_Driver_Options ()
UnSet_One_Driver_Option (*welche*)
QUnSet_Driver_Options (*Segment*)
QUnSet_One_Driver_Option (*Segment, welche*)

Segment	string	Liste der zu ändernden Segmente
welche	string	eine bestimmte Option
Liste	string	wie oben

Show-Proz. **Show_Driver_Options** (*Liste*)
Show_Net_Driver_Options (*Liste*)
Show_One_Driver_Option (*Typ, Wert*)
Show_One_Net_Driver_Option (*Typ, Wert*)
QShow_Driver_Options (*Segment, Liste*)
QShow_Net_Driver_Options (*Segment, Liste*)
QShow_One_Driver_Option (*Segment, Typ, Wert*)
QShow_One_Net_Driver_Option (*Segment, Typ, Wert*)

Typ	string	eine bestimmte Driver-Option
Wert	string	Wert der Option *Typ* **(Ref/rück)**
Segment	string	Name des Segments, dessen Attribut-Wert erfragt werden soll
Liste	string	wie oben **(Ref/rück)**

Wirkung Mit Hilfe dieser Prozedur werden bestimmte Optionen für das mit dem betreffenden Segment verknüpften Ausgabe-Gerät festgelegt, und zwar in Form eines Attributs. Vom Gerätetreiber werden dabei nur die für das Gerät in Frage kommenden Optionen berücksichtigt. In Segmenten, die nicht mit einem Ausgabe-Gerät verknüpft sind, haben die Attribute keine Wirkung. In *Liste* können ein oder mehrere Optionen gesetzt ('option') oder gelöscht ('no option') werden; teilweise sind auch nähere Angaben möglich oder erforderlich ('option = suboption, ...').

Die folgenden Optionen sind in jedem Fall zulässig:

[no] backing store

Läuft HOOPS unter einem Window-System, so bedeutet backing store, daß dieses System Zusatzspeicher für das HOOPS-Window aktivieren soll. Einige Betriebssysteme erlauben dies nur für 2D-Treiber (z.B. X11) oder nur für Treiber, die nicht von der Hardware unterstützt werden (z.B. Starbase).

[no] border

Läuft HOOPS unter einem Window-System, so bedeutet border, daß dieses System seinen Standard-Rahmen um das äußerste HOOPS-Window legen soll.

[no] color consolidation [=ddd / fff %]

Mit dieser Option wird die Abbildung der im Programm angegebenen Farben auf die tatsächlich auszugebenden Farben gesteuert. In einem HOOPS-Programm werden Farben immer als Punkte in einem der (dreidimensionalen) Farbräume angegeben. Die Angabe von ddd bedeutet nun, daß der gesamte Bereich jeder Farbdimension in ddd gleich große Teile geteilt wird und alle Farbkoordinaten eines Bereichs auf einen Punkt zusammengezogen werden. Ist beispielsweise ddd=2 und sind die Farben im RGB-Raum definiert, so werden alle R-, B- und G-Koordinaten im Bereich zwischen 0.0 und 0.5 auf 0.0 abgebildet und alle Koordinaten zwischen 0.5 und 1.0 auf 1.0: die Farbe Gold [0.68, 0.37, 0.0] wird auf Rot [1.0, 0.0, 0.0] abgebildet. Es gibt also je Koordinate nur zwei Werte, so daß insgesamt lediglich acht verschiedene Farben dargestellt werden. Ist ddd=3, so werden alle Koordinaten auf 0.0, 0.5 oder 1.0 abgebildet. Daraus ergeben sich 27 Farben. Alternativ kann die Größe jedes einzelnen Farbkoordinatenbereichs auch in fff % angegeben werden. ddd=2 entspricht beispielsweise 50%. Per Voreinstellung (1.5625%) können je Koordinate 64 verschiedene Werte gebildet werden (64*1.5625% = 100%).

[no] control area

Läuft HOOPS unter einem Window-System, so bedeutet control area, daß dieses System seine Standard-Interaktions-"Knöpfe" um das äußerste HOOPS-Window legen soll.

debug = ddd

Diese Option hat für jedes Gerät eine spezielle Bedeutung, die in den jeweiligen Installationsanweisungen nachzulesen ist. Beispielsweise kann bei Benutzung des MetaWindow-Treibers unter MS-DOS über die debug- und write mask-Option das Aussehen des Maus-Cursors festgelegt werden.

[no] disable input [= all]

disable input sagt dem Treiber, keine Eingaben vom Betriebssystem anzufordern. Ist no disable input gesetzt, so kann die Anwendung direkte Aufrufe an das Betriebssystem bzw. an das Window-System, unter dem sie läuft, senden. Ist no disable input = all gesetzt, so ignoriert HOOPS alle Eingaben des Betriebssystems. Das hat beispielsweise zur Folge, daß eine Szene nicht automatisch neu gezeichnet wird, falls die Größe des betreffenden Fenster verändert wurde, sondern dies kann allein durch die betreffende Anwendung, mit Hilfe der Prozedur **Control_Update**, erfolgen.

[no] double-buffering

double-buffering sagt dem System, daß es zusätzlichen (Graphik-) Speicher verwenden soll - falls dieser vorhanden ist -, um zeitaufwendige Darstellungen durchzuführen. Nach Beendigung der Berechnungen wird der Teil des Speicherbereichs mit dem sichtbaren Graphik-Speicherbereich ausgetauscht. Auf diese Weise läßt sich z.B. das Bildschirmflackern wesentlich reduzieren, jedoch wird dadurch auch manchmal die Anzahl der darstellbaren Farben reduziert.

Diese Option sollte bei Anwendung des Ray-Tracing-Verfahrens mit HOOPS A.I.R. (Abschn. 14.1) gelöscht werden!

[no] first color [=ddd]

Falls das Gerät ein Farbbildschirm ist, wird HOOPS davon abgehalten, die Einträge in der Hardware-Farbtabelle vor ddd zu benutzen, falls diese Farben beispielsweise von einem anderen Prozeß verwendet werden. Bei der Angabe von no first color kann HOOPS sich die Farben frei aussuchen.

[no] fixed colors [=ddd/('red','green','blue')]

Hiermit kann festgelegt werden, wieviel und welche Farben für das "Dithering" bei beleuchteten Szenen und RGB-Images verwendet werden sollen. Detaillierte Informationen sind in der Original-Prozedur-Referenz zu finden.

[no] force black-and-white

Das Setzen dieser Option bewirkt, daß Farbbilder auch auf Schwarz-Weiß-Ausgabegeräten erkennbar dargestellt werden. Detaillierte Informationen sind in der Original-Prozedur-Referenz zu finden.

[no] gamma correction

Das Setzen dieser Option bewirkt, daß eine Korrektur der Farben durchgeführt wird mit dem Ziel, die unterschiedliche Helligkeit der auf dem Bildschirm dargestellten Farben auszugleichen. Detaillierte Informationen sind in der Original-Prozedur-Referenz zu finden.

[no] landscape orientation

Das Setzen dieser Option bewirkt, daß das Bild bei der Ausgabe um 90° gedreht wird, was z.B. bei Plottern und Laserdruckern sinnvoll ist, deren (Papier-) Länge meist größer ist als die Breite.

[no] light scaling [=fff]

Bei der Darstellung beleuchteter Szenen wird die Gesamthelligkeit der Szene anhand der Anzahl der Lichtquellen skaliert, um ein zu helles Bild zu vermeiden. Das Setzen dieser Option bewirkt, daß ein fester Skalierungsfaktor - fff - für beleuchtete Szenen angegeben wird. Es kann beispielsweise sinnvoll sein, den Faktor auf 2.0 zu setzen, wenn eine Szene zwar mehr als drei Lichtquellen enthält, diese aber so verteilt sind, daß keine Seite eines beleuchteten Objekts von allen dreien beleuchtet wird.

locater transform = (A, B, C, D, E, F)

Diese Option hat für jedes Gerät eine spezielle Bedeutung, die in den jeweiligen Installationsanweisungen nachzulesen ist.

[no] number of colors [=ddd]

Falls das Gerät ein Farbbildschirm ist, wird HOOPS davon abgehalten, mehr als die angegebene Anzahl von Farben - ddd - zu verwenden, falls diese Farben beispielsweise von einem anderen Prozeß verwendet werden. Falls first color nicht spezifiziert bzw. gelöscht ist, versucht HOOPS die schon von anderen Prozessen belegten Farben vom Betriebssytem zu erfragen.

pen speed [=fff]

Für fff kann ein Wert zwischen 0.0 und 1.0 angegeben werden. Es wird damit die tatsächliche Geschwindigkeit des Stiftes eines Plotters im Verhältnis zu dessen Maximalgeschwindigkeit festgelegt.

[no] physical size [=('width', 'height')]

Mit 'width' und 'height' kann die Breite und Höhe des Bildschirms in Zentimetern angegeben werden, um z.B. Kreise rund erscheinen zu lassen, falls ein anderer Bildschirm angeschlossen wird. no physical size sagt HOOPS, die internen Werte des jeweiligen Treibers zu verwenden.

[no] selection proximity [=fff]

Hiermit kann die maximale Entfernung des Zeigegerät-Cursors in Zentimetern angegeben werden, in der ein Objekt gerade noch ausgewählt werden kann. Bei der Angabe von no selection proximity wird der gesamte Bildschirmbereich getestet.

[no] special events

Bei gesetzter Option kann der jeweilige Treiber spezielle Ereignisse generieren und in die Warteschlange bringen. Es gibt jedoch zur Zeit (noch) keine standardisierten speziellen Ereignisse.

[no] subscreen [=(fff, fff, fff, fff)]

Für fff kann jeweils ein Wert zwischen -1.0 und 1.0 angegeben werden. Es wird damit ein Window innerhalb des äußersten HOOPS-Windows erzeugt, auf das die Ausgabe von HOOPS beschränkt wird.

[no] subscreen moving

Falls HOOPS unter einem Window-System läuft, verhindert das Setzen von no subscreen moving, daß das äußerste HOOPS-Window auf dem Bildschirm verschoben werden kann.

[no] subscreen resizing

Falls HOOPS unter einem Window-System läuft, verhindert das Setzen von no subscreen resizing, daß die Größe des äußersten HOOPS-Windows geändert werden kann (vgl. auch nächste Option).

[no] subscreen stretching

Falls HOOPS unter einem Window-System läuft, verhindert das Setzen von no subscreen stretching, daß das Höhen-Breiten-Verhältnis des äußersten HOOPS-Windows geändert werden kann (nur sinnvoll, falls subscreen resizing gesetzt ist).

[no] title ['name']

Läuft HOOPS unter einem Window-System, so kann dieses System hiermit veranlaßt werden, einen Titel an das äußerste HOOPS-Window zu legen. Per Voreinstellung wird dieser Titel der application-System-Option entnommen.

[no] update interrupts

Bei gesetztem update interrupts kann das Updaten des Bildschirms durch ein eintretendes Ereignis - z.B. Mausklick - unterbrochen werden, so daß die Kontrolle an den Anwender zurückgeht und der Bildschirm erst beim nächsten Update aktualisiert wird. no update interrupts verhindert eine solche Unterbrechung.

Anmerkung: Es sind nur solche Prozeduren unterbrechbar, die ein indirektes Updaten erzeugen (z.B. **Pause**). Ein expliziter Aufruf von **Update_Display** kann nie unterbrochen werden.

[no] use colormap ID [=ddd]

Läuft HOOPS unter einem Window-System, so kann diese Option in Verbindung mit use window ID dazu benutzt werden, daß sich HOOPS-Windows Farbtabellen mit bereits vorhandenen Windows teilen.

[no] use window ID [=ddd]

Läuft HOOPS unter einem Window-System, so kann hiermit eine (dezimale) Kodierung eines der Windows dieses Systems angegeben werden, in dem HOOPS laufen soll. Die Angabe von no use window ID bewirkt, daß HOOPS sein eigenes Window erzeugt.

write mask =ddd

Diese Option hat für jedes Gerät eine spezielle Bedeutung, die in den jeweiligen Installationsanweisungen nachzulesen ist. Beispielsweise kann bei Benutzung des MetaWindow-Treibers unter MS-DOS über die debug- und write mask-Option das Aussehen des Maus-Cursors festgelegt werden.

Über diese hier beschriebenen Optionen hinaus enthalten die Dokumentationen einzelner Gerätetreiber weitere sehr spezielle Optionen, die (evtl. nur) bei diesem speziellen Gerät gesetzt werden können.

Anmerkungen:

Da Driver-Optionen nur auf Segmente wirken, die mit einem Gerät verknüpft sind, muß diese Option auch in einem solchen Segment - z.B. ?Picture - gesetzt werden, um in dem gewünschten Segment eine Wirkung zu erzielen! Das ist beispielsweise bei der Option light scaling zu beachten. Driver-Optionen werden nicht in einer HOOPS-Metadatei abgespeichert!

C-Beispiel Das System sei mit einem Schwarz-Weiß-Bildschirm verbunden. Damit nun auch farbige Bilder **erkennbar** dargestellt werden, wird eine entsprechende Option im Segment ?Picture gesetzt, die beispielsweise bewirkt, daß Kanten immer in einer anderen Farbe dargestellt werden als Flächen, egal welche Farben ihnen zugewiesen wurden.

```
HC_QSet_Driver_Options ("?Picture", "force black-and-white");
```

Set_Edge_Pattern

Zweck legt das Muster von Kanten fest

Aufruf **Set_Edge_Pattern** (*Muster*)

Muster	string	das neue Kantenmuster - eine der unten aufgeführten Konstanten

Varianten **QSet_Edge_Pattern** (*Segment, Muster*)
UnSet_Edge_Pattern ()
QUnSet_Edge_Pattern (*Segment*)

Segment	string	Liste der zu ändernden Segmente
Muster	string	wie oben

Show-Proz. **Show_Edge_Pattern** (*Muster*)
Show_Net_Edge_Pattern (*Muster*)
QShow_Edge_Pattern (*Segment, Muster*)
QShow_Net_Edge_Pattern (*Segment, Muster*)

Segment	string	Name des Segments, dessen Attribut-Wert erfragt werden soll
Muster	string	wie oben **(Ref/rück)**

Wirkung Es wird das Muster festgelegt, mit dem alle Kanten des betreffenden Segments dargestellt werden.
Folgende Muster sind möglich:

"-"	eine durchgezogene Linie
"- -"	eine einfache gestrichelte Linie
"...."	eine gepunktete Linie
"-.-."	Striche und Punkte wechseln sich ab
"-..-.."	Striche und zwei Punkte wechseln sich ab
"-..."	Striche und drei Punkte wechseln sich ab
"--"	lange Linie aus langen Strichen
"center"	sehr lange Striche und kurze Striche wechseln sich ab
"phantom"	sehr lange Striche und zwei kurze Striche wechseln sich ab

C-Beispiel Die Kanten des aktuellen Segments sollen gepunktet dargestellt werden.

```
HC_Set_Edge_Pattern ("....");
```

Set_Edge_Weight

Zweck legt die Stärke von Kanten fest

Aufruf **Set_Edge_Weight** (*Stärke*)

Stärke	float	der Faktor, um den eine Kante dünner oder dicker dargestellt wird als eine Kante der Stärke 1.0

Varianten **QSet_Edge_Weight** (*Segment, Stärke*)
UnSet_Edge_Weight ()
QUnSet_Edge_Weight (*Segment*)

Segment	string	Liste der zu ändernden Segmente
Stärke	float	wie oben

Show-Proz. **Show_Edge_Weight** (*Stärke*)
Show_Net_Edge_Weight (*Stärke*)
QShow_Edge_Weight (*Segment, Stärke*)
QShow_Net_Edge_Weight (*Segment, Stärke*)

Segment	string	Name des Segments, dessen Attribut-Wert erfragt werden soll
Stärke	float	wie oben **(Ref/rück)**

Wirkung Die Kanten in dem betreffenden Segment werden um den Faktor *Stärke* dünner oder dicker dargestellt als eine Kante der Stärke 1.0. Eine Kante der Stärke 1.0 wird in einer Stärke von 0.1% der Bildschirmgröße dargestellt, was - außer bei Geräten mit sehr hoher Auflösung - einer Breite von einem Pixel entspricht.

C-Beispiel Die Kanten im aktuellen Segment sollen viermal so breit wie "normale" Kanten dargestellt werden.

```
HC_Set_Edge_Weight (4.0);
```

Set_Face_Pattern

Zweck legt das Muster von Flächen fest

Aufruf **Set_Face_Pattern** (*Muster*)

Muster	string	das neue Flächenmuster - eine der unten aufgeführten Konstanten

Varianten **QSet_Face_Pattern** (*Segment, Muster*)
UnSet_Face_Pattern ()
QUnSet_Face_Pattern (*Segment*)

Segment	string	Liste der zu ändernden Segmente
Muster	string	wie oben

Show-Proz. **Show_Face_Pattern** (*Muster*)
Show_Net_Face_Pattern (*Muster*)
QShow_Face_Pattern (*Segment, Muster*)
QShow_Net_Face_Pattern (*Segment, Muster*)

Segment	string	Name des Segments, dessen Attribut-Wert erfragt werden soll
Muster	string	wie oben **(Ref/rück)**

Wirkung Es wird das Flächenmuster festgelegt, mit dem alle Flächen des betreffenden Segments dargestellt werden. Das Muster wird in der Farbe face contrast (s. **Set_Color**) dargestellt.

Folgende Muster sind möglich:

"solid"	kein Muster
"||"	vertikale Linien
"=="	horizontale Linien
"##"	"||" und "==" zusammen
"//"	parallele Linien von links unten nach rechts oben
"\\\\"	parallele Linien von links oben nach rechts unten
"<><>"	"//" und "\\\\" zusammen
"::"	gepunktet (die Punkte bilden horizontale und vertikale Linien)
"[] []"	nicht ausgefüllte Quadrate (die Quadrate bilden horizontale und vertikale Linien)

Die Größe (Abstand der Linien etc.) und das Aussehen des Musters bei schräger Draufsicht ist vom jeweiligen Bildschirm abhängig.

C-Beispiel Alle Flächen des betreffenden Segments sollen eine horizontale Schraffur erhalten.

```
HC_Set_Face_Pattern ("==");
```

Set_Handedness

Zweck setzt die Händigkeit des Objektkoordinatensystems

Aufruf **Set_Handedness** (*Händigkeit*)

Händigkeit	string	die Händigkeit des Objektkoordinatensystems - entweder "left" oder "right"

Varianten **QSet_Handedness** (*Segment, Händigkeit*)
UnSet_Handedness ()
QUnSet_Handedness (*Segment*)

Segment	string	Liste der zu ändernden Segmente
Händigkeit	string	wie oben

Show-Proz. **Show_Handedness** (*Händigkeit*)
Show_Net_Handedness (*Händigkeit*)

QShow_Handedness (*Segment*, *Händigkeit*)
QShow_Net_Handedness (*Segment*, *Händigkeit*)

Segment	string	Name des Segments, dessen Attribut-Wert erfragt werden soll
Händigkeit	string	wie oben **(Ref/rück)**

Wirkung Es wird die Händigkeit des Objektkoordinatensystems festgelegt. Per Voreinstellung ist das Koordinatensystem linkshändig. Das bedeutet, wenn man die Finger der geöffneten linken Hand von der positiven x-Achse auf die positive y-Achse dreht, so zeigt der Daumen in Richtung der positiven z-Achse. Nimmt man dazu die rechte Hand, so ist das Koordinatensystem rechtshändig.

Das Ändern der Händigkeit vertauscht auch den Sinn von links und rechts bei **Dolly_Camera**, **Orbit_Camera**, **Pan_Camera** und bei der Polygonhändigkeit (s. **Set_Heuristic**) bzw. die Drehrichtungen (im oder gegen den Uhrzeigersinn) bei **Rotate_Object** und **Rotate_Object_Offaxis**.

C-Beispiel Es wird ein rechtshändiges Objektkoordinatensystem gewählt.

```
HC_Set_Handedness ("right");
```

Set_Heuristics

Zweck gibt dem System Informationen, die zur Auswahl schnellerer Algorithmen führen können

Aufruf **Set_Heuristics** (*Liste*)

Liste	string	eine Liste von Informationen (s.u.)

Varianten **QSet_Heuristics** (*Segment*, *Liste*)
UnSet_Heuristics ()
UnSet_One_Heuristic (*welche*)
QUnSet_Heuristics (*Segment*)
QUnSet_One_Heuristic (*Segment*, *welche*)

Segment	string	Liste der zu ändernden Segmente
welche	string	eine bestimmte Information
Liste	string	eine Liste von Informationen (s.u.)

Show-Proz. **Show_Heuristics** (*Liste*)
Show_Net_Heuristics (*Liste*)
Show_One_Heuristic (*Typ*, *Wert*)
Show_One_Net_Heuristic (*Typ*, *Wert*)
QShow_Heuristics (*Segment*, *Liste*)
QShow_Net_Heuristics (*Segment*, *Liste*)
QShow_One_Heuristic (*Segment*, *Typ*, *Wert*)
QShow_One_Net_Heuristic (*Segment*, *Typ*, *Wert*)

Typ	string	eine bestimmte Heuristik-Option
Wert	string	Wert der Option *Typ* **(Ref/rück)**
Segment	string	Name des Segments, dessen Attribut-Wert erfragt werden soll
alle anderen	wie oben	wie oben **(Ref/rück)**

Wirkung Es werden dem System ein oder mehrere Informationen - in Form von Attributen - gegeben, die zu einer schnelleren Programmausführung führen können. Das System muß jedoch nicht in jedem Fall Gebrauch von diesen Informationen machen!

Die einzelnen Angaben können bejaht ('option') oder verneint ('no option') werden; teilweise sind auch nähere Details erforderlich ('option = value').

Folgende Angaben sind möglich:

[no] backplane cull

backplane cull sagt dem System, daß es beim Bildaufbau alle Flächen ignorieren kann, deren "Außenseite" (s.u. polygon handedness) von der Kamera wegzeigt. Dadurch kann z.B. ein geschlossenes Polyeder schneller dargestellt werden.

[no] clipping

no clipping garantiert, daß alle geometrischen Elemente in ihrem zugehörigen Window vollständig sichtbar sind und daß sich nichts hinter einer perspektivischen Kamera befindet.

[no] concave polygons

Ist no concave polygons gesetzt, so wird zugesagt, daß alle Polygone sowie alle Shell- und Mesh-Flächen des betreffenden Segments konvex sind.

[no] hidden surfaces

no hidden surfaces teilt dem System mit, daß es nicht notwendig ist herauszufinden, welche Teile einer Szene andere Teile verdecken. Das kann beispielsweise dann der Fall sein, wenn man nur in zwei Dimensionen arbeitet (z.B. wenn sämtliche z-Koordinaten Null sind).

Falls hidden surfaces gesetzt ist, besteht die Möglichkeit, mittels **Set_Rendering_Options** einen von mehreren möglichen Algorithmen "zur Entfernung verdeckter Flächen" (hsr-algorithm) auszuwählen.

[no] incremental updates

incremental updates sagt dem System, daß es versuchen soll, eine Szene auf dem Bildschirm anzupassen, anstatt das gesamte Bild zu löschen und neu aufzubauen.

[no] intersecting polygons

no intersecting polygons sagt dem System, daß es nicht zu prüfen braucht, ob sich irgendwelche geometrischen Elemente gegenseitig durchdringen.

[no] memory purge

Ein gesetztes memory purge teilt dem System mit, daß sämtliche Geometrie nur einmal gezeichnet und dann nie wieder benötigt wird, so daß das System den von der Geometrie belegten Speicherplatz automatisch wieder freigeben kann.

[no] polygon handedness [= left / right]

Damit ein gesetztes backplane cull (s.o.) sinnvoll ist, müssen Polygone, Shell- und Mesh-Flächen des betreffenden Segments eine Außen- und eine Innenseite haben. Wenn man die Innenfläche der rechten Hand um ein Polygon herumdreht, und zwar in Richtung der Finger von Punkt zu Punkt in der Reihenfolge, in der die Punkte definiert wurden, so zeigt der Daumen aus der Außenseite heraus, falls das Polygon rechtshändig ist, andernfalls aus der Innenseite.

Falls ein geschlossenes Polyeder durch eine Shell repräsentiert wird, braucht polygon handedness nicht gesetzt zu werden: das System berechnet die Außenseiten in diesem Fall automatisch.

[no] quick moves

quick moves sagt dem System, daß sich der Inhalt des betreffenden Segments oft und schnell ändert, so daß es sich lohnt, den Bildschirm zu aktualisieren, ohne jeweils den gesamten Inhalt des zugehörigen Windows neu zu zeichnen. Falls die darunter liegende Szene komplex und der Inhalt des 'quick moves'-Segments einfach ist, können Änderungen schnell durchgeführt werden: auf diese Weise kann z.B. eine Linie wie ein Gummiband gedehnt und gezogen werden. Wenn jedoch der Inhalt des 'quick moves'-Segments komplex wird, verlangsamt sich der Bildaufbau, da ja bei jedem "Update" das gesamte 'quick moves'-Segment neu gezeichnet wird. In jedem Fall erhöht sich aber der benötigte Speicherplatz durch das Setzen von quick moves.

Auf vielen Systemen werden 'quick moves' durch einen "xor-Zeichenmodus" implementiert. Das führt dazu, daß die sichtbaren Farben der 'quick moves'-Geometrie nicht mehr den gesetzten Farben entsprechen. Manchmal kann es sogar vorkommen, daß die Farben nicht mehr vom Hintergrund zu unterscheiden sind. Um in solchen Fällen trotzdem noch etwas zu sehen, kann man ein zweites 'quick moves'-Segment mit identischem Inhalt, aber anderen Farben ein klein wenig versetzt über das erste legen.

Segmente, die Images oder schattierte Darstellungen enthalten, können nicht auf quick moves gesetzt werden.

[no] related selection limit = ddd

Hiermit wird die Anzahl der geometrischen Elemente festgelegt, die bei einem Auswahl-Ereignis zusätzlich zu dem einen ausgewählten Element gespeichert werden, um später mit **Find_Related_Selection** abgefragt zu werden.

[no] transformations

no transformations garantiert, daß die Objektkoordinaten exakt mit den Bildschirmkoordinaten übereinstimmen. Bildschirmkoordinaten beginnen links unten auf dem Bildschirm und erstrecken sich nach rechts und oben mit jeweils einer Einheit von Pixel zu Pixel.

[no] partial erase

Diese Option ist in den Original-Handbüchern nicht dokumentiert!

C-Beispiel Es wird dem System mitgeteilt, daß alle Polygone sowie alle Shell- und Mesh-Flächen konvex sind. Außerdem sollen bei einem Auswahl-Ereignis keine zusätzlichen Elemente gespeichert werden, da das Programm diese nicht benötigt und auf diese Weise Speicherplatz gespart werden kann. Da beide Angaben für alle Segmente gelten sollen, werden die Attribute im Wurzelsegment gesetzt.

```
HC_QSet_Heuristics ("?Home", "no concave polygons, no related
selection limit");
```

Set_Line_Pattern

Zweck legt das Muster von Linien fest

Aufruf **Set_Line_Pattern** (*Muster*)

Muster	string	das neue Linienmuster - eine der unten aufgelisteten Konstanten

Varianten **QSet_Line_Pattern** (*Segment, Muster*)
UnSet_Line_Pattern ()
QUnSet_Line_Pattern (*Segment*)

Segment	string	Liste der zu ändernden Segmente
Muster	string	wie oben

Show-Proz. **Show_Line_Pattern** (*Muster*)
Show_Net_Line_Pattern (*Muster*)
QShow_Line_Pattern (*Segment, Muster*)
QShow_Net_Line_Pattern (*Segment, Muster*)

Segment	string	Name des Segments, dessen Attribut-Wert erfragt werden soll
Muster	string	wie oben **(Ref/rück)**

Wirkung Es wird das Muster festgelegt, mit dem alle Linien des betreffenden Segments dargestellt werden.

Folgende Muster sind möglich:

"-"	eine durchgezogene Linie
"- -"	eine gestrichelte Linie (kurze Striche)
"...."	eine gepunktete Linie
"-.-."	Striche und Punkte wechseln sich ab
"-..-.."	Striche und zwei Punkte wechseln sich ab
"-..."	Striche und drei Punkte wechseln sich ab

"-- --"	eine gestrichelte Linie (lange Striche)
"center"	sehr lange Striche und kurze Striche wechseln sich ab
"phantom"	sehr lange Striche und zwei kurze Striche wechseln sich ab

C-Beispiel Die Linien des aktuellen Segments sollen gepunktet dargestellt werden.

```
HC_Set_Line_Pattern ("....");
```

Set_Line_Weight

Zweck legt die Stärke von Linien fest

Aufruf **Set_Line_Weight** (*Stärke*)

Stärke	float	der Faktor, um den eine Linie dünner oder dicker dargestellt wird als eine Linie der Stärke 1.0

Varianten **QSet_Line_Weight** (*Segment*, *Stärke*)
UnSet_Line_Weight ()
QUnSet_Line_Weight (*Segment*)

Segment	string	Liste der zu ändernden Segmente
Stärke	float	wie oben

Show-Proz. **Show_Line_Weight** (*Stärke*)
Show_Net_Line_Weight (*Stärke*)
QShow_Line_Weight (*Segment*, *Stärke*)
QShow_Net_Line_Weight (*Segment*, *Stärke*)

Segment	string	Name des Segments, dessen Attribut-Wert erfragt werden soll
Stärke	float	wie oben **(Ref/rück)**

Wirkung Die Linien in dem betreffenden Segment werden um den Faktor *Stärke* dünner oder dicker dargestellt als eine Linie der Stärke 1.0. Eine Linie der Stärke 1.0 wird in einer Stärke von (0.001 * Bildschirmgröße) dargestellt, was - außer bei Geräten mit sehr hoher Auflösung - einer Breite von einem Pixel entspricht.

C-Beispiel Die Linien im aktuellen Segment sollen viermal so breit wie "normale" Linien dargestellt werden.

```
HC_Set_Line_Weight (4.0);
```

Set_Marker_Size

Zweck legt die Größe von Marker-Symbolen fest

Aufruf **Set_Marker_Size** (*Größe*)

Größe	float	der Faktor, um den ein Marker größer oder kleiner als ein Marker der Größe 1.0 dargestellt wird

Varianten **QSet_Marker_Size** (*Segment*, *Größe*)
UnSet_Marker_Size ()
QUnSet_Marker_Size (*Segment*)

Segment	string	Liste der zu ändernden Segmente
Größe	float	wie oben

Show-Proz. **Show_Marker_Size** (*Größe*)
Show_Net_Marker_Size (*Größe*)
QShow_Marker_Size (*Segment*, *Größe*)
QShow_Net_Marker_Size (*Segment*, *Größe*)

Segment	string	Name des Segments, dessen Attribut-Wert erfragt werden soll
Größe	float	wie oben **(Ref/rück)**

Wirkung Die Marker in dem betreffenden Segment werden um den Faktor *Größe* größer oder kleiner dargestellt als ein Marker der Größe 1.0. Eine Marker der Größe 1.0 wird in einer Größe von (0.03 * Bildschirmgröße) dargestellt.

C-Beispiel Die Marker im aktuellen Segment sollen halb so groß wie "normale" Marker dargestellt werden.

```
HC_Set_Marker_Size (0.5);
```

Set_Marker_Symbol

Zweck legt das Aussehen von Markern fest

Aufruf **Set_Marker_Symbol** (*Symbol*)

Symbol	string	das Symbol, das an der Stelle des Bildschirms erscheint, an dem sich ein Marker befindet - eine der unten aufgeführten Konstanten

Varianten **QSet_Marker_Symbol** (*Segment*, *Symbol*)
UnSet_Marker_Symbol ()
QUnSet_Marker_Symbol (*Segment*)

Segment	string	Liste der zu ändernden Segmente
Symbol	string	wie oben

Show-Proz. **Show_Marker_Symbol** (*Symbol*)
Show_Net_Marker_Symbol (*Symbol*)
QShow_Marker_Symbol (*Segment*, *Symbol*)
QShow_Net_Marker_Symbol (*Segment*, *Symbol*)

Segment	string	Name des Segments, dessen Attribut-Wert erfragt werden soll

Symbol string wie oben **(Ref/rück)**

Wirkung Die Marker in dem betreffenden Segment werden durch das Zeichen *Symbol* auf dem Bildschirm repräsentiert.

Folgende Symbole sind verfügbar:

"*" ein Stern
"X" ein 'x'-Zeichen
"+" ein '+'-Zeichen
"." ein Punkt
"()" oder "0" ein leerer Kreis
"(*)" oder "@" ein gefüllter Kreis
"(.)" ein leerer Kreis mit einem Punkt in der Mitte
"(+)" ein leerer Kreis mit einem '+' in der Mitte
"(x)" ein leerer Kreis mit einem 'x' in der Mitte
"(())" oder "(0)" ein leerer Kreis mit einem anderen Kreis darin
"[]" ein leeres Quadrat
"[*]" ein gefülltes Quadrat
"[.]" ein leeres Quadrat mit einem Punkt in der Mitte
"[x]" ein leeres Quadrat mit einem 'x' in der Mitte
"<>" ein leerer Rhombus
"<*>" ein gefüllter Rhombus
"<.>" ein leerer Rhombus mit einem Punkt in der Mitte
"<+>" ein leerer Rhombus mit einem '+' in der Mitte
"/\" ein leeres, nach oben zeigendes Dreieck
"/*\" ein gefülltes, nach oben zeigendes Dreieck
"/.\" ein leeres Dreieck mit einem Punkt in der Mitte
"|>" ein leeres, nach rechts zeigendes Dreieck
"|*>" ein gefülltes, nach rechts zeigendes Dreieck
"|.>" ein leeres Dreieck mit einem Punkt in der Mitte
"<|" ein leeres, nach links zeigendes Dreieck
"<*|" ein gefülltes, nach links zeigendes Dreieck
"<.|" ein leeres Dreieck mit einem Punkt in der Mitte
"\/" ein leeres, auf der Spitze stehendes Dreieck
"*/" ein gefülltes, auf der Spitze stehendes Dreieck
"\./" ein leeres Dreieck mit einem Punkt in der Mitte
"#" ein Doppelkreuz
"++" ein leeres Plus-Zeichen
"/ \" ein leeres, nach oben zeigendes Dreieck ohne Grundlinie
"/_\" ein schmales, leeres, nach oben zeigendes Dreieck
"/__\" ein breites, leeres, nach oben zeigendes Dreieck
"/_^_\" zwei leere, gleichgroße, nach oben zeigende Dreiecke übereinander
"|" eine senkrechte Linie
"/" eine schräge Linie von links unten nach rechts oben
"\" eine schräge Linie von links oben nach rechts unten

"Y"	der Buchstabe'Y'
"Z"	der Buchstabe 'Z'

C-Beispiel Die Marker im aktuellen Segment sollen als gefülltes, nach oben zeigendes Dreieck auf dem Bildschirm erscheinen. Achtung: in **C** muß das '\' innnerhalb von Strings verdoppelt werden!

```
HC_Set_Marker_Symbol ("/*\\");
```

Set_Metafile

Zweck definiert eine Verbindung zwischen einem Ast des Segmentbaums und einer Datei - dadurch können Segmentinhalte dauerhaft abgespeichert und später wieder eingelesen werden

Aufruf **Set_Metafile** (*Liste*)

Liste	string	eine Liste von Metafile-Optionen (s.u.)

Varianten **QSet_Metafile** (*Segment, Liste*)
UnSet_Metafile ()
UnSet_One_Metafile (*welche*)
QUnSet_Metafile (*Segment*)
QUnSet_One_Metafile (*Segment, welche*)

Segment	string	Liste der zu ändernden Segmente
welche	string	eine bestimmte Metafile-Option
Liste	string	wie oben

Show-Proz. **Show_Metafile** (*Liste*)
Show_Net_Metafile (*Liste*)
Show_One_Metafile (*Typ, Wert*)
Show_One_Net_Metafile (*Typ, Wert*)
QShow_Metafile (*Segment, Liste*)
QShow_Net_Metafile (*Segment, Liste*)
QShow_One_Metafile (*Segment, Typ, Wert*)
QShow_One_Net_Metafile (*Segment, Typ, Wert*)

Typ	string	eine bestimmte Metafile-Option
Wert	string	Wert der Option *Typ* **(Ref/rück)**
Segment	string	Name des Segments, dessen Attribut-Wert erfragt werden soll
Liste	string	wie oben **(Ref/rück)**

Wirkung Es wird eine Verbindung zwischen einem Segment und einer Datei auf einem Datenträger hergestellt, und zwar in Form eines - nicht vererbbaren - Attributs. Dieses besteht aus mehreren Optionen. In *Liste* können ein oder mehrere Optionen gesetzt ('option') oder gelöscht ('no option') werden; teilweise sind auch nähere Angaben möglich oder erforderlich ('option = suboption, ...').

Die einzelnen Optionen und deren Bedeutungen sind:

[no] read

Ist read gesetzt, so wird der Inhalt einer Datei ausgelesen und in das aufrufende Segment eingefügt. (Das Auslesen erfolgt nur einmal!)

[no] write

Ist write gesetzt, so wird der gesamte Segmentinhalt (Geometrie, alle explizit gesetzten Attribute (außer den Attributen 'driver' und 'driver-options'), eingebundene Segmente, Gestaltungsvorlagen sowie alle Subsegmente und deren gesamter Inhalt) in die angegebene Datei geschrieben. Solange write gesetzt ist, wird mit jeder Änderung des Segmentinhalts auch die zugehörige Datei aktualisiert.

[no] name = 'Name'

Es kann der Name der Datei angegeben werden. Wird die Namens-Erweiterung weggelassen, ergänzt das System '.hmf'. Wird kein Name angegeben, setzt das System den Namen des Segments ein.

[no] directory = 'Verzeichnis'

Hier kann das Verzeichnis der Datei angegeben werden. Wird diese Option gelöscht, so wird das in der HOOPS-Umgebungsvariablen 'HOOPS_METAFILES' (Abschn. 15.4) gesetzte Verzeichnis benutzt, andernfalls das aktuelle Verzeichnis.

[no] comment = 'Kommentar'

Hiermit kann ein Kommentar abgespeichert werden. Dieser kann nach dem Einlesen der Datei mit **Show_Metafile** erfragt werden.

[no] original name = 'Segment-Name'

Der Name des abzuspeichernden Segments kann hier angegeben und nach dem Einlesen der Datei mit **Show_Metafile** erfragt werden.

[no] overwrite

Ist diese Option gesetzt, so wird eine evtl. existierende Datei gleichen Namens überschrieben, andernfalls wird eine neue Versions-Nummer der Datei angelegt. (Ist unter MS-DOS nicht möglich!)

[no] follow cross-references

Ist follow cross-references gesetzt, so wird der vollständige Inhalt jedes eingebundenen Segments und jeder Gestaltungsvorlage abgespeichert. Andernfalls zeichnet das System nur deren Segment-Namen auf.

[no] save state [= ('suboption',...)]

Diese Option ermöglicht das zusätzliche Abspeichern "systemweiter" Information. Zusätzlich zum Segmentinhalt können hiermit die Definitionen aller momentan gültigen Kurz- (aliases) und Farbnamen (color names), die mit **Define_Font** definierten Schriftarten (fonts) sowie die momentan offenen Segmente (open items) abgespeichert werden.

[no] restore state [= ('suboption',...)]

Dies ist das Gegenstück zur vorherigen Option. Beim Lesen einer Datei werden die abgespeicherten Definitionen von Kurz- (aliases) und Farbnamen (color names) und die mit **Define_Font** definierten Schriftarten (fonts) wiederhergestellt sowie die zum Zeitpunkt des Abspeicherns offenen Segmente (open items) geöffnet. Diese Option ist jedoch nur verfügbar, falls die entsprechenden Informationen mit save state abgespeichert wurden!

[no] use color names

Bei gesetzter Option speichert das System nur die Namen der Farben. Wird diese Option gelöscht, so wird statt des Namens die Definition einer Farbe abgespeichert. Will man sowohl den Namen einer Farbe als auch die dazugehörende Definition aufzeichnen, so kann dies durch Löschen dieser Option und Speicherung der Definitionen mit save state erreicht werden.

Anmerkung:

Das Metafile-Attribut wird beim Gestalten eines Segments nicht berücksichtigt!

C-Beispiel In das aktuelle Segment soll der Inhalt der Datei SCENE1.HMF eingelesen werden. Dabei sollen auch alle mitabgespeicherten Systeminformationen wiederhergestellt werden. Danach soll mit jeder Aktualisierung des Segments auch die Datei auf den neuesten Stand gebracht werden, so daß sie immer die aktuellen Daten enthält, und zwar den Segmentinhalt und alle momentan gültigen Farb- und Kurznamen; Schriftarten und offene Segmente sollen nicht mehr abgespeichert werden.

```
HC_Set_Metafile ("read, write, name = scene1, overwrite, restore
state, save state = (aliases, color names)");
```

Set_Modelling_Matrix

Zweck transformiert die geometrischen Elemente eines Segments mit Hilfe einer Transformationsmatrix

Aufruf **Set_Modelling_Matrix** (*Matrix*)

Matrix	4 x 4 array of floats	Transformationsmatrix **(Ref)**

Varianten **QSet_Modelling_Matrix** (*Segment*, *Matrix*)

UnSet_Modelling_Matrix ()

QUnSet_Modelling_Matrix (*Segment*)

Segment	string	Liste der zu ändernden Segmente
Matrix	4 x 4 array of floats	wie oben

Show-Proz. **Show_Modelling_Matrix** (*Matrix*)
Show_Net_Modelling_Matrix (*Matrix*)
QShow_Modelling_Matrix (*Segment, Matrix*)
QShow_Net_Modelling_Matrix (*Segment, Matrix*)

Segment	string	Name des Segments, dessen Attribut-Wert erfragt werden soll
Matrix	4 x 4 array of floats	wie oben **(Ref/rück)**

Wirkung Die Transformation, die durch *Matrix* definiert ist, wird auf alle geometrischen Elemente des betreffenden Segments angewandt. Das bedeutet, daß die momentan aktuelle akkumulierte Transformationsmatrix, die durch **Rotate_Object, Scale_Object** etc. entstanden ist, durch *Matrix* überschrieben wird. Eine perspektivische Transformation ist nicht erlaubt, d.h. das erste, zweite und dritte Element der vierten Spalte muß Null sein.

C-Beispiel Die akkumulierte Transformationsmatrix des aktuellen Segments wird auf die Einheitsmatrix gesetzt, d.h. alle bisherigen Transformationen werden rückgängig gemacht.

```
float m [4] [4];
m[0][0]=1.0; m[0][1]=0.0; m[0][2]=0.0; m[0][3]=0.0;
m[1][0]=0.0; m[1][1]=1.0; m[1][2]=0.0; m[1][3]=0.0;
m[2][0]=0.0; m[2][1]=0.0; m[2][2]=1.0; m[2][3]=0.0;
m[3][0]=0.0; m[3][1]=0.0; m[3][2]=0.0; m[3][3]=1.0;
HC_Set_Modelling_Matrix (m);
```

Set_Normal

Zweck setzt den Normalenvektor eines Eckpunktes oder einer Fläche einer Shell oder Mesh

Aufruf **Set_Normal** (x, y, z)

x, y, z	float	Normalenvektor in Objektkoordinaten

Varianten **UnSet_Normal** ()

Show-Proz. **Show_Normal** (x, y, z)
Show_Net_Normal (x, y, z)

x, y, z	float	wie oben **(Ref/rück)**

Wirkung Der Normalenvektor eines Eckpunktes oder einer Fläche einer Shell oder Mesh wird "per Hand" gesetzt. Der automatisch vom System berechnete Vektor wird überschrieben. Dadurch können bei der Darstellung von schattierten Flächen andere, in der Regel bessere Ergebnisse erzielt werden.

Ist [x, y, z] der Normalenvektor einer Fläche, so zeigt er per Definition immer aus der Außenseite heraus. Das ist dann wichtig, wenn mit **Set_Heuristics** die Option 'backplane cull' gesetzt wurde, da in diesem Fall die Option 'polygon handedness' ignoriert wird - was zu unerwarteten Ergebnissen führen kann.

C-Beispiel Im folgenden Beispiel wird der Normalenvektor des zweiten Eckpunktes einer Shell neu gesetzt.

```
long key;
        /* Schlüssel zur Identifikation der Shell*/
        /* Erzeugen der Shell und ihres Schlüssels*/
HC_Open_Geometry (key);
        /* Öffnen der Shell */
HC_Open_Vertex (1);
        /* Öffnen des zweiten Eckpunktes */
HC_Set_Normal (0.0, 1.0, 0.0);
        /* Setzen des Normalenvektors */
HC_Close_Vertex ();
        /* Schließen des Eckpunktes */
HC_Close_Geometry ();
        /* Schließen der Shell */
```

Set_Rendering_Options

Zweck setzt verschiedene Darstellungsoptionen, d.h. legt fest, in welcher Art und Weise die Objekte auf dem Bildschirm dargestellt werden

Aufruf **Set_Rendering_Options** (*Liste*)

Liste	string	eine Liste von Darstellungsoptionen (s.u.)

Varianten **QSet_Rendering_Options** (*Segment*, *Liste*)
UnSet_Rendering_Options ()
UnSet_One_Rendering_Option (*welche*)
QUnSet_Rendering_Options (*Segment*)
QUnSet_One_Rendering_Option (*Segment*, *welche*)

Segment	string	Liste der zu ändernden Segmente
welche	string	eine bestimmte Darstellungsoption
Liste	string	wie oben

Show-Proz. **Show_Rendering_Options** (*Liste*)
Show_Net_Rendering_Options (*Liste*)
Show_One_Rendering_Option (*Typ*, *Wert*)
Show_One_Net_Rendering_Option (*Typ*, *Wert*)
QShow_Rendering_Options (*Segment*, *Liste*)
QShow_Net_Rendering_Options (*Segment*, *Liste*)
QShow_One_Rendering_Option (*Segment*, *Typ*, *Wert*)
QShow_One_Net_Rendering_Option (*Segment*, *Typ*, *Wert*)

Typ	string	eine bestimmte Rendering-Option
Wert	string	Wert der Option *Typ* **(Ref/rück)**

Segment	string	Name des Segments, dessen Attribut-Wert erfragt werden soll
Liste	string	wie oben **(Ref/rück)**

Wirkung Diese Prozedur legt die Art und Weise fest, in der das betreffende Segment auf dem Bildschirm dargestellt wird. Diese Festlegung erfolgt durch das Setzen des Attributs 'Rendering Options', das aus verschiedenen Optionen besteht. In *Liste* können ein oder mehrere Optionen bejaht ('option') oder verneint ('no option') werden; teilweise sind auch nähere Angaben erforderlich ('option = suboption, ...').

Die einzelnen Optionen und deren Bedeutungen sind:

[no] lighting interpolation [=phong/gouraud / (faces/edges[=phong/gouraud])]

(Das Wort interpolation kann auch weggelassen werden.) Die Angabe von lighting interpolation bewirkt, daß die Flächen und/oder Kanten von Shells und Meshes schattiert dargestellt werden. Dazu wird entweder der Schattierungsalgorithmus von Phong oder der von Gouraud verwendet. Bei gelöschter (verneinter) Option erhalten die Flächen eine einheitliche Farbe.

[no] color interpolation [= faces/edges]

Ist color interpolation gesetzt, so werden die den Eckpunkten einer Shell oder Mesh zugewiesenen Flächen- und/oder Kantenfarben - im RGB-Raum - über die Fläche bzw. Kante interpoliert. Auf diese Art und Weise werden Falschfarbendarstellungen erzeugt. Bei gelöschter Option findet eine Interpolation der Flächen- bzw. Kantenfarben der Eckpunkte nicht statt.

[no] color index interpolation [= faces/edges]

Voraussetzung für das Setzen dieser Option ist, daß allen Eckpunkten einer Shell oder Mesh Flächen- und/oder Kantenfarben mit Hilfe einer Farbtabelle, d.h. per Index, zugewiesen wurden. Die Indizes werden dann über die Fläche bzw. Kante interpoliert und mit Hilfe der Farbtabelle in Farben konvertiert. Bei gelöschter color interpolation ergeben sich daraus diskrete Farbbereiche. Ist color interpolation jedoch gesetzt, so werden die scharfen Übergänge der Farbbereiche anschließend durch eine Interpolation im RGB-Raum geglättet.

Bei gelöschter color index interpolation werden die Indizes zunächst in die entsprechenden Farben der Farbtabelle konvertiert. Falls color interpolation gesetzt ist, erfolgt anschließend eine Interpolation im RGB-Raum, andernfalls wird die Fläche bzw. Kante in einheitlicher Farbe dargestellt.

[no] attribute lock [= ('Typ', 'Typ', ...)]

Mit 'Typ' werden diejenigen Attribute festgelegt, die gesperrt werden, d.h. deren Vererbung erzwungen werden soll: wird ein bestimmtes Attribut in einem (Mutter-) Segment gesperrt, so vererbt sich der Wert dieses Attributs auf alle Subsegmente dieses Segments, auch wenn sie einen anderen Wert für dieses Attribut explizit gesetzt haben. (Nicht vererbbare Attribute können natürlich nicht gesperrt werden!) Die Sperre kann das Subsegment nur durch ein explizites Setzen von no attribute lock aufheben (Attribute können nicht selektiv entsperrt werden!).

Die Farbe und Sichtbarkeit von geometrischen Elementen können auch einzeln gesperrt werden (z.B. attribute lock = (color = (faces, marker))), alle anderen Attribute sind nur im ganzen sperrbar (z.B. 'rendering options'). Die zu den 'rendering options' gehörende Option attribute lock selbst kann jedoch nicht gesperrt werden!

Für 'Typ' kann auch everything angegeben werden, um alle Attribute zu sperren, oder style, um den Einfluß von Gestaltungsvorlagen auf das aufrufende Segment zu verhindern.

hidden surface removal algorithm = [hardware z-buffer / software z-buffer / painters / spider-web / Z-sort only]

(Statt hidden surface removal algorithm kann auch hsr oder visible surface algorithm geschrieben werden.) Es wird der Algorithmus festgelegt, den das System zur Entfernung verdeckter Flächen anwenden soll. Ein Löschen der Option ist nur indirekt durch das Setzen von no hidden surfaces mittels **Set_Heuristics** möglich. Wird hsr angegeben (das ist die Voreinstellung und entspricht hsr = hardware z-buffer), so verwendet das System einen 'Tiefen-Puffer'-Algorithmus, falls dieser hardwaremäßig verfügbar ist, andernfalls den 'Painters'-Algorithmus. Die anderen Angaben führen zur Verwendung der entsprechenden Algorithmen.

software frame buffer options [= ('Option', 'Option', ...)]

Diese Option ist nur anwendbar, wenn die Option hidden surface removal algorithm auf software z-buffer gesetzt ist. Mit 'Option' können folgende Optionen für den Software-'Tiefen-Puffer'-Algorithmus gesetzt werden:

[no] size limit [= nnn rasters / nnn bytes]

Hiermit kann die Größe des für den Puffer verwendeten Speicherbeichs (auf Kosten der Darstellungsgeschwindigkeit) beschränkt werden. Die Darstellung auf dem Bildschirm erfolgt dann in horizontalen Abschnitten ("Bändern").

color depth = [match device / full color]

Hiermit wird die (Farb-) Tiefe des Puffers festgelegt. match device bedeutet, daß sich die Tiefe nach dem verwendeten Bildschirmtyp richtet. Auf 24-bit-Bildschirmen gibt es keinen Unterschied zwischen match device und full color. Jedoch erfordert match device beispielsweise auf 8-bit-Bildschirmen weniger Speicherplatz, ist jedoch im allgemeinen langsamer als full color, da für jeden Pixel ein mehrfaches "Dithering" beim Schreiben in den Puffer erforderlich sein kann (je nach Komplexität der Szene).

Dagegen erfordert full color zwar kein "Dithering" beim Schreiben in den Puffer, ist also schneller, es wird jedoch mehr Speicherplatz benötigt. Außerdem dauert das Schreiben des Pufferinhalts auf den Bildschirm aufgrund des hierbei erforderlichen "Ditherings" länger als bei match device.

Die schnellsten Ergebnisse werden daher erzielt, wenn match device bei einfachen Szenen und full color bei komplexen Szenen (wenn genügend Speicherplatz vorhanden ist) gesetzt wird.

[no] retention

Diese Option ist nur anwendbar, wenn gleichzeitig no size limit gesetzt ist. retention bedeutet, daß der Speicher für den Puffer von Update zu Update beibehalten wird. Die Option sollte nur gelöscht werden (was zu langsameren Updates führt), wenn eine Anwendung viele sich überlappende Z-Puffer-Windows hat, da die Beibehaltung aller Puffer einen extremen Speicherplatzaufwand bedeutet.

[no] face displacement [= nnn / nnn %]

Mit dieser Option kann bei Anwendung des 'Tiefenpuffer'-Algorithmus' die Darstellung der Kanten verbessert werden. Diese werden oft "gestrichelt" dargestellt, da sie durch die anliegende Fläche in regelmäßigen Abständen verdeckt dargestellt werden. Mit face displacement ist es möglich, einen festen Wert oder eine Prozentzahl der Tiefe des Z-Puffers anzugeben, um den bzw. die die Flächen in Z-Richtung zurückgesetzt werden. Da ein zu großer Wert leicht den Eindruck von vor den Flächen schwebenden Kanten hervorrufen kann, sollte diese Option vorsichtig verwendet werden.

[no] debug = ddd

Mit dieser Option können spezielle Darstellungsmöglichkeiten eingesetzt werden, die sich jedoch von Version zu Version ändern und (noch) nicht voll unterstützt werden. Die jeweilige Bedeutung ist den Original-Handbüchern zu entnehmen.

Anmerkung:

Jede mögliche Kombination der obigen Optionen ist sinnvoll und führt zu einem anderen Ergebnis.

C-Beispiel Die im aktuellen Segment befindlichen Shell- und Mesh-Flächen und -Kanten sollen - unter Verwendung des Phong-Algorithmus' - schattiert dargestellt werden.

```
HC_Set_Rendering_Options ("lighting interpolation = phong");
```

Set_Selectability

Zweck legt fest, ob und wie die verschiedenen Bildelemente mit Hilfe eines Zeigegerätes (z.B. einer Maus) ausgewählt werden können

Aufruf	**Set_Selectability** (*Liste*)		
	Liste	string	Liste von Auswahl-Spezifikationen (s.u.)
Varianten	**QSet_Selectability** (*Segment, Liste*)		
	UnSet_One_Selectability (*Typ*)		
	UnSet_Selectability ()		
	QUnSet_Selectability (*Segment*)		
	QUnSet_One_Selectability (*Segment, Typ*)		
	Typ	string	ein bestimmtes Bildelement (s.u.)
	Segment	string	Liste der zu ändernden Segmente
	Liste	string	wie oben
Show-Proz.	**Show_Selectability** (*Liste*)		
	Show_Net_Selectability (*Liste*)		
	Show_One_Selectability (*Typ, Wert*)		
	Show_One_Net_Selectability (*Typ, Wert*)		
	QShow_Selectability (*Segment, Liste*)		
	QShow_Net_Selectability (*Segment, Liste*)		
	QShow_One_Selectability (*Segment, Typ, Wert*)		
	QShow_One_Net_Selectability (*Segment, Typ, Wert*)		
	Typ	string	eine bestimmtes Element
	Wert	string	Wert des Elementes *Typ* **(Ref/rück)**
	Segment	string	Name des Segments, dessen Attribut-Wert erfragt werden soll
	Liste	string	wie oben **(Ref/rück)**

Wirkung Einerseits werden die Bildelemente (*Typ*) festgelegt, die ein Anwender mit Hilfe eines Zeigegerätes auswählen kann, andererseits die Aktion (*Aktion*), die eine Auswahl auslöst. Grundsätzlich sind nur sichtbare Bildelemente auswählbar - Ausnahme: "!" (s.u.).

Liste besteht aus ein oder mehreren Spezifikationen der folgenden Form:

'*Typ* = *Aktion*'	das Bildelement *Typ* kann durch die Aktion *Aktion* ausgewählt werden **oder**
'no *Typ*'	das Bildelement *Typ* kann nicht ausgewählt werden **oder**
'*Typ*'	dasselbe wie '*Typ* = on' **oder**
'*Aktion*'	dasselbe wie 'windows = *Aktion*'

Für *Typ* kann einer der folgenden Werte eingesetzt werden: edges (Kanten), faces (Flächen), markers (Marker), lines (alle Arten von Linien), text (Text), images, polygons (Flächen und Kanten), geometry (alle geometrischen Grundelemente), windows, everything (alle geometrischen Grundelemente und Windows). Auch die Angabe von lights (Lichtquellen) ist syntaktisch korrekt, jedoch können nur die im A.I.R.-Zusatzpaket zur Verfügung gestellten polygonalen Lichtquellen tatsächlich ausgewählt werden.

Für *Aktion* sind folgende Werte einzeln oder in Kombination (s.u.) einsetzbar:

v	die Auswahl erfolgt durch Drücken (mindestens) eines Zeigegerätknopfes
^	die Auswahl erfolgt durch Loslassen (mindestens) eines Zeigegerätknopfes, so daß anschließend kein Knopf mehr gedrückt ist
*	die Auswahl erfolgt durch Verändern der Position des Zeigegerät-Cursors während (mindestens) ein Knopf gedrückt wird
O	die Auswahl erfolgt durch Verändern der Position des Zeigegerät-Cursors während kein Knopf gedrückt wird
on	wie v
off	wie "no *Typ*"
!	das betreffende Bildelement ist auch dann auswählbar, wenn es nicht sichtbar ist

Anmerkungen:
- Eine Kombination von *Aktionen* (z.B. "v^") bedeutet, daß jede der Aktionen eine Auswahl auslösen kann.
- Wird "!" allein angegeben, so bedeutet es "on!".
- Wird in *Liste* mehr als eine Spezifikation angegeben, so erfolgt eine Auswertung von links nach rechts. Ist z.B. *Liste* = "everything=on, markers=off", so ist alles außer Markern auswählbar.

C-Beispiel Im aufrufenden Segment sollen (nur) Flächen durch Drücken eines Mausknopfes ausgewählt werden können.

```
HC_Set_Selectability ("everything = off, faces = on");
```

Set_Streaming_Mode

Zweck ermöglicht die sequentielle Bearbeitung eines Segments in der Art und Weise, in der Bilder "von Hand" gemalt werden

Aufruf **Set_Streaming_Mode** (*Schalter*)

Schalter	string	entweder "on" oder "off"

Varianten **QSet_Streaming_Mode** (*Segment*, *Schalter*)
UnSet_Streaming_Mode ()
QUnSet_Streaming_Mode (*Segment*)

Segment	string	Liste der zu ändernden Segmente
Schalter	string	wie oben

Show-Proz. **Show_Streaming_Mode** (*Schalter*)
Show_Net_Streaming_Mode (*Schalter*)
QShow_Streaming_Mode (*Segment*, *Schalter*)
QShow_Net_Streaming_Mode (*Segment*, *Schalter*)

Segment	string	Name des Segments, dessen Attribut-Wert erfragt werden soll

Schalter string wie oben **(Ref/rück)**

Wirkung Das 'Streaming Mode'-Attribut des betreffenden Segments wird gesetzt ("on") oder gelöscht ("off"). Bei gesetztem 'Streaming Mode' wirken alle Attribut-Änderungen nur "in die Zukunft hinein". Das bedeutet beispielsweise, daß durch den Aufruf **Set_Color ("lines = red")** nur alle nachfolgend erzeugten Linien 'rot' dargestellt werden. Alle bereits vorhandenen Linien behalten ihre Farbe. Es wird also bei jeder Attribut-Änderung implizit ein neues Subsegment erzeugt und zum aktuellen Segment gemacht. Die Darstellungsattribute bereits erzeugter geometrischer Elemente können nicht mehr geändert werden.

C-Beispiel Das aktuelle Segment wird in den 'Streaming Mode' geschaltet.

```
HC_Set_Streaming_Mode ("on");
```

Set_Text_Alignment

Zweck legt die Lage des Rechtecks, das einen gegebenen Text umschließt, entsprechend dem Bezugspunkt fest

Aufruf **Set_Text_Alignment** (*Lage*)

Lage string Lage des Bezugspunktes - ein oder zwei der unten aufgeführten Zeichen

Varianten **QSet_Text_Alignment** (*Segment*, *Lage*)
UnSet_Text_Alignment ()
QUnSet_Text_Alignment (*Segment*)

Segment string Liste der zu ändernden Segmente
Lage string wie oben

Show-Proz. **Show_Text_Alignment** (*Lage*)
Show_Net_Text_Alignment (*Lage*)
QShow_Text_Alignment (*Segment*, *Lage*)
QShow_Net_Text_Alignment (*Segment*, *Lage*)

Segment string Name des Segments, dessen Attribut-Wert erfragt werden soll
Lage string wie oben **(Ref/rück)**

Wirkung Es wird die Ausrichtung des Rechtecks festgelegt, das einen gegebenen Text umschließt, und zwar entsprechen dem Bezugspunkt. Das ist der Punkt, der bei der Erzeugung des Textes als Parameter einer der **Insert_Text**-Prozeduren angegeben wurde.

Für *Lage* kann ein String angegeben werden, der aus ein oder zwei der folgenden Zeichen besteht:

^ der Bezugspunkt liegt am oberen Rand des Rechtecks

v der Bezugspunkt liegt am unteren Rand des Rechtecks
< der Bezugspunkt liegt am linken Rand des Rechtecks
> der Bezugspunkt liegt am rechten Rand des Rechtecks
* der Bezugspunkt liegt in der Mitte des Rechtecks

Anmerkung:
Es dürfen nur zwei Zeichen angegeben werden, wenn sich diese nicht widersprechen. Beispielsweise bedeutet "<V", daß sich der Bezugspunkt an der linken unteren Ecke des Rechtecks befinden soll. Dagegen ist z.B. die Angabe von "<>" nicht erlaubt. Die Angabe von "*" bedeutet das gleiche wie "**": der Bezugspunkt befindet sich in der Mitte des Rechtecks.

C-Beispiel Im aktuellen Segment sollen alle Texte so ausgegeben werden, daß sich ihr Bezugspunkt in der Mitte des linken Randes des Rechtecks befindet.

```
HC_Set_Text_Alignment ("<*");
```

Set_Text_Font

Zweck bestimmt die Schriftart und weitere Darstellungsattribute von Texten

Aufruf **Set_Text_Font** (*Liste*)

Liste	string	eine Liste von Darstellungsoptionen (s.u.)

Varianten **QSet_Text_Font** (*Segment, Liste*)
UnSet_Text_Font ()
UnSet_One_Text_Font (*welche*)
QUnSet_Text_Font (*Segment*)
QUnSet_One_Text_Font (*Segment, welche*)

Segment	string	Liste der zu ändernden Segmente
welche	string	eine bestimmte Darstellungsoption
Liste	string	wie oben

Show-Proz. **Show_Text_Font** (*Liste*)
Show_Net_Text_Font (*Liste*)
Show_One_Text_Font (*Typ, Wert*)
Show_One_Net_Text_Font (*Typ, Wert*)
QShow_Text_Font (*Segment, Liste*)
QShow_Net_Text_Font (*Segment, Liste*)
QShow_One_Text_Font (*Segment, Typ, Wert*)
QShow_One_Net_Text_Font (*Segment, Typ, Wert*)

Typ	string	eine bestimmte Text-Font-Option
Wert	string	Wert der Option *Typ* **(Ref/rück)**
Segment	string	Name des Segments, dessen Attribut-Wert erfragt werden soll
Liste	string	wie oben **(Ref/rück)**

Wirkung Mit dieser Prozedur wird die Darstellung aller in einem Segment vorhandener Texte festgelegt. Diese Festlegung erfolgt durch das Setzen des Attributs 'Text-Font', das aus verschiedenen Optionen besteht. In *Liste* können ein oder mehrere Optionen ausgewählt ('option = value') oder (teilweise) auch verneint ('no option') werden.

Die einzelnen Optionen und deren Bedeutungen sind:

name = 'Schriftart' [,Schriftart, ...]

Mit dieser Option wird die Schriftart festgelegt. Das System versucht zuerst, die erste Schriftart in der Liste zu laden; falls diese nicht verfügbar ist, die zweite usw. Falls keine der angegebenen Schriftarten geladen werden kann, wird die Schriftart stroked verwendet. Es können die nachfolgend angegebenen generischen (diese Namen bezeichnen jede Schriftart mit den unten beschriebenen Eigenschaften) und speziellen Namen sowie weitere spezielle auf dem System verfügbare Schriftarten und benutzerdefinierter Schriften angegeben werden.

Die **generischen** Schriften sind:

roman	jede Schriftart, die der in Zeitungen verwendeten ähnlich ist
sans serif	jede möglichst schlichte roman-ähnliche Schriftart
typewriter	jede schreibmaschinen-ähnliche Schrift
stroked	eine von HOOPS zur Verfügung gestellte Schriftart, deren Buchstaben aus Polylinien aufgebaut sind
system default	die auf dem System voreingestellte Schriftart

Die **speziellen** von HOOPS zur Verfügung gestellten Schriftarten sind:

Newfield	eine stroked Schriftart mit einheitlichem Zeichenabstand
Enfield	eine stroked Schriftart mit variablem Zeichenabstand
Brooktondale	eine stroked Schriftart mit doppelt variablem Zeichenabstand

size = 'float' 'Einheit'

Es wird die Höhe der einzelnen Zeichen festgelegt. Folgende Einheiten können angegeben werden:

oru	"object relative units" - die Angabe erfolgt in Objektkoordinateneinheiten (nur bei voll transformierbarem Text)
sru	"subscreen relative units" - es wird der Bruchteil der Höhe des äußersten HOOPS-Windows angegeben (das ist entweder ein Subscreen oder der gesamte Bildschirm)
wru	"window relative units" - der Höhenbruchteil des befreffenden (HOOPS-) Windows
pt oder points	ein Punkt entspricht 1/72 inch
px oder pixels	die Höhe der einzelnen Zeichen in Bildschirmpunkten

[no] extra space [= 'Lücke']

Mit Hilfe dieser Option kann ein Extraabstand zwischen je zwei Zeichen festgelegt werden. 'Lücke' wird in der gleichen Weise angegeben wie die Größe des Textes.

[no] rotation [= 'Winkel']

Es wird entweder ein Winkel angegeben, um den jeder einzelne Buchstabe eines Textes im Uhrzeigersinn gedreht auf dem Bildschirm dargestellt wird, oder für 'Winkel' wird follow path eingesetzt, wodurch der Text senkrecht zur Schreibrichtung ausgegeben wird.

[no] size tolerance [= 'Toleranz']

Mit 'Toleranz' wird der Wert festgelegt, um den die Größe einer Schriftart von der angegebenen abweichen darf, falls die betreffende Schriftart nicht in dieser Größe verfügbar ist. 'Toleranz' wird in der gleichen Weise angegeben wie die Größe des Textes. Zusätzlich ist noch eine Angabe in Prozent möglich, z.B. size tolerance = 50%.

[no] slant [= 'Winkel']

Es wird die *Schräge* (*Kursivität*) des Textes angegeben. Werte im Bereich zwischen -75° und +75° sind zulässig.

[no] transforms [= on / character position only]

Hiermit wird festgelegt, inwieweit der Text geometrischen Transformationen unterworfen sein soll.

transforms = on bedeutet, daß der Text voll transformierbar sein soll, so daß das System u.U. eine andere (stroked) Schriftart wählen muß.

no transforms bedeutet, daß die einzelnen Zeichen flach und aufrecht auf dem Bildschirm erscheinen und die Schreibrichtung des Textes ebenfalls am Bildschirm ausgerichtet wird.

transforms = character position only sagt dem System, daß nur die Position der Zeichen voll transformierbar sein soll, daß jedoch jedes einzelne Zeichen flach zum Bildschirm und aufrecht dargestellt werden soll.

C-Beispiel Alle Texte im aktuellen Segment sollen in einer schreibmaschinen-ähnlichen Schriftart in einer Größe von 20 Pixeln dargestellt werden.

```
HC_Set_Text_Font ("name = typewriter, size = 20 px");
```

Set_Text_Path

Zweck legt die Schreibrichtung des Textes fest

Aufruf **Set_Text_Path** (x, y, z)

x, y, z	float	Schreibrichtung des Textes

Varianten **QSet_Text_Path** (*Segment*, x, y, z)
UnSet_Text_Path ()
QUnSet_Text_Path (*Segment*)

Segment	string	Liste der zu ändernden Segmente
x, y, z	float	wie oben

Show-Proz. **Show_Text_Path** (x, y, z)
Show_Net_Text_Path (x, y, z)
QShow_Text_Path (*Segment*, x, y, z)
QShow_Net_Text_Path (*Segment*, x, y, z)

Segment	string	Name des Segments, dessen Attribut-Wert erfragt werden soll
x, y, z	float	wie oben **(Ref/rück)**

Wirkung Der Vektor [x, y, z] gibt die Schreibrichtung für alle Texte des betreffenden Segments an. Die Voreinstellung ist [1.0, 0.0, 0.0] und bedeutet das Schreiben von links nach rechts.

C-Beispiel Im aktuellen Segment sollen alle Texte von oben nach unten geschrieben werden.

```
HC_Set_Text_Path (0.0, -1.0, 0.0);
```

Set_Text_Spacing

Zweck legt den Abstand der einzelnen Zeichen innerhalb eines Textes fest

Aufruf **Set_Text_Spacing** (*Abstand*)

Abstand	float	der Faktor, um den der Abstand der einzelnen Textzeichen vergrößert oder verkleinert wird

Varianten **QSet_Text_Spacing** (*Segment*, *Abstand*)
UnSet_Text_Spacing ()
QUnSet_Text_Spacing (*Segment*)

Segment	string	Liste der zu ändernden Segmente
Abstand	float	wie oben

Show-Proz. **Show_Text_Spacing** (*Abstand*)
Show_Net_Text_Spacing (*Abstand*)
QShow_Text_Spacing (*Segment*, *Abstand*)
QShow_Net_Text_Spacing (*Segment*, *Abstand*)

Segment	string	Name des Segments, dessen Attribut-Wert erfragt werden soll
Abstand	float	wie oben **(Ref/rück)**

Wirkung Der Abstand der einzelnen Zeichen innerhalb eines Textes wird um den Faktor *Abstand* vergrößert oder verkleinert. Ist *Abstand* = 0.5, so haben die

Zeichen nur noch den halben "ursprünglichen" Abstand, ist *Abstand* = 2.0, so wird der A b s t a n d verdoppelt.

C-Beispiel Im aktuellen Segment soll der Zeichenabstand innerhalb eines Textes um den Faktor 1.5 vergrößert werden.

```
HC_Set_Text_Spacing (1.5);
```

Set_User_Options

Zweck definiert neue Attribute

Aufruf **Set_User_Options** (*Liste*)

Liste	string	eine Liste der neuen Attribute

Varianten **QSet_User_Options** (*Segment*, *Liste*)
UnSet_User_Options ()
UnSet_One_User_Option (*welche*)
QUnSet_User_Options (*Segment*)
QUnSet_One_User_Option (*Segment*, *welche*)

Segment	string	Liste der zu ändernden Segmente
welche	string	ein bestimmtes Attribut
Liste	string	wie oben

Show-Proz. **Show_User_Options** (*Liste*)
Show_Net_User_Options (*Liste*)
Show_One_User_Option (*Typ*, *Wert*)
Show_One_Net_User_Option (*Typ*, *Wert*)
QShow_User_Options (*Segment*, *Liste*)
QShow_Net_User_Options (*Segment*, *Liste*)
QShow_One_User_Option (*Segment*, *Typ*, *Wert*)
QShow_One_Net_User_Option (*Segment*, *Typ*, *Wert*)

Typ	string	eine bestimmtes Attribut
Wert	string	Wert des Attributs *Typ* **(Ref/rück)**
Segment	string	Name des Segments, dessen Attribut-Wert erfragt werden soll
Liste	string	wie oben **(Ref/rück)**

Wirkung Mit dieser Prozedur können eigene Attribute definiert - und gleichzeitig gesetzt - werden. In *Liste* können ein oder mehrere Attribute in der folgenden Form angegeben werden:
'*Typ*' = '*Wert*' **oder**
'*Typ*' (entspricht: '*Typ*' = on) **oder**
no '*Typ*' (entspricht: '*Typ*' = off)
Benutzerdefinierte Attribute werden ebenso vererbt wie "normale" Attribute und können mit den entsprechenden **Show**-Prozeduren abgefragt werden.

Sie haben keinen Einfluß auf das Programmverhalten; sie dienen lediglich dem Speichern (beliebiger) Information. Das '*Wert*'-Feld kann bis zu 32.000 Zeichen umfassen. Beim '*Typ*'-Feld ist es - wie auch sonst in HOOPS - egal, ob Groß- oder Kleinbuchstaben verwendet werden; beim '*Wert*'-Feld wird jedoch zwischen Groß- und Kleinbuchstaben unterschieden.

C-Beispiel Im Wurzelsegment werden zwei neue Attribute definiert (=gesetzt). Im Segment ?Picture wird das zweite Attribut auf einen anderen Wert gesetzt. Danach werden alle benutzerdefinierten Attribute im Segment ?Picture abgefragt und das Ergebnis auf dem Bildschirm ausgegeben.

```
char* user_opt;
HC_Open_Segment ("?Picture");
HC_QSet_User_Options ("/", "Ausstattung = Luxus, Farbe = grün");
HC_Set_User_Options ("Farbe = rot braun");
HC_Show_Net_User_Options (user_opt);
HC_Insert_Text (0.0, 0.0, 0.0, user_opt);
```

Die Ausgabe lautet: ausstattung=Luxus,farbe=rot braun

Set_User_Option_By_Index

Zweck definiert ein neues Attribut in Form eines Index und eines zugehörigen numerischen Wertes

Aufruf **Set_User_Option_By_Index** (*Index*, *Wert*)

Index	long	der Index eines bestimmten Attributs
Wert	Zeiger auf nichts numerischer Wert des Attributs mit Index *Index*	

Varianten **QSet_User_Option_By_Index** (*Segment*, *Index*, *Wert*)
UnSet_User_Option_By_Index (*Index*)
QUnSet_User_Option_By_Index (*Segment*, *Index*)

Segment	string	Liste der zu ändernden Segmente
alle anderen	wie oben	wie oben

Show-Proz. In HOOPS 3.30 noch nicht vorhanden. Lediglich in HOOPS I.M. existiert eine **HIC_Show**-Prozedur (s.a. Abschn. 14.2.3).

Wirkung Mit dieser Prozedur können eigene Attribute in Form numerischer Werte definiert - und gleichzeitig gesetzt - werden.
Indizierte benutzerdefinierte Attribute werden ebenso vererbt wie "normale" Attribute und können mit den entsprechenden **Show**-Prozeduren (s. obige Bemerkung) abgefragt werden. Sie haben keinen Einfluß auf das Programmverhalten; sie dienen lediglich dem Speichern numerischer Werte.

C-Beispiel In ?Picture wird ein benutzerdefiniertes Attribut mit Index 10 auf 600 gesetzt.

```
HC_QSet_User_Option_By_Index ("?Picture", 10, (void *)600);
```

Set_Visibility

Zweck legt fest, welche Bildelemente auf dem Bildschirm dargestellt werden und welche unsichtbar bleiben sollen

Aufruf **Set_Visibility** (*Liste*)

Liste	string	Liste von Sichtbarkeits-Spezifikationen (s.u.)

Varianten **QSet_Visibility** (*Segment*, *Liste*)
UnSet_One_Visibility (*Typ*)
UnSet_Visibility ()
QUnSet_Visibility (*Segment*)
QUnSet_One_Visibility (*Segment*, *Typ*)

Typ	string	ein bestimmtes Bildelement (s.u.)
Segment	string	Liste der zu ändernden Segmente
Liste	string	wie oben

Show-Proz. **Show_Visibility** (*Liste*)
Show_Net_Visibility (*Liste*)
Show_One_Visibility (*Typ*, *Wert*)
Show_One_Net_Visibility (*Typ*, *Wert*)
QShow_Visibility (*Segment*, *Liste*)
QShow_Net_Visibility (*Segment*, *Liste*)
QShow_One_Visibility (*Segment*, *Typ*, *Wert*)
QShow_One_Net_Visibility (*Segment*, *Typ*, *Wert*)

Typ	string	eine bestimmtes Bildelement
Wert	string	Wert des Bildelements *Typ* **(Ref/rück)**
Segment	string	Name des Segments, dessen Attribut-Wert erfragt werden soll
Liste	string	wie oben **(Ref/rück)**

Wirkung Es werden die Bildelemente (*Typ*) festgelegt, die auf dem Bildschirm dargestellt bzw. nicht dargestellt werden sollen. Die Festlegung betrifft nur den Inhalt des aktuellen Segments oder die Inhalte der in *Segment* spezifizierten Segmente.

Liste besteht aus ein oder mehreren Spezifikationen der folgenden Form:

'*Typ* = on / off'	das Bildelement *Typ* soll auf dem Bildschirm dargestellt werden (on) oder nicht (off) **oder**
'*Typ*'	dasselbe wie '*Typ* = on' **oder**
'no *Typ*'	dasselbe wie '*Typ* = off'

Für *Typ* kann einer der folgenden Werte eingesetzt werden: cutting plane (Schnittebenen), edges (Kanten), faces (Flächen), markers (Marker), lines (alle Arten von Linien), text (Text), images, polygons (Flächen und

Kanten), geometry (alle geometrischen Grundelemente), lights (Lichtquellen), string cursors (Text-Cursor), windows, everything (alle geometrischen Grundelemente und Windows).
Statt everything = on kann auch nur on geschrieben werden, bzw. statt everything = off nur off.
Bei Kanten, Flächen und Punkten (in Shells und Meshes) haben die lokalen Sichtbarkeitsattribute Vorrang gegenüber den globalen Werten. Innerhalb geöffneter Kanten/Flächen/Punkte sind die einzigen erlaubten Werte für *Liste* "on" und "off".
Das Ausschalten der Sichtbarkeit von Schnittebenen und Lichtquellen hat zweierlei Folgen: erstens haben jegliche in dem betreffenden Segment vorhandenen Schnittebenen/Lichtquellen keinen Einfluß mehr auf die Darstellung geometrischer Elemente (im selben oder in anderen Segmenten); und zweitens werden bei der Darstellung des betreffenden Segments keinerlei Schnittebenen/Lichtquellen (des selben Segments oder von anderen Segmenten) berücksichtigt. In diesem Sinne kann die Sichtbarkeit von Lichtquellen für Flächen und Kanten von Shells und Meshes auch separat gesetzt werden: lights = (edges = on/off) bzw. lights = (faces = on/off)
Ist ein Window unsichtbar, so ist (auch) nichts innerhalb des Windows sichtbar!
Für Kanten existieren zusätzlich eine Reihe Optionen, mit denen die Sichtbarkeit einzelner Kanten**typen** gesteuert werden kann. Bei Kanten kann dazu - außer on und off eine *Kantenliste* angegeben werden:
edges = on / off / *Kantenliste*
Kantenliste ist entweder

'*Kantentyp* only'	ausschließlich Kanten des betreffenden Typs sind sichtbar (für alle unten aufgeführten Kantentypen außer generics)

oder *Kantenliste* besteht aus einer geklammerten Liste, die ein oder mehrere - durch Kommata getrennte - Spezifikationen der folgenden Form haben kann:

'*Kantentyp* = on / off'	Kanten des betreffenden Typs sind sichtbar bzw. nicht sichtbar **oder**
'*Kantentyp*'	dasselbe wie '*Kantentyp* = on' **oder**
'no *Kantentyp*'	dasselbe wie '*Kantentyp* = off'

Für *Kantentyp* können folgende Werte eingesetzt werden:

interior silhouettes	alle Kanten, die jeweils zu genau zwei Flächen gehören, deren jeweilige lokale Sichtbarkeitsattribute nicht gelöscht sind (Nur Shells und Meshes können Kanten dieses Typs haben!)
perimeters	alle Kanten, die jeweils zu genau einer Fläche gehören, deren lokales Sichtbarkeitsattribut nicht gelöscht ist (Nur Shells, Meshes und Grids können Kanten haben, die nicht zu diesem Typ gehören!)

mesh quads	alle Kanten einer Mesh außer den Diagonalen (Nur Meshes können Kanten dieses Typs haben!)
generics	falls generics=on ist, sind alle Kanten sichtbar; andernfalls richtet sich die Sichtbarkeit einer bestimmten Kante nach den o.a. Regeln

Anmerkung:
Wird in *Liste* bzw. *Kantenliste* mehr als eine Spezifikation angegeben, so erfolgt eine Auswertung von links nach rechts. Ist z.B. *Liste* = "everything=on, markers=off", so ist alles außer Markern sichtbar.

C-Beispiel Im aufrufenden Segment sollen ausschließlich Flächen sichtbar sein.

```
HC_Set_Visibility ("everything = off, faces = on");
```

Set_Window

Zweck legt den Bildschirmbereich fest, in dem der Inhalt des betreffenden Segments dargestellt werden soll

Aufruf **Set_Window** (*links, rechts, unten, oben*)

links, rechts	float	die Grenzen des Windows in horizontaler Richtung
unten, oben	float	die Grenzen des Windows in vertikaler Richtung

Varianten **QSet_Window** (*Segment, links, rechts, unten, oben*)
UnSet_Window ()
QUnSet_Window (*Segment*)

Segment	string	Liste der zu ändernden Segmente
alle anderen	float	wie oben

Show-Proz. **Show_Window** (*links, rechts, unten, oben*)
Show_Net_Window (*links, rechts, unten, oben*)
QShow_Window (*Segment, links, rechts, unten, oben*)
QShow_Net_Window (*Segment, links, rechts, unten, oben*)

Segment	string	Name des Segments, dessen Attribut-Wert erfragt werden soll
alle anderen	float	wie oben **(Ref/rück)**

Wirkung Diese Prozedur definiert einen Teil des Bildschirms als Ausgabebereich für den betreffenden Segmentinhalt: ein sog. Window. Die Grenzen *links, rechts, oben* und *unten* sind Window-Koordinaten und beziehen sich stets auf das Window des Muttersegments. Der linke und der untere Rand eines Windows haben die Window-Koordinate -1.0, der rechte und der obere Rand die Koordinate +1.0. Window-Attribute werden nicht vererbt. Ist in einem Segment kein Window definiert, so wird der Segmentinhalt im Window des Muttersegments dargestellt!

C-Beispiel Der Inhalt des aktuellen Segments soll im linken oberen Viertel des Windows des Muttersegments dargestellt werden.

HC_Set_Window (-1.0, 0.0, 0.0, 1.0);

Set_Window_Frame

Zweck legt fest, ob eine Linie um ein Window gezeichnet wird oder nicht

Aufruf **Set_Window_Frame** (*Schalter*)

Schalter string entweder "on" oder "off"

Varianten **QSet_Window_Frame** (*Segment, Schalter*)
UnSet_Window_Frame ()
QUnSet_Window_Frame (*Segment*)

Segment string Liste der zu ändernden Segmente
Schalter float wie oben

Show-Proz. **Show_Window_Frame** (*Schalter*)
Show_Net_Window_Frame (*Schalter*)
QShow_Window_Frame (*Segment, Schalter*)
QShow_Net_Window_Frame (*Segment, Schalter*)

Segment string Name des Segments, dessen Attribut-Wert erfragt werden soll
Schalter float wie oben **(Ref/rück)**

Wirkung Wird der *Schalter* auf "on" gesetzt, so zeichnet das System eine einen Pixel breite Linie um das Window des betreffenden Segments, und zwar in der Farbe window contrast (s. **Set_Color**).

C-Beispiel Das aktuelle Window soll keinen Rahmen erhalten.

HC_Set_Window_Frame ("off");

Set_Window_Pattern

Zweck legt das Hintergrundmuster des Windows fest

Aufruf **Set_Window_Pattern** (*Muster*)

Muster string das neue Window-Muster - eine der unten beschriebenen. Konstanten

Varianten **QSet_Window_Pattern** (*Segment, Muster*)
UnSet_Window_Pattern ()
QUnSet_Window_Pattern (*Segment*)

Segment string Liste der zu ändernden Segmente

Muster	string	wie oben

Show-Proz. **Show_Window_Pattern** (*Muster*)
Show_Net_Window_Pattern (*Muster*)
QShow_Window_Pattern (*Segment, Muster*)
QShow_Net_Window_Pattern (*Segment, Muster*)

Segment	string	Name des Segments, dessen Attribut-Wert erfragt werden soll
Muster	string	wie oben **(Ref/rück)**

Wirkung Es wird ein Hintergrundmuster für das Window des betreffenden Segments festgelegt. Das Muster wird in der Farbe window contrast (s. **Set_Color**) dargestellt. Folgende Muster sind möglich:

"solid"	kein Muster - das Window hat eine einheitliche Farbe
"clear"	das Window ist durchsichtig - ein dahinterliegendes Window und dessen Inhalt "scheint durch" - dieses Muster muß in der gegenwärtigen Implementation von HOOPS explizit gesetzt werden, es vererbt sich nicht!
"||"	vertikale Linien
"=="	horizontale Linien
"##"	"||" und "==" zusammen
"//"	parallele Linien von links unten nach rechts oben
"\\\\"	parallele Linien von links oben nach rechts unten
"<><>"	"//" und "\\\\" zusammen
"::"	gepunktet (die Punkte bilden horizontale und vertikale Linien)
"[] []"	nicht ausgefüllte Quadrate (die Quadrate bilden horizontale und vertikale Linien)

C-Beispiel Das Window des aktuellen Segments soll durchsichtig sein.

```
HC_Set_Window_Pattern ("clear");
```

Show_Bounding_Cuboid

Zweck gibt den Begrenzungskuboiden eines Segments zurück

Aufruf **Show_Bounding_Cuboid** (*Min, Max*)

Min, Max	single point	Objektkoordinaten zweier gegenüberliegender Eckpunkte des Begrenzungskuboiden **(Ref/rück)**

Varianten **QShow_Bounding_Cuboid** (*Segment, Min, Max*)
Show_Bounding_Cuboid_By_Key (*Schlüssel, Min, Max*)

Segment	string	das Segment, dessen Begrenzungskuboid zurückgegeben werden soll
Schlüssel	long	Schlüssel des Segments, dessen Begrenzungskuboid zurückgegeben werden soll

Min, *Max* single point wie oben **(Ref/rück)**

Wirkung Es wird das Begrenzungsvolumen des aktuellen Segments bzw. von *Segment* oder vom durch *Schlüssel* referenzierten Segment zurückgegeben. Das Begrenzungsvolumen muß ein Kuboid sein. Der Typ des Begrenzungsvolumens kann mit **Show_Bounding_Info** erfragt werden.

C-Beispiel Der Begrenzungskuboid des aktuellen Segments soll erfragt werden.

```
typedef struct {float x, y, z;} Point;
Point Min, Max;
HC_Show_Bounding_Cuboid (&Min, &Max);
```

Show_Bounding_Info

Zweck gibt den Typ eines Begrenzungsvolumens und zusätzliche Informationen zurück

Aufruf **Show_Bounding_Info** (*Info*)

Info	string	Beschreibung des Begrenzungsvolumens (s.u.) **(Ref/rück)**

Varianten **QShow_Bounding_Info** (*Segment*, *Info*)
Show_Bounding_Info_By_Key (*Schlüssel*, *Info*)

Segment	string	das Segment, über dessen Begrenzungsvolumen Informationen erfragt werden sollen
Schlüssel	long	Schlüssel des Segments, über dessen Begrenzungsvolumen Informationen erfragt werden sollen
Info	string	Beschreibung des Begrenzungsvolumens (s.u.) **(Ref/rück)**

Wirkung Es werden Informationen über das Begrenzungsvolumen des aktuellen Segments bzw. von *Segment* oder vom durch *Schlüssel* referenzierten Segment zurückgegeben. *Info* ist eine Liste, die nach der Ausführung einen der folgenden Werte enthält:

cuboid
: das Begrenzungsvolumen ist ein Kuboid

sphere
: das Begrenzungsvolumen ist eine Kugel

cuboid,user-defined
: das Begrenzungsvolumen ist ein mit Set_Bounding_Cuboid definierter Kuboid

sphere,user-defined
: das Begrenzungsvolumen ist eine mit Set_Bounding_Sphere definierte Kugel

cuboid,transform dependent
das Begrenzungsvolumen ist ein Kuboid, das Segment enthält jedoch das geometrische Element 'Text', dessen genaue Ausdehnung nicht berechnet wird

sphere,transform dependent
das Begrenzungsvolumen ist eine Kugel, das Segment enthält jedoch das geometrische Element 'Text', dessen genaue Ausdehnung nicht berechnet wird

C-Beispiel Es sollen Informationen über das Begrenzungsvolumen des aktuellen Segments erfragt werden.

```
char * Info;
HC_Show_Bounding_Info (Info);
```

Show_Bounding_Sphere

Zweck gibt die Begrenzungskugel eines Segments zurück

Aufruf **Show_Bounding_Sphere** (*Mitte*, *Radius*)

Mitte	single point	Objektkoordinaten des Mittelpunkts der Begrenzungskugel **(Ref/rück)**
Radius	float	der Radius der Begrenzungskugel in Objektkoordinateneinheiten **(Ref/rück)**

Varianten **QShow_Bounding_Sphere** (*Segment*, *Mitte*, *Radius*)
Show_Bounding_Sphere_By_Key (*Schlüssel*, *Mitte*, *Radius*)

Segment	string	das Segment, dessen Begrenzungskugel zurückgegeben werden soll
Schlüssel	long	Schlüssel des Segments, dessen Begrenzungskugel zurückgegeben werden soll
Mitte	single point	wie oben **(Ref/rück)**
Radius	float	wie oben **(Ref/rück)**

Wirkung Es wird das Begrenzungsvolumen des aktuellen Segments bzw. von *Segment* oder vom durch *Schlüssel* referenzierten Segment zurückgegeben. Das Begrenzungsvolumen muß eine Kugel sein. Der Typ des Begrenzungsvolumens kann mit **Show_Bounding_Info** erfragt werden.

C-Beispiel Die Begrenzungskugel des aktuellen Segments soll erfragt werden.

```
typedef struct {float x, y, z;} Point;
Point Mitte;
float Radius;
HC_Show_Bounding_Sphere (&Mitte, &Radius);
```

Show_<Attribute>

Zweck gibt den Wert eines Attributs zurück

Aufruf **Show_<Attribute>** (*'Paramter'*)

'Parameter'	'Typ'	die in der jeweiligen **Set**-Prozedur verwendeten Parameter und deren Datentypen **(Ref/rück)**

Varianten **Show_Net_<Attribute>** (*'Parameter'*)
Show_One_<Attribute> (*Typ, Wert*)
Show_One_Net_<Attribute> (*Typ, Wert*)
QShow_<Attribute> (*Segment, 'Parameter'*)
QShow_Net_<Attribute> (*Segment, 'Parameter'*)
QShow_One_<Attribute> (*Segment, Typ, Wert*)
QShow_One_Net_<Attribute> (*Segment, Typ, Wert*)

Typ	string	eine bestimmte Attribut-Option
Wert	string	Wert der Option *Typ* **(Ref/rück)**
Segment	string	Name des Segments, dessen Attribut-Wert erfragt werden soll
'Parameter'	'Typ'	wie oben **(Ref/rück)**

Wirkung Es wird der Wert eines bestimmten Attributs erfragt. Die einfachen **Show_<Attribute>**-Prozeduren geben den explizit - d.h. per **Set**-Prozedur - in dem betreffenden Segment gesetzten Wert zurück. Dagegen geben die **Show_Net_<Attribute>**-Prozeduren den effektiven Wert des jeweiligen Attributs zurück - wie er sich z.B. aufgrund der Vererbung ergibt.
Die **Show_One_<Attribute>**-Prozeduren geben nur eine Option eines "komplexen" Attributs zurück.
Die für die einzelnen Attribute verfügbaren **Show**-Prozeduren und deren Varianten sind bei den jeweiligen **Set**-Prozeduren aufgelistet.

C-Beispiel Es soll das effektive Marker-Symbol im Segment ?Picture erfragt werden.

```
char* symbol;
HC_QShow_Net_Marker_Symbol (symbol);
```

Show_Color_Map_Count

Zweck gibt die Anzahl der Einträge in der Farbtabelle zurück

Aufruf **Show_Color_Map_Count** (*Anzahl*)

Anzahl	integer	die Anzahl der Einträge in der Farbtabelle **(Ref/rück)**

Varianten **QShow_Color_Map_Count** (*Segment*, *Anzahl*)
Show_Net_Color_Map_Count (*Anzahl*)
QShow_Net_Color_Map_Count (*Segment*, *Anzahl*)

Segment	string	Name des Segments, dessen Farbtabellen-Länge erfragt werden soll
Anzahl	integer	wie oben

Wirkung Es wird die Anzahl der Einträge in der Farbtabelle des betreffenden Segments zurückgegeben.

C-Beispiel Die effektive Anzahl der Einträge in der Farbtabelle des aktuellen Segments soll erfragt werden.

```
int anzahl;
HC_Show_Net_Color_Map_Count (&anzahl);
```

Translate_Object

Zweck verschiebt die Objekte eines Segments im Objektraum

Aufruf **Translate_Object** (x, y, z)

x	float	Distanz, um die in x-Richtung verschoben wird
y	float	Distanz, um die in y-Richtung verschoben wird
z	float	Distanz, um die in z-Richtung verschoben wird

Varianten **QTranslate_Object** (*Segment*, x, y, z)

Segment	string	Liste der zu ändernden Segmente
x, y, z	float	wie oben

Wirkung Die geometrischen Elemente des betreffenden Segments werden um die in x, y und z angegebenen Einheiten im Objektraum verschoben. **Translate_Object** ändert die akkumulierte Transformationsmatrix des betreffenden Segments.

C-Beispiel Alle Elemente des aktuellen Segments sollen 2.0 Einheiten in z-Richtung verschoben werden.

```
HC_Translate_Object (0.0, 0.0, 2.0);
```

Zoom_Camera

Zweck vergrößert oder verkleinert das Sichtfeld der Kamera

Aufruf **Zoom_Camera** (*Zoom*)

Zoom	float	Faktor, um den das Sichtfeld in seiner Breite und Höhe vergrößert bzw. verkleinert wird

Varianten **QZoom_Camera** (*Segment*, *Zoom*)

Segment	string	Liste der zu ändernden Segmente
Zoom	float	wie oben

Wirkung Die Breite und Höhe des Sichtfeldes der Kamera wird um den Faktor *Zoom* vergrößert oder verkleinert (*Zoom* > 0.0).

Achtung! Der **erste** Aufruf einer Kameraprozedur führt in dem betreffenden Segment dazu, daß alle Kameraattribute auf die **voreingestellten** Werte (s. Abschn. 15.5) gesetzt werden (die Kameraattribute des Muttersegments werden ignoriert) und danach die jeweilige Prozedur ausgeführt wird.

C-Beispiel Das Kamerasichtfeld wird in Breite und Höhe um die Hälfte verkleinert.

```
HC_Zoom_Camera (0.5);
```

C2 Berechnungen

Dieser Abschnitt enthält Prozeduren, die verschiedene nützliche Berechnungen durchführen, wie Konvertierungen zwischen verschieden Farbräumen oder Koordinatensystemen. All' diesen Prozeduren ist gemeinsam, daß sie nicht auf das Systemverhalten oder den Inhalt der Datenbasis einwirken.

Compute_Circumcuboid

Zweck errechnet zwei Punkte, die ein Begrenzungsvolumen in Form eines Kuboiden für ein Segment beschreiben

Aufruf **Compute_Circumboid** (*Segment, Min, Max*) → *Erfolg*

Segment	string	das Segment, für das der Begrenzungskuboid errechnet werden soll
Min, Max	single point	Objektkoordinaten zweier gegenüberliegender Eckpunkte des Begrenzungskuboiden **(Ref/rück)**
Erfolg	boolean	'wahr', falls die Berechnung möglich war - andernfalls 'falsch' (Segment ist leer, existiert nicht etc.)

Varianten **Compute_Circumcuboid_By_Key** (*Schlüssel, Min, Max*) → *Erfolg*

Schlüssel	long	Schlüssel des Segments, für das der Begrenzungskuboid errechnet werden soll
Min, Max	single point	wie oben **(Ref/rück)**
Erfolg	boolean	wie oben

Wirkung Es werden zwei Punkte in Objektkoordinaten berechnet, die einen Begrenzungskuboiden für ein gegebenes Segment definieren. Dieser Kuboid muß nicht mit dem von HOOPS verwendeten Begrenzungsvolumen übereinstimmen. Dieses kann auch eine Kugel sein.

C-Beispiel Es sollen zwei Punkte berechnet werden, die einen Begrenzungskuboiden für das Segment ?Picture beschreiben.

```
typedef struct {float x, y, z;} Point;
Point Min, Max;
HC_Compute_Circumboid ("?Picture", &Min, &Max);
```

Compute_Circumsphere

Zweck errechnet einen (Mittel-) Punkt und einen Radius, die ein Begrenzungsvolumen in Form einer Kugel für ein Segment beschreiben

Aufruf **Compute_Circumsphere** (*Segment, Mitte, Radius*) → *Erfolg*

Segment	string	das Segment, für das die Begrenzungskugel errechnet werden soll
Mitte	single point	Objektkoordinaten des Mittelpunkts der Begrenzungskugel **(Ref/rück)**
Radius	float	der Radius der Begrenzungskugel in Objektkoordinateneinheiten **(Ref/rück)**
Erfolg	boolean	'wahr', falls die Berechnung möglich war - andernfalls 'falsch' (Segment ist leer, existiert nicht etc.)

Varianten **Compute_Circumsphere_By_Key** (*Schlüssel*, *Mitte*, *Radius*) → *Erfolg*

Schlüssel	long	Schlüssel des Segments, für das die Begrenzungskugel errechnet werden soll
Mitte,	single point	wie oben **(Ref/rück)**
Radius	float	wie oben **(Ref/rück)**
Erfolg	boolean	wie oben

Wirkung Es wird der Mittelpunkt und der Radius einer Kugel (in Objektkoordinateneinheiten) berechnet, die ein Begrenzungsvolumen für ein gegebenes Segment definieren. Diese Kugel muß nicht mit dem von HOOPS verwendeten Begrenzungsvolumen übereinstimmen. Dieses kann auch ein Kuboid sein.

C-Beispiel Es soll eine Begrenzungskugel für das Segment ?Picture berechnet werden.

```
typedef struct {float x, y, z;} Point;
Point Min, Max;
float Radius;
HC_Compute_Circumsphere ("?Picture", &Min, &Radius);
```

Compute_Color

Zweck errechnet zu einem gegebenen Farbnamen oder einem gegebenen Punkt in einem Farbraum den entsprechenden Punkt in einem anderen Farbraum

Aufruf **Compute_Color** (*Name*, *Ausgabetyp*, *Ausgabewert*) → *Erfolg*

Name	string	eine Spezifikation eines Farbnamens (s. **Set_Color**)
Ausgabetyp	string	eine der folgenden Konstanten: "HLS", "HSV", "HIC", "RGB"
Ausgabewert	single point	der zu *Name* entsprechende Punkt im Farbraum *Ausgabetyp* **(Ref)**
Erfolg	boolean	'wahr', falls die Konvertierung erfolgreich war - sonst 'falsch'

Varianten **Compute_Color_By_Value** (*Eingabetyp*, *Eingabewert*, *Ausgabetyp*, *Ausgabewert*) → *Erfolg*

Eingabetyp	string	eine der folgenden Konstanten: "HLS", "HSV", "HIC", "RGB"
Eingabewert	string	ein Punkt im Farbraum *Eingabetyp*
Ausgabewert	single point	wie oben **(Ref)**
alle anderen	wie oben	wie oben

Wirkung **Compute_Color** errechnet zu einem gegebenen Farbnamen den entsprechenden Punkt in dem in *Ausgabetyp* angegebenen Farbraum. **Compute_Color_By_Value** errechnet zu einem gegebenen Punkt in einem Farbraum den entsprechenden Punkt in einem anderen Farbraum.

C-Beispiel Es soll der Punkt im HLS-Farbraum errechnet werden, der der Farbe 'gold' entspricht.

```
struct {float h, l, s;} farb_punkt;
HC_Compute_Color ("gold", "HLS", &farb_punkt);
```

Compute_Convex_Hull

Zweck errechnet zu einer gegebenen Menge von Punkten die konvexe Hülle in Form einer Shell-Flächenliste

Aufruf **Compute_Convex_Hull** (*PAnzahl*, *Punkte*, *FAnzahl*, *Flächenliste*)

PAnzahl	integer	Anzahl der zu untersuchenden Punkte in *Punkte*
Punkte	point vector	ein Array von 3D-Punkten
FAnzahl	integer	Anzahl der vom System zurückgegebenen Integers in *Flächenliste* **(Ref/rück)**
Flächenliste	vector of integers	konvexe Hülle der Punkte in *Punkte* - als Shell-Flächenliste des *Punkte*-Arrays (s. **Insert_Shell**) **(Ref/rück)**

Wirkung Es wird die konvexe Hülle einer Menge von Punkten berechnet. Das System untersucht die ersten *PAnzahl* Punkte in *Punkte* und gibt dann die konvexe Hülle in Form einer Shell-Flächenliste - bezogen auf *Punkte* - zurück.

C-Beispiel Es soll die konvexe Hülle der in object enthaltenen Punkte berechnet werden.

```
typedef struct {float x, y, z;} Point;
Point object [10];
int Face_count;
int Face_list [80];
/* object erhält die zu untersuchenden Punkte */
HC_Compute_Convex_Hull (10, object, &Face_count, &Face_list);
```

Compute_Coordinates

Zweck transformiert einen Punkt von einem Koordinatensystem zu einem anderen

Aufruf **Compute_Coordinates** (*Segment*, *EinSystem*, *EinPunkt*, *AusSystem*, *AusPunkt*) → *Erfolg*

Segment	string	Segment, welches das Window, die Kamera und/oder die Driver-Attribute enthält
EinSystem	string	Eingabe-Koordinatensystem - eine der unten aufgelisteten Konstanten
AusSystem	string	Ausgabe-Koordinatensystem - eine der unten aufgelisteten Konstanten
EinPunkt	single point	ein 3D-Punkt in *EinSystem* **(Ref)**
AusPunkt	single point	ein 3D-Punkt in *AusSystem* **(Ref/rück)**
Erfolg	boolean	'wahr', falls die Konvertierung möglich war - sonst 'falsch'

Varianten **Compute_Transform** (*Segment*, *EinSystem*, *AusSystem*, *Matrix*) → *Erfolg*

Matrix	4 x 4 array of floats	die Matrix, die Punkte vom *EinSystem* zum *AusSystem* transformiert **(Ref/rück)**
Erfolg	boolean	'wahr', falls *Matrix* gebildet werden konnte - sonst 'falsch'
alle anderen	string	wie oben

Wirkung Es wird eine Transformation des Punktes *EinPunkt* vom Koordinatensystem *EinSystem* zum Koordinatensystem *AusSystem* durchgeführt. Das Ergebnis wird in *AusPunkt* zurückgegeben. **Compute_Transform** berechnet eine entsprechende Matrix für diese Transformation. Folgende Werte können für *EinSystem* bzw. *AusSystem* eingesetzt werden:

"local window"	Window-Koordinaten des für *Segment* gültigen Windows
"outer window"	Window-Koordinaten des "ersten" Segments mit Driver-Attribut - "ersten" heißt: von *Segment* ausgehend den Segmentbaum entlang in Richtung auf das Wurzelsegment
"local pixel"	(Bildschirm-) Pixelkoordinaten des für *Segment* gültigen Windows - links unten ist der Punkt (0,0) (die z-Koordinate ist Null)
"outer pixel"	(Bildschirm-) Pixelkoordinaten des "ersten" Segments mit Driver-Attribut - "ersten" heißt: von *Segment* ausgehend den Segmentbaum entlang in Richtung auf das Wurzelsegment
"projection"	Projektionskoordinaten; das sind die Weltkoordinaten nach der für das *Segment* geltenden Projektion

"viewpoint"	Kamerakoordinaten: die Kameraposition bildet den Koordinatenursprung, die Sichtlinie die positive z-Achse und die Kameraaufwärtsrichtung die positive y-Achse
"world"	Weltkoordinaten, das sind Objektkoordinaten incl. Ausführung der jeweiligen akkumulierten Transformationsmatrix
"camera"	dasselbe wie world
"object"	Objektkoordinaten

Anmerkung:

z-Koordinaten von Windows werden bei der Prozedur **Show_Selection_Position** beschrieben.

C-Beispiel Es soll eine Konvertierung des Punktes P1 im Segment ?Picture vom Objektkoordinatensystem zum Kamerakoordinatensystem durchgeführt werden.

```
struct {float x,y,z;} P1, P2;
/* Setzen von P1 */
HC_Compute_Coordinates ("?Picture", "world", P1, "viewpoint", P2);
```

Compute_Minimized_Shell

Zweck entfernt überflüssige Punkte und degenerierte Flächen aus Daten, die eine Shell beschreiben

Aufruf **Compute_Minimized_Shell** (*PAnzahl*, *Punkte*, *FAnzahl*, *FListe*, *Optionen*, *NPAnzahl*, *NPunkte*, *NFAnzahl*, *NFListe*, *PRListe*, *FRListe*)

PAnzahl	integer	Anzahl der relevanten Punkte in *Punkte*
Punkte	point vector	ein Vektor von Shell-Eckpunkten **(Ref)**
FAnzahl	integer	Gesamtzahl der Integers in *FListe* **(Ref)**
FListe	vector of integers	kodierte Beschreibung, wie die Punkte in *Punkte* zu Flächen verbunden werden sollen
Optionen	string	eine Liste von Optionen (s.u.)
NPAnzahl	integer	Anzahl der relevanten Punkte in *NPunkte* nach der Berechnung **(Ref/rück)**
NPunkte	point vector	ein Vektor von Shell-Eckpunkten nach der Berechnung **(Ref/rück)**
NFAnzahl	integer	Anzahl der Integers in *NFListe* nach der Berechnung **(Ref/rück)**
NFListe	vector of integers	kodierte Beschreibung, wie die Punkte in *NPunkte* zu Flächen verbunden werden sollen **(Ref/rück)**
PRListe	vector of integers	Punkt-Referenzliste (s.u.) **(Ref/rück)**
FRListe	vector of integers	Flächen-Referenzliste (s.u.) **(Ref/rück)**

Wirkung Diese Prozedur akzeptiert Eingabedaten, die eine Shell beschreiben (*PAnzahl, Punkte, FAnzahl, FListe*), und berechnet Ausgabedaten, die die gleiche Shell erzeugen (*NPAnzahl, NPunkte, NFAnzahl, NFListe*). Die Ausgabedaten enthalten nur Punkte, die paarweise verschieden und Eckpunkte von Flächen sind, und nur Flächen, die mindestens drei Eckpunkte haben (siehe dazu auch die Erklärung des Parameters *Optionen*!). Die Ausgabedaten entstehen also durch Entfernen aller redundanten und unverbundenen Punkte sowie aller degenerierten Flächen aus den Eingabedaten.

Zusätzlich wird eine Punkt-Referenzliste (*PRListe*) und Flächenreferenzliste (*FRListe*) zurückgegeben, anhand derer man die Berechnung der Ausgabedaten aus den Eingabedaten nachvollziehen kann. Diese Referenzlisten sind dabei folgendermaßen zu interpretieren: der n-te Punkt der Eingabedaten ist der *PRListe*[n]-te Punkt der Ausgabedaten bzw. die n-te Fläche der Eingabedaten ist die *FRListe*[n]-te Fläche der Ausgabedaten. Punkte bzw. Flächen, die in den Ausgabedaten nicht mehr auftreten, werden mit -1 gekennzeichnet. Werden die Referenzlisten nicht benötigt, so kann für diese auch ein "Null-Pointer" angegeben werden.

Optionen ist eine Liste von Optionen, durch die die Berechnung der Ausgabedaten näher spezifziert werden kann. Dabei kann jede der beiden Optionen gesetzt ('option') oder gelöscht ('no option') werden:

[no] orphan elimination

Das Setzen dieser Option bewirkt, daß alle Punkte, die zu keiner Fläche gehören, eliminiert werden. Dies ist auch die Voreinstellung.

[no] tolerance [= nnn oru / nnn % fru]

Diese Option legt den Abstand zweier Punkte fest, bei dessen Unterschreitung diese Punkte als gleich angesehen werden. Dies kann auf zwei unterschiedliche Arten erfolgen:

Einerseits kann der **absolute** Abstand in Objektkoordinateneinheiten (**o**bject **r**elative **u**nits) angegeben werden. Beispielsweise bewirkt tolerance = 1 oru, daß alle Punkte, die weniger als eine Objektkoordinateneinheit voneinander entfernt sind, als gleich angesehen werden. Diese Punkte erscheinen dann in den Ausgaben als ein einziger Punkt.

Da die absoluten Größenverhältnisse nicht immer von vornherein bekannt sind (ist die Kante einer Fläche typischerweise 1 oder 100 Objektkoordinateneinheiten lang?), kann andererseits ein **relativer** Abstand angegeben werden (**f**eature **r**elative **u**nits). Dazu werden (intern) die Abstände der Eckpunkte jeder Fläche berechnet und der geringste all' dieser Abstände, der größer als Null ist, zugrundegelegt. Die Angabe von tolerance = 200 % fru hat dann beispielsweise zur Folge, daß alle Punkte, die weniger als doppelt soweit wie dieser geringste Abstand voneinander entfernt sind, als gleich angesehen werden. Bei einer Angabe von weniger als 100 % werden immer alle Punkte als unterschiedlich angesehen.

Die Voreinstellung ist no tolerance. Dies entspricht tolerance = 0 oru

Diese Prozedur kann auch dazu benutzt werden, aus mehreren Polygonen eine Shell zu machen. Die Eingabeparameter ergeben sich wie folgt:

PAnzahl Gesamtzahl aller Eckpunkte aller Polygone
Punkte Vektor aller Eckpunkte aller Polygone
FAnzahl Gesamtzahl aller Polygone
FListe für alle Polygone: Anzahl der Eckpunkte und Indizes derselben in *Punkte*

Für die Ausgabeparameter müssen Variablen geeigneter Größe zur Verfügung gestellt werden.

C-Beispiel Im Bild sind zwei Dreiecke (Punkte 0 bis 2 bzw. 5 bis 7) und eine Linie (Punkte 3 und 4) gezeigt, die zu einer Shell verbunden werden sollen. Die Punkte 1, 3 und 5 sowie die Punkte 2, 4 und 6 seien koinzident. Bei der Konvertierung der Daten sollen die voreingestellten Optionen verwendet werden.

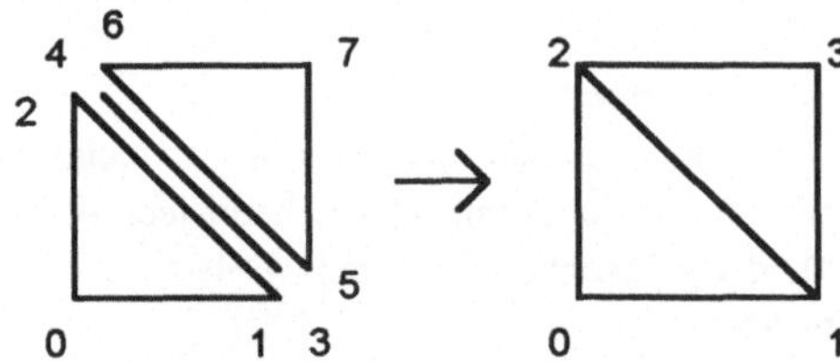


```
typedef struct {float x, y, z;} Punkt;
Punkt Punkte[8];
int FListe[10];
int NPAnzahl, NFAnzahl;
Punkt NPunkte[8];
int NFListe[10], PRListe[8], FRListe[3];
/* Punkte enthalte die Koordinaten aller 8 Punkte */
FListe[0]=3;
FListe[1]=0; FListe[2]=1;FListe[3]=2;
FListe[4]=2;
FListe[5]=3; FListe[6]=4;
FListe[7]=3;
FListe[8]=5; FListe[9]=6; FListe[10]=7;
HC_Compute_Minimized_Shell (8, Punkte, 11, FListe, "", &NPAnzahl,
&NPunkte, &NFAnzahl, NFListe, PRListe, FRListe);
/* nun ist PRListe= [0, 1, 2, 1, 2, 1, 2, 3] */
/* und FRListe= [0, -1, 1] */
/* Erzeugen der Shell: */

HC_Insert_Shell (NPAnzahl, NPunkte, NFAnzahl, NFListe);
```

Compute_Selection

Zweck generiert ein "künstliches" Auswahl-Ereignis

Aufruf **Compute_Selection** (*Bildschirm*, *StartSeg*, *Aktion*, x, y) → *Anzahl*

Bildschirm	string	ein Segment, das mit einem Gerät verknüpft ist, welches Auswahl-Ereignisse zuläßt
StartSeg	string	ein Segment im *Bildschirm*-Teilbaum, bei dem das Testen des Auswahl-Ereignisses beginnen soll - oder ein "Null-String" = der Test beginnt in *Bildschirm*
Aktion	string	eine der folgenden Konstanten: "V", "^", "*", "O" - *Aktion* wird während des Testens mit den jeweiligen Auswahl-Attributen verglichen (vgl. **Set_Selectability**)
x, y	float	der Punkt, an dem das Auswahl-Ereignis "stattfindet": Window-Koordinaten des Segments *StartSeg*
Anzahl	integer	Anzahl der gefundenen Elemente

Varianten **Compute_Selection_By_Area** (*Bildschirm*, *StartSeg*, *Aktion*, *links*, *rechts*, *unten*, *oben*) → *Anzahl*

Compute_Selection_By_Volume (*Bildschirm*, *StartSeg*, *Aktion*, *links*, *rechts*, *unten*, *oben*, *vorne*, *hinten*) → *Anzahl*

links, *rechts*, *unten*, *oben*	float	die Grenzen des Gebietes, in denen derTest stattfinden soll in Window-Koordinaten
vorne, *hinten*	float	die Grenzen des Test-Volumens in (Window-) z-Richtung (s. **Show_Selection_Position**)
alle anderen		wie oben wie oben

Wirkung Diese Prozedur generiert ein "künstliches" Auswahl-Ereignis: dem System werden die Informationen, die normalerweise per Mausklick von "außen", d.h. vom Anwender kommen, per Parameter übergeben. Anschließend wird ermittelt, was sich an dem Punkt [x, y] im Window von *StartSeg* befindet. Findet das System (mindestens) ein Element, dessen Auswahl-Attribut mit *Aktion* übereinstimmt, so wird ein Auswahl-Ereignis generiert und sofort zum aktuellen Ereignis gemacht! (Das momentane aktuelle Ereignis wird beseitigt.)

Bei den beiden Varianten **Compute_Selection_By_Area** bzw. **Compute_Selection_By_Volume** wird statt eines einzelnen Window-Punktes eine zwei- bzw. dreidimensionale Window-Region als Parameter angegeben, die beim Auswahltest mit den einzelnen Elementen verglichen werden soll. (z-Koordinaten von Windows werden bei **Show_Selection_Position** beschrieben.)

In **Compute_Selection_By_Volume** kann *Bildschirm* auch ausgelassen werden (Null-String). Es erfolgt dann ein "Objektraum-Test", bei dem ein Auswahl-Ereignis ohne Bezug zu einem Bildschirm generiert werden kann.

C-Beispiel Das Segment ?Objekt sei ein Subsegment des Segments ?Picture. In diesem Segment soll nun ein Auswahltest durchgeführt werden, und zwar in der Mitte des für ?Objekt gültigen Windows.

```
int Anzahl;
Anzahl = HC_Compute_Selection ("?Picture", "?Objekt", "v", 0.0, 0.0);
```

Compute_Text_Extent

Zweck berechnet den Anteil eines Windows, der von einem gegebenen Text belegt wird

Aufruf **Compute_Text_Extent** (*Segment, Text, xTeil, yTeil*)

Segment	string	das Segment, dessen Text- und Window-Attribute relevant sind
Text	string	der zu testende Text
xTeil, yTeil	float	der Bruchteil in x- bzw. y-Richtung **(Ref/rück)**

Varianten **Compute_Text_Extent_With_Enc** (*Segment, Zeichensatz, Text, xTeil, yTeil*)

Zeichensatz	string	der für *Text* benutzte Zeichensatz (s. **Insert_Text**)
Text	string	wie oben, jedoch in der Kodierung von *Zeichensatz*
alle anderen	wie oben	wie oben

Wirkung Es wird der Bruchteil eines Windows in horizontaler und vertikaler Richtung berechnet, den ein gegebener Text einnimmt. *xTeil* und *yTeil* sind Window-Koordinateneinheiten. Ist beispielsweise *xTeil* = 1.0, so bedeutet das, daß der Text die gesamte Breite des Windows benötigt. Ist *yTeil* = 0.5, so wird die halbe Höhe benötigt. *Segment* muß das Text-Attribut no transforms (s. **Set_Text_Font**) haben!

C-Beispiel Es soll der Anteil des Windows des aktuellen Segments berechnet werden, den der Text "Achtung" einnimmt.

```
float x_Teil, y_Teil;
HC_Compute_Text_Extent (".", "Achtung", &x_Teil, &y_Teil);
```

Compute_Text_From_Text16

Zweck führt eine Konvertierung von Texten zwischen 16-Bit-Format und String-Format durch

Aufruf **Compute_Text_From_Text16** (*Anzahl, EinText16, Zeichensatz, AusText*)

Anzahl	integer	Anzahl der Zeichen in *EinText16*
EinText16	vector of	ein Array von 16-Bit Integers- jede Zahl

	short integers	repräsentiert ein Zeichen
Zeichensatz	string	der bei *EinText16* verwendete Zeichensatz (s. **Insert_Text**)
AusText	string	der konvertierte Text im String-Format (packed-byte Format) **(Ref/rück)**

Varianten **Compute_Text16_From_Text** (*EinText*, *Zeichensatz*, *Anzahl*, *AusText16*)

EinText	string	der Eingabetext im String-Format (packed-byte Format)
Anzahl	integer	Anzahl der Zeichen in *AusText16* **(Ref/rück)**
AusText16	2D array of short integers	der konvertierte Text im 16-Bit-Format - ein Zeichen pro Array-Element **(Ref/rück)**
Zeichensatz	string	wie oben

Wirkung Es wird eine Konvertierung vom String-Format in eine Integer-Array-Repräsentationen von 16-Bit Zeichen durchgeführt.

C-Beispiel Es soll ein zehn Zeichen langer Text vom 16-Bit-Format in String-Format konvertiert werden, um auf dem Bildschirm ausgegeben zu werden.

```
short Text16[20];
char Text[10];
/* Setzen von Text16 */
HC_Compute_Text_From_Text16 (10, Text16, "16", Text);
HC_Insert_Text_With_Encoding (0.0, 0.0, 0.0, "16", Text);
```

Compute_<Vectors and Matrices>

Zweck führen verschiedene Vektor- und Matrizenrechnungen durch

Aufruf **Compute_Cross_Product** (*Vektor*, *Vektor2*, *AusVektor*)
(berechnet das Kreuzprodukt zweier Vektoren)
Compute_Dot_Product (*Vektor*, *Vektor2*)→ *Wert*
(berechnet das Skalarprodukt zweier Vektoren)
Compute_Vector_Lenght (*Vektor*)→ *Wert*
(berechnet die Länge eines Vektors)
Compute_Matrix_Product (*Matrix*, *Matrix2*, *AusMatrix*)
(berechnet das Produkt zweier Matrizen)
Compute_Matrix_Adjoint (*Matrix*, *AusMatrix*)
(berechnet die Adjunkte einer Matrix)
Compute_Matrix_Determinant (*Matrix*)→ *Wert*
(berechnet die Determinante einer Matrix)
Compute_Matrix_Inverse (*Matrix*, *AusMatrix*)→ *Erfolg*
(berechnet die Inverse einer Matrix)
Compute_Normalized_Matrix (*Matrix*, *AusMatrix*)→ *Erfolg*
(berechnet zu einer Matrix die normalisierte Matrix)

Compute_Normalized_Vector (*Vektor, AusVektor*)→ *Erfolg*
(berechnet zu einem Vektor den normalisierten Vektor)
Compute_Identity_Matrix (*AusMatrix*)
(erzeugt die Einheitsmatrix)
Compute_Rotation_Matrix (ϕ, ψ, θ, *AusMatrix*)
(erzeugt eine Transformationsmatrix, die eine Rotation um die x-, y- und z-Achse bewirkt)
Compute_Offaxis_Matrix (x, y, z, θ, *AusMatrix*)
(erzeugt eine Transformationsmatrix, die eine Rotation um eine beliebige - den Ursprung schneidende - Achse bewirkt)
Compute_Offcenter_Matrix (ϕ, ψ, θ, x, y, z, *AusMatrix*)
(erzeugt eine Transformationsmatrix, die eine Rotation um einen beliebigen Punkt bewirkt: 1. Translation zum Ursprung, 2. Rotation um x- , y- und z-Achse, 3. Rücktranslation)
Compute_Scale_Matrix (x, y, z, *AusMatrix*)
(erzeugt eine Transformationsmatrix, die eine Skalierung bewirkt)
Compute_Translation_Matrix (x, y, z, *AusMatrix*)
(erzeugt eine Transformationsmatrix, die eine Translation bewirkt)
Compute_Polygon_Normal (*Anzahl, Punkte, Hand, AusVektor*) → *Erfolg*
(berechnet den Normalenvektor einer Fläche)
Compute_Polygon_Plane (*Anzahl, Punkte, Hand, AusEbene*) →*Erfolg*
(berechnet die Ebenengleichung einer Fläche)
Compute_Transformed_Plane (*Ebene, Matrix, AusEbene*) →*Erfolg*
(invertiert *Matrix* und multipliziert sie mit *Ebene*, so daß eine neue Ebenengleichung entsteht)
Compute_Transformed_Points (*Anzahl, Punkte, Matrix, AusPunkte*)
(multipliziert jeden Punkt in *Punkte* mit Matrix, so daß transformierte Punkte entstehen)

Matrix, Matrix2, AusMatrix	4x4 array of floats	Transformationsmatrizen - *AusMatrix* ist **(Ref/rück)**
Ebene, AusEbene	array of 4 floats	Parameter der Ebenengleichung (ax + by +cz + d = 0) *AusEbene* ist **(Ref/rück)**
Punkte, AusPunkte	point vector	ein Vektor von Punkten (s. **Insert_Polygon**) *AusPunkte* ist **(Ref/rück)**
Anzahl	integer	Anzahl der Punkte in *Punkte* bzw. *AusPunkte*
Vektor, Vektor2, AusVektor	single point	3D Vektoren - *AusVektor* ist **(Ref/rück)**
ϕ, ψ, θ	float	Rotationwinkel um die x- , y- und z-Achse
x, y, z	float	3D Koordinaten
Hand	string	Händigkeit der Polygone - "left" oder "right" (s. **Set_Heuristics**)

Wert	float	eine Länge oder Größe
Erfolg	boolean	'wahr', falls die Operation möglich war, sonst 'falsch'

Wirkung Dies sind eine Reihe von Prozeduren, die verschiedene Vektor- und Matrizenrechnungen durchführen.

C-Beispiel Es wird das Skalarprodukt der Vektoren v1 und v2 berechnet.

```
struct {float x,y,z;} v1, v2;
int Ergebnis;
Ergebnis = HC_Compute_Dot_Product (v1, v2);
```

C3 Eingabe

Dieser Abschnitt enthält alle Prozeduren, die sich mit der Eingabe und Verarbeitung von Informationen befassen, die "von außen" in das System gelangen.

Await_Event

Zweck nimmt das nächste Ereignis aus der Warteschlange und macht es zum aktuellen Ereignis

Aufruf **Await_Event** (*Typ*)

Typ	string	der Typ des Ereignisses - einer der folgenden Werte: "selection", "location", "string", "button", "wakeup", "special" **(Ref/rück)**

Wirkung Es wird das am längsten wartende Ereignis aus der Warteschlange genommen und zum aktuellen Ereignis gemacht (das alte aktuelle Ereignis wird entfernt). Der Typ des Ereignisses wird in *Typ* zurückgegeben. Ist die Warteschlange leer, so wird zuerst der Bildschirm aktualisiert (interner Aufruf von **Update_Display**) und danach die Programmausführung solange unterbrochen, bis (mindestens) ein zugelassenes Ereignis eintritt, welches dann zum aktuellen Ereignis wird.

C-Beispiel Es soll das nächste Ereignis zum aktuellen Ereignis gemacht werden.

```
char* typ;
HC_Await_Event (typ);
```

Check_For_Events

Zweck gibt die Anzahl der Ereignisse in der Warteschlange zurück

Aufruf **Check_For_Events** ()→ *Anzahl*

Anzahl	integer	Anzahl der Ereignisse in der Warteschlange

Wirkung Es wird die Anzahl der in der Warteschlange wartenden Ereignisse zurückgegeben.

C-Beispiel Es soll die Anzahl der sich momentan in der Warteschlange befindenden Ereignisse erfragt werden.

```
int anzahl;
anzahl = HC_Check_For_Events ();
```

Enable_Button_Events

Zweck teilt dem System mit, welche Tastendrücke ein Tasten-Ereignis auslösen können

Aufruf **Enable_Button_Events** (*Tastatur*, *Tasten*)

Tastatur	string	ein mit einer Tastatur verknüpftes Segment - meistens "?Keyboard"
Tasten	string	eine Liste der Tasten, die ein Tasten-Ereignis auslösen können (s.u.)

Varianten **Disable_Button_Events** (*Tastatur*, *Tasten*)

Tastatur	string	wie oben
Tasten	string	eine Liste der Tasten, die kein Tasten-Ereignis auslösen sollen (s.u.)

Wirkung Die Prozedur teilt dem System mit, daß das Drücken der durch *Tasten* spezifizierten Tasten auf der mit *Tastatur* verknüpften Tastatur ein Tasten-Ereignis auslöst. Für jede Taste existiert ein interner Zähler, der durch den Aufruf inkrementiert wird. Mit **Disable_Button_Events** wird der Zähler für die betreffenden Tasten dekrementiert. Ist ein Zähler für eine Taste auf Null gesunken, so kann diese Taste kein Tasten-Ereignis mehr auslösen.

Für *Tasten* können ein oder mehrere der folgenden Werte angegeben werden:

f0, f1, f2, ...
: die auf der betreffenden Tastatur verfügbaren Funktionstasten

kp0, kp1, kp2, ...
: die auf der betreffenden Tastatur verfügbaren "Keypad"-Tasten

A, B, ..., a, b, ..., 0, 1, ..., ;, !, ...
: die "normalen" druckbaren Zeichen, außer dem Komma

comma
: die "Komma"-Taste

space
: die "Leerzeichen"-Taste

rubout
: die "backspace"- oder "delete"-Taste

control a, control b, ...
: die auf der betreffenden Tastatur verfügbaren Control-Tasten

left arrow, right arrow, up arrow, down arrow
: die "Pfeil"- bzw. Cursor-Tasten

control
: alle auf der betreffenden Tastatur verfügbaren Control-Tasten

function
: alle auf der betreffenden Tastatur verfügbaren Funktionstasten

arrow
alle "Pfeil"- bzw. Cursor-Tasten
keypad
alle auf der betreffenden Tastatur verfügbaren "Keypad"-Tasten
letter
alle "Buchstaben"-Tasten - A bis Z und a bis z
number
alle "Zahlen"-Tasten - 0 bis 9 - jedoch nicht die Zahlen eines separaten Cursor-Blocks
printing
alle Tasten, denen druckbare Zeichen zugeordnet sind
anything
alle auf der betreffenden Tastatur verfügbarenTasten

C-Beispiel Alle Funktions- und Cursor-Tasten sowie die Tasten "A" bis "F" sollen ein Tasten-Ereignis auslösen (können). Es wird vorausgesetzt, daß die angeschlossene Tastatur mit dem Segment ?Keyboard verknüpft ist.

```
HC_Enable_Button_Events ("?Keyboard", "function, arrow, A, B, C,
D, E, F");
```

Enable_Location_Events

Zweck teilt dem System mit, daß der Anwender mit einem Zeigegerät Bildschirmkoordinaten angeben kann

Aufruf **Enable_Location_Events** (*Zeigegerät*, *Bildschirm*, *Aktion*)

Zeigegerät	string	ein mit einem Zeigegerät verknüpftes Segment - meistens "?Locater"
Bildschirm	string	ein mit einem Bildschirm verknüpftes Segment - meistens "?Picture"
Aktion	string	die Aktion, die die Ermittlung der Bildschirmkoordinaten auslöst: "v", "^", "*", "O" oder eine Kombination dieser Werte (s.u.)

Varianten **Disable_Location_Events** (*Zeigegerät*, *Bildschirm*, *Aktion*)

alle	string	wie oben

Wirkung Die Prozedur teilt dem System mit, daß der Anwender mit Hilfe des mit *Zeigegerät* verknüpften Zeigegerätes (z.B. einer Maus) einen Punkt auf dem mit *Bildschirm* verknüpften Bildschirm auswählen kann. Das System bestimmt diejenigen Bildschirmkoordinaten (, die danach mit **Show_Location** erfragt werden können), an denen sich der Cursor des Zeigegerätes befindet, wenn die durch *Aktion* angegebene Aktion ausgeführt wird. Für *Aktion* kann einer der folgenden Werte oder eine Kombination dieser Werte angegeben werden (z.B. "^v"), wobei dann jede dieser Aktionen eine Auswahl auslöst:

"v" die Auswahl erfolgt durch Drücken (mindestens) eines Zeigegerätknopfes

"^" die Auswahl erfolgt durch Loslassen (mindestens) eines Zeigegerätknopfes, so daß anschließend kein Knopf mehr gedrückt ist

"*" die Auswahl erfolgt durch Verändern der Position des Zeigegerät-Cursors während (mindestens) ein Knopf gedrückt wird

"O" die Auswahl erfolgt durch Verändern der Position des Zeigegerätcursors während kein Knopf gedrückt wird

Die Prozedur inkrementiert außerdem einen internen Zähler für "Location"-Ereignisse. Mit **Disable_Location_Events** wird der interne Zähler dekrementiert. Falls der Zähler danach auf Null gesunken ist, können Bildschirmkoordinaten durch den Anwender nicht mehr ermittelt werden.

C-Beispiel Der Anwender soll Bildschirmkoordinaten mit der Maus, die mit dem Segment ?Locater verknüpft ist, auf dem Bildschirm (verknüpft mit ?Picture) angeben können, und zwar durch Drücken eines Mausknopfs.

```
HC_Enable_Location_Events ("?Locater", "?Picture", "v");
```

Enable_Selection_Events

Zweck teilt dem System mit, daß der Anwender bestimmte Bildelemente auswählen kann

Aufruf **Enable_Selection_Events** (*Zeigegerät*, *Bildschirm*)

Zeigegerät string	ein mit einem Zeigegerät verknüpftes Segment - meistens "?Locater"
Bildschirm string	ein mit einem Bildschirm verknüpftes Segment - meistens "?Picture"

Varianten **Disable_Selection_Events** (*Zeigegerät*, *Bildschirm*)

alle string wie oben

Wirkung Die Prozedur teilt dem System mit, daß der Anwender mit Hilfe des mit *Zeigegerät* verknüpften Zeigegerätes (z.B. einer Maus) auf dem mit *Bildschirm* verknüpften Bildschirm geometrische Elemente auswählen kann. Die Prozedur inkrementiert außerdem einen internen Zähler für Auswahl-Ereignisse. Mit **Disable_Selection_Events** wird der interne Zähler dekrementiert. Falls der Zähler danach auf Null gesunken ist, können geometrische Bildelemente nicht mehr ausgewählt werden.

C-Beispiel Der Anwender soll Bildelemente mit der Maus, die mit dem Segment ?Locater verknüpft ist, auf dem Bildschirm (verknüpft mit ?Picture) auswählen können.

```
HC_Enable_Selection_Events ("?Locater", "?Picture");
```

Enable_String_Events

Zweck teilt dem System mit, daß der Anwender Text-Strings eingeben kann

Aufruf **Enable_String_Events** (*Tastatur*, *CSchlüssel*)

Tastatur	string	ein mit einer Tastatur verknüpftes Segment - meistens "?Keyboard"
CSchlüssel	long	Schlüssel zur Identifizierung des Text-Cursors, der zur Wiedergabe der eingegebenen Zeichen verwendet werden soll - sollen die Zeichen nicht reflektiert werden, ist hier "Null" anzugeben

Varianten **Disable_String_Events** (*Tastatur*, *CSchlüssel*)

alle	wie oben	wie oben

Wirkung Die Prozedur teilt dem System mit, daß der Anwender einen Text-String mit Hilfe der mit *Tastatur* verknüpften Tastatur eingeben kann. Die Folge von Tastendrücken - also der Text-String - muß durch die Returntaste abgeschlossen werden. Einige Tasten haben bei der Eingabe eines Strings - im Gegensatz zu Tasten-Ereignissen (s. **Enable_Button_Events**) - spezielle Bedeutungen, die bei der Prozedur **Get_String** beschrieben werden. Die Eingabe der einzelnen Zeichen wird an der Stelle des mit *CSchlüssel* verknüpften Text-Cursors in dessen zugehörigen Textbereich reflektiert.
Der Aufruf der Prozedur inkrementiert außerdem einen internen Zähler für String-Ereignisse. Mit **Disable_String_Events** wird der interne Zähler dekrementiert. Falls der Zähler danach auf Null gesunken ist, können keine Strings mehr eingegeben werden.

C-Beispiel Der Anwender soll Strings auf der mit Segment ?Keyboard verknüpften Tastatur eingeben können. Die einzelnen Zeichen sollen auf dem Bildschirm erscheinen, und zwar an der Stelle des durch den Schlüssel cursor_key referenzierten Text-Cursors.

```
HC_Enable_String_Events ("?Keyboard", cursor_key);
```

Enable_Wakeup_Events

Zweck startet eine Uhr und löst nach Ablauf einer bestimmten Zeitspanne ein Timer-Ereignis aus

Aufruf **Enable_Wakeup_Events** (*Intervall*)

Intervall	float	die Zeitspanne (in Sekunden), nach der ein Timer-Ereignis ausgelöst wird

Varianten **Disable_Wakeup_Events** (*Intervall*)

Intervall	float	wie oben

Wirkung Die Prozedur startet eine Uhr und löst nach der mit *Intervall* angegebenen Anzahl von Sekunden ein Timer-Ereignis aus, das in die Ereigniswarteschlange aufgenommen wird, vorausgesetzt, es befindet sich höchstens ein weiteres Timer-Ereignis mit dem gleichen Zeitintervall in der Warteschlange; andernfalls wird das Ereignis "vergessen". Anschließend wird die Uhr erneut gestartet, und der Vorgang wiederholt sich.

Der Aufruf der Prozedur inkrementiert außerdem einen internen Zähler für Timer-Ereignisse von *Intervall* Sekunden Dauer. Die Uhr wird solange nach Ablauf des Intervalls neu gestartet, bis der interne Zähler für Timer-Ereignisse dieses Intervalls auf Null gesunken ist. Das kann durch eine entsprechende Anzahl von Aufrufen von **Disable_Wakeup_Events** - mit gleichem *Intervall* - erreicht werden, wobei jeder einzelne Aufruf den Zähler um eins erniedrigt.

C-Beispiel Es wird eine Uhr gestartet, die nach Ablauf von (jeweils) fünf Sekunden ein Timer-Ereignis auslösen soll.

```
HC_Enable_Wakeup_Events (5.0);
```

Find_Related_Selection

Zweck entfernt das erste Element aus der Liste der geometrischen Elemente, die das aktuelle Auswahl-Ereignis liefert, so daß das nächste Element untersucht werden kann

Aufruf **Find_Related_Selection** ()→ *Erfolg*

Erfolg	boolean	'wahr', falls sich noch (mindestens) ein Element in der Liste befindet - sonst 'falsch'

Wirkung Jedes Auswahl-Ereignis liefert eine Liste von geometrischen Elementen, die ausgewählt wurden, wobei ein Element, das sich im Moment der Auswahl "näher" zum Cursor als ein anderes Element befand, vor diesem in der Liste steht. Das jeweils erste Element der Liste kann, falls das Auswahl-Ereignis das aktuelle Ereignis ist, inspiziert werden (z.B. mit **Show_Selection_Element**).

Die Prozedur **Find_Related_Selection** entfernt das erste Element der Liste, so daß das nächste Element untersucht werden kann. Falls bereits das letze Listenelement entfernt wurde, gibt die Prozedur 'falsch' zurück, andernfalls 'wahr'.

C-Beispiel Es sollen alle geometrischen Elemente in der Liste des aktuellen Auswahl-Ereignisses untersucht werden.

```
do { /* Untersuchen des jeweils ersten Listenelements */
}
while (HC_Find_Related_Selection ());
```

Flush_All_Events

Zweck leert die Warteschlange und löscht auch das aktuelle Ereignis

Aufruf **Flush_All_Events** ()

Wirkung Die Prozedur entfernt alle Ereignisse aus der Warteschlange und löscht auch das aktuelle Ereignis.

C-Beispiel Die Warteschlange soll geleert und das aktuelle Ereignis gelöscht werden.

```
HC_Flush_All_Events ();
```

Get_Button

Zweck wartet auf einen Tastendruck und gibt den Namen der gedrückten Taste zurück

Aufruf **Get_Button** (*Taste*)

Taste string der Name der gedrückten Taste **(Ref/rück)**

Wirkung Es wird auf einen Tastendruck - ein Tasten-Ereignis - gewartet und der Name der gedrückten Taste in *Taste* zurückgegeben. Alle während des Wartens eintretenden Ereignisse, die keine Tasten-Ereignisse sind, werden eliminiert, d.h. können vom Programm nicht mehr verarbeitet werden.
In Pseudo-C entspricht **Get_Button** folgenden Aufrufen:

```
Enable_Button_Events ("?Keyboard", "anything")
do Await_Event (&Typ)
until (strcmp (Typ, "button") == 0)
Disable_Button_Events ("?Keyboard", "anything")
Show_Button (&Taste)
```

Taste kann folgende Werte annehmen:

A, B, ..., a, b, ..., 0, 1, ..., ;, !, ...
: jedes druckbare ASCII-Zeichen, außer dem Komma

comma
: beim Drücken der "Komma"-Taste

control a, control b, ...
: die auf der betreffenden Tastatur verfügbaren Control-Tasten

left arrow, right arrow, up arrow, down arrow
: die "Pfeil"- bzw. Cursor-Tasten

f0, f1, f2, ...
: die auf der betreffenden Tastatur verfügbaren Funktionstasten

kp0, kp1, kp2, ...
: die auf der betreffenden Tastatur verfügbaren "Keypad"-Tasten

space
  die "Leerzeichen"-Taste
rubout
  die "backspace"- oder "delete"-Taste

C-Beispiel Der Anwender soll mit einem Tastendruck entscheiden, ob er weitermachen oder abbrechen will.

```
long text_key;
char* taste;
text_key = HC_KInsert_Text (0.0, 0.0, 0.0, "Press 'C' to continue - or
any other key to abort!");
HC_Get_Button (taste);
HC_Delete_By_Key (text_key);
/* je nach dem Wert von Taste den Programmablauf fortsetzen */
```

Get_Location

Zweck wartet auf eine Zeigegerät-Eingabe und gibt die Bildschirmkoordinaten zurück

Aufruf **Get_Location** (x, y)

x, y	float	die ausgewählte Bildschirmposition - die linke untere Ecke des Bildschirms hat die Koordinaten (-1, -1), die rechte obere (1, 1) **(Ref/rück)**

Wirkung Es wird auf eine Zeigegerät-Eingabe - ein Locater-Ereignis - gewartet und die Position des Zeigegeräte-Cursors im Moment der Eingabe zurückgegeben. Alle während des Wartens eintretenden Ereignisse, die keine Locater-Ereignisse sind, werden eliminiert, d.h. sie können vom Programm nicht mehr verarbeitet werden.

In Pseudo-C entspricht **Get_Location** folgenden Aufrufen:

```
Enable_Location_Events ("?Locater", "?Picture", "v*^")
do Await_Event (&Typ)
until (strcmp (Typ, "location") == 0)
Disable_Location_Events ("?Locater", "?Picture", "v*^")
Show_Location (&x, &y)
```

C-Beispiel Der Anwender soll eine Bildschirmposition per Mausklick auswählen.

```
float x, y;
HC_Get_Location (&x, &y);
```

Get_Selection

Zweck wartet auf eine Zeigegerät-Eingabe und gibt den Namen desjenigen Segments zurück, welches das ausgewählte Darstellungselement enthält

Aufruf **Get_Selection** (*Segment*)

Segment string der "einfache" Name (nicht der Pfadname) desjenigen Segments, welches das ausgewählte Bildelement enthält **(Ref/rück)**

Wirkung Es wird auf eine Zeigegerät-Eingabe - ein Auswahl-Ereignis - gewartet und der Name des Segments zurückgegeben, welches das ausgewählte Bildelement enthält. Alle während des Wartens eintretenden Ereignisse, die keine Auswahl-Ereignisse sind, werden eliminiert, d.h. können vom Programm nicht mehr verarbeitet werden.

In Pseudo-C entspricht **Get_Selection** folgenden Aufrufen:

Enable_Selection_Events ("?Locater", "?Picture")
do Await_Event (&Typ)
until strcmp (Typ, "selection") == 0)
Disable_Selection_Events ("?Locater", "?Picture")
Show_Selection (*&Segment*)

Anmerkung:
Falls es sich bei dem Segment um ein unbenanntes Segment handelt, wird *Segment* als "@hex" zurückgegeben, wobei hex eine hexadezimale Kodierung des Segment-Schlüssels ist. "@hex" kann wie ein "normaler" Segmentname als Parameter für alle HOOPS-Routinen verwendet werden (beispielsweise in **Open_Segment**).

C-Beispiel Der Anwender soll ein Bildelement per Mausklick auswählen.

```
char* segment;
HC_Get_Selection (segment);
```

Get_String

Zweck wartet auf eine String-Eingabe und gibt den String zurück

Aufruf **Get_String** (*Segment*, *String*)

Segment string Name des Segments, das zur Wiedergabe des Strings auf dem Bildschirm verwendet werden soll

String string der eingegebene String **(Ref/rück)**

Varianten **Get_String_With_Encoding** (*Segment*, *Zeichensatz*, *String*)

Segment string wie oben

Zeichensatz	string	der in *String* verwendete Zeichensatz bzw. die in *String* verwendete Kodierungsmethode (s. **Insert_Text**)
String	string	wie oben

Wirkung Es wird auf die Eingabe eines Strings durch den Anwender - ein String-Ereignis - gewartet. Die Eingabe wird - Zeichen für Zeichen - auf dem Bildschirm im Segment *Segment* reflektiert und der String wird zurückgegeben. Alle während des Wartens eintretenden Ereignisse, die keine String-Ereignisse sind, werden eliminiert, d.h. können vom Programm nicht mehr verarbeitet werden.

In Pseudo-C entspricht **Get_String** folgenden Aufrufen:

```
Open_Segment (Segment)
        text_key = KInsert_Text (0.0, 0.0, 0.0, "")                    (*)
        cursor_key = KInsert_String_Cursor (text_key, 0 ,0)
        Enable_String_Events ("?Keyboard", cursor_key)
        do Await_Event (&Typ)
        until (strcmp (Typ, "string") == 0)
        Disable_String_Events ("?Keyboard", cursor_key)
        Delete_By_Key (text_key)
Close_Segment ()
Show_String (&String)                                                  (*)
```

Für **Get_String_With_Encoding** ändern sich die beiden mit (*) gekennzeichneten Zeilen wie folgt:

```
text_key = KInsert_Text_With_Encoding (0.0,0.0,0.0,Zeichensatz,"")
Show_String_With_Encoding (&Dummy, &String)
```

Während der Eingabe des Strings haben folgende Tasten eine spezielle Bedeutung (vgl. **Enable_Button_Events**):

control u
: löscht alle Zeichen vor dem Cursor bis zum Beginn des Strings

rubout, delete, backspace oder control h
: löscht das Zeichen direkt vor dem Cursor

left arrow
: verschiebt den Cursor ein Zeichen nach links

right arrow
: verschiebt den Cursor ein Zeichen nach rechts

up arrow
: holt den String, der bei der **vorherigen** String-Eingabe eingegeben wurde, auf den Bildschirm (an die Stelle der Eingabe) - dieser String kann dann editiert und mit Return abgeschlossen, also eingegeben werden - jedes weitere Drücken von up arrow führt zu früher eingegebenen Strings

down arrow
: ähnlich wie up arrow - führt jedoch (wieder zurück) zu später eingegebenen Strings

return
: beendet die String-Eingabe

C-Beispiel Der Anwender soll einen String eingeben.

```
char* string;
HC_Get_String (string);
```

Get_Wakeup

Zweck hält die Ausführung des Programms für eine bestimmte Zeitspanne an

Aufruf **Get_Wakeup** (*Zeit*)

Zeit	float	die Zeit (in Sekunden), um die die "reguläre" Programmausführung unterbrochen wird

Wirkung Die Ausführung des Programms wird für die mit *Zeit* angegebene Anzahl von Sekunden unterbrochen und danach wieder fortgesetzt. Alle während dieser Zeit eintretenden Ereignisse, die keine Timer-Ereignisse sind, werden eliminiert, d.h. können vom Programm nicht mehr verarbeitet werden.
In Pseudo-C entspricht **Get_Wakeup** folgenden Aufrufen:

```
if (Zeit > 0.0) {
        Enable_Wakeup_Events (Zeit)
        do Await_Event (&Typ)
        until (strcmp (Typ, "wakeup") == 0)
        Disable_Wakeup_Events (Zeit)
}
```

C-Beispiel Die Programmausführung soll fünf Sekunden "unterbrochen" werden.

```
HC_Get_Wakeup (5.0);
```

Pause

Zweck aktualisiert den Bildschirm und unterbricht die Programmausführung solange, bis ein Tastendruck oder Mausklick erfolgt

Aufruf **Pause** ()

Wirkung Ist die Ereigniswarteschlange beim Aufruf der Prozedur leer, so wird der Bildschirm aktualisiert und die Ausführung des Programms solange unterbrochen, bis ein Ereignis eintritt. In der Regel ist dies ein Tastendruck oder

eine Zeigegeräteingabe (z.B. Mausklick), jedoch kann beispielsweise auch ein (zuvor zugelassenes) Timer-Ereignis eintreten. Das Ereignis wird dann zurück an den Anfang der Ereigniswarteschlange gebracht und kann dann später verarbeitet (inspiziert) werden. Anschließend wird die Programmausführung fortgesetzt.
Ist die Ereigniswarteschlange beim Aufruf der Prozedur nicht leer, so hat **Pause** keinerlei Wirkung.
In Pseudo-C entspricht **Pause** in etwa folgenden Aufrufen:

```
Enable_Location_Events ("?Locater", "?Picture", "v")
Enable_Button_Events ("?Keyboard", "anything")
Await_Event (&Typ)
Requeue_Event ()
Disable_Button_Events ("?Keyboard", "anything")
Disable_Location_Events ("?Locater", "?Picture", "v")
```

Locater-Ereignisse, die durch eine andere Aktion als "v" eintreten ("^", "0" und "*"), werden beseitigt und können (auch später) nicht mehr verarbeitet werden. Das gleiche gilt für ein Ereignis, das durch einen vorherigen Aufruf von **Pause** in die Warteschlange zurückgebracht wurde. Dadurch wird verhindert, daß ein zweiter (dritter etc.) Aufruf von **Pause** das vom ersten (zweiten etc.) Aufruf in die Warteschlange zurückgebrachte Ereignis (heraus-) holt und sofort wieder in die Warteschlange zurückbringt und somit keine Wirkung zeigt.

C-Beispiel Das Ergebnis der Berechnungen soll auf dem Bildschirm dargestellt und das Programm erst nach einem Tastendruck oder Mausklick fortgesetzt werden.

```
HC_Pause ();
```

Queue_<Fake Event>

Zweck hängt ein Ereignis "per Hand" an die Warteschlange an - so als ob es tatsächlich stattgefunden hätte

Aufruf

Queue_Button_Event (*Tastatur*, *Taste*, *Status*)
Queue_Location_Event (*Zeigegerät*, *Bildschirm*, x, y, *Aktion*, *Status*)
Queue_Selection_Event (*Zeigegerät*, *Bildschirm*, *Aktion*, *Status*, *Pfadname*, *Schlüssel*, *Index1*, *Index2*, *Index3*, x_w, y_w, z_w, x_c, y_c, z_c)
Queue_Related_Selection (*Pfadname*, *Schlüssel*, *Index1*, *Index2*, *Index3*, x_w, y_w, z_w, x_c, y_c, z_c)
Queue_String_Event (*Tastatur*, *String*, *CSchlüssel*)
Queue_Wakeup_Event (*Zeit*)

Tastatur,	string	das Segment, welches die nominelle
Zeigegerät		Quelle des Ereignisses repräsentiert - meistens "?Keyboard" bzw. "?Locater

Bildschirm	string	das Segment, das den nominallen Bildschirm des Ereignisses repräsentiert - meistens "?Picture"
Taste	string	der Name der nominell gedrückten Taste (s. **Enable_Button_Events**)
x, y	float	die nominellen Window-Koordinaten des äußersten Windows von *Zeigegerät* (s. **Show_Location**)
Aktion	string	die nominelle Aktion, die das Ereignis auslöste (s. **Enable_Location_Events**)
Pfadname	string	der nominelle Pfadname des Segments des ausgewählten Elements (s. **Show_Selection_Pathname**)
Status	string	der nominelle Status der Mausknöpfe und Extra- bzw. Shift-Tasten (s. **Show_Selection_Source** bzw. **Show_Location_Source**)
Schlüssel	long	der Schlüssel des ausgewählten Elements (s. **Show_Selection_Element**)
Index1, *Index2*, *Index3*	integer	weitere Informationen bezüglich des "Auswahlpunktes" (s. **Show_Selection_Element**)
x_W, y_W, z_W	float	die Window-Koordinaten des "Auswahlpunktes" (s. **Show_Selection_Position**)
x_C, y_C, z_C	float	die Kamerakoordinaten des "Auswahlpunktes" (s. **Show_Selection_Position**)
String	string	der nominell eingegebene String
CSchlüssel	long	der nominelle Schlüssel des Text-Cursors, der zur Wiedergabe der String-Eingabe verwendet wurde (s. **Show_String_Source**)
Zeit	float	das nominelle Timer-Intervall

Wirkung Diese Prozeduren hängen das jeweilige Ereignis an die Ereigniswarteschlange an. Alle Information müssen dabei "von Hand", d.h. per Parameter, übergeben werden. Beim Aufruf einer Prozedur muß der jeweilige Ereignistyp zugelassen sein (per **Enable**-Prozedur), andernfalls wird das Ereignis nicht an die Warteschlange gehängt.

Um bei der Inspektion eines "von Hand" eingegebenen Auswahl-Ereignisses die Prozedur **Find_Related_Selection** benutzen zu können, d.h. zu der "besten Wahl" zusätzliche Elemente übergeben zu können, müssen nach dem Aufruf von **Queue_Selection_Event** ein oder mehrere Aufrufe von **Queue_Related_Selection** folgen, die die gewünschte Information übergeben.

C-Beispiel Es soll die Eingabe des Strings "HOOPS" simuliert werden. cursor_key sei der Schlüssel eines Text-Cursors.

```
long cursor_key;
HC_Queue_String_Event ("?Keyboard", "HOOPS", cursor_key);
```

Queue_Special_Event

Zweck hängt ein Ereignis eines selbst definierten Typs an die Warteschlange

Aufruf **Queue_Special_Event** (*Typ*, *Info*)

Typ	string	der Typ des benutzerdefinierten Ereignisses
Info	string	zusätzliche Informationen

Wirkung Es wird ein benutzerdefiniertes Ereignis an die Warteschlange angehängt. *Typ* und *Info* können vollkommen frei gewählt und, wenn das Ereignis zum aktuellen Ereignis geworden ist (**Await_Event** bzw. **Show_Event** geben als Typ des Ereignisses special zurück) mit **Show_Special_Event** wieder abgefragt werden.

C-Beispiel Es wird ein benutzerdefiniertes Ereignis an die Warteschlange angehängt.

```
HC_Queue_Special_Event ("Mein Ereignistyp", "Dies ist mein Ereignis!");
```

Requeue_Event

Zweck bringt das aktuelle Ereignis zurück an den Anfang der Warteschlange

Aufruf **Requeue_Event** ()

Wirkung Das aktuelle Ereignis wird zurück an den Anfang der Warteschlange gebracht. Nach dem Aufruf der Prozedur gibt es kein aktuelles Ereignis mehr. Erst der nächste Aufruf von **Await_Event** holt dasselbe Ereignis wieder und macht es (wiederum) zum aktuellen.

C-Beispiel Das aktuelle Ereignis soll erst später verarbeitet werden und wird darum wieder in die Warteschlange (an deren Anfang) zurückgebracht.

```
HC_Requeue_Event ();
```

Show_Button

Zweck gibt den Namen der gedrückten Taste zurück, die das aktuelle Tasten-Ereignis auslöste

Aufruf **Show_Button** (*Taste*)

Taste	string	der Name der Taste (s. **Enable_Button_Event**) **(Ref/rück)**

Wirkung Ist das aktuelle Ereignis ein Tasten-Ereignis, so kann mit dieser Prozedur der Name der Taste erfragt werden, deren Drücken das Ereignis auslöste.

Der Name wird in der Form zurückgegeben, wie bei **Enable_Button_Event** beschrieben.

C-Beispiel Das aktuelle Ereignis sei ein Tasten-Ereignis. Es soll nun der Name der gedrückten Taste erfragt werden.

```
char* taste;
HC_Show_Button (taste);
```

Show_Button_Source

Zweck gibt Informationen über das aktuelle Tasten-Ereignis zurück

Aufruf **Show_Button_Source** (*Tastatur*, *Tasten*, *Status*)

Tastatur	string	das mit derjenigen Tastatur verknüpfte Segment, die das Ereignis auslöste **(Ref/rück)**
Tasten	string	die Tastenspezifikation, die das Ereignis möglich machte (s. **Enable_Button_Event**) **(Ref/rück)**
Status	integer	ein Bit-kodierter Wert, der den Status der mit *Tastatur* verknüpften Tastatur repräsentiert (s.u.) **(Ref/rück)**

Wirkung Ist das aktuelle Ereignis ein Tasten-Ereignis, so können mit dieser Prozedur Informationen über dieses Ereignis erfragt werden. Das Segment, das mit der das Ereignis auslösenden Tastatur verknüpft ist, wird in *Tastatur* zurückgegeben. Die mit **Enable_Button_Event** zugelassene Tastenspezifikation, die das Ereignis überhaupt möglich machte, wird in *Tasten* zurückgegeben. *Tasten* kann also auch - im Gegensatz zu *Taste* bei **Show_Button** den Wert anything annehmen. *Status* schließlich ist eine geräteabhängige Bit-Kodierung, die angibt, welche Extra-Tasten - außer den normalen Shift- und Control-Tasten - zusätzlich zu der Taste, die das Ereignis auslöste, zum Zeitpunkt des Ereigniseintritts gedrückt wurden: falls die erste Extra-Taste gedrückt wurde, hat Bit Null von *Status* den Wert Eins, andernfalls Null; wurde die zweite Extra-Taste gedrückt, hat Bit Eins von *Status* den Wert Eins, andernfalls Null; etc.. Ein Bit, dem keine Taste zugeordnet ist, hat immer den WertNull.

C-Beispiel Das aktuelle Ereignis sei ein Tasten-Ereignis. Es sollen nun alle Informationen darüber - bis auf den Namen der das Ereignis auslösenden Taste - erfragt werden.

```
char* tastatur;
char* tasten;
int status;
HC_Show_Button_Source (tastatur, tasten, &status);
```

Show_Event

Zweck gibt den Typ des aktuellen Ereignisses zurück

Aufruf **Show_Event** (*Typ*)

Typ	string	der Typ des aktuellen Ereignisses - einer der folgenden Werte: "selection", "location", "string", "button", "wakeup", "special" oder "none" **(Ref/rück)**

Wirkung Es wird der Typ des aktuellen Ereignisses zurückgegeben. Falls es momentan kein aktuelles Ereignis gibt, wird "none" zurückgegeben.

C-Beispiel Es soll der Typ des aktuellen Ereignisses erfragt werden.

```
char* typ;
HC_Show_Event (typ);
```

Show_Key_Type

Zweck gibt den Typ eines zu einem Schlüssel gehörenden Objekts zurück

Aufruf **Show_Key_Type** (*Schlüssel*, *Typ*)

Schlüssel	long	der zu einem Objekt gehörende Schlüssel
Typ	string	der Typ des zu *Schlüssel* gehörenden Objekts **(Ref/rück)**

Varianten **Show_Key_Status** (*Schlüssel*, *Status*)

Schlüssel	long	wie oben
Status	string	der Status von *Schlüssel*: valid (gültig), invalid (ungültig), local (lokal) oder global (global) **(Ref/rück)**

Wirkung Es wird der Typ des Objekts zurückgegeben, das von *Schlüssel* referenziert wird. Ist das Objekt ein geometrisches Grundelement so ist *Typ* der Name des Elements ("line", "marker", etc.). Ist das Objekt ein Segment, so ist *Typ* = "segment". Ist das Objekt eine Referenz zu einem eingebundenen Segment (s. **KInclude_Segment**) oder zu einer Gestaltungsvorlage (s. **KStyle_Segment**) so ist *Typ* = "include" bzw. "style".
Show_Key_Status zeigt des Status von *Schlüssel* an.

C-Beispiel Das aktuelle Ereignis sei ein Auswahl-Ereignis. Es soll nun der Typ des ausgewählten Objekts ermittelt werden. Das geschieht in zwei Schritten: zuerst wird ein das Objekt referenzierender Schlüssel - object_key - erzeugt, der anschließend zur Ermittlung des Objekt-Typs benutzt wird.

```
object_key;
int i1, i2, i3;
char* typ;
HC_Show_Selection_Element (&object_key, &i1, &i2, &i3);
HC_Show_Key_Type (object_key, typ);
```

Show_Location

Zweck gibt die Bildschirmkoordinaten des aktuellen Locater-Ereignisses zurück

Aufruf **Show_Location** (x, y)

x, y	float	die Bildschirmposition - die linke untere Ecke des Bildschirms hat die Koordinaten (-1, -1), die rechte obere (1, 1) **(Ref/rück)**

Wirkung Ist das aktuelle Ereignis ein Locater-Ereignis, so können mit dieser Prozedur die Bildschirmkoordinaten ermittelt werden, deren Auswahl mit Hilfe eines Zeigegerät-Cursors zu diesem Ereignis führten.

C-Beispiel Es sollen die Bildschirmkoordinaten des aktuellen Locater-Ereignisses ermittelt werden.

```
float x, y;
HC_Show_Location (&x, &y);
```

Show_Location_Source

Zweck gibt Informationen über die am aktuellen Locater-Ereignis beteiligten Geräte zurück

Aufruf **Show_Location_Source** (*Zeigegerät*, *Bildschirm*, *Aktion*, *Status*)

Zeigegerät	string	das mit demjenigen Zeigegerät, welches das Ereignis auslöste, verknüpfte Segment **(Ref/rück)**
Bildschirm	string	das mit demjenigen Bildschirm verknüpfte Segment, auf dem die Bildschirmkoordinaten ausgewählt wurden **(Ref/rück)**
Aktion	string	die Aktion, die das Ereignis auslöste: "V", "^", "*" oder "O" (s. **Enable_Location_Events**) **(Ref/rück)**
Status	integer	ein Bit-kodierter Wert, der den Status der mit *Tastatur* verknüpften Tastatur und des mit *Zeigegerät* verknüpften Zeigegerätes repräsentiert (s.u.) **(Ref/rück)**

Wirkung Ist das aktuelle Ereignis ein Locater-Ereignis, so können mit dieser Prozedur Informationen über die an diesem Ereignis beteiligten Geräte erfragt werden. Die Segmente, die mit dem am Ereignis beteiligten Zeigegerät und Bildschirm verknüpft sind, werden in *Zeigegerät* bzw. *Bildschirm* zurückgegeben. In *Aktion* wird die das Ereignis auslösende Aktion zurückgegeben (s. **Enable_Location_Events**). *Status* schließlich ist eine geräteabhängige Bit-Kodierung, die angibt, welche Shift-Tasten der angeschlossenen Tastatur und welche Zeigegerätknöpfe zum Zeitpunkt des Ereigniseintritts gedrückt wurden: wurde der/die erste dieser Knöpfe/Tasten (meistens der linke Mausknopf) gedrückt, hat Bit Null von *Status* den Wert Eins, andernfalls Null; wurde der/die zweite dieser Knöpfe/Tasten gedrückt, hat Bit Eins von *Status* den Wert Eins, andernfalls Null; etc. Ein Bit, dem kein/e Knopf/Taste zugeordnet ist, hat immer den Wert Null.

C-Beispiel Das aktuelle Ereignis sei ein Locater-Ereignis. Es sollen nun Informationen über die am Ereignis beteiligten Geräte erfragt werden.

```
char* maus;
char* bildschirm;
char* aktion;
int status;
HC_Show_Location_Source (maus, bildschirm, aktion, &status);
```

Show_Selection

Zweck gibt den Namen desjenigen Segments zurück, welches das durch das aktuelle Auswahl-Ereignis ausgewählte Darstellungselement enthält

Aufruf **Show_Selection** (*Segment*)

Segment	string	der "einfache" Name (nicht der Pfadname) desjenigen Segments, das das ausgewählte Bildelement enthält **(Ref/rück)**

Wirkung Es wird der Name desjenigen Segments zurückgegeben, welches das durch das aktuelle Auswahl-Ereignis ausgewählte Bildelement enthält. Falls es sich bei dem Segment um ein unbenanntes Segment handelt, wird *Segment* als "@hex" zurückgegeben, wobei hex eine hexadezimale Kodierung des Segment-Schlüssels ist. "@hex" kann wie ein "normaler" Segmentname als Parameter für alle HOOPS-Routinen verwendet werden (beispielsweise in **Open_Segment**).

C-Beispiel Es soll der Name des Segments erfragt werden, welches das ausgewählte Objekt enthält.

```
char* segment;
HC_Show_Selection (segment);
```

Show_Selection_Element

Zweck gibt einen Schlüssel für das ausgewählte Element und weitere Informationen bezüglich des "Auswahlpunktes" zurück

Aufruf **Show_Selection_Element** (*Schlüssel*, *Index1*, *Index2*, *Index3*)

Schlüssel	long	der Schlüssel des ausgewählten Elements **(Ref/rück)**
Index1, *Index2*, *Index3*	integer	weitere Informationen bezüglich des "Auswahlpunktes" (s.u.) **(Ref/rück)**

Wirkung Mit dieser Prozedur können Informationen über das aktuelle Auswahl-Ereignis erfragt werden. Während in *Schlüssel* ein Schlüssel für das ausgewählte Element zurückgegeben wird, erhält man mit *Index1* bis *Index3* genauere Informationen darüber, an welcher Stelle des ausgewählten Elements sich der Zeigegerät-Cursor im Moment der Auswahl befand ("Auswahlpunkt"). Diese Information ist je nach Element unterschiedlich "kodiert".

Ist das ausgewählte Element eine **Linie** ("einfache" Linie, Polylinie, "inked" Polylinie), so ist *Index1* der Index des Eckpunktes, der dem "Auswahlpunkt" am nächsten kommt. *Index2* ist der Index des Eckpunktes, der zusammen mit *Index1* die dem "Auswahlpunkt" am nächsten gelegene Kante bildet. *Index3* ist immer Null. (Der erste Eckpunkt einer Linie hat den Index Null.)

Ist das ausgewählte Element ein **Polygon**, so ist *Index1* der Index des Eckpunktes, der dem "Auswahlpunkt" am nächsten kommt. *Index2* ist der Index des Eckpunktes, der zusammen mit *Index1* die dem "Auswahlpunkt" am nächsten gelegene Kante bildet. *Index3* ist immer Null.

Ist das ausgewählte Element ein **Text**, so sind *Index1* und *Index3* immer Null. *Index2* ist der Index des Zeichens, das dem "Auswahlpunkt" am nächsten kommt. (Das erste Zeichen eines Textes hat den Index Null.)

Ist das ausgewählte Element ein **Marker**, so sind *Index1* bis *Index3* immer Null.

Ist das ausgewählte Element ein **Image**, so ist *Index1* die Zeile und *Index2* die Spalte des Pixels, der dem "Auswahlpunkt" am nächsten kommt. *Index3* ist immer Null. (Der Pixel links oben hat die Zeile Null und die Spalte Null.)

Ist das ausgewählte Element ein **Kreis** oder eine **Ellipse**, so ist *Index1* Eins, Zwei oder Drei, je nachdem, welcher der drei bei der Definition des/der Kreises/Ellipse angegebenen Punkte dem "Auswahlpunkt" am nächsten kommt. Auch *Index2* nimmt einen dieser drei Werte an, je nachdem, welcher der drei Punkte dem "Auswahlpunkt" am zweitnächsten kommt. *Index3* ist immer Null.

Ist das ausgewählte Element ein **Kreis-** oder **Ellipsenbogen**, so ist *Index1* Eins, Zwei oder Drei, je nachdem, ob der "Auswahlpunkt" dem Start-, Mittel- oder Endpunkt am nächsten kommt. Auch *Index2* nimmt einen dieser

drei Werte an, je nachdem, welcher der drei Punkte dem "Auswahlpunkt" am zweitnächsten kommt. *Index3* ist immer Null.
Ist das ausgewählte Element eine **Shell** oder **Mesh**, so ist *Index1* die Nummer des Eckpunktes, der dem "Auswahlpunkt" am nächsten kommt. *Index2* ist die Nummer desjenigen Eckpunktes, der zusammen mit *Index1* die dem "Auswahlpunkt" am nächsten gelegene Kante bildet. *Index3* ist die Nummer der "Auswahlpunkt" am nächsten gelegenen Fläche. Liegt an der zwischen *Index1* und *Index2* gelegenen Kante keine sichtbare oder auswählbare Fläche, so ist *Index3* minus Eins. (Die Numerierung von Mesh/Shell-Eckpunkten und -Flächen ist bei **Insert_Mesh** bzw. **Insert_Shell** beschrieben.)
Gehört *Schlüssel* zu einem **Segment** (weil ein Window ausgewählt wurde), so sind *Index1* bis *Index3* immer minus Eins.

C-Beispiel Das aktuelle Ereignis sei ein Auswahl-Ereignis. Nun soll das ausgewählte Element näher untersucht werden.

```
long element_key;
int i1, i2, i3;
HC_Show_Selection_Element (&element_key, &i1, &i2, &i3);
```

Show_Selection_Keys

Zweck gibt eine eindeutige Beschreibung des ausgewählten Elements in Form von Schlüsseln zurück

Aufruf **Show_Selection_Keys** (*Anzahl*, *Schlüssel*)

Anzahl	integer	Anzahl der in *Schlüssel* zurückgegebenen Werte **(Ref/rück)**
Schlüssel	vector of long integers	ein Vektor von Schlüsseln (s.u.) **(Ref/rück)**

Varianten **Show_Selection_Keys_Count** (*Anzahl*)

Anzahl	integer	wie oben

Wirkung Ist das aktuelle Ereignis ein Auswahl-Ereignis, so kann mit dieser Prozedur eine eindeutige Beschreibung des ausgewählten Elements erfragt werden. *Anzahl* gibt die Anzahl der für diese Beschreibung notwendigen Schlüssel zurück. Der erste Schlüssel in *Schlüssel* ist der des ausgewählten Elements, falls dieses kein Window ist; andernfalls ist es der Schlüssel für das Segment, welches das Window enthält. Der nächste Schlüssel in *Schlüssel* gehört zu dem Segment, welches das ausgewählte Element bzw. das das Window enthaltende Segment enthält. Der nächste Schlüssel referenziert das im Segmentbaum nächsthöhere Segment etc.. Der letzte Schlüssel schließlich ist der des Wurzelsegments.
Auf dem Pfad zum Wurzelsegment hin kann ein Segment auch von einem anderen Segment eingebunden sein. In einem solchen Fall wird zu dem ein-

bindenden Segment gesprungen und das Verfahren von dort aus fortgesetzt. Solche "Sprungstellen" im *Schlüssel*-Vektor können ausfindig gemacht werden, indem mit **Show_Key_Type** der Typ jedes Schlüssels aus *Schlüssel* erfragt wird. Ist der Typ "include", so handelt es sich um ein eingebundenes Segment, also um eine "Sprungstelle". Dagegen sind "reguläre" Muttersegmente vom Typ "segment".

C-Beispiel Das aktuelle Ereignis sei ein Auswahl-Ereignis. Es sollen nun die Schlüssel aller Segmente bis zum Wurzelsegment erfragt werden.

```
int anzahl;
long keys [30];
HC_Show_Selection_Count (&anzahl, &keys);
```

Show_Selection_Pathname

Zweck gibt den vollständigen Pfadnamen desjenigen Segments zurück, welches das ausgewählte Element enthält

Aufruf **Show_Selection_Pathname** (*Segment*)

Segment	string	der vollständige Pfadname des Segments, das das ausgewählte Element enthält **(Ref/rück)**

Wirkung Ist das aktuelle Ereignis ein Auswahl-Ereignis, so kann mit dieser Prozedur der vollständige Pfadname desjeningen Segments erfragt werden, das das ausgewählte Element enthält. Auf dem Pfad zum Wurzelsegment hin kann ein Segment auch von einem anderen Segment eingebunden sein. In einem solchen Fall wird der vollständige Pfadname des eingebundenen Segments angegeben, gefolgt von einem "<"-Zeichen, gefolgt vom vollständigen Pfadnamen des einbindenden Segments. Dies kann natürlich mehrmals geschehen. Das "<"-Zeichen bedeutet soviel wie "ist eingebunden von".
Pfadnamen mit "<"-Zeichen werden von alle HOOPS-Routinen als Parameter akzeptiert, jedoch wird nur der Teilstring bis zum "<"-Zeichen berücksichtigt. Die anderen Teilstrings müssen zuvor mit Hilfe von **Parse_String** extrahiert werden und können dann als Segmentnamen verwendet werden.

C-Beispiel Das aktuelle Ereignis sei ein Auswahl-Ereignis. Es soll nun der vollständige Pfadname des Segments erfragt werden, welches das ausgewählte Element enthält.

```
char* segment;
HC_Show_Selection_Pathname (segment);
```

Show_Selection_Position

Zweck gibt die Window- und die Weltkoordinaten der Position zurück, die zum Zwecke der Auswahl selektiert wurde

Aufruf **Show_Selection_Position** (x_w, y_w, z_w, x_c, y_c, z_c)

x_w, y_w, z_w float die Window-Koordinaten des "Auswahlpunktes" **(Ref/rück)**

x_c, y_c, z_c float die Weltkoordinaten des "Auswahlpunktes" **(Ref/rück)**

Wirkung Diese Prozedur gibt die Window- und Weltkoordinaten der Position zurück, die zur Auswahl verwendet wurde ("Auswahlpunkt").

(x_w, y_w) bezeichnen die Window-Koordinaten des obersten Windows, in dem ausgewählt wurde. Ist die Projektionsart für dieses Window "orthographic", so ist z_w in der zur Sichtlinie senkrechten Ebene durch das Kameraziel Null und in der zur Sichtlinie senkrechten Ebene durch die Kameraposition minus Eins. Andere Werte werden linear extra- oder interpoliert. Ist die Projektionsart für dieses Window "perspective", so ist $z_w = (z_{inter} / w_{inter})$, wobei z_{inter} wie z_w bei der orthographischen Projektion definiert ist (s.o.). w_{inter} hat den Wert plus Eins im Kameraziel und Null an der Kameraposition hat. Andere Werte werden linear extra- oder interpoliert.

[x_c, y_c, z_c] ist der Weltpunkt, der dem ausgewählten Objekt am nächsten kommt bzw. innerhalb des ausgewählten Objekts liegt.

C-Beispiel Das aktuelle Ereignis sei ein Auswahl-Ereignis. Es soll nun der Punkt bestimmt werden, dessen Koordinaten für die Auswahl verwendet wurden.

```
float xw, yw, zw, xc, yc, zc;
HC_Show_Selection_Position (&xw, &yw, &zw, &xc, &yc, &zc);
```

Show_Selection_Source

Zweck gibt weitere Informationen über die am aktuellen Auswahl-Ereignis beteiligten Geräte zurück

Aufruf **Show_Selection_Source** (*Zeigegerät*, *Bildschirm*, *Aktion*, *Status*)

Zeigegerät string das mit demjenigen Zeigegerät verknüpfte Segment, das das Ereignis auslöste **(Ref/rück)**

Bildschirm string das mit demjenigen Bildschirm verknüpfte Segment, auf dem ausgewählt wurde **(Ref/rück)**

Aktion string die Aktion, die das Ereignis auslöste: "v", "^", "*" oder "O" (s. **Enable_Location_Events**) **(Ref/rück)**

Status	integer	ein Bit-kodierter Wert, der den Status der mit *Tastatur* verknüpften Tastatur und des mit *Zeigegerät* verknüpften Zeigegerätes repräsentiert (s.u.) **(Ref/rück)**

Wirkung Ist das aktuelle Ereignis ein Auswahl-Ereignis, so können mit dieser Prozedur Informationen über die an diesem Ereignis beteiligten Geräte erfragt werden. Die Segmente, die mit dem am Ereignis beteiligten Zeigegerät und Bildschirm verknüpft sind, werden in *Zeigegerät* bzw. *Bildschirm* zurückgegeben. In *Aktion* wird die das Ereignis auslösende Aktion zurückgegeben (s. **Enable_Location_Events**). *Status* schließlich ist eine geräteabhängige Bit-Kodierung, die angibt, welche Shift-Tasten der angeschlossenen Tastatur und welche Zeigegerätknöpfe zum Zeitpunkt des Ereigniseintritts gedrückt wurden: wurde der/die erste dieser Knöpfe/Tasten (meistens der linke Mausknopf) gedrückt, hat Bit Null von *Status* den Wert Eins, andernfalls Null; wurde der/die zweite dieser Knöpfe/Tasten gedrückt, hat Bit Eins von *Status* den Wert Eins, andernfalls Null; etc. Ein Bit, dem kein/e Knopf/Taste zugeordnet ist, hat immer den Wert Null.

C-Beispiel Das aktuelle Ereignis sei ein Auswahl-Ereignis. Es sollen nun Informationen über die am Ereignis beteiligten Geräte erfragt werden.

```
char* maus;
char* bildschirm;
char* aktion;
int status;
HC_Show_Selection_Source (maus, bildschirm, aktion, &status);
```

Show_Special_Event

Zweck gibt Informationen über ein spezielles (meistens benutzerdefiniertes) Ereignis zurück

Aufruf **Show_Special_Event** (*Typ*, *Info*)

Typ	string	der Typ des speziellen Ereignisses **(Ref/rück)**
Info	string	zusätzliche Informationen **(Ref/rück)**

Wirkung Ist das aktuelle Ereignis ein spezielles Ereignis, so können mit dieser Prozedur Informationen darüber erfragt werden. Bei benutzerdefinierten Ereignissen sind *Typ* und *Info* die mit **Queue_Special_Event** übergebenen Werte.

C-Beispiel Es sollen Informationen über das aktuelle spezielle Ereignis erfragt werden.

```
char* typ;
char* info;
HC_Show_Special_Event (typ, info);
```

Show_String

Zweck gibt den String des aktuellen String-Ereignisses zurück

Aufruf **Show_String** (*String*)

String	string	der eingegebene Text-String **(Ref/rück)**

Varianten **Show_String_Count** (*Anzahl*)
Show_String_Length (*Länge*)
Show_String_With_Encoding (*Zeichensatz, String*)

Anzahl	integer	Anzahl der Zeichen in *String* **(Ref/rück)**
Länge	integer	Anzahl der von *String* belegten Bytes **(Ref/rück)**
Zeichensatz	string	der in *String* verwendete Zeichensatz bzw. die in *String* verwendete Kodierungsmethode (s. **Insert_Text**) - indirekt verwendet über **Enable_String_Events**, andernfalls "iso latin one" **(Ref/rück)**
String	string	wie oben

Wirkung Ist das aktuelle Ereignis ein String-Ereignis, so kann mit dieser Prozedur der eingegebene String erfragt werden. Mit den Varianten dieser Prozedur kann die Anzahl der einzelnen Zeichen in *String* bzw. die Anzahl der von *String* belegten Bytes sowie die indirekt über **Enable_String_Events** verwendete Kodierungsmethode des Textes (s. **Insert_Text**) erfragt werden.

C-Beispiel Es soll der eingegebene Text-String des aktuellen String-Ereignisses erfragt werden.

```
char* string;
HC_Show_String (string);
```

Show_String_Source

Zweck gibt Informationen zurück, die das aktuelle String-Ereignis möglich machten

Aufruf **Show_String_Source** (*Tastatur, CSchlüssel*)

Tastatur	string	das mit der Tastatur verknüpfte Segment **(Ref/rück)**
CSchlüssel	long	der Schlüssel zur Identifizierung des Text-Cursors, der zur Wiedergabe der eingegebenen Zeichen verwendet wurde **(Ref/rück)**

Wirkung Ist das aktuelle Ereignis ein String-Ereignis, so können mit dieser Prozedur die Parameter erfragt werden, die beim Aufruf von **Enable_String_Event** angegeben wurden und auf diese Weise das Ereignis überhaupt erst möglich machten (das mit der Tastatur verknüpfte Segment und der Schlüssel des Text-Cursors).

C-Beispiel Es sollen die Parameter erfragt werden, die das aktuelle String-Ereignis möglich machten.

```
char* tastatur;
long cursor_key;
HC_Show_String_Source (tastatur, &cursor_key);
```

Show_Wakeup

Zweck gibt die Zeitangabe des aktuellen Timer-Ereignisses zurück

Aufruf **Show_Wakeup** (*Zeit*)

Zeit	float	die Zeit (in Sekunden), die beim Aufruf von **Enable_Wakeup_Events** angegeben wurde

Wirkung Ist das aktuelle Ereignis ein Timer-Ereignis, so kann mit dieser Prozedur die Zeit erfragt werden, die bei **Enable_Wakeup_Events** angegeben wurden und zu diesem Ereignis führte.

C-Beispiel Es soll die Dauer der Programmunterbrechung erfragt werden, die aufgrund des aktuellen Timer-Ereignisses erfolgte.

```
float time;
HC_Show_Wakeup (&time);
```

C4 Geometrie

Dieser Abschnitt enthält alle Prozeduren, mit denen geometrische Elemente erzeugt und geändert sowie Informationen über diese Elemente erfragt werden können.

Begin_Contents_Search

Zweck führt eine Suche nach bestimmten Segmentinhalten durch

Aufruf **Begin_Contents_Search** (*Segment, Filter*)
Show_Contents_Count (*Anzahl*)
Find_Contents (*Typ, Schlüssel*)→ *Erfolg*
End_Contents_Search ()

Segment	string	Segment(e), in dem (denen) gesucht werden soll
Filter	string	Liste der Elemente, nach denen gesucht werden soll
Anzahl	integer	Gesamtzahl der gefundenen Elemente **(Ref/rück)**
Typ	string	der Typ des Elements, das bei diesem Aufruf gefunden wurde **(Ref/rück)**
Schlüssel	long	ein Schlüssel für das gefundene Element - für Attribute ist *Schlüssel* minus Eins **(Ref/rück)**
Erfolg	boolean	'wahr', falls (mindestens) ein Element gefunden wurde - 'falsch', wenn kein Element gefunden wurde oder bereits alle Elemente zurückgegeben wurden

Wirkung Es wird eine Suche nach Segmentinhalten durchgeführt. Mit **Begin_Contents_Search** wird die Suche initialisiert. Dabei ist anzugeben, wo (Segmente) und wonach (Liste von Elementen) gesucht werden soll. **Find_Contents** führt die Suche durch und liefert je Aufruf eines der gefundenen Elemente (einen Schlüssel zur Identifikation desselben) und dessen Typ. Falls kein Element (mehr) gefunden wird, gibt die Prozedur 'falsch' zurück. Die Gesamtzahl aller gefundenen Elemente kann mit **Show_Contents_Count** erfragt werden (nur zwischen **Begin_Contents_Search** und **End_Contents_Search** aufzurufen!). Die aktuelle Suche wird mit **End_Contents_Search** beendet.

In *Filter* können ein oder mehrere Elemente in der Form
[no] 'element'
angegeben werden. Das Wort no schließt dieses Element von der Suche aus. Für 'element' kann folgendes eingesetzt werden:

- alle geometrischen Grundelemente, die per **Insert**-Prozedur erzeugt werden können (z.B. "lines")
- alle explizit gesetzten Attribute (z.B. marker size)
- geometry d.h. jegliches geometrisches Grundelement

- attributes	d.h. alle explizit gesetzten Attribute
- style	d.h. Gestaltungsvorlagen
- segment	d.h. Subsegmente
- include	d.h. eingebundene Segmente
- subsegment	d.h. segment und include
- inked line	d.h. die aktuelle Inked Polyline
- ordered	d.h. nur die geometrischen Elemente, die mit **Bring_To_Front** "nach oben" gebracht wurden - diese werden in der Reihenfolge, in der sie erzeugt wurden, von **Find_Contents** zurückgegeben
- everything	d.h. jegliches Element

Anmerkung:
Wird in *Filter* mehr als ein Element angegeben, so erfolgt eine Auswertung von links nach rechts. Ist z.B. *Filter* = "geometry, no markers", so wird nach allen geometrischen Elementen außer Markern gesucht.

C-Beispiel Im aktuellen Segment sollen alle Marker mit der Objektkoordinate z = 0.0 gelöscht werden.

```
long* key_pointer;
      /* Zeiger auf einen Schlüssel */
char* type;
float x, y, z;
      /* Marker-Position */
HC_Begin_Contents_Search (".", "markers");
      while (HC_Find_Contents (type, key_pointer)) {
         HC_Show_Marker (*key_pointer, &x, &y, &z);
         if (z == 0.0) {HC_Delete_By_Key (*key_pointer)}
      }
HC_End_Contents_Search ();
```

Edit_Image

Zweck ändert ein oder mehrere der Farbwerte eines Images

Aufruf **Edit_Image** (*Schlüssel*, *xOffset*, *yOffset*, *xAnzahl*, *yAnzahl*, *Daten*)

Schlüssel	long	Schlüssel zur Identifizierung des Images
xOffset	integer	der Offset in x-Richtung, bei dem die Änderung beginnen soll (der linke Rand hat den Offset 0)
yOffset	integer	der Offset in y-Richtung, bei dem die Änderung beginnen soll (der obere Rand hat den Offset 0)
xAnzahl	integer	Anzahl der Spalten, die geändert werden sollen
yAnzahl	integer	Anzahl der Zeilen, die geändert werden sollen
Daten	array of unsigned char	die neuen Pixelwerte - im selben *Format*, das beim Erzeugen des Images verwendet wurde (s. **Insert_Image**) **(Ref)**

Wirkung Es werden einige oder alle Farbwerte eines existierenden Images geändert. Das Image wird dabei anhand eines Schlüssels identifiziert. Der (rechteckige) zu ändernde Bereich hat die linke obere Ecke (*xOffset*, *yOffset*) und die rechte untere Ecke (*xOffset* + *xAnzahl*, *yOffset* + *yAnzahl*). Die neuen Farb-Werte werden in *Daten* in dem Format übergeben, das bei Erzeugung des Images verwendet wurde. Die Größe eines Images kann nicht geändert werden.

C-Beispiel Ein Image im Format RGB von 100 x 100 Pixeln existiere im aktuellen Segment. Der Schlüssel image_key identifiziere das Image. Nun soll ein quadratischer Bereich von 5 x 5 Pixeln, der beim zehnten Pixel von links und von oben beginnt, geändert werden.

```
char neu_image[75];
/* Setzen von neu_image */
HC_Edit_Image (image_key, 9, 9, 5, 5, neu_image);
```

Edit_Mesh

Zweck ändert ein oder mehrere der Eckpunkte einer Mesh

Aufruf **Edit_Mesh** (*Schlüssel*, *ZeOffset*, *SpOffset*, *ZeAnzahl*, *SpAnzahl*, *Punkte*)

Schlüssel	long	Schlüssel zur Identifizierung der Mesh
ZeOffset	integer	Zeilenoffset, bei dem die Änderung beginnen soll
SpOffset	integer	Spaltenoffset, bei dem die Änderung beginnen soll
ZeAnzahl	integer	Anzahl der Zeilen, die geändert werden sollen
SpAnzahl	integer	Anzahl der Spalten, die geändert werden sollen
Punkte	point array	die neuen Objektkoordinaten der Eckpunkte **(Ref)**

Wirkung Es werden einige oder alle Eckpunkt-Koordinaten einer existierenden Mesh geändert. Die Mesh wird dabei anhand eines Schlüssels identifiziert. Der zu ändernde Bereich beginnt mit dem Eckpunkt (*ZeOffset*, *SpOffset*) und endet mit dem Eckpunkt (*ZeOffset* + *ZeAnzahl*, *SpOffset* + *SpAnzahl*). Die Größe einer Mesh kann nicht geändert werden.

C-Beispiel Eine Mesh mit 10 x 10 Eckpunkten existiere im aktuellen Segment. Der Schlüssel mesh_key identifiziere die Mesh. Nun sollen die Objektkoordinaten aller Eckpunkte ab dem Punkt (5, 0) geändert werden (die "untere Hälfte" der Mesh).

```
struct {float x, y, z;} neu_mesh[75];
        /* Setzen von neu_mesh */
HC_Edit_Mesh (mesh_key, 5, 0, 5, 10, neu_mesh);
```

Edit_Polygon

Zweck ändert das Aussehen eines Polygons

Aufruf **Edit_Polygon** (*Schlüssel*, *Index*, *LöschAnzahl*, *EinAnzahl*, *Punkte*)

Schlüssel	long	Schlüssel zur Identifizierung des Polygons
Index	integer	Index des Punktes, mit dem die Änderung beginnt - der erste Punkt eines Polygons hat den Index Null
LöschAnzahl	integer	Anzahl der Eckpunkte, die gelöscht werden sollen
EinAnzahl	integer	Anzahl der Eckpunkte, die eingefügt werden sollen
Punkte	point vector	die neuen Objektkoordinaten der einzufügenden Eckpunkte **(Ref)**

Wirkung Aus dem durch *Schlüssel* identifizierten Polygon wird zuerst die mit *LöschAnzahl* angegebene Anzahl von Eckpunkten gelöscht. Der erste zu löschenden Punkt hat den Index *Index*, der letzte den Index *Index+LöschAnzahl*-1. Die Indizes sind die gleichen, welche die Punkte beim Erzeugen des Polygons in *Punkte* hatten (s. **Insert_Polygon**). Nach dem Löschen werden die in *Punkte* angegebenen Eckpunkte an dem Eckpunkt mit dem Index *Index* eingefügt, und zwar die ersten *EinAnzahl* Stück.
Wird für *Index* **-1** eingesetzt, so beginnt die Änderung nach dem letzten Eckpunkt, d.h. vor dem ersten. Bei einem erneuten Aufruf von **Edit_Polygon** haben sich dann die Indizes geändert. Wurden beispielsweise beim ersten Aufruf von **Edit_Polygon** die ersten beiden Eckpunkte eines Polygons gelöscht, so hat der dritte Punkt nun den Index **0**. Gleiches gilt auch für das Einfügen von Eckpunkten.

C-Beispiel Es sollen die Objektkoordinaten der ersten beiden Eckpunkte eines Polygons geändert werden. Dazu werden die ersten beiden Punkte gelöscht und dafür zwei neue eingefügt. Der Schlüssel polygon_key identifiziere das Polygon.

```
struct {float x, y, z;} neue_punkte[2];
/* Setzen von neue_punkte[0] und neue_punkte[1] */
HC_Edit_Polygon (polygon_key, 0, 2, 2, neue_punkte);
```

Edit_Polyline

Zweck ändert das Aussehen einer Polylinie

Aufruf **Edit_Polyline** (*Schlüssel*, *Index*, *LöschAnzahl*, *EinAnzahl*, *Punkte*)

Schlüssel	long	Schlüssel zur Identifizierung der Polylinie

Index	integer	Index des Punktes, mit dem die Änderung beginnt - der erste Punkt einer Polylinie hat den Index Null
LöschAnzahl	integer	Anzahl der Punkte, die gelöscht werden sollen
EinAnzahl	integer	Anzahl der Punkte, die eingefügt werden sollen
Punkte	point vector	die neuen Objektkoordinaten der einzufügenden Punkte **(Ref)**

Wirkung Aus der durch *Schlüssel* identifizierten Polylinie wird zuerst die mit *LöschAnzahl* angegebene Anzahl von Punkten gelöscht. Der erste zu löschenden Punkt hat den Index *Index*, der letzte den Index *Index+LöschAnzahl*-1. Die Indizes entsprechen denjenigen, die die Punkte beim Erzeugen der Polylinie in *Punkte* hatten (s. **Insert_Polyline**). Nach dem Löschen werden die in *Punkte* angegebenen Punkte an dem Punkt mit dem Index *Index* eingefügt, und zwar die ersten *EinAnzahl* Stück.

Wird für *Index* **-1** eingesetzt, so wird *LöschAnzahl* vom Ende der Polylinie rückwärts gezählt. Das Einfügen beginnt dann nach dem letzten noch vorhandenen Punkt.

Bei einem erneuten Aufruf von **Edit_Polyline** haben sich dann die Indizes geändert. Wurden beispielsweise beim ersten Aufruf von **Edit_Polyline** die ersten beiden Punkte einer Polylinie gelöscht, so hat der dritte Punkt nun den Index **0**. Gleiches gilt auch für das Einfügen von Punkten.

Auch Inked Polylines können mit **Edit_Polyline** geändert werden.

C-Beispiel Es sollen die Objektkoordinaten der ersten beiden Punkte einer Polylinie geändert werden. Dazu werden die ersten beiden Punkte gelöscht und dafür zwei neue eingefügt. Der Schlüssel polyline_key identifiziere die Polylinie.

```
struct {float x, y, z;} neue_punkte[2];
/* Setzen von neue_punkte[0] und neue_punkte[1] */
HC_Edit_Polyline (polyline_key, 0, 2, 2, neue_punkte);
```

Edit_Shell_Faces

Zweck löscht Flächen und/oder fügt neue Flächen in eine Shell ein

Aufruf **Edit_Shell_Faces** (*Schlüssel*, *Offset*, *LöschAnzahl*, *IntAnzahl*, *FListe*)

Schlüssel	long	Schlüssel zur Identifizierung der Shell
Offset	integer	Offset der Fläche, mit der die Änderung beginnt - die erste Fläche hat den Offset Null
LöschAnzahl	integer	Anzahl der zu löschenden Flächen
IntAnzahl	integer	Anzahl der Integers in *FListe*
FListe	vector of integers	eine Shell-Flächenliste der neuen Flächen

Wirkung Aus der durch *Schlüssel* identifizierten Shell wird zuerst die mit *LöschAnzahl* angegebene Anzahl von Flächen gelöscht. Die erste zu löschende Flä-

che hat den Offset *Offset*, die letzte den Offset *Offset+LöschAnzahl*-1. Die Offsets sind die, welche die Flächen beim Erzeugen der Shell in *FListe* hatten (s. **Insert_Shell**). Nach dem Löschen werden neue Flächen hinter der Fläche mit dem Offset *Offset* eingefügt, und zwar wie in *FListe* angegeben. Die Integers in *FListe* beziehen sich dabei auf die Punkte in *Punkte* beim Erzeugen der Shell (s. **Insert_Shell**).
Wird für *Offset* **-1** eingesetzt, so beginnt das Einfügen nach der letzten Fläche. Bei einem erneuten Aufruf von **Edit_Shell_Faces** haben sich dann die Offsets geändert. Wurden beispielsweise beim ersten Aufruf von **Edit_Shell_Faces** die ersten beiden Flächen einer Shell gelöscht, so hat die dritte Fläche nun den Offset **0**. Gleiches gilt auch für das Einfügen von Flächen.

C-Beispiel Es sollen die ersten beiden Flächen einer Shell gelöscht werden und stattdessen eine neue - viereckige - Fläche eingefügt werden. Der Schlüssel shell_key identifiziere die Shell.

```
int fl_liste[5];
        /* Setzen von fl_liste */
HC_Edit_Shell_Faces (shell_key, 0, 2, 5, fl_liste);
```

Edit_Shell_Points

Zweck löscht Eckpunkte und/oder fügt neue Eckpunkte in eine Shell ein

Aufruf **Edit_Shell_Points** (*Schlüssel*, *Offset*, *LöschAnzahl*, *EinAnzahl*, *Punkte*)

Schlüssel	long	Schlüssel zur Identifizierung der Shell
Offset	integer	Offset des Eckpunktes, mit dem die Änderung beginnt - der erste Punkt hat den Offset Null
LöschAnzahl	integer	Anzahl der zu löschenden Eckpunkte
EinAnzahl	integer	Anzahl der einzufügenden Eckpunkte
Punkte	point vector	Vektor der neuen einzufügenden Eckpunkte in Objektkoordinaten **(Ref)**

Wirkung Aus der durch *Schlüssel* identifizierten Shell wird zuerst die mit *LöschAnzahl* angegebene Anzahl von Eckpunkten gelöscht. Der erste zu löschende Eckpunkt hat den Offset *Offset*, der letzte den Offset *Offset+LöschAnzahl*-1. Die Offsets sind die, welche die Punkte beim Erzeugen der Shell in *Punkte* hatten (s. **Insert_Shell**). Nach dem Löschen werden neue Eckpunkte hinter dem Punkt mit dem Offset *Offset* eingefügt, und zwar *EinAnzahl* Stück.
Wird für *Offset* **-1** eingesetzt, so beginnt das Einfügen nach dem letzten Eckpunkt. Bei einem erneuten Aufruf von **Edit_Shell_Points** haben sich dann die Offsets geändert. Wurden beispielsweise beim ersten Aufruf von **Edit_Shell_Points** die ersten beiden Eckpunkte einer Shell gelöscht, so hat der dritte Eckpunkt nun den Offset **0**. Gleiches gilt auch für das Einfügen

von Eckpunkten. Daraus können sich dann vollkommen andere Flächen ergeben, da die Flächenliste der Shell gleich geblieben ist.

C-Beispiel Es sollen die Objektkoordinaten der ersten beiden Eckpunkte einer Shell geändert werden. Dazu werden die ersten beiden Punkte gelöscht und dafür zwei neue eingefügt. Der Schlüssel shell_key identifiziere die Shell.

```
struct {float x, y, z;} neu_p[2];
        /* Setzen von neu_p[0] und neu_p[1] */
HC_Edit_Shell_Points (shell_key, 0, 2, 2, neu_p);
```

Edit_Text

Zweck ändert einen zuvor erzeugten Text-String

Aufruf **Edit_Text** (*Schlüssel*, *Zeile*, *Spalte*, *LeerAnzahl*, *LöschAnzahl*, *EinText*)

Schlüssel	long	Schlüssel zur Identifizierung des Text-Strings
Zeile	integer	die Zeile, in der der Text geändert werden soll - in der momentanen HOOPS-Version ist *Zeile* immer Null
Spalte	integer	die Spalte, in der der Text geändert werden soll - das erste Zeichen des Textes hat die *Spalte* Null
LeerAnzahl	integer	Anzahl der Zeichen, die in Leerzeichen geändert werden sollen
LöschAnzahl	integer	Anzahl der Zeichen, die gelöscht werden sollen - " -1 " heißt, daß *LöschAnzahl* gleich der Anzahl der Zeichen in *EinText* ist
EinText	string	einzufügende Zeichen

Wirkung In dem durch *Schlüssel* identifizierten Text-String wird zuerst die in *LeerAnzahl* angegebene Anzahl von Zeichen in Leerzeichen geändert. Das erste zu ändernde Zeichen steht an Position *Spalte*, das letzte an Position *Spalte+LeerAnzahl*-1. Danach werden die mit *LöschAnzahl* angegebene Anzahl von Zeichen aus dem Text gelöscht, ebenfalls ab Position *Spalte*. Zuletzt werden die in *EinText* angegebenen Zeichen an der Position *Spalte* eingefügt.

Wird für *LöschAnzahl* **-1** eingesetzt, so werden exakt soviel Zeichen aus dem Text gelöscht wie danach wieder eingefügt werden. Dies entspricht einer Ersetzung eines Teilstrings des ursprünglichen Textes durch den String *EinText*, ohne die genaue Länge angeben zu müssen.

Falls *Schlüssel* zu einem "kodierten" Text gehört - beispielsweise erzeugt durch **KInsert_Text_With_Encoding** -, so muß *EinText* dasselbe Format haben wie der zu ändernde Text.

C-Beispiel In einem Text soll der Teilstring 'Aus' durch den String 'Ein' ersetzt werden. Der Teilstring 'Aus' befinde sich am Anfang des Textes. Der Schlüssel text_key identifiziere den Text.

```
HC_Edit_Text (text_key, 0, 0, 0, -1, "Ein");
```

Flush_By_Key

Zweck löscht den Inhalt eines geometrischen Elements oder eines Segments, ohne dessen Struktur zu zerstören

Aufruf **Flush_By_Key** (*Schlüssel*)

Schlüssel	long	Schlüssel zur Identifizierung des Elements / Segments, dessen Inhalt gelöscht werden soll

Wirkung Der Inhalt des zu *Schlüssel* gehörenden geometrischen Elements bzw. Segments wird gelöscht. Im einzelnen bedeutet dies folgendes:
Falls das zu löschende Element eine **Polylinie**, ein **Polygon** oder eine **Shell** ist, werden (lediglich) alle Punkte (und Flächen) entfernt, so daß später neue Punkte (und Flächen) mit den entsprechenden **Edit**-Prozeduren eingefügt werden können.
Falls das zu löschende Element ein **Text** ist, werden (lediglich) alle Zeichen aus dem Text entfernt, so daß später neue Zeichen mit **Edit_Text** eingefügt werden können.
Falls *Schlüssel* auf ein **Segment** verweist, so werden (lediglich) sämtliche geometrischen Elemente aus dem Segment entfernt. Falls *Schlüssel* auf eine **Gestaltungsvorlage** oder ein **eingebundenes Segment** verweist, geschieht nichts!

Anmerkung:
Schlüssel darf nur zu einem der oben angegebenen Elemente gehören - also beispielsweise nicht zu einem Marker!

C-Beispiel Es sollen sämtliche geometrischen Elemente aus dem Segment ?Objekt, das durch den Schlüssel obj_key identifiziert wird, entfernt werden.

```
HC_Flush_By_Key (obj_key);
```

Flush_Contents

Zweck löscht bestimmte Segmentinhalte

Aufruf **Flush_Contents** (*Segment*, *Filter*)

Segment	string	die Segmente, aus denen etwas gelöscht werden soll

Filter string Liste der zu löschenden Elemente

Varianten **Flush_Geometry** (*Segment*)
Flush_Attributes (*Segment*)
Segment string wie oben

Wirkung Es werden die in *Filter* angegebenen Elemente aus dem Segment (den Segmenten) *Segment* entfernt bzw. nicht entfernt bei Angabe von 'no elements'. Subsegmente des betroffenen Segments werden - außer wenn sie in *Filter* angegeben sind (s.u.) - nicht verändert. *Filter* kann ein oder mehrere der folgenden Werte enthalten:

- alle geometrischen Grundelemente, die per **Insert**-Prozedur erzeugt werden können (z.B. lines)
- alle Attribute (z.B. color) ≡ **QUnSet_<Attribut>** (*Segment*)
- geometry d.h. alle geometrischen Grundelemente
- attributs d.h. alle Attribute ≡ **QUnSet_<Attribut>** (*Segment*) für alle Attribute
- style d.h. alle Gestaltungsvorlagen des Segments
- segment d.h. alle Subsegmente des Segments
- include d.h. alle eingebundene Segmente des Segments
- subsegment d.h. segment und include
- everything d.h. der komplette Segmentinhalt

Flush_Geometry (*Segment*) ≡ **Flush_Contents** (*Segment*, "geometry")
Flush_Attributs (*Segment*) ≡ **Flush_Contents** (*Segment*, "attributes")

Anmerkung:
Wird in *Filter* mehr als ein Element angegeben, so erfolgt eine Auswertung von links nach rechts. Ist z.B. *Filter* = "geometry, no markers", so werden sämtliche geometrischen Elemente außer Markern gelöscht.

C-Beispiel Es sollen alle Marker des Segments ?Objekt gelöscht werden.

```
HC_Flush_Contents ("?Objekt", "markers");
```

Insert_Circle

Zweck erzeugt einen Kreis

Aufruf **Insert_Circle** (*Punkt1*, *Punkt2*, *Punkt3*)
Punkt1 single point Objektkoordinaten dreier
Punkt2 single point Punkte auf der Kreislinie
Punkt3 single point **(Ref)**

Varianten **KInsert_Circle** (*Punkt1*, *Punkt2*, *Punkt3*)→ *Schlüssel*
QInsert_Circle (*Segment*, *Punkt1*, *Punkt2*, *Punkt3*)
QKInsert_Circle (*Segment*, *Punkt1*, *Punkt2*, *Punkt3*)→ *Schlüssel*
Segment string Liste der zu ändernden Segmente

Schlüssel	long	Schlüssel zur Identifizierung des Kreises
alle anderen	single point	wie oben

Wirkung Es wird ein Kreis erzeugt. Die drei Punkte dürfen nicht kollinear sein.

C-Beispiel Es soll ein Einheitskreis in der xy-Ebene um den Ursprung erzeugt werden.

```
float p1[3], p2[3], p3[3];
p1[0]=-1.0 p1[1]=0.0 p1[2]=0.0;
p2[0]=0.0  p2[1]=1.0 p2[2]=0.0;
p3[0]=1.0  p3[1]=0.0 p3[2]=0.0;
HC_Insert_Circle (p1, p2, p3);
```

Insert_Circular_Arc

Zweck erzeugt einen Kreisbogen

Aufruf **Insert_Circular_Arc** (*Punkt1*, *Punkt2*, *Punkt3*)

Punkt1	single point	Objektkoordinaten dreier
Punkt2	single point	Punkte auf der Kreislinie **(Ref)**
Punkt3	single point	die Reihenfolge der Punkte ist wichtig!

Varianten **KInsert_Circular_Arc** (*Punkt1*, *Punkt2*, *Punkt3*)→ *Schlüssel*
QInsert_Circular_Arc (*Segment*, *Punkt1*, *Punkt2*, *Punkt3*)
QKInsert_Circular_Arc (*Segment*, *Punkt1*, *Punkt2*, *Punkt3*)→ *Schlüssel*

Segment	string	Liste der zu ändernden Segmente
Schlüssel	long	Schlüssel zur Identifizierung des Kreisbogens
alle anderen	single point	wie oben

Wirkung Es wird ein Kreisbogen erzeugt. Der Bogen beginnt bei *Punkt1* und läuft über *Punkt2* zu *Punkt3*. Die drei Punkte dürfen nicht kollinear sein.

C-Beispiel Es soll ein halber Einheitskreis (-bogen) in der xy-Ebene - im positiven Teil der y-Achse - um den Ursprung erzeugt werden.

```
float p1[3], p2[3], p3[3];
p1[0]=-1.0 p1[1]=0.0 p1[2]=0.0;
p2[0]=0.0  p2[1]=1.0 p2[2]=0.0;
p3[0]=1.0  p3[1]=0.0 p3[2]=0.0;
HC_Insert_Circular_Arc (p1, p2, p3);
```

Insert_Cutting_Plane

Zweck erzeugt eine Schnittebene

Aufruf **Insert_Cutting_Plane** (a, b, c, d)

a, b, c, d	float	die Parameter der Ebenengleichung: ax + by + cz + d = 0 in Objektkoordinaten

Varianten **KInsert_Cutting_Plane** (a, b, c, d)→ *Schlüssel*
QInsert_Cutting_Plane (*Segment*, a, b, c, d)
QKInsert_Cutting_Plane (*Segment*, a, b, c, d)→ *Schlüssel*

Segment	string	Liste der zu ändernden Segmente
Schlüssel	long	Schlüssel zur Identifizierung der Schnittebene
a, b, c, d	float	wie oben

Wirkung Es wird eine Schnittebene erzeugt. Der Vektor [a, b, c] ist der Normalenvektor der Ebene, der - per Definition - in das "herauszuschneidende" Gebiet zeigt.

C-Beispiel Es sollen alle Punkte mit positiven x- (Objekt-) Koordinaten aus der Szene "herausgeschnitten" werden. Dazu wird eine entsprechende Schnittebene erzeugt.

```
HC_Insert_Cutting_Plane (1.0, 0.0, 0.0, 0.0);
```

Insert_Distant_Light

Zweck erzeugt eine unendlich weit entfernte (Punkt-) Lichtquelle

Aufruf **Insert_Distant_Light** (*dx*, *dy*, *dz*)

dx, *dy*, *dz*	float	die Richtung, aus der die Lichtstrahlen kommen, angegeben in Objektkoordinaten

Varianten **KInsert_Distant_Light** (*dx*, *dy*, *dz*)→ *Schlüssel*
QInsert_Distant_Light (*Segment*, *dx*, *dy*, *dz*)
QKInsert_Distant_Light (*Segment*, *dx*, *dy*, *dz*)→ *Schlüssel*

Segment	string	Liste der zu ändernden Segmente
Schlüssel	long	Schlüssel zur Identifizierung der Lichtquelle
dx, *dy*, *dz*	float	wie oben

Wirkung Es wird eine unendlich weit entfernte punktförmige Lichtquelle erzeugt. Die (parallelen) Lichtstrahlen kommen aus der Richtung [*dx*, *dy*, *dz*].

C-Beispiel Die aktuelle Szene soll von von einer Lichtquelle beleuchtet werden, die sich direkt über der Szene befindet.

```
HC_Insert_Distant_Light (0.0, 1.0, 0.0);
```

Insert_Ellipse

Zweck erzeugt eine Ellipse

Aufruf **Insert_Ellipse** (*Mitte*, *Major*, *Minor*)

Mitte	single point	Objektkoordinaten des Ellipsen-Mittelpunkts **(Ref)**
Major	single point	Objektkoordinaten des Schnittpunkts der Ellipsenlinie mit der Hauptachse **(Ref)**
Minor	single point	Objektkoordinaten des Schnittpunkts der Ellipsenlinie mit der Nebenachse **(Ref)**

Varianten **KInsert_Ellipse** (*Mitte*, *Major*, *Minor*)→ *Schlüssel*
QInsert_Ellipse (*Segment*, *Mitte*, *Major*, *Minor*)
QKInsert_Ellipse (*Segment*, *Mitte*, *Major*, *Minor*)→ *Schlüssel*

Segment	string	Liste der zu ändernden Segmente
Schlüssel	long	Schlüssel zur Identifizierung der Ellipse
alle anderen	single point	wie oben

Wirkung Es wird eine Ellipse erzeugt. Die drei Punkte dürfen nicht kollinear sein.

C-Beispiel Es soll eine Ellipse in der xy-Ebene um den Ursprung erzeugt werden. Der Hauptscheitel liege auf der x-Achse und sei 2.0 Einheiten lang, der Nebenscheitel liege auf der y-Achse und sei 1.0 Einheiten lang.

```
float mitte[3], haupt[3], neben[3];
mitte[0]=0.0 mitte[1]=0.0 mitte[2]=0.0;
haupt[0]=1.0 haupt[1]=0.0 haupt[2]=0.0;
neben[0]=0.0 neben[1]=0.5 neben[2]=0.0;
HC_Insert_Ellipse (mitte, haupt, neben);
```

Insert_Elliptical_Arc

Zweck erzeugt einen Ellipsenbogen

Aufruf **Insert_Elliptical_Arc** (*Mitte*, *Major*, *Minor*, *Start*, *Ende*)

Mitte	single point	Mittelpunkt des Ellipsenbogens in Objektkoordinaten **(Ref)**
Major	single point	Schnittpunkt des Ellipsenbogens mit der Hauptachse der Ellipse in Objektkoordinaten **(Ref)**
Minor	single point	Schnittpunkt der Ellipsenbogens mit der Nebenachse der Ellipse in Objektkoordinaten **(Ref)**
Start	float	der Startpunkt des Ellipsenbogens: der normalisierte Abstand auf dem Ellipsenbogen von *Major* in Richtung auf *Minor*
Ende	float	der Endpunkt des Ellipsenbogens: der normalisierte Abstand auf dem Ellipsenbogen von *Major* in Richtung auf *Minor*

Varianten **KInsert_Elliptical_Arc** (*Mitte*, *Major*, *Minor*, *Start*, *Ende*)→ *Schlüssel*
QInsert_Elliptical_Arc (*Segment*, *Mitte*, *Major*, *Minor*, *Start*, *Ende*)

QKInsert_Elliptical_Arc (*Segment*, *Mitte*, *Major*, *Minor*, *Start*, *Ende*) → *Schlüssel*

Segment	string	Liste der zu ändernden Segmente
Schlüssel	long	Schlüssel zur Identifizierung des Ellipsenbogens
alle anderen	wie oben	wie oben

Wirkung Es wird ein Ellipsenbogen erzeugt. Start- und Endpunkt des Bogens werden folgendermaßen bestimmt: der Abstand vom Punkt *Major* auf dem Ellipsenbogen - in Richtung des kürzeren der beiden Wege auf *Minor* zu - bis zum Punkt *Major* zurück, d.h. eine volle Runde - beträgt 1.0. Demnach entspricht der Abstand von *Major* zu *Minor* 0.25. Die beiden Werte *Start* und *Ende* werden in diesem Sinne als Abstandswerte von *Major* angegeben und definieren den Start- bzw. Endpunkt des Ellipsenbogens. Die drei Punkte *Mitte*, *Major* und *Minor* dürfen nicht kollinear sein.

C-Beispiel Es soll ein Ellipsenbogen (= Buchstabe "C") in der xy-Ebene - im negativen Teil der x-Achse - um den Ursprung erzeugt werden. Der Hauptscheitel liege auf der x-Achse und sei 2.0 Einheiten lang, der Nebenscheitel liege auf der y-Achse und sei 1.0 Einheiten lang. Der Startpunkt des Bogens sei [0.0, 0.5, 0.0], der Endpunkt sei [0.0, -0.5, 0.0].

```
float mitte[3], haupt[3], neben[3];
mitte[0]=0.0 mitte[1]=0.0 mitte[2]=0.0;
haupt[0]=1.0 haupt[1]=0.0 haupt[2]=0.0;
neben[0]=0.0 neben[1]=0.5 neben[2]=0.0;
HC_Insert_Elliptical_Arc (mitte, haupt, neben, 0.25, 0.75);
```

Insert_Grid

Zweck erzeugt ein Grid

Aufruf **Insert_Grid** (*Typ*, *Start*, *Ref1*, *Ref2*, *Anzahl1*, *Anzahl2*)

Typ	string	Typ des Grids: eine der beiden Konstanten: "quadrilateral", "radial"
Start	single point	der "Startpunkt" des Grids in Objektkoordinaten **(Ref)**
Ref1	single point	der erste Referenzpunkt in Objektkoordinaten **(Ref)**
Ref2	single point	der zweite Referenzpunkt in Objektkoordinaten **(Ref)**
Anzahl1	integer	Anzahl der Einheiten in Richtung *Ref1*
Anzahl2	integer	Anzahl der Einheiten in Richtung *Ref2*

Varianten **KInsert_Grid** (*Typ*, *Start*, *Ref1*, *Ref2*, *Anzahl1*, *Anzahl2*)→ *Schlüssel*
QInsert_Grid (*Segment*, *Typ*, *Start*, *Ref1*, *Ref2*, *Anzahl1*, *Anzahl2*)

QKInsert_Grid (*Segment*, *Typ*, *Start*, *Ref1*, *Ref2*, *Anzahl1*, *Anzahl2*) → *Schlüssel*

Segment	string	Liste der zu ändernden Segmente
Schlüssel	long	Schlüssel zur Identifizierung des Grids
alle anderen	wie oben	wie oben

Wirkung Es wird ein Grid (Gitter) erzeugt. Grids bestehen aus Punkten, Kanten und Flächen. Für *Typ* können zwei unterschiedliche Werte eingesetzt werden, die zu zwei verschiedenen Grid-Typen führen.

Die Angabe von "quadrilateral" bewirkt, daß ein viereckiges Grid erzeugt wird. Ein solches Grid besteht aus *Anzahl1* x *Anzahl2* gleichen Parallelogrammen. Das erste Parallelogramm hat die Eckpunkte *Start*, *Ref1*, *Ref1+Ref2-Start*, *Ref2*. Von *Start* aus setzen sich dann *Anzahl1* Parallelogramme in Richtung *Ref1* fort und zusätzlich, falls *Anzahl1* negativ ist, *Anzahl1* Parallelogramme in Richtung *-Ref1*. Diese Reihe von Parallelogrammen wird dann in Richtung *Ref2* *Anzahl2* mal dupliziert und zusätzlich in die entgegengesetzte Richtung, falls *Anzahl2* negativ ist.

Die Angabe von "radial" bewirkt, daß ein radiales Grid erzeugt wird. Ein solches Grid besteht aus einem "Tortenstück" mit den Eckpunkten *Start*, *Ref1*, *Ref2*. Dieses wird *Anzahl1* mal verlängert und *Anzahl2* mal um *Start* herumgezogen, so daß *Anzahl1* konzentrische Kreisbögen um *Start* entstehen, die jeweils radial in *Anzahl2* Teile geteilt sind.

C-Beispiel Es soll ein Schachbrett (-Gitter) in der xy-Ebene erzeugt werden - mit dem Ursprung als linke untere Ecke -, wobei ein Feld eine Kantenlänge von 0.1 haben soll.

```
float start[3], ref1[3], ref2[3];
start[0]=0.0 start[1]=0.0 start[2]=0.0;
ref1[0]=0.1 ref1[1]=0.0 ref1[2]=0.0;
ref2[0]=0.0 ref2[1]=0.1 ref2[2]=0.0;
HC_Insert_Grid ("quadrilateral", start, ref1, ref2, 8, 8);
```

Insert_Image

Zweck erzeugt ein Image

Aufruf **Insert_Image** (x, y, z, *Format*, *Breite*, *Höhe*, *Daten*)

x, y, z	float	der Mittelpunkt des Images in Objektkoordinaten
Format	string	das Format der Farbwerte in *Daten* - eine der unten aufgeführten Konstanten
Breite	integer	Anzahl der Pixelspalten
Höhe	integer	Anzahl der Pixelzeilen
Daten	array of unsigned char.	die Farben der einzelnen Pixel - im Format *Format*

Varianten **KInsert_Image** (x, y, z, *Format, Breite, Höhe, Daten*)→ *Schlüssel*
QInsert_Image (*Segment*, x, y, z, *Format, Breite, Höhe, Daten*)
QKInsert_Image (*Segment*, x, y, z, *Format, Breite, Höhe, Daten*) → *Schlüssel*
Insert_Image_By_Ref (x, y, z, *Format, Breite, Höhe, Daten*)
KInsert_Image_By_Ref (x, y, z, *Format, Breite, Höhe, Daten*)→ *Schlüssel*
QInsert_Image_By_Ref (*Segment*, x, y, z, *Format, Breite, Höhe, Daten*)
QKInsert_Image_By_Ref (*Segment*, x, y, z, *Format, Breite, Höhe, Daten*) → *Schlüssel*

Segment	string	Liste der zu ändernden Segmente
Schlüssel	long	Schlüssel zur Identifizierung des Images
alle anderen	wie oben	wie oben

Wirkung Es wird ein Image erzeugt. Die Werte der einzelnen Pixel können in verschiedenen Formaten übergeben werden. Dazu können für *Format* folgende Werte eingesetzt werden:

"RGB" Die Farbe eines Pixels wird aus drei Bytes zusammengesetzt, die die Intensitäten der Farben 'rot', 'grün' und 'blau' repräsentieren. Die ersten drei Bytes von *Daten* beschreiben den Pixel links oben, die nächsten drei den Pixel rechts daneben usw.; nach dem letzten Pixel in der ersten Zeile wird der erste - ganz links - in der zweiten Zeile beschrieben etc. Dieses Format muß bei Anwendung des Image-Treibers (Abschn. 10.8) verwendet werden.

"mapped 16" Jeweils zwei Bytes beschreiben ein Pixel, und zwar als 16-Bit-Index einer Farbtabelle. Die Reihenfolge der Pixel entspricht der von "RGB".

"mapped 8" (oder "mapped") Ein Byte ist ein 8-Bit-Index einer Farbtabelle. Die Reihenfolge der Pixel entspricht der von "RGB".

Anmerkung:
Die **_By_Ref**-Prozeduren unterscheiden sich nur insofern von den "normalen" Prozeduren, als das System keine Kopie des Images macht. Falls also das Image beispielsweise erneut dargestellt werden muß, wird dazu das Original-Array verwendet.

C-Beispiel Ein Image im Format "RGB" von 3 x 3 Pixeln mit dem Mittelpunkt im Objektkoordinatenursprung soll erzeugt werden. In der ersten und dritten Zeile seien die Farben 'rot', 'grün', 'rot, in der zweiten Zeile 'grün', 'rot', 'grün'.

```
short daten[27] = {255,0,0, 0,255,0, 255,0,0, 0,255,0, 255,0,0,
0,255,0,         255,0,0, 0,255,0, 255,0,0};
HC_Insert_Image (0.0, 0.0, 0.0, "RGB", 3, 3, daten);
```

Insert_Ink

Zweck erzeugt ein weiteres Stück einer Inked Polyline

Aufruf **Insert_Ink** (x, y, z)

x, y, z	float	Objektkoordinaten des nächsten Punktes der Inked Polyline

Varianten **KInsert_Ink** (x, y, z)→ *Schlüssel*
QInsert_Ink (*Segment*, x, y, z)
QKInsert_Ink (*Segment*, x, y, z)→ *Schlüssel*

Segment	string	Liste der zu ändernden Segmente
Schlüssel	long	Schlüssel zur Identifizierung der Inked Polyline
x, y, z	float	wie oben

Wirkung Es wird der aktuellen Inked Polyline des betreffenden Segments ein weiteres Linienstück hinzugefügt, und zwar vom Punkt, der beim vorherigen Aufruf der Prozedur angegeben wurde, zu dem Punkt [x, y, z].

C-Beispiel Die aktuelle Inked Polylinie des Segments ?Zeichnung soll vom letzten Punkt zu dem neuen Punkt [1.0, 1.0, 1.0] weitergezeichnet werden.

```
HC_QInsert_Ink ("?Zeichnung", 1.0, 1.0, 1.0);
```

Insert_Line

Zweck erzeugt eine einfache Linie

Aufruf **Insert_Line** (x_a, y_a, z_a, x_b, y_b, z_b)

x_a, y_a, z_a	float	Objektkoordinaten des einen Endpunktes der Linie
x_b, y_b, z_b	float	Objektkoordinaten des anderen Endpunktes der Linie

Varianten **KInsert_Line** (x_a, y_a, z_a, x_b, y_b, z_b)→ *Schlüssel*
QInsert_Line (*Segment*, x_a, y_a, z_a, x_b, y_b, z_b)
QKInsert_Line (*Segment*, x_a, y_a, z_a, x_b, y_b, z_b)→ *Schlüssel*

Segment	string	Liste der zu ändernden Segmente
Schlüssel	long	Schlüssel zur Identifizierung der Linie
alle anderen	float	wie oben

Wirkung Es wird ein einfache gerade Linie erzeugt. Als Parameter sind die Objektkoordinaten der beiden Endpunkte anzugeben.

C-Beispiel Im aktuellen Segment wird eine Linie erzeugt, die vom Punkt [1.0, 1.0, 1.0] zum Punkt [-1.0, -1.0, -1.0] verläuft.

```
HC_Insert_Line (1.0, 1.0, 1.0, -1.0, -1.0, -1.0);
```

Insert_Local_Light

Zweck erzeugt eine **spezielle** lokale (Punkt-) Lichtquelle: das Licht scheint in alle Richtungen, d.h. der Lichtkegel stellt eine Kugel dar

Aufruf **Insert_Local_Light** (x, y, z)

x, y, z	float	die Position der Lichtquelle in Objektkoordinaten

Varianten **KInsert_Local_Light** (x, y, z)→ *Schlüssel*
QInsert_Local_Light (*Segment*, x, y, z)
QKInsert_Local_Light (*Segment*, x, y, z)→ *Schlüssel*

Segment	string	Liste der zu ändernden Segmente
Schlüssel	long	Schlüssel zur Identifizierung der Lichtquelle
x, y, z	float	wie oben

Wirkung Es wird eine lokale punktförmige Lichtquelle erzeugt, deren Lichtstrahlen in alle Richtungen verlaufen. Dazu ruft **Insert_Local_Light** die Prozedur **Insert_Spot_Light** mit dem folgenden Parameter *Liste* auf: "illumination cone = 360 deg, edge sharpness = 100%, concentration = 0.0".

C-Beispiel Die aktuelle Szene soll von einer lokalen Lichtquelle beleuchtet werden, die sich direkt im Objektkoordinatenursprung befinden soll.

```
HC_Insert_Local_Light (0.0, 0.0, 0.0);
```

Insert_Marker

Zweck erzeugt einen Marker

Aufruf **Insert_Marker** (x, y, z)

x, y, z	float	Objektkoordinaten des Markers

Varianten **KInsert_Marker** (x, y, z)→ *Schlüssel*
QInsert_Marker (*Segment*, x, y, z)
QKInsert_Marker (*Segment*, x, y, z)→ *Schlüssel*

Segment	string	Liste der zu ändernden Segmente
Schlüssel	long	Schlüssel zur Identifizierung des Markers
x, y, z	float	wie oben

Wirkung Es wird in dem betreffenden Segment ein Marker erzeugt. Dieser erscheint auf dem Bildschirm als Marker-Symbol.

C-Beispiel Im aktuellen Segment wird ein Marker im Objektkoordinatenursprung erzeugt.

```
HC_Insert_Marker (0.0, 0.0, 0.0);
```

Insert_Mesh

Zweck erzeugt eine Mesh

Aufruf **Insert_Mesh** (*Zeilen, Spalten, Punkte*)

Zeilen	integer	Anzahl der Punktzeilen (muß positiv sein)
Spalten	integer	Anzahl der Punktspalten (muß positiv sein)
Punkte	point array	*Zeilen*-x-*Spalten*-Array der Eckpunkte der einzelnen Mesh-Flächen in Objektkoordinaten **(Ref)**

Varianten **KInsert_Mesh** (*Zeilen, Spalten, Punkte*)→ *Schlüssel*
QInsert_Mesh (*Segment, Zeilen, Spalten, Punkte*)
QKInsert_Mesh (*Segment, Zeilen, Spalten, Punkte*)→ *Schlüssel*
Insert_Mesh_By_Ref (*Zeilen, Spalten, Punkte*)
KInsert_Mesh_By_Ref (*Zeilen, Spalten, Punkte*)→ *Schlüssel*
QInsert_Mesh_By_Ref (*Segment, Zeilen, Spalten, Punkte*)
QKInsert_Mesh_By_Ref (*Segment, Zeilen, Spalten, Punkte*)→ *Schlüssel*

Segment	string	Liste der zu ändernden Segmente
Schlüssel	long	Schlüssel zur Identifizierung der Mesh
alle anderen	wie oben	wie oben

Wirkung Es wird eine Mesh erzeugt. Meshes bestehen aus Punkten, Kanten und Flächen. Die Punkte in *Punkte* werden durch Kanten so verbunden, daß jeweils dreieckige Flächen entstehen: jeder Punkt P[z][s] - außer den Randpunkten (= Punkte mit z=0 oder z=*Zeilen* und/oder s=0 oder s=*Spalten*) - wird jeweils durch eine Kante mit P[z+1][s], P[z-1][s], P[z][s+1] und P[z][s-1] verbunden. Zusätzlich wird jeweils zwischen P[z+1][s] und P[z][s+1] eine Kante eingefügt.

Den Punkten, Kanten und Flächen einer Mesh können lokale Attribute zugewiesen werden. Dazu müssen Punkte und Flächen Nummern haben, durch die sie eindeutig identifiziert werden können (Kanten werden anhand von zwei Punkten identifiziert): der Punkt P[z,s] hat die Nummer z**Spalten*+s, das Dreieck aus P[z,s], P[z+1,s] und P[z,s+1] hat die Nummer z**Spalten*+s und -(z**Spalten*+s) ist die Nummer des "anderen" Dreiecks aus P[z,s], P[z-1,s] und P[z,s-1].

Anmerkung:
Die **_By_Ref**-Prozeduren unterscheiden sich nur insofern von den "normalen" Prozeduren, als das System keine Kopie der Mesh macht. Falls also die Mesh beispielsweise erneut dargestellt werden muß, wird dazu das Original-Array verwendet.

C-Beispiel Im folgenden Beispiel wird eine Mesh erzeugt, die aus zwei mal drei Punkten besteht.

```
struct {float x, y, z;} m[2][3];
m[0][0].x=-0.7; m[0][0].y=0.9; m[0][0].z=-0.03;
```

```
m[0][1].x=0.1;  m[0][1].y=0.7; m[0][1].z=0.01;
m[0][2].x=0.6;  m[0][2].y=0.8; m[0][2].z=0.02;
m[1][0].x=-0.7; m[1][0].y=0.4; m[1][0].z=-0.01;
m[1][1].x=0.1;  m[1][1].y=0.3; m[1][1].z=0.03;
m[1][2].x=0.7;  m[1][2].y=0.2; m[1][2].z=-0.01;
HC_Insert_Mesh (2,3,m);
```

Insert_Polygon

Zweck erzeugt ein Polygon

Aufruf **Insert_Polygon** (*Anzahl*, *Punkte*)

Anzahl	integer	Anzahl der relevanten Punkte in *Punkte*
Punkte	point vector	die Objektkoordinaten der Eckpunkte des Polygons **(Ref)**

Varianten **KInsert_Polygon** (*Anzahl*, *Punkte*)→ *Schlüssel*
QInsert_Polygon (*Segment*, *Anzahl*, *Punkte*)
QKInsert_Polygon (*Segment*, *Anzahl*, *Punkte*)→ *Schlüssel*

Segment	string	Liste der zu ändernden Segmente
Schlüssel	long	Schlüssel zur Identifizierung des Polygons
alle anderen	wie oben	wie oben

Wirkung Es wird ein Polygon erzeugt. Die ersten *Anzahl* Punkte aus *Punkte* bilden die Eckpunkte des Polygons. Dabei ist es nicht nötig, das Polygon zu "schließen", indem der erste Punkt noch einmal als letzter angegeben wird. Achtung: wenn nicht alle Punkte in einer Ebene liegen, sieht das Bild möglicherweise seltsam aus.

C-Beispiel Es soll ein Quadrat in der xy-Ebene erzeugt werden.

```
struct {float x, y, z;} pg[4];
pg[0].x=-0.5; pg[0].y=0.5;  pg[0].z=0.0;
pg[1].x=0.5;  pg[1].y=0.5;  pg[1].z=0.0;
pg[2].x=0.5;  pg[2].y=-0.5; pg[2].z=0.0;
pg[3].x=-0.5; pg[3].y=-0.5; pg[3].z=0.0;
HC_Insert_Polygon (4, pg);
```

Insert_Polyline

Zweck erzeugt eine Polylinie

Aufruf **Insert_Polyline** (*Anzahl*, *Punkte*)

Anzahl	integer	Anzahl der relevanten Punkte in *Punkte*
Punkte	point vector	die Objektkoordinaten der Punkte der Polylinie **(Ref)**

Varianten **KInsert_Polyline** (*Anzahl, Punkte*)→ *Schlüssel*
QInsert_Polyline (*Segment, Anzahl, Punkte*)
QKInsert_Polyline (*Segment, Anzahl, Punkte*)→ *Schlüssel*

Segment	string	Liste der zu ändernden Segmente
Schlüssel	long	Schlüssel zur Identifizierung der Polylinie
alle anderen	wie oben	wie oben

Wirkung Es wird eine Polylinie erzeugt, indem die ersten *Anzahl* Punkte aus *Punkte* durch Linienstücke verbunden werden.

C-Beispiel Es soll ein Quadrat in der xy-Ebene erzeugt werden.

```
struct {float x, y, z;} pl[5];
pl[0].x=-0.5; pl[0].y=0.5;  pl[0].z=0.0;
pl[1].x=0.5;  pl[1].y=0.5;  pl[1].z=0.0;
pl[2].x=0.5;  pl[2].y=-0.5; pl[2].z=0.0;
pl[3].x=-0.5; pl[3].y=-0.5; pl[3].z=0.0;
pl[4].x=-0.5; pl[4].y=0.5;  pl[4].z=0.0;
HC_Insert_Polyline (5, pl);
```

Insert_Shell

Zweck erzeugt eine Shell

Aufruf **Insert_Shell** (*PAnzahl, Punkte, FAnzahl, FListe*)

PAnzahl	integer	Anzahl der relevanten Punkte in *Punkte*
Punkte	point vector	ein Vektor von Shell-Eckpunkten in Objektkoordinaten **(Ref)**
FAnzahl	integer	Gesamtzahl der Integers in *FListe* **(Ref)**
FListe	vector of integers	kodierte Beschreibung, wie die Punkte in *Punkte* zu Flächen verbunden werden sollen

Varianten **KInsert_Shell** (*PAnzahl, Punkte, FAnzahl, FListe*)→ *Schlüssel*
QInsert_Shell (*Segment, PAnzahl, Punkte, FAnzahl, FListe*)
QKInsert_Shell (*Segment, PAnzahl, Punkte, FAnzahl, FListe*)→ *Schlüssel*
Insert_Shell_By_Ref (*PAnzahl, Punkte, FAnzahl, FListe*)
KInsert_Shell_By_Ref (*PAnzahl, Punkte, FAnzahl, FListe*)→ *Schlüssel*
QInsert_Shell_By_Ref (*Segment, PAnzahl, Punkte, FAnzahl, FListe*)
QKInsert_Shell_By_Ref (*Segment, PAnzahl, Punkte, FAnzahl, FListe*) → *Schlüssel*

Segment	string	Liste der zu ändernden Segmente
Schlüssel	long	Schlüssel zur Identifizierung der Shell
alle anderen	wie oben	wie oben

Wirkung Es wird eine Shell erzeugt. Shells bestehen aus Punkten, Kanten und Flächen. Die einzelnen Flächen einer Shell werden folgendermaßen aus den Punkten aus *Punkte* aufgebaut: die erste Zahl in *FListe* gibt die Anzahl der

Eckpunkte der ersten Fläche an. Es folgen dann die Indizes - und damit die Koordinaten - dieser Punkte in *Punkte*. Die darauf folgende Zahl in *FListe* gibt die Anzahl der Eckpunkte der zweiten Fläche an usw. Dabei ist es nicht nötig, die jeweilige Fläche zu "schließen", indem der erste Punkt noch einmal als letzter angegeben wird. Alle Eckpunkte jeder einzelnen Shell-Fläche müssen jedoch in einer Ebene liegen.
Ein besonderer Fall liegt dann vor, wenn in *FListe* die Anzahl der Punkte einer Fläche ein negatives Vorzeichen hat. Das bedeutet, daß die betreffende Fläche von der vorherigen Fläche abgezogen wird, so daß in dieser ein Loch entsteht.
Den Punkten, Kanten und Flächen einer Shell können lokale Attribute zugewiesen werden. Dazu müssen Punkte und Flächen Nummern haben, durch die sie eindeutig identifiziert werden können (Kanten werden anhand von zwei Punkten identifiziert): der erste Punkt in *Punkte* hat die Nummer Null, der zweite Eins etc.; die erste Fläche in *FListe* hat die Nummer Null, die zweite Eins etc.

Anmerkung:
Die **_By_Ref**-Prozeduren unterscheiden sich nur insofern von den "normalen" Prozeduren, als das System keine Kopie der Shell macht. Falls also die Shell beispielsweise erneut dargestellt werden muß, werden dazu die Originaldaten verwendet.

C-Beispiel Im folgenden Beispiel wird ein Tetraeder in Form einer Shell erzeugt.

```
struct {float x, y, z;} p[4];
int fl[16];
fl[0]=3;
fl[1]=0; fl[2]=1;fl[3]=2;
fl[4]=3;
fl[5]=0; fl[6]=1;fl[7]=3;
fl[8]=3;
fl[9]=0; fl[10]=2;fl[11]=3;
fl[12]=3;
fl[13]=1; fl[14]=2;fl[15]=3;
p[0].x=1.0;  p[0].y=1.0;  p[0].z=1.0;
p[1].x=1.0;  p[1].y=-1.0; p[1].z=-1.0;
p[2].x=-1.0; p[2].y=1.0;  p[2].z=-1.0;
p[3].x=-1.0; p[3].y=-1.0; p[3].z=1.0;
HC_Insert_Shell (4,p,16,fl);
```

Insert_Spot_Light

Zweck erzeugt eine lokale, punktförmige Lichtquelle

Aufruf **Insert_Spot_Light** (*Position*, *Ziel*, *Liste*)
Position single point die Position der Lichtquelle in Objektkoordinaten

Ziel	single point	das Ziel, auf das die Lichtquelle gerichtet ist, in Objektkoordinaten
Liste	string	eine Liste von Optionen (s.u.)

Varianten **KInsert_Spot_Light** (*Position, Ziel, Liste*)→ *Schlüssel*
QInsert_Spot_Light (*Segment, Position, Ziel, Liste*)
QKInsert_Spot_Light (*Segment, Position, Ziel, Liste*)→ *Schlüssel*

Segment	string	Liste der zu ändernden Segmente
Schlüssel	long	Schlüssel zur Identifizierung der Lichtquelle
alle anderen	wie oben	wie oben

Wirkung Es wird eine, lokale punktförmige Lichtquelle erzeugt. Die Mittelachse des Lichtkegels läuft durch *Position* und *Ziel*. Die Eigenschaften der zu erzeugenden Lichtquelle werden durch den Parameter *Liste* spezifiziert. In *Liste* können ein oder mehrere der folgenden Optionen angegeben werden:

[no] camera relative [= on / off]

Die Punkte *Position* und *Ziel* werden normalerweise in Objektkoordinaten beschrieben. Dies ist auch die Voreinstellung: no camera relative bzw. camera relative = off.

Wird jedoch camera relative (bzw. camera relative = on) gewählt, so wird die Position der Lichtquelle (*Position*) und ihr Ziel (*Target*) im Kamerakoordinatensystem angegeben. Das hat zur Folge, daß jede Änderung der Kameraposition bzw. des Kameraziels (z.B. durch **Orbit_Camera**) auch eine entsprechende Änderung der Lichtquellenposition bzw. des Lichtquellenziels nach sich zieht, so daß Kamera und Lichtquelle die gleiche relative Lage und Ausrichtung zueinander haben.

Das oben erwähnte Kamerakoordinatensystem ist wie folgt definiert: die "y"-Achse ist parallel zur Aufwärtsrichtung der Kamera, die "z"-Achse ist parallel zur Sichtlinie und die "x"-Achse steht senkrecht auf der "y"- und der "z"-Achse. Will man also beispielsweise eine Lichtquelle an der Position der Kamera und mit dem gleichen Ziel wie die Kamera erzeugen, so muß camera relative = on gesetzt und sowohl für *Position* als auch für *Ziel* der Punkt [0.0, 0.0, 0.0] angegeben werden.

illumination cone = 'Spezifikation'

Mit dieser Option wird die Größe des Lichtkegels festgelegt. 'Spezifikation' ist eine Fließkommazahl gefolgt von einem Leerzeichen und einer der beiden folgenden "Einheiten":

fru oder field radius units

Die Fließkommazahl gibt die Länge (Objektkoordinaten-Einheiten) des Radius' des (Licht-) Kegelschnitts - senkrecht zur primären Lichtrichtung - in der Ebene des Lichtquellenziels (*Ziel*) an.

deg oder degrees

Die Fließkommazahl gibt den Winkel an, den zwei gegenüberliegende Mantellinien des (Licht-) Kegels bilden. Der Wert muß größer Null sein.

Die Voreinstellung ist "illumination cone = 30 degrees". Statt illumination cone kann auch outer cone eingesetzt werden.

edge sharpness = 'Spezifikation'

Es wird ein innerer Kegel definiert, von dem an die Lichtintensität linear nach außen bis zum äußeren (Licht-) Kegel abnimmt. 'Spezifikation' ist eine Fließkommazahl gefolgt von einem Leerzeichen und einer der drei folgenden "Einheiten":

fru oder field radius units

wie bei illumination cone - die Fließkommazahl muß jedoch kleiner oder gleich der des "äußeren" Kegels sein

deg oder degrees

wie bei illumination cone - die Fließkommazahl muß jedoch kleiner oder gleich der des "äußeren" Kegels sein

%

Diese Fließkommazahl (0.0 bis 100.0) gibt die Größe des inneren Kegels im Verhältnis zum äußeren an.

Die Voreinstellung ist "edge sharpness = 80 %". Statt edge sharpness kann auch inner cone eingesetzt werden.

concentration = 'Wert'

Diese Option gibt an, wie die Lichtintensität von der Mitte des Lichtkegel bis zum Rand des (äußeren) Lichtkegels abnimmt. Diese Abnahme der Lichtintensität wird zusätzlich zur edge sharpness (und unabhängig davon) berechnet und betrifft den gesamten Lichtkegel: die Intensität nimmt um cosinus $\theta^{\text{'Wert'}}$ ab, wobei θ der Winkel zwischen der primären Lichtrichtung und dem beleuchteten Objektpunkt ist. Je größer 'Wert' gewählt wird, desto mehr ist das Licht in der Mitte des Lichtkegels konzentriert. 'Wert' muß größer oder gleich Null sein; eine Zahl ungleich Null bedeutet, daß Objekte, für die θ größer als 90° ist, in keinem Fall mehr beleuchtet werden.

Die Voreinstellung ist "concentration = 0.0".

Anmerkungen:

Die Optionen in *Liste* gelten nur für die Lichtquelle, bei deren Erzeugung sie angegeben wurden! Für jede Option, die nicht explizit gesetzt wird, gilt die Voreinstellung.

C-Beispiel Die aktuelle Szene soll von unten von einer lokalen Lichtquelle beleuchtet werden, die sich direkt im Objektkoordinatenursprung befinden soll.

```
struct {float x, y, z;} position, target;
position.x=0.0; position.y=0.0; position.z=0.0;
target.x=0.0; target.y=5.0; target.z=0.0;
HC_Insert_Spot_Light (position, target, "");
```

Insert_Text

Zweck erzeugt einen Text

Aufruf **Insert_Text** (x, y, z, *Text*)

x, y, z	float	Bezugspunkt des Textes in Objektkoordinaten (s. **Set_Text_Alignment**)
Text	string	der einzufügende Text

Varianten **KInsert_Text** (x, y, z, *Text*)→ *Schlüssel*
QInsert_Text (*Segment*, x, y, z, *Text*)
QKInsert_Text (*Segment*, x, y, z, *Text*)→ *Schlüssel*
Insert_Text_With_Encoding (x, y, z, *Zeichensatz*, *Text*)
KInsert_Text_With_Encoding (x, y, z, *Zeichensatz*, *Text*)→ *Schlüssel*
QInsert_Text_With_Encoding (*Segment*, x, y, z, *Zeichensatz*, *Text*)
QKInsert_Text_With_Encoding (*Segment*, x, y, z, *Zeichensatz*, *Text*) → *Schlüssel*

Segment	string	Liste der zu ändernden Segmente
Schlüssel	long	Schlüssel zur Identifizierung des Textes
Zeichensatz	string	der in *Text* verwendete Zeichensatz bzw. die in *Text* verwendete Kodierungsmethode (s.u.)
x, y, z	float	wie oben

Wirkung Es wird in dem betreffenden Segment ein Text-String erzeugt. Per Voreinstellung verwendet HOOPS dazu den Zeichensatz "ISO Latin One", dessen 255 Zeichen beispielsweise in der Original-Prozedur-Referenz abgedruckt sind. Es sind jedoch auch andere Zeichensätze bzw. Kodierungen für *Text* möglich. Dazu können für *Zeichensatz* folgende Werte eingesetzt werden:

"ISO Latin"

Dies ist der gesamte "ISO Latin" Zeichensatz, eine Mischung aus 8- und 16-Bit Zeichen. *Text* wird als Array of Bytes erwartet. Falls ein Byte einen Wert zwischen 1 und 31 hat, gehört das darauf folgende Byte zum Zeichen dazu. Es bildet das niederwertige Byte, während das erste das höherwertige Byte ist. Hat ein Byte jedoch einen Wert größer als 31, so stellt es das niederwertige Byte dar, und das höherwertige Byte ist Null. Diese Zeichen entsprechen denen des Zeichensatzes "ISO Latin One".

"ISO Latin One"

Dies ist der voreingestellte Zeichensatz, der bei **Insert_Text** verwendet wird. *Text* wird als Array of Bytes erwartet. Jedes Byte entspricht einem Zeichen, wobei die Zeichen 32 bis 176 identisch zu den entsprechenden ASCII-Zeichen sind.

"JEC"

Japanese Electronic Code für JIS (Japanese Industry Standards). Die Erklärung dieses Codes ist in der Original-Prozedur-Referenz nachzulesen.

"EUC"

Extended Unix Code. Die Erklärung dieses Codes ist in der Original-Prozedur-Referenz nachzulesen.

"16"

Jedes Zeichen wird durch zwei Byte repräsentiert, wobei das erste das höherwertige Byte darstellt. Weitere Einzelheiten hierzu sind in der Original-Prozedur-Referenz nachzulesen.

C-Beispiel Im aktuellen Segment wird der Text "Dies ist der Ursprung!" mit dem Objektkoordinatenursprung als Bezugspunkt erzeugt.

```
HC_Insert_Text (0.0, 0.0, 0.0, "Dies ist der Ursprung!");
```

KInsert_String_Cursor

Zweck plaziert einen Cursor in einem Text

Aufruf **KInsert_String_Cursor** (*TSchlüssel*, *Zeile*, *Spalte*)→ *CSchlüssel*

TSchlüssel	long	Schlüssel zur Identifizierung des Textes
Zeile	integer	Textzeile, in der der Cursor plaziert werden soll - in der momentanen HOOPS-Version ist *Zeile* immer Null
Spalte	integer	Textspalte, vor der der Cursor plaziert werden soll - das erste Zeichen des Textes hat die *Spalte* Null
CSchlüssel	long	Schlüssel zur Identifizierung des Cursors

Wirkung Es wird ein Cursor für den Text erzeugt, der durch *TSchlüssel* referenziert wird. Mit Hilfe von *CSchlüssel* kann der Cursor später z.B. bewegt werden. Text-Cursor werden mit dem Text "gescrollt" (s. **Scroll_Text**). Ein Löschen des zum Cursor gehörenden Textes bewirkt, daß auch der Cursor gelöscht wird.

C-Beispiel Es wird ein Text-Cursor an den Anfang des durch text_key referenzierten Textes gesetzt.

```
long cursor_key;
cursor_key = HC_KInsert_String_Cursor (text_key, 0, 0);
```

Move_By_Key

Zweck verschiebt ein geometrisches Element in ein anderes Segment

Aufruf **Move_By_Key** (*Schlüssel*, *NeuSeg*)

Schlüssel	long	Schlüssel zur Identifizierung des zu verschiebenden Elements - durch eine der **KInsert**-Prozeduren erzeugt
NeuSeg	string	Name des Segments, in welches das geometrisches Element verschoben werden soll

Wirkung Es wird das zu *Schlüssel* gehörende geometrische Element von seinem ursprünglichen Segment in das Segment *NeuSeg* verschoben.

C-Beispiel Das zu dem Schlüssel object_key gehörende geometrische Element wird in das Segment ?Phong verschoben.

```
HC_Move_By_Key (object_key, "?Phong");
```

Move_Distant_Light

Zweck ändert die Richtung der Lichtstrahlen einer zuvor erzeugten Lichtquelle

Aufruf **Move_Distant_Light** (*Schlüssel*, x, y, z)

Schlüssel	long	Schlüssel zur Identifizierung einer mit **KInsert_Distant_Light** erzeugten Lichtquelle
x, y, z	string	die neue Richtung, aus der die Lichtstrahlen kommen, angegeben in Objektkoordinaten

Wirkung Es wird die Richtung der Lichtstrahlen einer mit **KInsert_Distant_Light** erzeugten Lichtquelle geändert.

C-Beispiel Das Licht der zu dem Schlüssel light_key gehörenden Lichtquelle soll (nun) von oben auf die Szene scheinen.

```
HC_Move_Distant_Light (light_key, 0.0, 1.0, 0.0);
```

Move_Image

Zweck ändert die Position eines zuvor erzeugten Images

Aufruf **Move_Image** (*Schlüssel*, x, y, z)

Schlüssel	long	Schlüssel zur Identifizierung eines mit **KInsert_Image** oder **KInsert_Image_By_Ref** erzeugten Images
x, y, z	string	der neue Image-Mittelpunkt in Objektkoordinaten

Wirkung Es wird die Position eines zuvor erzeugten Images geändert.

C-Beispiel Das zu dem Schlüssel image_key gehörende Image soll seinen Mittelpunkt im Objektkoordinatenursprung haben.

```
HC_Move_Image (image_key, 0.0, 0.0, 0.0);
```

Move_Light_Position

Zweck ändert die Position einer zuvor erzeugten lokalen Lichtquelle

Aufruf **Move_Light_Position** (*Schlüssel*, x, y, z)

Schlüssel	long	Schlüssel zur Identifizierung der Lichtquelle
x, y, z	float	die neue Position der Lichtquelle in Objekt- oder Kamerakoordinaten (s.u.)

Wirkung Die Position einer zuvor erzeugten lokalen Lichtquelle wird geändert. [x, y, z] ist ein Punkt im Kamerakoordinatensystem, falls bei der Erzeugung der Lichtquelle die Option camera relative = on gesetzt wurde, andernfalls ein Punkt im Objektkoordinatensystem (s. **Insert_Spot_Light**).

C-Beispiel Die zu light_key gehörende lokale Lichtquelle soll an der Position der Kamera plaziert werden. (Bei der Erzeugung der Lichtquelle wurde die Option camera relative = on gesetzt, s. **Insert_Spot_Light**)

```
HC_Move_Light_Position (light_key, 0.0, 0.0, 0.0);
```

Move_Light_Target

Zweck ändert das Ziel einer zuvor erzeugten lokalen Lichtquelle

Aufruf **Move_Light_Target** (*Schlüssel*, x, y, z)

Schlüssel	long	Schlüssel zur Identifizierung der Lichtquelle
x, y, z	float	das neue Ziel der Lichtquelle in Objekt- oder Kamerakoordinaten (s.u.)

Wirkung Das Ziel einer zuvor erzeugten lokalen Lichtquelle wird geändert. [x, y, z] ist ein Punkt im Kamerakoordinatensystem, falls bei der Erzeugung der Lichtquelle die Option camera relative = on gesetzt wurde, andernfalls ein Punkt im Objektkoordinatensystem (s. **Insert_Spot_Light**).

C-Beispiel Die zu light_key gehörende lokale Lichtquelle soll auf das Kameraziel gerichtet werden. (Bei der Erzeugung der Lichtquelle wurde die Option camera relative = on gesetzt.)

```
HC_Move_Light_Target (light_key, 0.0, 0.0, 0.0);
```

Move_String_Cursor

Zweck ändert die Position eines zuvor erzeugten Text-Cursors

Aufruf **Move_String_Cursor** (*Schlüssel*, *Zeile*, *Spalte*)

Schlüssel	long	Schlüssel zur Identifizierung des Cursors
Zeile	integer	Textzeile, in die der Cursor verschoben werden soll - in der momentanen HOOPS-Version ist *Zeile* immer Null
Spalte	integer	Textspalte, vor der der Cursor plaziert werden soll - das erste Zeichen des Textes hat die *Spalte* Null

Wirkung Ein zuvor erzeugter Text-Cursor wird innerhalb des zugehörigen Textes verschoben.

C-Beispiel Der zu cursor_key gehörende Text-Cursor wird an den Anfang des zugehörigen Textes verschoben.

```
HC_Move_String_Cursor (cursor_key, 0, 0);
```

Move_Text

Zweck ändert die Position eines zuvor erzeugten Textes

Aufruf **Move_Text** (*Schlüssel*, x, y, z)

Schlüssel	long	Schlüssel zur Identifizierung des Textes
x, y, z	float	der neue Bezugspunkt des Textes in Objektkoordinaten

Wirkung Ein zuvor erzeugter Text wird zu einem anderen Punkt des Objektraums verschoben.

C-Beispiel Der zu text_key gehörende Text wird in den Objektkoordinatenursprung verschoben.

```
HC_Move_Text (text_key, 0.0, 0.0, 0.0);
```

Open_Edge

Zweck bereitet eine Kante einer Shell oder Mesh für lokale Attributänderungen vor

Aufruf **Open_Edge** (*PNummer1*, *PNummer2*)

PNummer1, *PNummer2*	integer	Nummern der beiden Punkte der Shell/Mesh, durch die eine zu ändernde Kante bestimmt wird

Varianten **Close_Edge** ()

Wirkung Die Kante einer Shell/Mesh, die durch die Punkte mit den Nummern *PNummer1* und *PNummer2* verbunden ist, wird "geöffnet". Danach können lokale Attribute (Kantenfarbe, -stärke, -muster, -sichtbarkeit und -normalenvektor) gesetzt, gelöscht oder erfragt werden. Die Kante muß anschließend mittels **Close_Edge** "geschlossen" werden. Ein **Open_Edge** ist nur zulässig, nachdem die Shell/Mesh mittels **Open_Geometry** "geöffnet" wurde!

C-Beispiel Die Kante einer Mesh, die zwischen den Punkten mit den Nummern 0 und 1 liegt, soll - im Gegensatz zu allen anderen blauen Kanten - rot dargestellt werden. Die Mesh werde durch den Schlüssel mesh_key referenziert.

```
HC_Open_Geometry (mesh_key);
    HC_Open_Edge (0, 1);
            HC_Set_Color ("edge=red");
    HC_Close_Edge ();
HC_Close_Geometry ();
```

Open_Face

Zweck bereitet eine Fläche einer Shell oder Mesh für lokale Attributänderungen vor

Aufruf **Open_Face** (*FNummer*)

FNummer integer Nummer der Fläche der Shell/Mesh

Varianten **Close_Face** ()

Wirkung Die Fläche einer Shell/Mesh mit der Nummer *FNummer* wird "geöffnet". Danach können lokale Attribute (Flächenfarbe, -muster, -sichtbarkeit und Flächennormalen) gesetzt, gelöscht oder erfragt werden. Die Fläche muß anschließend mittels **Close_Face** "geschlossen" werden. Ein **Open_Face** ist nur zulässig, nachdem die Shell/Mesh mittels **Open_Geometry** "geöffnet" wurde!

C-Beispiel Die Fläche einer Mesh mit der Nummer 3 soll - im Gegensatz zu allen anderen blauen Flächen - rot dargestellt werden. Die Mesh werde durch den Schlüssel mesh_key referenziert.

```
HC_Open_Geometry (mesh_key);
    HC_Open_Face (3);
            HC_Set_Color ("face=red");
    HC_Close_Face ();
HC_Close_Geometry ();
```

Open_Geometry

Zweck bereitet eine Shell oder Mesh für lokale Attributänderungen vor

Aufruf **Open_Geometry** (*Schlüssel*)

Schlüssel long Schlüssel zur Identifizierung der Shell/Mesh

Varianten **Close_Geometry** ()

Wirkung Die durch den Schlüssel *Schlüssel* referenzierte Shell/Mesh wird "geöffnet". Danach erst können Kanten, Flächen und Punkte der Shell/Mesh "geöffnet" werden, um dort lokale Attributänderungen vorzunehmen. (Dies sind auch die einzig legalen Aktionen innerhalb einer "geöffneten" Shell/Mesh.) Die Shell/Mesh muß anschließend mittels **Close_Geometry** "geschlossen" werden.

C-Beispiel Die erste Fläche der durch den Schlüssel shell_key referenzierten Shell soll - im Gegensatz zu all ihren anderen blauen Flächen - rot dargestellt werden.

```
HC_Open_Geometry (shell_key);
HC_Open_Face (0);
HC_Set_Color ("face=red");
HC_Close_Face ();
HC_Close_Geometry ();
```

Open_Vertex

Zweck bereitet einen Eckpunkt einer Shell oder Mesh für lokale Attributänderungen vor

Aufruf **Open_Vertex** (*PNummer*)

PNummer integer Nummer des Punktes der Shell/Mesh

Varianten **Close_Vertex** ()

Wirkung Der Punkt einer Shell/Mesh mit der Nummer *PNummer* wird "geöffnet". Danach können lokale Attribute (Flächen- und Kantenfarbe, Marker-Symbol, -größe und -farbe, Sichtbarkeit und Eckpunkt-Normalenvektor) gesetzt, gelöscht oder erfragt werden. Der Punkt muß anschließend mittels **Close_Vertex** "geschlossen" werden. Ein **Open_Vertex** ist nur zulässig, nachdem die Shell/Mesh mittels **Open_Geometry** "geöffnet" wurde!

C-Beispiel Der Normalenvektor des ersten Punktes einer Shell soll (neu) gesetzt werden. Die Shell werde durch den Schlüssel shell_key referenziert.

```
HC_Open_Geometry (shell_key);
    HC_Open_Vertex (0);
            HC_Set_Normal (0.0, 1.0, 0.0);
    HC_Close_Vertex ();
HC_Close_Geometry ();
```

Renumber_Key

Zweck definiert einen zusätzlichen Schlüssel für ein HOOPS-Objekt

Aufruf **Renumber_Key** (*AltSchlüssel, NeuSchlüssel, Bereich*)

AltSchlüssel	long	der von HOOPS generierte Schlüssel oder ein bereits vorhandener benutzerdefinierter Schlüssel
NeuSchlüssel	long	der neue benutzerdefinierte Schlüssel - muß positiv sein
Bereich	string	Gültigkeitsbereich des neuen Schlüssels - eine der beiden Konstanten: "local", "global"

Varianten **KRenumber_Key** (*AltSchlüssel, NeuSchlüssel, Bereich*)→ *Schlüssel*

Schlüssel	long	der neue benutzerdefinierte Schlüssel
alle anderen	long	wie oben

Wirkung Ein HOOPS-Objekt (Segment oder geometrisches Element) erhält einen (neuen) benutzerdefinierten Schlüssel, über den das Objekt angesprochen werden kann. Alle von HOOPS vergebenen Schlüssel sind negativ, alle vom Benutzer festzulegenden Schlüssel müssen positv oder Null sein. Für *AltSchlüssel* muß entweder der von HOOPS vergebene Schlüssel angegeben werden oder, falls schon ein benutzerdefinierter Schlüssel existiert, kann auch dieser verwendet werden. *NeuSchlüssel* ist der neue benutzerdefinierte Schlüssel. Nach dem Aufruf der Prozedur kann das Objekt entweder über den Original-HOOPS-Schlüssel oder über den neuen benutzerdefinierten Schlüssel identifiziert werden, nicht mehr jedoch über den alten benutzerdefinierten Schlüssel (falls vorher einer existierte).

Der Schalter *Bereich* legt fest, ob *NeuSchlüssel* nur innerhalb desjenigen Segments gültig sein soll, welches das durch den Schlüssel referenzierte Objekt enthält ("local") - in diesem Fall muß das entsprechende Segment geöffnet werden, bevor der Schlüssel angesprochen werden kann - oder ob *NeuSchlüssel* überall gültig sein soll ("global"). Daraus folgt, daß lokale Schlüssel in verschiedenen Segmenten die gleichen Werte haben können. Lokale Schlüssel haben Vorrang vor globalen, d.h. falls sowohl ein lokaler als auch ein globaler Schlüssel gültig ist, wird immer der lokale genommen.

Existiert ein benutzerdefinierter Schlüssel für ein HOOPS-Objekt, so wird immer dieser - von den entsprechenden Prozeduren, z.B. **Show_Selection_Element** - statt des Original-HOOPS-Schlüssels zurückgegeben.

Die Wirkung von **Renumber_Key** kann rückgängig gemacht werden, indem die Prozedur mit -1 für *NeuSchlüssel* aufgerufen wird. Das Objekt besitzt dann keinen benutzerdefinierten Schlüssel mehr.

Anmerkung:

Benutzerdefinierte Schlüssel werden - im Gegensatz zu von HOOPS vergebenen Schlüsseln - beim Schreiben eines Segments in eine Metadatei abgespeichert und können nach dem Einlesen der Datei wieder verwendet werden (s. **Set_Metafile**).

C-Beispiel Es wird ein Marker erzeugt, auf den später über den Schlüssel "+1" wieder zugegriffen werden soll. Da ein solcher Schlüssel nur mit Hilfe eines von HOOPS vergebenen Schlüssels erzeugt werden kann, wird die Prozedur **KInsert_Marker** verwendet. Das folgende Programmfragment zeigt zwei Alternativen zur Erzeugung des Schlüssels "+1". Anschließend werden drei äquivalente Möglichkeiten gezeigt, wie auf diesen Marker zugegriffen werden kann.

```
long HOOPS_key, Neu_key;
    /* Erzeugen einen HOOPS-Schlüssels: */
HOOPS_key = HC_KInsert_Marker (0.0, 0.0, 0.0);

    /* 1. Alternative: */
Neu_key = HC_KRenumber_Key (HOOPS_key, 1, "global");

    /* 2. Alternative: */
Neu_key = 1;
HC_Renumber_Key (HOOPS_key, Neu_key, "global");

    /* drei äquivalente Zugriffsmöglichkeiten - am Beispiel des
    Löschens */
HC_Delete_By_Key (HOOPS_key);
HC_Delete_By_Key (Neu_Key);
HC_Delete_By_Key (1);
```

Restart_Ink

Zweck beendet die aktuelle Inked Polyline, so daß eine neue begonnen werden kann

Aufruf **Restart_Ink** ()

Varianten **QRestart_Ink** (*Segment*)

Segment string Liste der zu ändernden Segmente

Wirkung Die aktuelle Inked Polyline des betreffenden Segments wird abgeschlossen. Der nächste Aufruf von **Insert_Ink** bewirkt den Beginn einer neuen Inked Polyline.

C-Beispiel Die aktuelle Inked Polylinie des Segments ?Zeichnung wird abgeschlossen.

```
HC_QRestart_Ink ("?Zeichnung");
```

Scroll_Text

Zweck verschiebt einen Text nach links oder rechts

Aufruf **Scroll_Text** (*Schlüssel, linksShift, hochShift*)

Schlüssel	long	Schlüssel zur Identifizierung des Textes
linksShift	integer	Anzahl der Zeichen, um die der Text nach links geshiftet wird - negativ: nach rechts
hochShift	integer	für spätere HOOPS-Versionen - momentan immer Null

Wirkung Der durch *Schlüssel* referenzierte Text wird *linksShift* Zeichen nach links bzw. rechts geshiftet. Zeichen, die über den Rand des Textes hinausgeschoben werden, sind "verloren", d.h. erscheinen nicht wieder, falls der Text zurückgeshiftet wird. An den Positionen, an denen keine Zeichen des Textes mehr auftauchen, werden Leerzeichen eingefügt.

C-Beispiel Der Text "HOOPS", den der Schlüssel text_key identifiziere, wird um zwei Zeichen nach links und dann wieder um zwei Zeichen nach rechts verschoben. Das Ergebnis wird jeweils hinter den Prozeduraufrufen gezeigt, wobei der Text zum besseren Verständnis in eckige Klammern eingefaßt wird und Leerzeichen als Sterne (*) dargestellt werden.

```
        /* [HOOPS] */
HC_Scroll_Text (text_key, 2, 0);        /* [OPS**] */
HC_Scroll_Text (text_key, -2, 0);       /* [**OPS] */
```

Show_Circle

Zweck gibt die Definition eines Kreises zurück

Aufruf **Show_Circle** (*Schlüssel, Punkt1, Punkt2, Punkt3*)

Schlüssel	long	Schlüssel zur Identifizierung des Kreises
Punkt1	single point	die drei Punkte, die bei der Erzeugung
Punkt2	single point	des Kreises angegeben wurden
Punkt3	single point	alle: **(Ref/rück)**

Wirkung Es werden die Koordinaten der drei Punkte zurückgegeben, die bei der Erzeugung des Kreises, der durch den Schlüssel *Schlüssel* referenziert wird, angegeben wurden.

C-Beispiel Es sollen die drei Punkte erfragt werden, die bei der Erzeugung des Kreises, der durch den Schlüssel circle_key referenziert wird, angegeben wurden.

```
float p1[3], p2[3], p3[3];
HC_Show_Circle (circle_key, &p1, &p2, &p3);
```

Show_Circular_Arc

Zweck gibt die Definition eines Kreisbogens zurück

Aufruf **Show_Circular_Arc** (*Schlüssel*, *Punkt1*, *Punkt2*, *Punkt3*)

Schlüssel	long	Schlüssel zur Identifizierung des Kreisbogens
Punkt1	single point	die drei Punkte, die bei Erzeugung
Punkt2	single point	des Kreisbogens angegeben wurden
Punkt3	single point	alle: **(Ref/rück)**

Wirkung Es werden die Koordinaten der drei Punkte zurückgegeben, die bei der Erzeugung des Kreisbogens, der durch den Schlüssel *Schlüssel* referenziert wird, angegeben wurden.

C-Beispiel Es sollen die drei Punkte erfragt werden, die bei der Erzeugung des Kreisbogens, der durch den Schlüssel circle_arc_key referenziert wird, angegeben wurden.

```
float p1[3], p2[3], p3[3];
HC_Show_Circular_Arc (circle_arc_key, &p1, &p2, &p3);
```

Show_Distant_Light

Zweck gibt die Richtung der Lichtstrahlen einer unendlich weit entfernten Lichtquelle zurück

Aufruf **Show_Distant_Light** (*Schlüssel*, *dx*, *dy*, *dz*)

Schlüssel	long	Schlüssel zur Identifizierung der Lichtquelle
dx, *dy*, *dz*	float	die Richtung der Lichtstrahlen in Objektkoordinaten **(Ref/rück)**

Wirkung Es wird die Richtung der Lichtstrahlen derjenigen Lichtquelle zurückgegeben, die durch den Schlüssel *Schlüssel* referenziert wird.

C-Beispiel Es soll die Richtung der Lichtstrahlen der durch den Schlüssel light_key referenzierten Lichtquelle erfragt werden.

```
float dx, dy, dz;
HC_Show_Distant_Light (light_key, &dx, &dy, &dz);
```

Show_Ellipse

Zweck gibt die Definition einer Ellipse zurück

Aufruf **Show_Ellipse** (*Schlüssel*, *Mitte*, *Major*, *Minor*)

Schlüssel	long	Schlüssel zur Identifizierung der Ellipse

Mitte	single point	die drei Punkte, die bei der Erzeugung
Major	single point	der Ellipse angegeben wurden
Minor	single point	alle: **(Ref/rück)**

Wirkung Es werden die Koordinaten der drei Punkte zurückgegeben, die bei der Erzeugung der Ellipse, die durch den Schlüssel *Schlüssel* referenziert wird, angegeben wurden.

C-Beispiel Es sollen die drei Punkte erfragt werden, die bei der Erzeugung der Ellipse angegeben wurden, die durch den Schlüssel ellipse_key referenziert wird.

```
float mitte[3], haupt[3], neben[3];
HC_Show_Ellipse (ellipse_key ,&mitte, &haupt, &neben);
```

Show_Elliptical_Arc

Zweck gibt die Definition eines Ellipsenbogens zurück

Aufruf **Show_Elliptical_Arc** (*Schlüssel*, *Mitte*, *Major*, *Minor*, *Start*, *Ende*)

Schlüssel	long	Schlüssel zur Identifizierung des Ellipsenbogens
Mitte	single point	die Angaben (drei Punkte und zwei
Major	single point	normalisierte Abstände), die bei der
Minor	single point	Erzeugung des Ellipsenbogens
Start	float	gemacht wurden
Ende	float	alle: **(Ref/rück)**

Wirkung Es werden die Koordinaten drei Punkte und die zwei normalisierten Abstände zurückgegeben, die bei der Erzeugung des Ellipsenbogens, der durch den Schlüssel *Schlüssel* referenziert wird, angegeben wurden.

C-Beispiel Es sollen die drei Punkte und die zwei normalisierten Abstände erfragt werden, die bei der Erzeugung des Ellipsenbogens, der durch den Schlüssel ell_arc_key referenziert wird, angegeben wurden.

```
float mitte[3], haupt[3], neben[3];
float start, ende;
HC_Show_Elliptical_Arc (ell_arc_key, &mitte, &haupt, &neben,
&start, &ende);
```

Show_Grid

Zweck gibt die Definition eines Grids zurück

Aufruf **Show_Grid** (*Schlüssel*, *Typ*, *Start*, *Ref1*, *Ref2*, *Anzahl1*, *Anzahl2*)

Schlüssel	long	Schlüssel zur Identifizierung des Grids
Typ	string	Typ des Grids (s. **Insert_Grid**)

Start	single point	die Angaben (drei Punkte und zwei
Ref1	single point	Integers), die bei der Erzeugung des
Ref2	single point	Grids verwendet wurden
Anzahl1	integer	alle: **(Ref/rück)**
Anzahl2	integer	

Wirkung Man erhält die Angaben zurück, die bei der Erzeugung des Grids, das durch den Schlüssel *Schlüssel* referenziert wird, angegeben wurden.

C-Beispiel Es soll die Definition des Grids, das durch den Schlüssel grid_key referenziert wird, erfragt werden.

```
float start[3], ref1[3], ref2[3];
int anzahl1, anzahl2;
char* grid_typ;
HC_Show_Grid (grid_key, grid_typ, &start, &ref1, &ref2, &anzahl1,
&anzahl2);
```

Show_Image

Zweck gibt die Lage, Größe und Farbwerte eines Images zurück

Aufruf **Show_Image** (*Schlüssel*, x, y, z, *Format*, *Breite*, *Höhe*, *Daten*)

Schlüssel	long	Schlüssel zur Identifizierung des Images
x, y, z	float	der Image-Mittelpunkt in Objektkoordinaten **(Ref/rück)**
Format	string	das Format, in dem die Farbwerte in *Daten* abgelegt werden sollen (s. **Insert_Image**)
Breite	integer	Anzahl der Pixelspalten **(Ref/rück)**
Höhe	integer	Anzahl der Pixelzeilen **(Ref/rück)**
Daten	array of unsigned char.	die Farben der einzelnen Pixel - im Format *Format* **(Ref/rück)**

Varianten **Show_Image_Size** (*Schlüssel*, x, y, z, *Format*, *Breite*, *Höhe*)
Show_Partial_Image (*Schlüssel*, *xPos*, *yPos*, *xAnzahl*, *yAnzahl*, *Daten*)

Schlüssel	long	*Schlüssel* zur Identifizierung des Images
x, y, z	float	wie oben
Format	string	wie oben
Breite	integer	wie oben
Höhe	integer	wie oben
xPos, *yPos*	integer	linke obere Ecke des zu erfragenden Teil-Images - (0, 0) ist die linke obere Ecke des gesamten Images
xAnzahl, *yAnzahl*	integer	die Anzahl der Pixelzeilen und spalten des zu erfragenden Teil-Images
Daten	wie oben	wie oben

Wirkung Man erhält Informationen über Lage, Größe und Farbwerte des Images, das durch den Schlüssel *Schlüssel* referenziert wird. Die Farbwerte der einzelnen Pixel werden in *Daten* in dem mit *Format* angegebenen Format (s. **Insert_Image**) zurückgegeben. Während **Show_Image_Size** nur die Lage und Größe des Images zurückgibt, können mit **Show_Partial_Image** die Farbwerte eines rechteckigen Ausschnitts des Images erfragt werden.

C-Beispiel Es soll die Lage und Größe des Images erfragt werden, das durch den Schlüssel image_key referenziert wird.

```
float x, y, z;
int breite, hoehe;
HC_Show_Image_Size (image_key, &x, &y, &z, "RGB", &breite,
&hoehe);
```

Show_Line

Zweck gibt die beiden Endpunkte einer einfachen Linie zurück

Aufruf **Show_Line** (*Schlüssel*, x_a, y_a, z_a, x_b, y_b, z_b)

Schlüssel	long	*Schlüssel* zur Identifizierung der Linie
x_a, y_a, z_a	float	Objektkoordinaten des einen Endpunktes der Linie **(Ref/rück)**
x_b, y_b, z_b	float	Objektkoordinaten des anderen Endpunktes der Linie **(Ref/rück)**

Wirkung Es werden die Objektkoordinaten der beiden Endpunkte derjenigen Linie zurückgegeben, die durch den Schlüssel *Schlüssel* eindutig bestimmt ist.

C-Beispiel Es sollen die Objektkoordinaten der beiden Endpunkte der Linie, die durch Schlüssel line_key referenziert wird, erfragt werden.

```
float x1, y1, z1, x2, y2, z2;
HC_Show_Line (line_key, &x1, &y1, &z1, &x2, &y2, &z2);
```

Show_Local_Light

Zweck gibt die Position einer **speziellen** lokalen Lichtquelle zurück (s. **Insert_Local_Light**)

Aufruf **Show_Local_Light** (*Schlüssel*, x, y, z)

Schlüssel	long	Schlüssel zur Identifizierung der Lichtquelle
x, y, z	float	die Position der Lichtquelle in Objektkoordinaten **(Ref/rück)**

Wirkung Es wird die Position der durch *Schlüssel* referenzierten lokalen Lichtquelle zurückgegeben.

C-Beispiel Die Position der zu light_key gehörenden lokalen Lichtquelle soll erfragt werden.

```
float x, y, z;
HC_Show_Local_Light (light_key, &x, &y, &z);
```

Show_Marker

Zweck gibt die Position eines Markers zurück

Aufruf **Show_Marker** (*Schlüssel*, x, y, z)

Schlüssel	long	*Schlüssel* zur Identifizierung des Markers
x, y, z	float	Objektkoordinaten des Markers **(Ref/rück)**

Wirkung Es wird die Position des Markers in Objektkoordinaten angegeben, der durch den Schlüssel *Schlüssel* referenziert wird.

C-Beispiel Es soll die Position des Markers erfragt werden, der durch den Schlüssel marker_key referenziert wird.

```
float x, y, z;
HC_Show_Marker (marker_key, &x, &y, &z);
```

Show_Mesh

Zweck gibt die Definition einer Mesh zurück

Aufruf **Show_Mesh** (*Schlüssel*, *Zeilen*, *Spalten*, *Punkte*)

Schlüssel	long	*Schlüssel* zur Identifizierung der Mesh
Zeilen	integer	Anzahl der Punktzeilen **(Ref/rück)**
Spalten	integer	Anzahl der Punktspalten **(Ref/rück)**
Punkte	point array	*Zeilen*-x-*Spalten*-Array der Eckpunkte der einzelnen Mesh-Flächen **(Ref/rück)**

Varianten **Show_Mesh_Size** (*Schlüssel*, *Zeilen*, *Spalten*)
Show_Partial_Mesh (*Schlüssel*, *ZPos*, *SPos*, *ZAnzahl*, *SAnzahl*, *Punkte*)

ZPos	integer	Zeilen-Index des ersten Punktes, der zurückgegeben werden soll
SPos	integer	Spalten-Index des ersten Punktes, der zurückgegeben werden soll
ZAnzahl	integer	Anzahl der Punktzeilen, die zurückgegeben werden sollen

SAnzahl	integer	Anzahl der Punktspalten, die zurückgegeben werden sollen
alle anderen	wie oben	wie oben

Wirkung Die Prozedur gibt die Angaben zurück, die bei der Erzeugung der Mesh, die durch den Schlüssel *Schlüssel* referenziert wird, verwendet wurden. Während **Show_Mesh_Size** nur die Größe der Mesh zurückgibt, erhält man mit **Show_Partial_Mesh** die Eckpunktkoordinaten eines "Subarrays" der Mesh.

C-Beispiel Es soll die Anzahl der Punktzeilen und -spalten der durch den Schlüssel mesh_key referenzierten Mesh erfragt werden.

```
int zeilen, spalten;
HC_Show_Mesh_Size (mesh_key, &zeilen, &spalten);
```

Show_Polygon

Zweck gibt die Anzahl und die Objektkoordinaten der Eckpunkte eines Polygons zurück

Aufruf **Show_Polygon** (*Schlüssel*, *Anzahl*, *Punkte*)

Schlüssel	long	*Schlüssel* zur Identifizierung des Polygons
Anzahl	integer	Anzahl der relevanten Punkte in *Punkte* **(Ref/rück)**
Punkte	point vector	die Objektkoordinaten der Eckpunkte des Polygons **(Ref/rück)**

Varianten **Show_Polygon_Count** (*Schlüssel*, *Anzahl*)
Show_Partial_Polygon (*Schlüssel*, *Index*, *TeilAnzahl*, *Punkte*)

Index	integer	erster zurückzugebender Punkt - der erste Punkt des Polygons hat den Index Null
TeilAnzahl	integer	Anzahl der zurückzugebenden Punkte
alle anderen	wie oben	wie oben

Wirkung Es werden die Anzahl und die Objektkoordinaten der Eckpunkte des Polygons zurückgegeben, das durch den Schlüssel *Schlüssel* referenziert wird. Während **Show_Polygon_Count** nur die Anzahl der Eckpunkte zurückgibt, erhält man mit **Show_Partial_Polygon** (nur) einen Teil der Eckpunktkoordinaten (vom Index *Index* bis *Index+TeilAnzahl*-1) zurück.

C-Beispiel Es soll die Anzahl der Eckpunkte des durch den Schlüssel polygon_key referenzierten Polygons erfragt werden.

```
int anzahl;
HC_Show_Polygon_Count (polygon_key, &anzahl);
```

Show_Polyline

Zweck gibt die Anzahl und die Objektkoordinaten der Eckpunkte einer Polylinie zurück

Aufruf **Show_Polyline** (*Schlüssel*, *Anzahl*, *Punkte*)

Schlüssel	long	*Schlüssel* zur Identifizierung der Polylinie
Anzahl	integer	Anzahl der relevanten Punkte in *Punkte* **(Ref/rück)**
Punkte	point vector	die Objektkoordinaten der Eckpunkte der Polylinie **(Ref/rück)**

Varianten **Show_Polyline_Count** (*Schlüssel*, *Anzahl*)
Show_Partial_Polyline (*Schlüssel*, *Index*, *TeilAnzahl*, *Punkte*)

Index	integer	erster zurückzugebender Punkt - der erste Punkt der Polylinie hat den Index Null
TeilAnzahl	integer	Anzahl der zurückzugebenden Punkte
alle anderen	wie oben	wie oben

Wirkung Es werden die Anzahl und die Objektkoordinaten der Eckpunkte der Polylinie zurückgegeben, die durch den Schlüssel *Schlüssel* referenziert wird. Während **Show_Polyline_Count** nur die Anzahl der Eckpunkte angibt, erhält man mit **Show_Partial_Polyline** (nur) ein Teil der Eckpunktkoordinaten (vom Index *Index* bis *Index*+*TeilAnzahl*-1) erfragt werden.

C-Beispiel Es soll die Anzahl der Eckpunkte der durch den Schlüssel polyline_key referenzierten Polylinie erfragt werden.

```
int anzahl;
HC_Show_Polyline_Count (polyline_key, &anzahl);
```

Show_Shell

Zweck gibt die Definition einer Shell zurück

Aufruf **Show_Shell** (*Schlüssel*, *PAnzahl*, *Punkte*, *FAnzahl*, *FListe*)

Schlüssel	long	*Schlüssel* zur Identifizierung der Shell
PAnzahl	integer	Anzahl der relevanten Punkte in *Punkte* **(Ref/rück)**
Punkte	point vector	ein Vektor von Shell-Eckpunkten **(Ref/rück)**
FAnzahl	integer	Gesamtzahl der Integers in *FListe* **(Ref/rück)**
FListe	vector of integers	kodierte Beschreibung, wie die Punkte in *Punkte* zu Flächen verbunden werden sollen **(Ref/rück)**

Varianten **Show_Shell_Size** (*Schlüssel*, *PAnzahl*, *FAnzahl*)
Show_Partial_Shell_Size (*Schlüssel*, *FNummer*, *FTeilAnz*, *FAnzahl*)
Show_Partial_Shell (*Schlüssel*, *PNummer*, *PTeilAnz*, *Punkte*, *FNummer*, *FTeilAnz*, *FAnzahl*, *FListe*)

FNummer	integer	Nummer der ersten zurückzugebenden Fläche
FTeilAnz	integer	Anzahl der zurückzugebenden Flächen
PNummer	integer	Nummer des ersten zurückzugebenden Punktes
PTeilAnz	integer	Anzahl der zurückzugebenden Punkte
alle anderen	wie oben	wie oben

Wirkung Es wird die Definition der durch den Schlüssel *Schlüssel* referenzierten Shell zurückgegeben. Während **Show_Shell_Size** die Anzahl der Eckpunkte und die Gesamtzahl der Integers aus *FListe* zurückgibt, kann mit **Show_Partial_Shell_Size** die benötigte Anzahl der Integers für einen bestimmten Teil der Shell (Fläche Nummer *FNummer* bis *FNummer*+*FTeilAnz*-1) erfragt werden. **Show_Partial_Shell** schließlich gibt nur einen Teil der Eckpunkte und einen Teil der Flächenliste incl. deren Länge zurück.

C-Beispiel Es soll die Anzahl unterschiedlicher Eckpunkte und die Anzahl der Integers der Flächenliste der durch den Schlüssel shell_key referenzierten Shell erfragt werden.

```
int panzahl, fanzahl;
HC_Show_Shell_Size (shell_key, &panzahl, &fanzahl);
```

Show_Spot_Light

Zweck gibt die gesamte Beschreibung einer lokalen Lichtquelle zurück

Aufruf **Show_Spot_Light** (*Schlüssel*, *Position*, *Ziel*, *Liste*)

Schlüssel	long	Schlüssel zur Identifizierung der Lichtquelle
Position	single point	die Position der Lichtquelle in Objektkoordinaten **(Ref/rück)**
Ziel	single point	das Ziel, auf das die Lichtquelle gerichtet ist, in Objektkoordinaten **(Ref/rück)**
Liste	string	Liste von Optionen (s. **Insert_Spot_Light**) **(Ref/rück)**

Wirkung Es wird die gesamte Beschreibung der durch *Schlüssel* referenzierten lokalen Lichtquelle zurückgegeben.

C-Beispiel Die "Daten" der zu light_key gehörenden lokalen Lichtquelle sollen erfragt werden.

```
float position[3], ziel[3];
char* liste;
HC_Show_Spot_Light (light_key, &position, &ziel, liste);
```

Show_String_Cursor

Zweck gibt den Schlüssel des zu einem Cursor gehörenden Textes und die Position des Cursors innerhalb des Textes zurück

Aufruf **Show_String_Cursor** (*Schlüssel*, *TSchlüssel*, *Zeile*, *Spalte*)

Schlüssel	long	*Schlüssel* zur Identifizierung des Cursors
TSchlüssel	long	der Schlüssel, der den zum Cursor gehörenden Text identifiziert **(Ref/rück)**
Zeile	integer	Textzeile, in der der Cursor plaziert ist **(Ref/rück)**
Spalte	integer	Textspalte, in der der Cursor plaziert ist **(Ref/rück)**

Wirkung Es wird der Schlüssel des Textes, zu dem der durch den Schlüssel *Schlüssel* referenzierte Cursor gehört, und die Position des Cursors innerhalb des Textes zurückgegeben.

C-Beispiel Es soll sowohl der Schlüssel des Textes, zu dem der durch den Schlüssel cursor_key identifizierte Cursor gehört, als auch die Position des Cursors innerhalb des Textes erfragt werden.

```
long text_key;
int zeile, spalte;
HC_Show_String_Cursor (cursor_key, &text_key, &zeile, &spalte);
```

Show_Text

Zweck gibt die Position und den Inhalt eines Textes zurück

Aufruf **Show_Text** (*Schlüssel*, x, y, z, *Text*)

Schlüssel	long	*Schlüssel* zur Identifizierung des Textes
x, y, z	float	Bezugspunkt des Textes in Objektkoordinaten (s. **Set_Text_Alignment**) **(Ref/rück)**
Text	string	der Textinhalt **(Ref/rück)**

Varianten **Show_Text_Count** (*Schlüssel*, *Anzahl*)
Show_Text_Length (*Schlüssel*, *Länge*)
Show_Text_Encoding (*Schlüssel*, *Zeichensatz*)
Show_Text_With_Encoding (*Schlüssel*, x, y, z, *Zeichensatz*, *Text*)

Anzahl	integer	Anzahl der Zeichen in *Text* **(Ref/rück)**
Länge	integer	Anzahl der von *Text* belegten Bytes **(Ref/rück)**
Zeichensatz	string	der in *Text* verwendete Zeichensatz bzw. die in *Text* verwendete Kodierungsmethode (s. **Insert_Text**) **(Ref/rück)**
alle anderen	wie oben	wie oben

Wirkung Es wird der Bezugspunkt und der Inhalt des durch den Schlüssel *Schlüssel* referenzierten Textes zurückgegeben. Mit den Varianten dieser Prozedur erhält man die Anzahl der einzelnen Zeichen in *Text* bzw. die Anzahl der von *Text* belegten Bytes sowie die Kodierungsmethode des Textes (s. **Insert_Text**) zurück.

C-Beispiel Es soll der Bezugspunkt und der Inhalt des durch den Schlüssel text_key referenzierten Textes erfragt werden.

```
float x, y, z;
char* text;
HC_Show_Text (text_key, &x, &y, &z, text);
```

C5 Segmente

Dieser Abschnitt enthält alle Prozeduren, die zur Verwaltung des Segmentbaums benötigt werden.

Begin_Alias_Search

Zweck führt eine Suche nach allen Kurznamen durch

Aufruf **Begin_Alias_Search** ()
Show_Alias_Count (*Anzahl*)
Find_Alias (*Kurzname*)→ *Erfolg*
End_Alias_Search ()

Anzahl	integer	Gesamtzahl der vorhandenen Kurznamen **(Ref/rück)**
Kurzname	string	ein Kurzname **(Ref/rück)**
Erfolg	boolean	'wahr', falls (mindestens) ein Kurzname gefunden wurde - 'falsch', wenn keine gefunden oder bereits alle Kurznamen zurückgegeben wurden

Wirkung Es wird eine Suche nach allen Kurznamen durchgeführt. Mit **Begin_Alias_Search** wird die Suche initialisiert. **Find_Alias** führt die Suche durch und liefert je Aufruf einen (weiteren) Kurznamen. Falls kein Kurzname (mehr) gefunden wird, gibt die Prozedur 'falsch' zurück. Die Gesamtzahl aller vorhandenen Kurznamen kann mit **Show_Alias_Count** erfragt werden (nur zwischen **Begin_Alias_Search** und **End_Alias_Search** aufzurufen!). Die aktuelle Suche wird mit **End_Alias_Search** beendet.

C-Beispiel Es soll getestet werden, ob der Kurzname ?Object definiert ist.

```
#define streq(a,b) (strcmp(a,b) == 0)

        /* Definition eines Makros für */
        /* den Vergleich von Strings   */
char* alias;
int gefunden = 1;
HC_Begin_Alias_Search ();
        while (HC_Find_Alias (alias)) {
          if (strcmp (alias, "?Object")) {gefunden = 0};
        }
HC_End_Alias_Search ();
```

Begin_Open_Segment_Search

Zweck führt eine Suche nach allen offenen Segmenten durch

Aufruf **Begin_Open_Segment_Search** ()
Show_Open_Segment_Count (*Anzahl*)
Find_Open_Segment (*Segment*)→ *Erfolg*
End_Open_Segment_Search ()

Anzahl	integer	Gesamtzahl aller offenen Segmente **(Ref/rück)**
Segment	string	der Pfadname eines offenen Segments **(Ref/rück)**
Erfolg	boolean	'wahr', falls (noch) ein offenes Segment bei diesem Aufruf zurückgegeben wird - 'falsch', wenn bereits alle offenen Segmente zurückgegeben wurden

Wirkung Es wird eine Suche nach allen offenen Segmenten durchgeführt. Mit **Begin_Open_Segment_Search** wird die Suche initialisiert. **Find_Open_Segment** führt die Suche durch und liefert je Aufruf den Pfadnamen eines (weiteren) offenen Segments. Falls bereits alle offenen Segmente zurückgegeben wurden, gibt die Prozedur 'falsch' zurück. Die Gesamtzahl aller offenen Segmente kann mit **Show_Open_Segment_Count** erfragt werden (nur zwischen **Begin_Open_Segment_Search** und **End_Open_Segment_Search** aufzurufen!). Die aktuelle Suche wird mit **End_Open_Segment_Search** beendet.

C-Beispiel Es soll die Anzahl aller offenen Segmente ermittelt werden.

```
int anzahl;
HC_Begin_Open_Segment_Search ();
HC_Show_Open_Segment_Count(&anzahl);
HC_End_Open_Segment_Search ();
```

Begin_Segment_Search

Zweck führt eine Suche nach Segmenten durch

Aufruf **Begin_Segment_Search** (*Spezifikation*)
Show_Segment_Count (*Anzahl*)
Find_Segment (*Segment*)→ *Erfolg*
End_Segment_Search ()

Spezifikation	string	Spezifikation von Segmenten, nach denen gesucht werden soll
Anzahl	integer	Gesamtzahl aller die *Spezifikation* erfüllenden Segmente **(Ref/rück)**
Segment	string	der vollständige Pfadname eines die *Spezifikation* erfüllenden Segments **(Ref/rück)**
Erfolg	boolean	'wahr', falls (mindestens) ein Segment gefunden wurde, das die *Spezifikation* erfüllt - 'falsch', wenn bereits alle entsprechenden Segmente zurückgegeben oder keine gefunden wurden

Wirkung Es wird eine Suche nach den Segmenten durchgeführt, die die *Spezifikation* erfüllen. *Spezifikation* kann ein spezieller Segmentname sein, um nach einem bestimmten Segment zu suchen. *Spezifikation* kann aber auch Wildcards enthalten, um nach mehreren Segmenten zu suchen oder nach einem Segment, dessen Name nicht vollständig bekannt ist. Mit **Begin_Segment_Search** wird die Suche initialisiert. **Find_Segment** führt die Suche durch und liefert je Aufruf ein (weiteres) Segment. Falls bereits kein entsprechendes Segment (mehr) gefunden wurde, gibt die Prozedur 'falsch' zurück. Die Gesamtzahl aller die *Spezifikation* erfüllenden Segmente kann mit **Show_Segment_Count** erfragt werden (nur zwischen **Begin_Segment_Search** und **End_Segment_Search** aufzurufen!). Die aktuelle Suche wird mit **End_Segment_Search** beendet.

C-Beispiel Es soll die Anzahl aller Subsegmente von ?Picture ermittelt werden.

```
int anzahl;
HC_Open_Segment ("?Picture");
HC_Begin_Segment_Search ("*");
HC_Show_Segment_Count (&anzahl);
HC_End_Segment_Search ();
```

Bring_To_Front

Zweck veranlaßt das System, den Inhalt eines Segments zuletzt zu zeichnen und so auf jeden Fall sichtbar zu machen

Aufruf **Bring_To_Front** (*Segment*)

Segment	string	Liste von "zuletzt" zu zeichnenden Segmenten

Varianten **Bring_To_Front_By_Key** (*Schlüssel*)

Schlüssel	long	Schlüssel des Objekts, das "nach vorn" gebracht werden soll - erzeugt durch **KInclude_Segment**, **KOpen_Segment** oder **KInsert_<Element>**

Wirkung Der Inhalt von *Segment* bzw. das durch *Schlüssel* referenzierte Objekt wird zuletzt auf dem Bildschirm dargestellt und liegt somit vor allen anderen Objekten. Handelt es sich bei dem "nach vorn" zu bringenden Objekt um ein Segment ohne Window oder um ein geometrisches Grundelement, so muß in dem betreffenden Segment die "hidden surface"-Heuristik verneint werden (s. **Set_Heuristics**), andernfalls hat der Aufruf keine Wirkung - "hidden surface" hat Vorrang vor **Bring_To_Front**!

C-Beispiel ?Picture habe zwei Subsegmente - "A" und "B" -, deren Windows sich teilweise überlappen. Da "A" vor "B" erzeugt wurde, wird es teilweise von "B" verdeckt. Um nun "A" vollständig sichtbar zu machen, so daß "B" teilweise verdeckt wird, wird **Bring_To_Front** aufgerufen. Die "hidden surface"-Heuristik - die per Voreinstellung bejaht wird - braucht nicht verneint zu werden, da "A" und "B" Windows haben.

```
HC_Open_Segment ("?Picture");
    HC_Open_Segment ("A");
      HC_Set_Window (-1.0, 1.0, -0.5, 1.0);
    HC_Close_Segment ();
    HC_Open_Segment ("B");
      HC_Set_Window (-1.0, 1.0, -1.0, 0.5);
    HC_Close_Segment ();
HC_Bring_To_Front ("A");
```

Close_Segment

Zweck schließt das aktuelle Segment

Aufruf **Close_Segment** ()

Wirkung Das aktuelle Segment wird geschlossen. Das Segment, welches vor dem jetzt geschlossenen das aktuelle war, ist nun wieder das aktuelle.

C-Beispiel Das aktuelle Segment wird geschlossen.

```
HC_Close_Segment ();
```

Control_Update

Zweck legt fest, inwieweit der Bildschirm beim Aufruf von **Update_Display** neu aufgebaut wird

Aufruf **Control_Update** (*Segment*, *Liste*)

Segment	string	Liste von Segmenten, deren Darstellung kontrolliert werden soll
Liste	string	eine Liste von Optionen (s.u.)

Varianten **Control_Update_By_Key** (*Schlüssel*, *Liste*)
Control_Update_Area (*Segment*, *links*, *rechts*, *unten*, *oben*, *Liste*)
Control_Update_Area_By_Key (*Schlüssel*, *links*, *rechts*, *unten*, *oben*, *Liste*)

Schlüssel	long	Schlüssel des Segments oder geometrischen Elements, dessen Darstellung kontrolliert werden soll
links, *rechts*, *unten*, *oben*	float	ein Bereich des Windows von *Segment*, für den die Optionen in *Liste* gelten sollen
alle anderen	string	wie oben

Wirkung Diese Prozedur ist nur wirksam, wenn mit **Define_System_Options** die Option no update control gesetzt wurde! Alle Segmente bzw. geometrischen Elemente, die nicht mit **Control_Update** kontrolliert werden, werden bei einem Update nicht berücksichtigt, d.h. beispielsweise nicht erneut gezeichnet, falls sie geändert wurden!

Mit *Liste* werden eine Reihe von Optionen festgelegt, die dem System sagen, inwieweit der Inhalt von *Segment* bzw. der Inhalt des durch *Schlüssel* referenzierten Segments/geometrischen Elements bei einem indirekten oder direkten Aufruf von **Update_Display** neu gezeichnet wird. Wird mit *links*, *rechts*, *unten* und *oben* ein Bereich innerhalb des Windows des betreffenden Segments bzw. geometrischen Elements spezifiziert, so gelten die in *Liste* angegebenen Optionen nur für innerhalb dieses Bereichs liegende Elemente. Die Angabe eines Window-Bereichs wird ignoriert, wenn die Option nur für das gesamte Segment gesetzt werden kann (beispielsweise bei redraw everything). Folgende Optionen können in *Liste* angegeben werden:

redraw everything oder
redraw geometry oder
redraw partial erase

Für alle Segmente bzw. geometrischen Elemente, für die redraw everything gesetzt wurde, gilt, daß deren zugehörigen Windows beim nächsten Aufruf von **Update_Display** vollkommen neu gezeichnet werden, falls sie geändert wurden.

Für alle Segmente bzw. geometrischen Elemente, für die redraw geometry gesetzt wurde, gilt, daß sie selbst beim nächsten Aufruf von **Update_Display** neu gezeichnet werden, falls sie geändert wurden. Alle anderen Elemente im selben Window werden nicht erneut gezeichnet.

redraw partial erase hat die gleiche Wirkung wie redraw geometry, nur daß bei der Darstellung die partial erase-Methode (s. **Set_Heuristics**) angewandt wird.

redo radiosity

Es wird ein neuer Radiosity-Berechnungsschritt erzwungen (s. 14.1.1.1). Diese Option ist nur bei Verwendung des Zusatzmoduls HOOPS A.I.R. relevant.

set created

Die hiervon betroffenen Elemente werden so behandelt, als ob sie erst nach dem letzten Update erzeugt worden wären.

unset redraw

Die mit dieser Option gesetzten Elemente werden so behandelt, als ob sie nach dem letzten **Update_Display** nicht geändert worden wären.

mark interesting

Die ausgewählten Elemente werden als "interessant" gekennzeichnet. Auf diese Weise markierte Elemente können mit **Show_Existence** gesucht werden.

clear interesting

Die mit mark interesting vorgenommene Kennzeichnung wird zurückgenommen.

compute bounding volumes

Hiermit wird eine Neuberechnung der Begrenzungsvolumen der betroffenen Segmente erzwungen. Vergleiche dazu auch die Prozedur **UnSet_Bounding_Volume**. Das "s" von volumes kann auch weggelassen werden.

[no] bounding volume retention

Bei der Angabe von bounding volume retention verwendet das System Begrenzungsvolumen zur Darstellung der betroffenen Segmente. Wird no bounding volume retention angegeben, so werden keine Begrenzungsvolumen verwendet. Das Wort volume kann auch weggelassen werden.

C-Beispiel Nur die geometrischen Elemente des Segments ?Object, die seit dem letzten Aufruf von **Update_Display** geändert wurden, sollen neu gezeichnet werden. Der Aufruf von **Define_System_Options** ist Voraussetzung für die Wirksamkeit von **Control_Update**.

```
HC_Define_System_Options ("no update control");
HC_Control_Update ("?Object", "redraw geometry");
```

Copy_Segment

Zweck erstellt eine Kopie eines Segments

Aufruf **Copy_Segment** (*Quelle*, *Ziel*)

Quelle	string	das (die) zu kopierende(n) Segment(e)
Ziel	string	der neue Name der Kopie

Varianten **KCopy_Segment** (*Quelle*, *Ziel*)→ *Schlüssel*

Quelle, *Ziel*	string	wie oben
Schlüssel	long	Schlüssel für *Ziel*

Wirkung Der Inhalt von *Quelle* wird an die durch *Ziel* angegebene Stelle kopiert, d.h. es wird eine exakte Kopie des *Quelle*-Teilbaums in *Ziel* erstellt. *Quelle* kann ein eindeutiger Segmentname sein - es wird dann genau dieses Segment kopiert -, oder *Quelle* kann Wildcards enthalten, wodurch dann ggf. mehrere Segmente kopiert werden. *Ziel* muß entweder ein eindeutiger Segmentname sein - die Kopie von *Quelle* erhält dadurch einen neuen Namen -, oder *Ziel* kann mit "/*" enden, wodurch der (die) Name(n) von *Quelle* beibehalten wird (werden). Falls *Ziel* schon existiert, muß es leer sein!

Für *Ziel* kann auch ein leerer String angegeben werden. In diesem Fall wird ein unbenanntes Segment erzeugt, welches das gleiche Muttersegment hat wie *Quelle*.

C-Beispiel Das Segment ?Auto habe drei Subsegmente - Sparversion, Standard und Luxus. Standard habe wiederum zwei Subsegmente - Motor und Fahrwerk. Außerdem existiere das Segment ?Export.
Der erste Aufruf erstellt in Luxus zwei Subsegmente mit den Namen Motor und Fahrwerk, die Kopien der Subsegmente von Standard darstellen. Der zweite Aufruf erstellt in Sparversion ein Subsegment mit dem Namen Option, welches eine Kopie von Motor ist. Der letzte Aufruf schließlich erstellt in ?Export ein Subsegment mit dem Namen Standard und in diesem wiederum zwei Subsegmente mit den Namen Motor und Fahrwerk. Dieser neue Standard-Teilbaum in ?Export stellt eine exakte Kopie des Standard-Teilbaums in ?Auto dar.

```
HC_Copy_Segment ("?Auto/Standard/*", "?Auto/Luxus/*");
HC_Copy_Segment ("?Auto/Standard/Motor",
"?Auto/Sparversion/Option");
HC_Copy_Segment ("?Auto/Standard", "?Export/*");
```

Create_Segment

Zweck erzeugt ein Segment, ohne es zu öffnen

Aufruf **Create_Segment** (*Segment*)

Segment	string	der Name des neuen Segments

Varianten **KCreate_Segment** (*Segment*)→ *Schlüssel*

Segment	string	wie oben
Schlüssel	long	Schlüssel für das neue Segment

Wirkung Es wird ein neues Segment mit dem Namen *Segment* erzeugt. Das Segment kann dann später mit Hilfe seines Namens und/oder des *Schlüssels* geöffnet werden. Unbenannte Segmente können durch Angabe eines leeren Strings erzeugt werden.

C-Beispiel Das aktuelle Segment soll ein Subsegment mit Namen Orbit erhalten. Da auf dieses Segment später auch mit Hilfe eines Schlüssels zugegriffen werden soll, wird gleichzeitig der Schlüssel Orbit_Key erzeugt.

```
long Orbit_Key;
Orbit_Key = HC_KCreate_Segment ("Orbit");
```

Define_Alias

Zweck definiert einen eindeutigen Kurznamen für ein Segment

Aufruf **Define_Alias** (*Kurzname*, *Definition*)

	Kurzname string	der Kurzname, der statt *Definition* verwendet werden kann
	Definition string	die Definition von *Kurzname*
Varianten	**UnDefine_Alias** (*Kurzname*)	
	Kurzname string	der Kurzname, der nicht mehr definiert sein soll

Wirkung Es wird ein Kurzname definiert, der im weiteren immer anstelle von *Definition* eingesetzt werden kann. *Definition* ist meistens ein eindeutiger Segmentname, kann jedoch auch Wildcards und/oder andere Zeichen enthalten. Immer wenn das System - bei der Ausführung des Programms - auf einen Kurznamen trifft, wird dieser durch seine *Definition* ersetzt, und zwar wörtlich. *Definition* selbst kann auch (bereits definierte) Kurznamen enthalten, die dann wiederum durch ihre Definitionen ersetzt werden. *Kurzname* muß immer mit einem Fragezeichen beginnen.

C-Beispiel ?Include Library/Objekt1/Zusatz sei ein häufig verwendetes Segment. Um es nicht immer mit seinem vollen Namen ansprechen zu müssen, wird der Kurzname ?Zusatz definiert.

```
HC_Define_Alias ("?Zusatz", "?Include Library/Objekt1/Zusatz");
```

Delete_By_Key

Zweck löscht ein Objekt mit Hilfe eines Schlüssels

Aufruf	**Delete_By_Key** (*Schlüssel*)	
	Schlüssel long	der Schlüssel des Objekts, das gelöscht werden soll

Wirkung Es wird das zu *Schlüssel* gehörende Objekt aus der Datenbasis entfernt. *Schlüssel* kann zu einem geometrischen Element oder zu einem Segment gehören. Ein Segment wird samt all seiner Subsegmente gelöscht.
Ist *Schlüssel* vom Typ include oder style, so wird in dem betreffenden Segment die Referenz zu dem eingebundenen Segment bzw. zu der Gestaltungsvorlage gelöscht, d.h. ein **KInclude_Segment-** bzw. **KStyle_Segment**-Aufruf in dem betreffenden Segment wird rückgängig gemacht. Das Segment selbst bleibt ansonsten unverändert.
Das zu löschende Objekt darf nicht geöffnet sein (mit **Open_Segment** bzw. **Open_Geometry**). Auch alle Subsegmente eines zu löschenden Segments müssen geschlossen sein.

C-Beispiel Es soll der Marker gelöscht werden, der durch den Schlüssel marker_key referenziert wird.

```
HC_Delete_By_Key (marker_key);
```

Delete_Segment

Zweck löscht ein Segment

Aufruf **Delete_Segment** (*Segment*)

Segment string Liste der zu löschenden Segmente

Wirkung Es wird das Segment *Segment* samt all seiner Subsegmente gelöscht. *Segment* kann auch mehrere Segmente spezifizieren, die dann alle inclusive ihrer Subsegmente gelöscht werden. Alle zu löschenden Segmente bzw. Subsegmente müssen geschlossen sein.

C-Beispiel Es sollen alle Subsegmente des aktuellen Segments gelöscht werden.

```
HC_Delete_Segment ("*");
```

Include_Segment

Zweck erzeugt im aktuellen Segment einen Verweis auf ein oder mehrere andere Segmente, die als Subsegmente des aktuellen dargestellt werden sollen

Aufruf **Include_Segment** (*EinSegment*)

EinSegment string Liste der einzubindenden Segmente

Varianten **KInclude_Segment** (*EinSegment*)→ *ISchlüssel*
Include_Segment_By_Key (*SSchlüssel*)
KInclude_Segment_By_Key (*SSchlüssel*)→ *ISchlüssel*

EinSegment string wie oben

SSchlüssel long Schlüssel des einzubindenden Segments - Typ muß segment sein

ISchlüssel long Schlüssel des eingebundenen Segments - Typ ist include

Wirkung Es wird im aktuellen Segment ein Verweis auf ein oder mehrere andere Segmente (*EinSegment*) erzeugt. Immer wenn dann das aktuelle Segment dargestellt werden soll, sucht das System nach diesen eingebundenen Segmenten und stellt sie als Subsegmente des aktuellen dar. Diese Bindung ist "zeitlos": wird das eingebundene Segment bis zur nächsten Darstellung des aktuellen Segments verändert, so spiegelt sich diese Veränderung auch in der Darstellung wider. Beim Aufruf von **Include_Segment** muß das einzubindende Segment lediglich existieren.

Das eingebundene Segment kann jedoch nicht die Darstellung des einbindenden Segments oder irgendwelcher anderer Segmente, die sich im Teilbaum des einbindenden Segments befinden, beeinflussen. Beispielsweise scheint eine in dem eingebundenen Segment vorhandene

Lichtquelle lediglich auf den Inhalt ihres eigenen Segments und ggf. dessen Subsegmente, auch wenn das eingebundene Segment kein Window hat!

C-Beispiel In das aktuelle Segment sollen alle Subsegmente des Segments ?Include Library/Object1 eingebunden werden. Die Subsegmente müssen zum Zeitpunkt des Aufrufs bereits existieren. Danach erzeugte Subsegmente von ?Include Library/Object1 sind auch in späteren Darstellungen des aktuellen Segments nicht enthalten!

```
HC_Include_Segment ("?Include Library/Object1/*");
```

Open_Segment

Zweck öffnet ein Segment - existiert das Segment noch nicht, wird es gleichzeitig erzeugt

Aufruf **Open_Segment** (*Segment*)

Segment	string	Name des zu öffnenden Segments

Varianten **KOpen_Segment** (*Segment*)→ *Schlüssel*
Open_Segment_By_Key (*Schlüssel*)

Segment	string	wie oben
Schlüssel	long	Schlüssel zur Identifizierung des Segments

Wirkung Es wird ein Segment durch Angabe seines Namens oder Schlüssels geöffnet. Existiert der angegebene Name (noch) nicht, so wird ein entsprechendes Segment erzeugt und geöffnet. Unbenannte Segmente können durch Angabe eines leeren Strings erzeugt und geöffnet werden.

C-Beispiel In ?Picture soll ein Subsegment - Object - erzeugt und geöffnet werden. (Für diesen Aufruf ist das momentane aktuelle Segment belanglos!)

```
HC_Open_Segment ("?Picture/Object");
```

Read_Metafile

Zweck liest die Information einer Datei in ein Segment ein

Aufruf **Read_Metafile** (*Datei*, *Segment*, *Liste*)

Datei	string	der Name der einzulesenden Datei - wird die Namens-Erweiterung weggelassen, ergänzt das System '.hmf'.
Segment	string	das Segment, in das *Datei* eingelesen werden soll
Liste	string	eine Liste von Metafile-Optionen (s.u.)

Wirkung Es wird der Inhalt der Datei *Datei* in das Segment *Segment* eingelesen. Dies geschieht durch ein entsprechendes Setzen des Metafile-Attributs (s. **Set_Metafile**). In *Liste* können ein oder mehrere Optionen für das Einlesen gesetzt ('option') oder gelöscht ('no option') werden; teilweise sind auch nähere Angaben möglich oder erforderlich ('option = suboption, ...').
Die einzelnen Optionen und deren Bedeutungen sind:

[no] name = 'Name'

Hier kann der Name der Datei angegeben werden, falls *Datei* ausgelassen wird (leerer String). Wird die Namens-Erweiterung weggelassen, ergänzt das System 'hmf'. Wird auch hier kein Name angegeben, setzt das System den Namen von *Segment* ein.

[no] directory = 'Verzeichnis'

Hier kann das Verzeichnis der Datei angegeben werden. Wird diese Option gelöscht oder ausgelassen, so wird das mit **Set_Metafile** gesetzte Verzeichnis benutzt, andernfalls das in der HOOPS-Umgebungsvariablen 'HOOPS_METAFILES' (Abschn. 15.4) spezifizierte, ist auch dies nicht der Fall, dann das aktuelle Verzeichnis.

[no] restore state [= ('suboption',...)]

Dies ist das Gegenstück zur Option save state in **Write_Metafile**. Beim Lesen einer Datei werden die abgespeicherten Definitionen von Kurz- (aliases) und Farbnamen (color names) und die mit **Define_Font** definierten Schriftarten (fonts) wiederhergestellt sowie die zum Zeitpunkt des Abspeicherns offenen Segmente (open items) geöffnet. Diese Option ist jedoch nur verfügbar, falls die entsprechenden Informationen mit save state abgespeichert wurden!

Anmerkung:
Das Metafile-Attribut wird beim Gestalten eines Segments nicht berücksichtigt!

C-Beispiel In das aktuelle Segment soll der Inhalt der Datei SCENE1.HMF, die sich im aktuellen Verzeichnis befindet, eingelesen werden. Dabei sollen auch alle mitabgespeicherten Systeminformationen wiederhergestellt werden.

```
HC_Read_Metafile ("scene1", ".", "restore state");
```

Rename_Segment

Zweck ändert den Namen eines Segments und/oder verschiebt es an eine andere Stelle im Segmentbaum

Aufruf **Rename_Segment** (*Alt*, *Neu*)

Alt	string	Liste der umzubenennenden / zu verschiebenden Segmente
Neu	string	der neue Name und/oder Ort im Segmentbaum

Varianten **Move_Segment** (*Alt*, *Neu*)
Alt, *Neu* string wie oben

Wirkung Das Segment *Alt* (incl. all' seiner Subsegmente etc.) wird in das Segment *Neu* umbenannt und ggf. an den durch *Neu* spezifizierten Ort des Segmentbaums verschoben. Falls mit *Alt* mehrere Segmente angegeben werden, muß *Neu* mit "/*" enden. Das bedeutet, daß alle in *Alt* angegebenen Segmente ihre Namen behalten und nun zu Subsegmenten des vor "/*" angegebenen Segments in *Neu* werden.
Wird für *Neu* ein leerer String eingesetzt, so wird *Alt* zu einem unbenannten Segment. **Move_Segment** ist identisch zu **Rename_Segment**.

C-Beispiel Alle Subsegmente des Segments ?Picture/Object1 sollen zu ?Picture/Object2 verschoben werden.

```
HC_Rename_Segment ("?Picture/Object1/*", "?Picture/Object2/*");
```

Show_Alias

Zweck gibt die Definition eines Kurznamens zurück

Aufruf **Show_Alias** (*Kurzname*, *Definition*)
Kurzname string der zu erfragende Kurzname
Definition string die Definition von *Kurzname* **(Ref/rück)**

Wirkung Es wird die Definition eines Kurznamens zurückgegeben. *Definition* enthält nach dem Aufruf die Definition des Kurznamens in der Form, wie sie bei der Definition mit **Define_Alias** angegeben wurde.
Die einzigen Unterschiede zur Original-Definition sind folgende: führende und abschließende Leerzeichen von Segmentnamen werden nicht wiedergegeben, und Buchstaben in Segmentnamen werden immer als Kleinbuchstaben zurückgegeben.

C-Beispiel Im folgenden Beispiel wird der Kurzname ?Zusatz definiert und anschließend erfragt. Die Definition wird in der Variablen definition zurückgegeben. Deren Wert nach Ausführung der Prozedur ist in der letzten Zeile angegeben.

```
char* definition;
HC_Define_Alias ( "?Zusatz", " ?Include Library / Objekt1 / Kopf");
HC_Show_Alias ("?Zusatz", definition);
     /* definition = "?include library/objekt1/kopf" */
```

Show_Existence

Zweck gibt die Anzahl von Attributen, geometrischen Elementen und/oder Segmenten in einem oder mehreren Segmenten zurück

Aufruf **Show_Existence** (*Filter*)→ *Anzahl*

Filter	string	Liste der Elemente, nach denen gesucht werden soll
Anzahl	integer	die Anzahl der im aktuellen Segment gefundenen Elemente

Varianten **QShow_Existence** (*Segment, Filter*)→ *Anzahl*
Show_Existence_By_Key (*Schlüssel, Filter*)→ *Anzahl*

Segment	string	Liste der Segmente, in denen gesucht werden soll
Schlüssel	long	Schlüssel zur Identifizierung des Segments, in dem gesucht werden soll
alle anderen	wie oben	wie oben

Wirkung Im aktuellen Segment, in *Segment* bzw. in dem durch *Schlüssel* referenzierten Segment wird eine Suche durchgeführt. Mit *Filter* werden die zu suchenden Elemente beschriebenund in *Anzahl* wird die Gesamtzahl der gefundenen Elemente zurückgegeben.

Show_Existence bzw. **QShow_Existence** ist also äquivalent zu

Begin_Contents_Search (*Segment, Filter*)
Show_Contents_Count (*Anzahl*)
End_Contents_Search ()

bis auf den Fall *Filter* = "self" (s.u.).

Filter kann ein oder mehrere der folgenden Elemente enthalten:

- alle geometrischen Grundelemente, die per **Insert**-Prozedur erzeugt werden können - z.B. "markers": jeder Marker inkrementiert *Anzahl*

- alle Attribute	z.B. marker size: jedes explizit gesetzte marker size-Attribut inkrementiert *Anzahl*
- geometry	jedes geometrische Grundelement inkrementiert *Anzahl*
- attribute	jedes explizit gesetzte Attribut inkrementiert *Anzahl*
- style	jede Gestaltungsvorlage inkrementiert *Anzahl*
- segment	jedes Subsegment inkrementiert *Anzahl*
- include	jedes eingebundene Segment inkrementiert *Anzahl*
- subsegment	steht für segment und include
- inked line	jede **aktuelle** Inked Polyline inkrementiert *Anzahl*
- ordered	jedes geometrische Element, das mit **Bring_To_Front** "nach oben" gebracht wurde, inkrementiert *Anzahl*
- everything	jedes der oben aufgeführten Elemente inkrementiert *Anzahl*

- interesting — jedes Element, das mit **Update_Control** als "interessant" gekennzeichnet wurde, inkrementiert *Anzahl*

Für *Filter* kann auch "self" eingesetzt werden, was je nach verwendeter Prozedur eine andere Wirkung ergibt:

- **Show_Existence** gibt Eins zurück, falls irgendein Segment offen ist, ansonsten Null.
- **QShow_Existence** ist äquivalent zu

  Begin_Segment_Search (*Segment*)
  Show_Segment_Count (*Anzahl*)
  End_Segment_Search ()

  gibt also die Anzahl der Segmente zurück, deren Namen mit *Segment* übereinstimmen. Dies können durchaus mehrere sein, falls *Segment* beispielsweise Wildcards enthält.
- **Show_Existence_By_Key** gibt bei der Eingabe eines nicht-negativen Schlüssels Eins zurück, falls dies ein gültiger Schlüssel für ein HOOPS-Objekt ist, ansonsten Null (die Angabe negativer Schlüssel ist nicht zulässig!).

C-Beispiel Im aktuellen Segment soll die Anzahl der Marker ermittelt werden.

```
int anzahl;
anzahl = HC_Show_Existence ("markers");
```

Show_Include_Segment

Zweck gibt den Namen eines eingebundenen Segments zurück

Aufruf **Show_Include_Segment** (*ISchlüssel*, *Pfadname*)

ISchlüssel	long	Schlüssel des eingebundenen Segments - Typ muß include sein
Pfadname	string	der vollständige Pfadname des durch *ISchlüssel* referenzierten Segments **(Ref/rück)**

Varianten **KShow_Include_Segment** (*ISchlüssel*)→ *SSchlüssel*

ISchlüssel	long	wie oben
SSchlüssel	long	Schlüssel zur Identifizierung des Segments - Typ ist segment

Wirkung Es wird der vollständige Pfadname bzw. ein Schlüssel des durch *ISchlüssel* referenzierten, eingebundenen Segments zurückgegeben.

C-Beispiel include_key sei ein mit **KInclude_Segment** erzeugter Schlüssel. Es soll nun der vollständige Pfadname des zugehörigen eingebundenen Segments erfragt werden.

```
char* path_name;
HC_Show_Include_Segment (include_key, path_name);
```

Show_Owner

Zweck gibt den Namen des Muttersegments eines Segments zurück oder den Namen/Schlüssel eines Segments, das ein bestimmtes Element enthält

Aufruf **Show_Owner** (*Segment*, *MSegment*)

Segment	string	Name des Segments, dessen Muttersegment erfragt werden soll
MSegment	string	der Name des Muttersegments von *Segment* **(Ref/rück)**

Varianten **Show_Owner_By_Key** (*Schlüssel*, *MSegment*)
KShow_Owner_By_Key (*Schlüssel*)→ *MSchlüssel*

Schlüssel	long	Schlüssel zur Identifizierung des Elements, dessen (Mutter-) Segment erfragt werden soll
MSegment	string	wie oben
MSchlüssel	long	Schlüssel des Segments, das das durch *Schlüssel* referenzierte Element enthält

Wirkung Es wird der Name des Muttersegments eines Segments oder der Name/ Schlüssel eines Segments, das ein bestimmtes Element enthält, zurückgegeben. *Schlüssel* kann ein Schlüssel eines beliebigen Typs sein. Gehört *Schlüssel* zu einem Text-Cursor, so wird jedoch nicht ein Schlüssel für das zugehörige Segment, sondern ein Schlüssel für den zugehörigen Text zurückgegeben; ein Segmentname kann in diesem Fall nicht erfragt werden.

C-Beispiel Der Name des Muttersegments von ?Object soll ermittelt werden.

```
char* segment;
HC_Show_Owner (?Object, segment);
```

Show_Pathname_Expansion

Zweck gibt den vollständigen Pfadnamen eines Segments zurück

Aufruf **Show_Pathname_Expansion** (*Segment*, *Pfadname*)

Segment	string	relativer Pfadname des Segments
Pfadname	string	vollständiger Pfadname des Segments **(Ref/rück)**

Wirkung Zu dem relativen Pfadnamen eines Segments (*Segment*) wird der vollständige Pfadname (*Pfadname*) zurückgegeben. *Segment* kann ein einfacher Name sein - dann ist ein Subsegment des aktuellen Segments gemeint. *Segment* kann auch die Zeichen '^' bzw. '..' für das Muttersegment des aktuellen oder '.' für das aktuelle Segment selbst sowie Kurznamen enthalten. Wildcards sollten jedoch nicht verwendet werden - diese und alle Zeichen innerhalb von Klammern in *Segment* werden als 'as is' zurückgegeben. Des weiteren braucht *Segment* beim Aufruf der Prozedur (noch) nicht zu existieren. Es findet lediglich eine formelle Ersetzung statt. *Pfadname* ist immer der vollständig Pfadname, beginnt also immer mit '/' und enthält keinerlei Kurznamen.

C-Beispiel Das aktuelle Segment sei ?Picture/Object1. Es soll der vollständige Pfadname des Segments ?Picture/Object2 erfragt werden. Die Umgebungsvariable HOOPS_PICTURE sei auf "metawindow/pc" gesetzt(s. Abschn. 15.3 und 15.4).

```
char* pfadname;
HC_Show_Pathname_Expansion ("^/Objekt2", pfadname);
/* pfadname hat nun den Wert "/driver/metawindow/pc/object2" */
```

Show_Segment

Zweck gibt den vollständigen Pfadnamen des zu einem Schlüssel gehörenden Segments zurück

Aufruf **Show_Segment** (*Schlüssel*, *Pfadname*)

Schlüssel	long	ein Schlüssel vom Typ segment
Pfadname	string	der vollständige Pfadname des zu *Schlüssel* gehörenden Segments **(Ref/rück)**

Wirkung Zu einem gegebenen Schlüssel vom Typ segment wird der vollständige Pfadname des zugehörigen Segments zurückgegeben. *Pfadname* beginnt immer mit '/' und enthält keinerlei Kurznamen.

C-Beispiel Es soll der vollständige Pfadname des zu dem Schlüssel segment_key gehörenden Segments erfragt werden.

```
char* pfadname;
HC_Show_Segment (segment_key, pfadname);
```

Show_Style_Segment

Zweck gibt den Namen einer Gestaltungsvorlage zurück

Aufruf **Show_Style_Segment** (*GSchlüssel*, *Pfadname*)

GSchlüssel	long	Schlüssel der Gestaltungsvorlage - Typ muß style sein
Pfadname	string	der vollständige Pfadname des durch *GSchlüssel* referenzierten Segments **(Ref/rück)**

Varianten **KShow_Style_Segment** (*GSchlüssel*)→ *SSchlüssel*

GSchlüssel	long	wie oben

SSchlüssel long	Schlüssel zur Identifizierung des Segments - Typ ist segment

Wirkung Es wird der vollständige Pfadname bzw. ein Schlüssel der durch *GSchlüssel* referenzierten Gestaltungsvorlage zurückgegeben.

C-Beispiel style_key sei ein mit **KStyle_Segment** erzeugter Schlüssel. Es soll nun der vollständige Pfadname der zugehörigen Gestaltungsvorlage erfragt werden.

```
char* path_name;
HC_Show_Style_Segment (style_key, path_name);
```

Style_Segment

Zweck erzeugt im aktuellen Segment einen Verweis auf ein anderes Segment, das als Gestaltungsvorlage des aktuellen verwendet werden soll

Aufruf **Style_Segment** (*GSegment*)

GSegment string	Liste von Segmenten, die als Gestaltungsvorlagen verwendet werden sollen

Varianten **KStyle_Segment** (*GSegment*)→ *GSchlüssel*
Style_Segment_By_Key (*SSchlüssel*)
KStyle_Segment_By_Key (*SSchlüssel*)→ *GSchlüssel*

GSegment string	wie oben
SSchlüssel long	Schlüssel des als Gestaltungsvorlage zu verwendenden Segments - Typ muß segment sein
GSchlüssel long	Schlüssel der Gestaltungsvorlage - Typ ist style

Wirkung Es wird im aktuellen Segment ein Verweis auf ein oder mehrere andere Segmente (*GSegment*) erzeugt. Immer wenn danach das aktuelle Segment dargestellt werden soll, sucht das System nach diesen Gestaltungsvorlagen und stellt das aktuelle Segment mit den Attributen der Gestaltungsvorlagen dar. Diese Bindung ist "zeitlos": werden die Attribute der Gestaltungsvorlage bis zur nächsten Darstellung des aktuellen Segments verändert, so spiegelt sich diese Veränderung auch in der Darstellung wider.
Beim Aufruf von **Style_Segment** muß das als Gestaltungsvorlage zu verwendende Segment lediglich existieren.
Folgende Regeln gelten für den Wert eines Attributs in einem Segment, das ein oder mehrere Gestaltungsvorlagen hat:

- ist in dem zu gestaltenden Segment ein Attribut explizit gesetzt, so behält es diesen Wert, andernfalls erhält es den Wert der Gestaltungsvorlage
- eingebundene Segmente und Subsegmente der Gestaltungsvorlage sind irrelevant
- falls mehrere Gestaltungsvorlagen auf ein Segment angewendet werden sollen (das ist beispielsweise dann der Fall, wenn der Parameter

Wildcards enthält), ist der Wert eines Attributs unvorhersagbar, falls sich die Vorlagen darin widersprechen

- falls Vorlagen selbst aufgrund anderer Vorlagen gestaltet werden sollen, wird zuerst die Vorlage angewendet, die keinen Aufruf von **Style_Segment** enthält; danach wird die anhand der ersten Vorlage gestaltete Vorlage angewendet etc. - das Ergebnis dieses Prozesses dient schließlich als Gestaltungsvorlage für das ursprünglich zu gestaltende Segment.

Die Attribute 'driver', 'sreaming mode' und 'metafile' werden nicht durch Gestaltungsvorlagen verändert!

C-Beispiel Das aktuelle Segment soll mit den Attributen des Segments ?Style Library/Object1 dargestellt werden.

```
HC_Style_Segment ("?Style Library/Object1");
```

Write_Metafile

Zweck schreibt den Inhalt eines Segments in eine Datei

Aufruf **Write_Metafile** (*Segment*, *Datei*, *Liste*)

Segment	string	das in *Datei* zu schreibende Segment
Datei	string	der Name der zu verwendenden Datei - wird die Namens-Erweiterung weggelassen, ergänzt das System '.hmf'.
Liste	string	eine Liste von Metafile-Optionen (s.u.)

Wirkung Es wird der Inhalt des Segments *Segment* in die Datei *Datei* geschrieben. Dies geschieht durch ein entsprechendes Setzen des Metafile-Attributs (s. **Set_Metafile**). In *Liste* können ein oder mehrere Optionen für das Schreiben gesetzt ('option') oder gelöscht ('no option') werden; teilweise sind auch nähere Angaben möglich oder erforderlich ('option = suboption, ...').

Die einzelnen Optionen und deren Bedeutungen sind:

[no] name = 'Name'

Hier kann der Name der Datei angegeben werden, falls *Datei* ausgelassen wird (leerer String). Wird die Namens-Erweiterung weggelassen, ergänzt das System 'hmf'. Wird auch hier kein Name angegeben, setzt das System den Namen von *Segment* ein.

[no] directory = 'Verzeichnis'

Hier kann das Verzeichnis der Datei angegeben werden. Wird diese Option gelöscht oder ausgelassen, so wird das mit **Set_Metafile** gesetzte Verzeichnis benutzt, andernfalls das in der HOOPS-Umgebungsvariablen 'HOOPS_METAFILES' spezifizierte (Abschn. 15.4). Ist auch dies nicht der Fall, wird das aktuelle Verzeichnis verwendet.

[no] comment = 'Kommentar'

Hiermit kann ein Kommentar abgespeichert werden. Dieser kann nach dem Einlesen der Datei mit **Show_Metafile** erfragt werden.

[no] overwrite

Ist diese Option gesetzt, so wird eine evtl. existierende Datei gleichen Namens überschrieben, andernfalls wird eine neue Versions-Nummer der Datei angelegt. (Ist unter MS-DOS nicht möglich!)

[no] follow cross-references

Ist follow cross-references gesetzt, so wird der vollständige Inhalt jedes eingebundenen Segments und jeder Gestaltungsvorlage abgespeichert. Andernfalls zeichnet das System nur deren Segment-Namen auf.

[no] save state [= ('suboption',...)]

Diese Option ermöglicht das zusätzliche Abspeichern "systemweiter" Information. Zusätzlich zum Segmentinhalt können hiermit die Definitionen aller momentan gültigen Kurz- (aliases) und Farbnamen (color names), die mit **Define_Font** definierten Schriftarten (fonts) sowie die momentan offenen Segmente (open items) abgespeichert werden.

[no] use color names

Bei gesetzter Option speichert das System nur die Namen der Farben. Wird diese Option gelöscht, so wird statt des Namens die Definition einer Farbe abgespeichert. Will man sowohl den Namen einer Farbe als auch die dazugehörende Definition aufzeichnen, so kann dies durch Löschen dieser Option und Speicherung der Definitionen mit save state erreicht werden.

Anmerkung:
Die Attribute 'driver' und 'Driver-Options' werden nicht abgespeichert!

C-Beispiel Das aktuelle Segment soll in die Datei SCENE1.HMF geschrieben werden. Dabei sollen auch alle momentan gültigen Farb- und Kurznamen, jedoch keine Schriftarten und offenen Segmente abgespeichert werden.

```
HC_Write_Metafile (".", "scene1", "save state = (aliases, color
names)");
```

C6 System

Dieser Abschnitt enthält alle Prozeduren, die nicht direkt auf die graphische Datenbasis wirken.

Abort_Program

Zweck erzeugt eine Fehlermeldung und beendet das Programm

Aufruf **Abort_Program** (*Meldung*)

Meldung	string	die auszugebende Fehlermeldung

Wirkung Nach Auftreten eines Fehlers werden zuerst alle Fehlerbehandlungs-Routinen aufgerufen - dazu gehört auch **Report_Error**, die die Meldung *Meldung* ausgibt -, danach alle Programm-Ende-Routinen, und zuletzt wird das Programm durch Rückkehr zum Betriebssystem beendet.

C-Beispiel Das Programm soll mit der Meldung "Schwerwiegender Fehler!" abgebrochen werden.

```
HC_Abort_Program ("Schwerwiegender Fehler!");
```

Begin_Color_Name_Search

Zweck führt eine Suche nach allen Farbnamen und deren Varianten durch

Aufruf **Begin_Color_Name_Search** ()
Show_Color_Name_Count (*Anzahl*)
Find_Color_Name (*Farbname, er-Name, ish-Name*)→ *Erfolg*
End_Color_Name_Search ()

Anzahl	integer	Gesamtzahl der vorhandenen Farbnamen **(Ref/rück)**
Farbname	string	ein Farbname ("Grundform") **(Ref/rück)**
er-name	string	die 'er'-Variante von *Farbname* **(Ref/rück)**
ish-name	string	die 'ish'-Variante von *Farbname* **(Ref/rück)**
Erfolg	boolean	'wahr', falls (mindestens) ein Farbname gefunden wurde - 'falsch', wenn kein Farbname (mehr) gefunden wurde

Wirkung Es wird eine Suche nach allen Farbnamen und deren Varianten durchgeführt. Mit **Begin_Color_Name_Search** wird die Suche initialisiert. **Find_Color_Name** führt die Suche durch und liefert je Aufruf einen (weiteren) Farbnamen und - falls vorhanden - dessen Varianten, und zwar genauso, wie der Farbname und seine Varianten definiert wurden. Das bedeutet, daß ggf. mehrere Namen in einem String - getrennt durch Kommata - zurückgegeben werden (s. C-Beispiel). Falls kein Farbname (mehr) gefunden wird, gibt die Prozedur 'falsch' zurück. Die Gesamtzahl aller vorhandenen Farbnamen kann mit **Show_Color_Name_Count** erfragt werden (nur zwischen **Begin_Color_Name_Search** und **End_Color_Name_Search** aufzurufen!). Die aktuelle Suche wird mit **End_Color_Name_Search** beendet.

C-Beispiel Es sollen alle Farbnamen erfragt werden. Findet das System die Farbe 'schwarz', so haben die Variablen color_name, er_name und ish_name nach dem entsprechenden Aufruf von **Find_Color_Name** die folgenden Werte "black", "dimmer, dim, darker, dark, blacker" bzw. "darkish, blackish" (vgl. Abschn. 15.2).

```
char* color_name;
char* er_name;
char* ish_name;
HC_Begin_Color_Name_Search ();
      while (HC_Find_Color_Name (color_name, er_name,
ish_name)) {
          /* Namen ausgeben o.ä. */
      }
HC_End_Color_Name_Search ();
```

Begin_Font_Search

Zweck führt eine Suche nach allen auf einem bestimmten Ausgabegerät verfügbaren Schriften durch

Aufruf **Begin_Font_Search** (*Bildschirm*, *Filter*)
Show_Font_Count (*Anzahl*)
Find_Font (*Schrift*)→ *Erfolg*
End_Font_Search ()

Bildschirm	string	das mit dem betreffenden Ausgabegerät verknüpfte Segment - meistens "?Picture" oder "?Hardcopy"
Filter	string	eine Liste, die die Suche "passend" einschränkt (s.u.)
Anzahl	integer	Gesamtzahl der verfügbaren Schriften **(Ref/rück)**
Schrift	string	Name einer verfügbaren Schrift **(Ref/rück)**
Erfolg	boolean	'wahr', falls (mindestens) eine Schrift gefunden wurde - 'falsch', wenn keine Schrift (mehr) gefunden wurde

Wirkung Es wird eine Suche nach allen auf dem mit *Bildschirm* verknüpften Ausgabegerät verfügbaren Schriften durchgeführt. Mit **Begin_Font_Search** wird die Suche initialisiert. **Find_Font** führt die Suche durch und liefert je

Aufruf den Namen einer (weiteren) Schrift. Falls keine Schrift (mehr) gefunden wird, gibt die Prozedur 'falsch' zurück. Die Gesamtzahl aller auf dem betreffenden Ausgabegerät verfügbaren Schriften kann mit **Show_Font_Count** erfragt werden (nur zwischen **Begin_Font_Search** und **End_Font_Search** aufzurufen!). Die aktuelle Suche wird mit **End_Font_Search** beendet.
Mit *Filter* wird die Suche auf die dort angegebenen Elemente eingeschränkt. Es können ein oder mehrere der folgenden Elemente gewählt werden:

Generic — es werden die Namen der generischen Schriften zurückgegeben (s. **Set_Text_Font**)

Specific — es werden die Namen der speziellen Schriften zurückgegeben, so wie sie auf dem Gerät definiert sind

Define — es werden die Namen der benutzerdefinierten Schriften zurückgegeben

Family — (oder families) es werden die Namen zurückgegeben, die das System für Mengen gewählt hat, die jeweils aus gleichen speziellen Schriften unterschiedlicher Schriftgröße bestehen - existieren beispielsweise die speziellen Schriften courier 11 - 75 dpi und courier 14 - 75 dpi (etc.), so könnte das System sie unter dem "Familiennamen" courier zusammenfassen (courier ist hier kein generischer Schriftname!)

C-Beispiel Es sollen alle auf dem Bildschirm (verknüpft mit ?Picture) verfügbaren speziellen Schriften erfragt werden.

```
char* font;
HC_Begin_Font_Search ("?Picture", "Specific");
    while (HC_Find_Font (font)) {
     /* Namen ausgeben o.ä. */
    }
HC_End_Font_Search ();
```

Clear_Display

Zweck löscht alle geometrischen Elemente der Bildschirmszene

Aufruf **Clear_Display** ()

Wirkung Alle geometrischen Elemente des ?Picture-Teilbaums werden aus der Datenbasis entfernt, d.h. ein Aufruf der Prozedur ist äquivalent zu **Flush_Geometry** ("?Picture..."). Die Wirkung dieser Prozedur wird jedoch erst - wie bei allen anderen Prozeduren auch - dann auf dem Bildschirm sichtbar, wenn die Prozedur **Update_Display**, z.B. mittels **Pause**, aufgerufen wird.

Anmerkung:
Clear_Display sollte nur verwendet werden, wenn das System im 'streaming mode' läuft. Nach dem Aufruf kann dann ein vollkommen neues Bild erstellt werden, wobei jedoch die "alten" Attribut-Einstellungen noch wirksam sind.

C-Beispiel Das System arbeite im 'streaming mode'. Die gegenwärtige Szene werde nun nicht mehr gebraucht und soll entfernt werden, so daß ein neues Bild erstellt werden kann.

```
HC_Clear_Display ();
```

Define_Color_Name

Zweck definiert einen neuen Farbnamen

Aufruf **Define_Color_Name** (*Farbname, er-Name, ish-Name, Definition*)

Farbname	string	ein neuer Farbname ("Grundform")
er-name	string	die 'er'-Variante von *Farbname*
ish-name	string	die 'ish'-Variante von *Farbname*
Definition	string	die tatsächlich statt *Farbname* zu verwendende Farbe

Varianten **UnDefine_Color_Name** (*Farbname*)

Farbname	string	der Farbname, der nicht mehr definiert sein soll

Wirkung Es wird ein Farbname - samt seiner Varianten - definiert, der danach immer anstelle von *Definition* - bzw. deren Varianten - eingesetzt werden kann. *Definition* kann entweder ein bereits definierter Farbname - oder eine Variante - sein oder ein Punkt in einem Farbraum, d.h. *Definition* entspricht *Farbangabe* bei **Set_Color.**

C-Beispiel Mit dem ersten Aufruf wird der Name gelb und seine er-Variante gelbliches - jedoch keine ish-Variante - definiert. gelb kann dann im folgenden immer anstelle von yellow verwendet werden, und außerdem kann durch Voranstellen von gelbliches eine Farbe etwas gelblicher gemacht werden.
Der zweite Aufruf hat zur Folge, daß immer dann, wenn die Farbe 'rot' (red) - oder eine Variante - gewählt wird - z.B. durch **Set_Color** ("red") -, das System ein etwas dunkleres Rot wählt, als es bei der Systeminitialisierung definiert wurde; red wird also durch Redefinieren ein wenig dunkler gemacht.

```
HC_Define_Color_Name ("gelb", "gelbliches", "", "yellow");
HC_Define_Color_Name ("red", "redder", "reddish", "darkish red");
```

Define_Error_Handler

Zweck definiert eine weitere Fehlerbehandlungs-Routine

Aufruf **Define_Error_Handler** (*FRoutine*)

FRoutine	Zeiger auf eine Routine	Adresse der neuen Fehlerbehandlungs-Routine

Varianten **UnDefine_Error_Handler** (*FRoutine*)

FRoutine	Zeiger auf eine Routine	Adresse der zu entfernenden Fehlerbehandlungs-Routine

Wirkung Es wird eine weitere Fehlerbehandlungs-Routine definiert. Bei jedem auftretenden Fehler werden alle Fehlerbehandlungs-Routinen aufgerufen, und zwar in der Reihenfolge von der "jüngsten" (zuletzt definierten) zur "ältesten". Die älteste ist meist **Report_Error**, falls sie nicht redefiniert oder ganz entfernt wurde. Nähere Informationen zu Fehlerbehandlungs-Routinen enthält die Original-Prozedur-Referenz.

Define_Exit_Handler

Zweck definiert eine weitere Programmende-Routine

Aufruf **Define_Exit_Handler** (*ERoutine*)

ERoutine	Zeiger auf eine Routine	Adresse der neuen Programmende-Routine

Varianten **UnDefine_Exit_Handler** (*ERoutine*)

ERoutine	Zeiger auf eine Routine	Adresse der zu entfernenden Programmende-Routine

Wirkung Es wird eine weitere Programmende-Routine definiert. Bei Auftreten eines fatalen Fehlers (fatal error) und beim Aufruf von **Abort_Program** oder **Exit_Program** werden alle Programmende-Routine aufgerufen, und zwar in der Reihenfolge von der "jüngsten" (zuletzt definierten) zur "ältesten". Die älteste ist meist die während der Systeminitialisierung definierte Prozedur **Reset_System**. Nähere Informationen zu Programmende-Routinen enthält die Original-Prozedur-Referenz.

Define_Font

Zweck definiert eine Menge von Textzeichen ("eine neue Schriftart"), deren Aussehen mit Hilfe einfacher geometrischer Elemente festgelegt wird

Aufruf **Define_Font** (*Name*, *Optionen*, *Anzahl*, *Daten*)

Name	string	der Name der neuen Schriftart
Optionen	string	allgemeine Charakteristiken der neuen Schriftart (s.u.)
Anzahl	integer	Anzahl der Bytes in Daten
Daten	vector of bytes	die Information über das Aussehen der einzelnen Zeichen (s.u.) **(Ref)**

Varianten **Define_Font_By_Reference** (*Name*, *Optionen*, *Anzahl*, *Daten*)
UnDefine_Font (*Name*)

Daten	vector of bytes	wie oben
alle anderen	wie oben	wie oben

Wirkung Es werden eine Menge von Textzeichen und ein Name, der diese Menge bezeichnet, definiert. Mit Hilfe von *Name* und **Set_Text_Font** kann diese Menge zur aktuellen Schriftart gemacht werden, so daß diese Zeichen für die Ausgabe von Text verwendet werden.

Die einzelnen Zeichen werden in einem Gitter von -127 bis +127 in x- und y-Richtung beschrieben. Viele Schriften verwenden jedoch wesentlich kleinere Gitter. So sind beispielsweise die Zeichen der von HOOPS zu Verfügung gestellten Schriften in einem Gitter definiert, das sich vertikal von 0 bis 50 und horizontal von 0 bis 30 erstreckt; mit Unterlängen bis maximal -15 und Überlängen bis maximal 55.

Die allgemeinen Charakteristiken der neuen Schriftart werden durch eine Liste von *Optionen* festgelegt. Dabei sind die folgenden beiden Angaben möglich:

encoding = 'Zeichensatz'

Hiermit kann ein bestimmter Zeichensatz für die neuen Zeichen gewählt werden. Für 'Zeichensatz' kann jeder der bei **Insert_Text** beschriebenen Zeichensätze eingesetzt werden. ISO Latin One ist die Voreinstellung (falls diese Option nicht spezifiziert ist).

[no] lookup [= 'Adresse']

Mit dieser Angabe kann die 'Adresse' einer Funktion spezifiziert werden, die die Daten eines bestimmten Zeichens liefert. Falls *Daten* trotzdem Daten für dieses Zeichen enthält, werden sie ignoriert. Weitere Informationen sind der Original-Prozedur-Referenz zu entnehmen. Die Voreinstellung ist no lookup (falls diese Option nicht spezifiziert ist). Das bedeutet, daß das System die Daten der einzelnen Zeichen in *Daten* sucht.

Daten enthält die Beschreibung über das Aussehen der einzelnen Zeichen. Diese setzt sich zusammen aus einem *Kopf*, gefolgt von den Daten für jedes einzelne Zeichen, die wiederum aus einem *Kopf* und der eigentlichen Information bestehen.

Der "allgemeine" *Kopf* am Anfang von Daten besteht aus vier Bytes:

° Das erste Byte gibt das **Format** an, in dem die Daten beschrieben sind. Der zur Zeit einzig erlaubte Werte ist 3.

° Das zweite Byte gibt die maximale **Höhe** der Zeichen an - das ist normalerweise die eines großen Buchstabens.

° Das dritte Byte gibt die maximale **Breite** der Zeichen an.

° Das letzte Byte gibt den **Abstand** an, der zwischen den einzelnen Zeichen bestehen soll.

Der *Kopf* jedes einzelnen Zeichens besteht aus fünf bzw. sechs Bytes:

° Das erste Byte gibt den **Index** des Zeichens in dem betreffenden Zeichensatz an. Falls der Zeichensatz nicht ISO Latin One ist, müssen hier zwei Byte angegeben werden.

° Das zweite (dritte) Byte gibt die **Breite** des Zeichens an.

° Das dritte (vierte) Byte gibt an, wie weit das Zeichen in **x-Richtung** verschoben dargestellt werden soll. Normalerweise ist dieses Byte Null.

° Das vierte und fünfte (fünfte und sechste) Byte geben den **tiefsten** bzw. **höchsten** Punkt des Zeichens an.

Der eigentliche Zeichencode besteht in der Regel aus mehreren Bytes, die folgende Bedeutung haben:

> 0	Ein Byte größer als Null gibt die Anzahl der nachfolgenden xy-Koordinaten an, die zu einer **Polylinie** verbunden werden.
0	Mit diesem Byte wird die Beschreibung des aktuellen Zeichens **beendet**.
-1	Die nachfolgend angegebenen Linien sind nicht einfach (Poly-) Linien, sondern bilden die Umrandung eines **Füllgebietes**.
-2	Die aktuelle Umrandung wird geschlossen, das entsprechende Gebiet gefüllt, und es beginnt ein **neues Füllgebiet**.
-3	Die aktuelle Umrandung wird geschlossen, das entsprechende Gebiet gefüllt, und es wird mit dem **normalen Zeichenmodus** (nur Linien) fortgefahren.
-4	Auf dieses Byte folgen zwei xy-Koordinaten, die ein Rechteck beschreiben, in das eine **Ellipse** gezeichnet wird.
-5	Auf dieses Byte folgen drei xy-Koordinaten, die den Start-, Mittel- und Endpunkt eines (Ellipsen-) **Bogens** angeben.

Anmerkung:

Define_Font_By_Reference unterscheidet sich nur insofern von **Define_Font**, als das System keine Kopie der einzelnen Zeichen macht. Falls also Zeichen in dieser Schriftart dargestellt werden sollen, verwendet das System dazu die Originaldaten.

C-Beispiel Es wird die neue "Schriftart" test definiert, die jedoch nur aus vier Zeichen besteht: einer öffnenden runden Klammer, der Ziffer 8, einem großen A und einem gefüllten Rhombus, der anstelle des Buchstabens "B" ausgegeben wird. Der letzte Aufruf liefert etwa folgende Ausgabe: (8A♦

```
char daten[69] = {
3, 50, 30, 20,                        /* "allgemeiner" Kopf      */
    40,                               /* öffnende Klammer        */
      10, 0, 0, -10, 55,              /* Kopf                    */
      -5, 10, -10, 0, 22, 10, 55,     /* ein Bogen               */
    0,                                /* Zeichen-Ende            */
    56,                               /* Ziffer Acht             */
      30, 0, 0, 0, 50,                /* Kopf                    */
      -4, 0, 0, 30, 30,               /* Kreis                   */
      -4, 3, 30, 27, 50,              /* Ellipse                 */
    0,                                /* Zeichen-Ende            */
    65,                               /* Buchstabe A             */
      30, 0, 0, 0, 50,                /* Kopf                    */
      3, 0, 0, 15, 50, 30, 0,         /* / und \                 */
      2, 6, 20, 24, 20,               /* -                       */
    0,                                /* Zeichen-Ende            */
    66,                               /* Rhombus statt "B"       */
      30, 0, 0, 0, 50,                /* Kopf                    */
        -1,                           /* Beginn Füllgebiet       */
          4, 0,25,15,50,30,25,15,0,   /* / und \ und /           */
        -3,                           /* Ende Füllgebiet         */
      0                               /* Zeichen-Ende            */
};
HC_Define_Font ("test", "", 69, daten);
HC_Set_Text_Font ("name = test");
HC_Insert_Text (0.0, 0.0, 0.0, "(8AB");
```

Define_System_Options

Zweck definiert eine Reihe von Optionen, die das Verhalten des Systems steuern

Aufruf **Define_System_Options** (*Liste*)

Liste string eine Liste von Optionen

Wirkung Es werden eine Reihe von Optionen definiert, die das Verhalten des Systems in bestimmten Situationen steuern. In *Liste* können ein oder mehrere Optionen gesetzt ('option') oder gelöscht ('no option') werden; teilweise sind auch nähere Angaben möglich oder erforderlich ('option = suboption, ...').

Die einzelnen Optionen und deren Bedeutungen sind:

[no] info

[no] warnings

[no] errors

[no] fatal errors

Diese vier Optionen steuern, ob **Report_Error** Meldungen der gegebenen Klassen ausgeben oder unterdrücken soll. Die Voreinstellung ist, Meldungen aller Klassen auszugeben.

[no] continuous update

Mit Hilfe dieser Option kann ein "kontinuierliches Aktualisieren" des Bildschirms eingestellt werden; das bedeutet, daß nach jeder HOOPS-Prozedur automatisch **Update_Display** aufgerufen wird, so daß der Bildschirm zu jeder Zeit den aktuellen Stand der Datenbasis reflektiert. Die Voreinstellung ist no continuous update.

[no] C string length = nnn

Wenn HOOPS in einem C-Programm einen String in einem Puffer zurückgibt, so kann es passieren, daß der String für den Puffer zu lang ist, da die Stringlänge nicht von C mitgeliefert wird. In einem solchen Fall wird ein anderer Teil des Speichers überschrieben. Eine Lösung dieses Problems besteht darin, den Puffer jeweils von vornherein groß genug zu machen. Andererseits kann man jedoch mit dieser Option eine maximale Pufferlänge festlegen. Wenn dann ein String nicht in den Puffer paßt, verhindert HOOPS das Überschreiben anderer Speicherbereiche und gibt eine Warnung aus. Die anzugebende Stringlänge (nnn) umfaßt auch das terminierende Null-Byte. Die Voreinstellung ist no C string length.

application = 'name'

Hier kann der Name des momentan ausgeführten HOOPS-Programms "angegeben" werden, um ihn dann z.B. später nach Abfrage durch **Show_System_Options** auf dem Bildschirm auszugeben. Ist hier kein Name angegeben, so wird die Umgebungsvariable 'HOOPS_APPLICATION' abgefragt. Ist dort auch kein Name angegeben, so versucht HOOPS den Namen des gerade ausgeführten Programms vom betreffenden Betriebssystem zu erfragen. Gelingt dies auch nicht, wird ein leerer String zurückgegeben.

[no] message limit = nnn

Mit dieser Option kann eine Höchstzahl von Meldungen festgelegt werden, bei deren Erreichen das Programm abgebrochen wird. Die aktuelle Zahl von Meldungen wird bei jedem Aufruf von **Define_System_Options** mit der Option message limit auf Null zurückgesetzt. Die Voreinstellung ist message limit = 3.

[no] debug = nnn

Hiermit kann ein aus Flag-Bits bestehendes Wort gesetzt werden. Wird das erste Bit gesetzt, so wird die HOOPS-Versionsnummer während der Systeminitialisierung ausgegeben. Wird das zweite Bit gesetzt, so wird nach jedem Update der Zustand des Speichers ausgegeben. Alle weiteren Bits sind momentan (noch) bedeutungslos. Die Voreinstellung ist no debug.

[no] event checker = address

Durch diese Angabe kann eine Ereignis-Prüfroutine festgelegt werden, die jedesmal aufgerufen wird, wenn **Await_Event** oder **Check_For_Events** auf Eingaben warten. Auf diese Weise können z.B.

auch Eingaben von nicht unterstützten Eingabegeräten - manuell per **Compute_Selection** oder den entsprechenden **Queue**-Routinen - in die Warteschlange gebracht werden. Die Voreinstellung ist no event checker.

[no] update control

Bei gesetzter Option (update control) bestimmt HOOPS, welcher Teil einer Szene bei direktem oder indirektem Aufruf von **Update_Display** neu gezeichnet wird. Dies ist auch die Voreinstellung. Bei gelöschter Option muß das Anwendungsprogramm das Updaten mit Hilfe von **Control_Update** steuern.

[no] bounding volumes

Bei gesetzter Option (Voreinstellung) berechnet HOOPS die Begrenzungsvolumen für alle Segmente. Dies erfordert zwar zusätzlichen Speicherplatz, jedoch wird dadurch in der Regel die Darstellungsgeschwindigkeit erhöht.

C-Beispiel Das Segment ?dummy soll gelöscht werden. Da jedoch nicht bekannt ist, ob das Segment bereits gelöscht wurde, werden die entsprechenden System-Optionen für Warnungen und Fehlermeldungen ausgeschaltet, um nicht einen Abbruch des Programms zu riskieren (vgl. Option message limit). Nach dem Löschen wird der alte Zustand wiederhergestellt.

```
char* original_optionen;
HC_Show_System_Options (original_optionen);
      /* alte Optionen sichern */
Define_System_Options ("no warnings, no errors");
Delete_Segment ("?dummy");
Define_System_Options (original_optionen);
      /* Optionen zurücksetzen */
```

Exit_Program

Zweck ruft alle Programmende-Routinen auf und beendet das Programm durch Rückkehr zum Betriebssystem

Aufruf **Exit_Program** ()

Wirkung Es werden alle Programmende-Routinen aufgerufen, und zwar in der Reihenfolge von der "jüngsten" (zuletzt definierten) zur "ältesten". Anschließend wird das Programm durch Rückkehr zum Betriebssystem beendet.

C-Beispiel Das Programm soll mit einem "normalen" Status beendet werden.

```
HC_Exit_Program ();
```

Parse_String

Zweck extrahiert aus einem langen String einen Substring

Aufruf **Parse_String** (*String*, *Begrenzer*, *Index*, *Substring*)→ *Erfolg*

String	string	der zu analysierende Text-String
Begrenzer	string	ein einzelnes Zeichen innerhalb von *String*, das *Substring* vorn und hinten begrenzt, falls *Substring* sich nicht ganz am Anfang oder am Ende von *String* befindet
Index	integer	die Position von *Substring* in *String* (s.u.)
Substring	string	der aus *String* zu extrahierende Substring **(Ref/rück)**
Erfolg	boolean	'wahr', falls *Substring* extrahiert werden konnte, andernfalls 'falsch'

Wirkung Aus einem (langen) Text-String (*String*) wird ein kurzer Substring (*Substring*) extrahiert. In *Substring* wird derjenige Substring zurückgegeben, der vorn und hinten durch ein anzugebendes Zeichen (*Begrenzer*) begrenzt wird und der an der Position *Index* in *String* liegt, wobei der ganz am Anfang bzw. am Schluß liegende Substring nicht mit diesem Begrenzungszeichen beginnen bzw. enden muß (darf). Eine positive Angabe von *Index* bezeichnet die Position von links (Null ist der erste Substring), eine negative Angabe bezeichnet die Position von rechts (minus Eins ist der letzte Substring). Falls der Substring an Position *Index* extrahiert werden konnte, gibt die Prozedur 'wahr' als Wert zurück, andernfalls 'falsch' (z.B. dann, wenn der vierte Substring extrahiert werden sollte und *String* nur drei durch *Begrenzer* begrenzte Substrings hat).

Anmerkung:
Substrings in Klammern oder Anführungszeichen (" oder ') werden nicht analysiert, d.h. sie gelten als ein Substring. Beispielsweise haben die folgenden beiden Strings jeweils immer nur einen Substring, auch wenn der Begrenzer auf "/" gesetzt ist:

(Segment A / Segment B / Segment C)
"Eingabe / Ausgabe"

Diese Substrings können aber durch eine erneute Anwendung von Parse_String weiter untergliedert werden (s. C-Beispiel).

C-Beispiel Die Variable farbe enthalte folgenden String, aus dem die Farbe von Markern ermittelt werden soll:
"lines = green, markers = red, faces = light blue"

```
char* substring1;
char* substring2;
HC_Parse_String (farbe, ",", 1, substring1);
      /* substring1 = "markers = red" */
```

```
HC_Parse_String (substring1, "=", -1, substring2);
      /* substring2 = "red" */
```

Print_Version

Zweck gibt das Datum, die Versionsnummer und eine Copyright-Meldung der benutzten HOOPS-Version aus

Aufruf **Print_Version** ()

Wirkung Mittels des "normalen" Fehlermeldungs-Mechanismus' wird das Datum, die Versionsnummer und eine Copyright-Meldung der benutzten HOOPS-Version ausgegeben.

C-Beispiel Es soll die verwendete HOOPS-Version ausgegeben werden.

```
HC_Print_Version ();
```

Relinquish_Memory

Zweck gibt von HOOPS belegten, jedoch momentan nicht benötigten Speicherplatz frei

Aufruf **Relinquish_Memory** ()

Wirkung Es wird der gesamte Speicherplatz freigegeben, der von HOOPS zwar belegt, jedoch zur Zeit nicht benötigt wird. Vergleiche auch **Show_Memory_Usage**.

C-Beispiel Der von HOOPS belegte, jedoch zur Speicherung der graphischen Information zur Zeit nicht benötigte Speicherplatz soll freigegeben werden.

```
HC_Relinquish_Memory ();
```

Report_Error

Zweck gibt eine Fehlermeldung aus

Aufruf **Report_Error** (*Schwere*, *FLänge*, *FVektor*, *PLänge*, *PZVektor*)

Schwere	integer	Schwere des aufgetretenen Fehlers - (0, 1, 2, 3) ≡ (Information, Warnung, Fehler, fataler Fehler)
FLänge	integer	Länge von *FVektor*
FVektor	vector of pointers to strings	die Fehlermeldung - eine Zeile pro String **(Ref)**

PLänge	integer	Länge von *PVektor*
PVektor	vector of pointers to strings	Liste der Prozeduren, die im Moment des Auftretens des Fehlers aktiv waren **(Ref)**

Wirkung **Report_Error** ist die Standard-Fehlerbehandlungs-Routine, die normalerweise vom System aufgerufen wird. Die Schwere des aufgetretenen Fehlers, die eigentliche Fehlermeldung und eine Liste der zur Zeit des Fehlers aktiven Prozeduren wird über den Fehlermeldungs-Mechanismus ausgegeben.

Reset_System

Zweck startet das System neu

Aufruf **Reset_System** ()

Wirkung Es wird ein kompletter HOOPS-Neustart durchgeführt. Das System befindet sich danach im gleichen Zustand wie nach einem "normalen" HOOPS-Systemstart.

C-Beispiel Da ein schwerwiegender Fehler aufgetreten ist, soll das System neu gestartet werden.

```
HC_Reset_System ();
```

Show_Color_Name

Zweck gibt die Definition eines Farbnamens zurück

Aufruf **Show_Color_Name** (*Farbname*, *Definition*)

Farbname	string	ein zuvor definierter Farbname (incl. der Standard-Farbnamen (s. Abschn. 15.2)
Definition	string	die Definition von *Farbname* **(Ref/rück)**

Wirkung Es wird die Definition eines Farbnamens erfragt. *Definition* wird dabei so zurückgegeben, wie *Farbname* mit **Define_Color_Name** definiert wurde bzw. wie die Standard-Farbnamen definiert sind (s. Abschn. 15.2).

C-Beispiel Es soll die Definition der Farbe 'Rot' erfragt werden.

```
char* definition;
HC_Show_Color_Name ("red", definition);
     /* definition = "R=1.0, G=0.0, B=0.0" */
```

Show_Device_Info

Zweck gibt eine ausgewählte Information über ein angeschlossenes Gerät (Bildschirm etc.) zurück

Aufruf **Show_Device_Info** (*Treiber*, *Info*, *Wert*)

Treiber	string	der Name des Segments, das mit dem gesuchten Gerät verknüpft ist - z.B. ?Picture
Info	string	die zu erfragende Information (s.u.)
Wert	string	der Wert von *Info*, den das mit *Treiber* verknüpfte Gerät hat **(Ref/rück)**

Wirkung Es wird ein Detail eines angeschlossenen Gerätes erfragt. *Treiber* ist das mit dem betreffenden Gerät verknüpfte Segment und *Info* ist das zu erfragende Detail, dessen Wert man in *Wert* erhält. Numerische Werte werden als ihre alphanumerischen Äquivalente zurückgegeben.

Für *Info* kann eines der folgenden Details eingesetzt werden. Die dabei möglichen Werte sind jeweils dahinter angegeben.

exists
: yes, falls *Treiber* ein Driver-Attribut hat und mit einem physikalischen Gerät verknüpft ist, andernfalls no

started
: yes, falls mindestes ein Update auf dem Gerät versucht wurde, andernfalls no

alive
: yes, falls started = yes und das Gerät einwandfrei arbeitet, andernfalls no

display
: yes, falls das Gerät eine "Art" Bildschirm hat (ist), andernfalls no

display type
: einer der Bildschirmtypen: frame buffer, pen plotter, laser printer, HOOPS image, debugging printout oder macintosh pict

driver type
: einer der Treibertypen: MSGraph, X-Windows, Sunwindows etc.

driver version
: die Versionsnummer des Treibers

windowing system
: yes, falls der Treiber in einem Window-System verwendet werden kann, andernfalls no

keyboard
: yes, falls das Gerät eine Tastatur hat (ist), andernfalls no

locater
: yes, falls das Gerät eine "Art" Zeigegerät - z.B. eine Maus - hat (ist), andernfalls no

locater buttons
: die Anzahl der Knöpfe des (Zeige-) Gerätes

locater type
: der Zeigegerättyp tablett, mouse, joystick etc.

planes
: die Anzahl der Bit-Planes im Bildschirmspeicher

colors
: die Anzahl der darstellbaren Farben

max colors
: normalerweise das gleiche wie colors - unter einem Window-System kommen evtl. noch die für ein Anwendungsprogramm gesperrten Farben wie Window-Hintergrund etc. dazu

pixels
: zwei durch ein Komma getrennte Integers, die die Breite und Höhe des äußersten (HOOPS-) Windows in Pixeln angeben

max pixels
: zwei durch ein Komma getrennte Integers, die die Breite und Höhe des (physikalischen) Bildschirms in Pixeln angeben - ist nur auf einem Window-System verschieden von pixels

size
: zwei durch ein Komma getrennte Fließkommazahlen, die die Breite und Höhe des äußersten (HOOPS-) Windows in Zentimetern angeben

max size
: zwei durch ein Komma getrennte Fließkommazahlen, die die Breite und Höhe des (physikalischen) Bildschirms in Zentimetern angeben - ist nur auf einem Window-System verschieden von size

resolution
: zwei durch ein Komma getrennte Fließkommazahlen, die die horizontale und die vertikale Auflösung des Bildschirms in Pixeln pro Zentimer angeben

pixel aspect ratio
: eine Fließkommazahl, die das Verhältnis zwischen horizontaler und vertikaler Auflösung angibt

window aspect ratio
: eine Fließkommazahl, die das Verhältnis zwischen horizontaler und vertikaler Größe (size) des äußersten (HOOPS-) Windows angibt

current window ID
: eine dezimale Kodierung des Windows (in einem Window-System), in dem das (HOOPS-) Programm ausgeführt wird

Z buffer depth
: die Anzahl der Bits des Bildschirm-Z-Buffers

hardware cutting planes
: die Anzahl der von der Hardware unterstützten Schnittebenen

hardware lights
 die Anzahl der von der Hardware unterstützten Lichtquellen
gouraud shading
 yes, falls die Gouraud-Schattierung von der Hardware unterstützt wird, andernfalls no
phong shading
 yes, falls die Phong-Schattierung von der Hardware unterstützt wird, andernfalls no

Anmerkung:
Falls auf dem betreffenden Gerät noch kein Update erfolgte, wird **Update_Display** aufgerufen - außer in den Fällen, in denen *Info* gleich exists oder started ist -, um die gewünschte Information zu erfragen.

C-Beispiel Es soll die horizontale und vertikale Auflösung des angeschlossenen Bildschirms erfragt werden.

```
char * auflösung;
HC_Show_Device_Info ("?Picture", "resolution", auflösung);
```

Show_Environment

Zweck gibt den Wert einer Umgebungsvariablen zurück

Aufruf **Show_Environment** (*Variable*, *Wert*)→ *Erfolg*

Variable	string	der Name der Umgebungsvariablen
Wert	string	der momentane Wert von *Variable* **(Ref/rück)**
Erfolg	boolean	'wahr', falls *Variable* definiert ist, ansonsten 'falsch'

Wirkung Vom jeweiligen Betriebssystem wird der Wert der Umgebungsvariablen *Variable* erfragt.

C-Beispiel Es sollen die mit der Umgebungsvariablen 'HOOPS_HEURISTICS' voreingestellten Heuristiken erfragt werden.

```
char* heuristiken;
HC_Show_Environment ("HOOPS_HEURISTICS", heuristiken);
```

Show_Font

Zweck gibt die Definition einer benutzerdefinierten Schriftart zurück

Aufruf **Show_Font** (*Name*, *Optionen*, *Anzahl*, *Daten*)

Name	string	der Name der neuen Schriftart
Optionen	string	allgemeine Charakteristiken der neuen Schriftart (s. **Define_Font**) **(Ref/rück)**

Anzahl	integer	Anzahl der Bytes in Daten **(Ref/rück)**
Daten	vector of bytes	die Information über das Aussehen der einzelnen Zeichen (s. **Define_Font**) **(Ref/rück)**

Varianten **Show_Font_Size** (*Name*, *Optionen*, *Anzahl*)

alle	wie oben	wie oben

Wirkung Es wird die Definition einer benutzerdefinierten Schriftart zurückgegeben.

C-Beispiel Es soll die Definition der benutzerdefinierten Schriftart Simple erfragt werden.

```
char* optionen;
integer anzahl;
char daten [100];
HC_Show_Font ("Simple", optionen, &anzahl, daten);
```

Show_Font_Info

Zweck gibt eine ausgewählte Information über eine Schriftart eines angeschlossenen Gerätes (Bildschirm etc.) zurück

Aufruf **Show_Font_Info** (*Treiber*, *Name*, *Info*, *Wert*)

Treiber	string	der Name des Segments, das mit dem Gerät verknüpft ist, das über die Schriftart *Name* verfügt - meistens ?Picture oder ?Hardcopy
Name	string	der Name der Schriftart (s. **Set_Text_Font**)
Info	string	die zu erfragende Information (s.u.)
Wert	string	der Wert von *Info*, den das mit *Treiber* verknüpfte Gerät hat **(Ref/rück)**

Wirkung Es wird ein Detail einer Schriftart eines angeschlossenen Gerätes erfragt. *Treiber* ist das mit dem betreffenden Gerät verknüpfte Segment und *Info* ist das zu erfragende Detail, dessen Wert in *Wert* zurückgegeben wird. Numerische Werte erhält man in Form ihrer alphanumerischen Äquivalente zurück.

Für *Info* kann eines der folgenden Details eingesetzt werden. Die dabei möglichen Werte sind jeweils dahinter angegeben.

character widths = 'Schriftgröße'

eine Liste von durch Kommata getrennten Fließkommazahlen - jede Zahl repräsentiert die Breite eines Zeichens - in points - bei einer Schriftgröße (Zeichenhöhe) von 'Schriftgröße' points (s. **Set_Text_Font**) - die erste Zahl gibt die Breite des Zeichens Nummer Null, die letzte Zahl die Breite des Zeichens Nummer max character (s.u.) an - nicht verfügbare Zeichen haben eine "Breite" von 0.0

define
yes, falls es sich um eine benutzerdefinierte Schriftart handelt, andernfalls no

exists
yes, falls die Schriftart auf dem betreffenden Gerät verfügbar ist, andernfalls no

generic name
der generische Name der Schriftart *Name* - falls vorhanden - (s. **Set_Text_Font**)

max character
die Nummer des letzten verfügbaren Zeichens

points to sru
eine Fließkommazahl, mit der die Größen der Zeichen in points multipliziert werden müssen, um die Größe in sru zu erhalten (s. **Set_Text_Font**)

proportional
yes, falls die Schriftart proportionale Zeichenabstände hat, andernfalls no

rotatable
yes, falls die Zeichen der Schriftart beliebig gedreht werden können, 90 degrees, falls nur Rotationen in 90°-Schritten möglich sind, andernfalls no

scalable
yes, falls die Zeichen der Schriftart beliebig skaliert werden können, bitmap, falls nur bestimmte Größen möglich sind, andernfalls no

sizes
ein leerer String, falls die Zeichen der Schriftart beliebig skaliert werden können, andernfalls eine geklammerte Liste von durch Kommata getrennten Fließkommazahlen, welche die für die Schriftart verfügbaren Größen in points angeben (s. **Set_Text_Font**)

slantable
yes, falls die Zeichen der Schriftart kursiv dargestellt werden können, andernfalls no

Anmerkung:
Falls auf dem betreffenden Gerät noch kein Update erfolgte, wird **Update_Display** aufgerufen, um die gewünschte Information zu erfragen.

C-Beispiel Es soll erfragt werden, ob die Zeichen der Schriftart roman auf dem angeschlossenen Bildschirm kursiv dargestellt werden können.

```
char* wert;
HC_Show_Font_Info ("?Picture", "roman", "slantable", wert);
```

Show_Memory_Usage

Zweck gibt die Größe des vom Programm benutzten Speicherplatzes an

Aufruf **Show_Memory_Usage** (*belegt, benutzt*)

belegt	long	der von HOOPS belegte Speicherplatz in Byte **(Ref/rück)**
benutzt	long	der Teil von *belegt* in Byte, der momentan tatsächlich benötigt wird **(Ref/rück)**

Wirkung Es wird der von HOOPS insgesamt belegte und der zur Speicherung der graphischen Information momentan tatsächlich benötigte Speicherplatz erfragt. Der momentan nicht benötigte Speicherplatz (*belegt-benutzt*) kann mit **Relinquish_Memory** freigegeben werden.

C-Beispiel Der von HOOPS insgesamt belegte und der momentan tatsächlich benutzte Speicherplatz sollen erfragt werden.

```
long belegt, benutzt;
HC_Show_Memory_Usage (&belegt, &benutzt);
```

Show_System_Info

Zweck gibt eine Information über die momentan benutzte HOOPS-Bibliothek zurück

Aufruf **Show_System_Info** (*Info, Wert*)

Info	string	die zu erfragende Information - eine der unten aufgeführten Konstanten
Wert	string	der Wert von *Info* **(Ref/rück)**

Wirkung Hiermit kann die momentane Versionsnummer von HOOPS und die Präsenz und Versionen der optionalen Zusatzpakete erfragt werden.
Für *Info* kann einer der folgenden Strings eingesetzt werden. Die möglichen Werte von Wert bzw. ein Beispiel sind dahinter angegeben.

hoops version

die verwendete HOOPS-Version - z.B. 3.30

a.i.r. version

die verwendete HOOPS-A.I.R.-Version - z.B. 1.1 - falls HOOPS-A.I.R. nicht eingebunden ist, wird not available zurückgegeben

i.m. version

die verwendete HOOPS-I.M.-Version - z.B. 1.0 - falls HOOPS-I.M. nicht eingebunden ist, wird not available zurückgegeben

kanji present

yes, falls der Kanji-Zeichensatz eingebunden ist, andernfalls no

a.i.r. present
yes, falls HOOPS-A.I.R. eingebunden ist, andernfalls no
i.m. present
yes, falls HOOPS-I.M. eingebunden ist, andernfalls no

C-Beispiel Es soll erfragt werden, ob HOOPS-A.I.R. verfügbar ist.

```
char* wert;
HC_Show_System_Info ("a.i.r. present", wert);
```

Show_System_Options

Zweck gibt die momentanen Werte der System-Optionen zurück

Aufruf **Show_System_Options** (*Liste*)

Liste	string	eine Liste der momentanen Optionen **(Ref/rück)**

Varianten **Show_One_System_Option** (*Option*, *Wert*)

Option	string	eine System-Option
Wert	string	der Wert von *Option* **(Ref/rück)**

Wirkung Es werden die Werte aller System-Optionen oder es wird der Wert einer einzelnen System-Option erfragt. *Liste* wird in der Form zurückgegeben, entsprechend auch das Setzen der Optionen erfolgt (s. **Define_System_Options**). *Option* ist eine der bei **Define_System_Options** beschriebenen Optionen. *Wert* ist für gelöschte Optionen (z.B. no errors) "off" und für gesetzte Optionen "on" (z.B. errors) bzw. entspricht der jeweiligen Suboption (z.B. "4" für message limit = 4).

C-Beispiel Es soll erfragt werden, ob und wenn ja, nach wievielen Meldungen das Programm beendet wird.

```
char* message_limit;
HC_Show_One_System_Option ("message limit", message_limit);
```

Show_Time

Zweck gibt die seit dem Aufruf der ersten HOOPS-Prozedur verstrichene Zeit zurück

Aufruf **Show_Time** (*Zeit*)

Zeit	float	die Zeit in Sekunden, die seit dem ersten Aufruf einer HOOPS-Prozedur verstrichen ist **(Ref/rück)**

Wirkung Es wird die Anzahl der Sekunden zurückgegeben, die seit dem ersten Aufruf von HOOPS verstrichen ist.

C-Beispiel Es soll die Zeit für eine komplexe Berechnung ermittelt werden.

```
float beginn, ende, zeit;
HC_Show_Time (&beginn);
/* Durchführung der Berechnung */
HC_Show_Time (&ende);
zeit = ende-beginn;
```

UnSet_Bounding_Volume

Zweck erzwingt eine Neuberechnung des Begrenzungsvolumens durch HOOPS

Aufruf **UnSet_Bounding_Volume** ()

Varianten **QUnSet_Bounding_Volume** (*Segment*)
UnSet_Bounding_Volume_By_Key (*Schlüssel*)

Segment	string	das Segment, in dem das Begrenzungsvolumen neu berechnet werden soll
Schlüssel	long	Schlüssel des Segments, in dem das Begrenzungsvolumen neu berechnet werden soll

Wirkung Das Begrenzungsvolumen für das aktuelle Segment bzw. für *Segment* oder für das durch *Schlüssel* referenzierte Segment wird neu berechnet. Das System wählt dabei den für das Segment effizienteren Typ, Kuboid oder Kugel. Vergleiche dazu die Option compute bounding volumes der Prozedur **Control_Update**.

C-Beispiel Das Begrenzungsvolumen des aktuellen Segments soll neu berechnet werden.

```
HC_UnSet_Bounding_Volume ();
```

Update_Display

Zweck bringt den Bildschirm auf den "neusten Stand", d.h. in Übereinstimmung zur Datenbasis

Aufruf **Update_Display** ()

Wirkung Es werden die "Bildschirme" aller angeschlossenen und initialisierten Geräte in Übereinstimmung zur HOOPS-Datenbasis gebracht.

C-Beispiel Der Bildschirm soll den momentanen Stand der Datenbasis wiedergeben.

```
HC_Update_Display ();
```

Prozedur-Index

Abort_Program (*Meldung*) 337
Append_Modelling_Matrix (*Matrix*) 175
Await_Event (*Typ*) 250

B

Begin_Alias_Search () 318
Begin_Color_Name_Search () 337
Begin_Contents_Search (*Segment, Filter*) 275
Begin_Font_Search (*Bildschirm, Filter*) 338
Begin_Open_Segment_Search () 319
Begin_Segment_Search (*Spezifikation*) 319
Bring_To_Front (*Segment*) 320
Bring_To_Front_By_Key (*Schlüssel*) 320

C

Check_For_Events ()→ *Anzahl* 250
Clear_Display () 339
Close_Edge () 302
Close_Face () 303
Close_Geometry () 304
Close_Segment () 321
Close_Vertex () 304
Compute_Circumboid (*Segment, Min, Max*) → *Erfolg* 238
Compute_Circumcuboid_By_Key (*Schlüssel, Min, Max*) → *Erfolg* 238
Compute_Circumsphere (*Segment, Mitte, Radius*) → *Erfolg* 238
Compute_Circumsphere_By_Key (*Schlüssel, Mitte, Radius*) → *Erfolg* 239
Compute_Color (*Name, Ausgabetyp, Ausgabewert*) → *Erfolg* 239
Compute_Color_By_Value (*Eingabetyp, Eingabewert, Ausgabetyp Ausgabewert*) → *Erfolg* 239
Compute_Convex_Hull (*PAnzahl, Punkte, FAnzahl, Flächenliste*) 240
Compute_Coordinates (*Segment, EinSystem, EinPunkt, AusSystem, AusPunkt*) → *Erfolg* 241

Compute_Cross_Product (*Vektor, Vektor2, AusVektor*) 247
Compute_Dot_Product (*Vektor, Vektor2*)→ *Wert* 247
Compute_Identity_Matrix (*AusMatrix*) 248
Compute_Matrix_Adjoint (*Matrix, AusMatrix*) 247
Compute_Matrix_Determinant (*Matrix*)→ *Wert* 247
Compute_Matrix_Inverse (*Matrix, AusMatrix*)→ *Erfolg* 247
Compute_Matrix_Product (*Matrix, Matrix2, AusMatrix*) 247
Compute_Minimized_Shell (*PAnzahl, Punkte, FAnzahl, FListe, Optionen, NPAnzahl, NPunkte, NFAnzahl, NFListe, PRListe, FRListe*) 242
Compute_Normalized_Matrix (*Matrix, AusMatrix*)→ *Erfolg* 247
Compute_Normalized_Vector (*Vektor, AusVekor*)→ *Erfolg* 248
Compute_Offaxis_Matrix (x, y, z, θ, *AusMatrix*) 248
Compute_Offcenter_Matrix (ϕ, ψ, θ, x, y, z, *AusMatrix*) 248
Compute_Polygon_Normal (*Anzahl, Punkte, Hand, AusVektor*)→ *Erfolg* 248
Compute_Polygon_Plane (*Anzahl, Punkte, Hand, AusEbene*)→ *Erfolg* 248
Compute_Rotation_Matrix (ϕ, ψ, θ, *AusMatrix*) 248
Compute_Scale_Matrix (x, y, z, *AusMatrix*) 248
Compute_Selection (*Bildschirm, StartSeg, Aktion*, x, y) → *Anzahl* 245
Compute_Selection_By_Area (*Bildschirm, StartSeg, Aktion, links, rechts, unten, oben*) → *Anzahl* 245
Compute_Selection_By_Volume (*Bildschirm, StartSeg, Aktion, links, rechts, unten, oben, vorne, hinten*) → *Anzahl* 245
Compute_Text_Extent (*Segment, Text, xTeil, yTeil*) 246
Compute_Text_Extent_With_Enc (*Segment, Zeichensatz, ZText, xTeil, yTeil*) 246
Compute_Text_From_Text16 (*Anzahl, EinText16, Zeichensatz, AusText*) 246
Compute_Text16_From_Text (*EinText, Zeichensatz, Anzahl16, AusText16*) 247
Compute_Transform (*Segment, EinSystem, AusSystem, Matrix*) → *Erfolg* 241
Compute_Transformed_Plane (*Ebene, Matrix, AusEbene*)→ *Erfolg* 248
Compute_Transformed_Points (*Anzahl, Punkte, Matrix, AusPunkte*) 248
Compute_Translation_Matrix (x, y, z, *AusMatrix*) 248
Compute_Vector_Lenght (*Vektor*)→ *Wert* 247
Control_Update (*Segment, Liste*) 321
Control_Update_Area (*Segment, links, rechts, unten, oben, Liste*) 321
Control_Update_Area_By_Key (*Schlüssel, links, rechts, unten, oben, Liste*) 321
Control_Update_By_Key (*Schlüssel, Liste*) 321
Copy_Segment (*Quelle, Ziel*) 323
Create_Segment (*Segment*) 324

D

Define_Alias (*Kurzname, Definition*) 324

Define_Color_Name (*Farbname, er-Name, ish-Name, Definition*)....340
Define_Error_Handler (*FRoutine*)....341
Define_Exit_Handler (*ERoutine*)....341
Define_Font (*Name, Optionen, Anzahl, Daten*)....342
Define_Font_By_Reference (*Name, Optionen, Anzahl, Daten*)....342
Define_System_Options (*Liste*)....344
Delete_By_Key (*Schlüssel*)....325
Delete_Segment (*Segment*)....326
Disable_Button_Events (*Tastatur, Tasten*)....251
Disable_Location_Events (*Zeigegerät, Bildschirm, Aktion*)....252
Disable_Selection_Events (*Zeigegerät, Bildschirm*)....253
Disable_String_Events (*Tastatur, CSchlüssel*)....254
Disable_Wakeup_Events (*Intervall*)....254
Dolly_Camera (*rechts, oben, tief*)....175

E

Edit_Image (*Schlüssel, xOffset, yOffset, xAnzahl, yAnzahl, Daten*)....276
Edit_Mesh (*Schlüssel, ZeOffset, SpOffset, ZeAnzahl, SpAnzahl, Punkte*)....277
Edit_Polygon (*Schlüssel, Index, LöschAnzahl, EinAnzahl, Punkte*)....278
Edit_Polyline (*Schlüssel, Index, LöschAnzahl, EinAnzahl, Punkte*)....278
Edit_Shell_Faces (*Schlüssel, Offset, LöschAnzahl, IntAnzahl, FListe*)....279
Edit_Shell_Points (*Schlüssel, Offset, LöschAnzahl, EinAnzahl, Punkte*)....280
Edit_Text (*Schlüssel, Zeile, Spalte, LeerAnzahl, LöschAnzahl, EinText*)....281
Enable_Button_Events (*Tastatur, Tasten*)....251
Enable_Location_Events (*Zeigegerät, Bildschirm, Aktion*)....252
Enable_Selection_Events (*Zeigegerät, Bildschirm*)....253
Enable_String_Events (*Tastatur, CSchlüssel*)....254
Enable_Wakeup_Events (*Intervall*)....254
End_Alias_Search ()....318
End_Color_Name_Search ()....337
End_Contents_Search ()....275
End_Font_Search ()....338
End_Open_Segment_Search ()....319
End_Segment_Search ()....319
Exit_Program ()....346

F

Find_Alias (*Kurzname*)→ *Erfolg*....318
Find_Color_Name (*Farbname, er-Name, ish-Name*)→ *Erfolg*....337
Find_Contents (*Typ, Schlüssel*)→ *Erfolg*....275
Find_Font (*Schrift*)→ *Erfolg*....338
Find_Open_Segment (*Segment*)→ *Erfolg*....319

Find_Related_Selection ()→ *Erfolg* 255
Find_Segment (*Segment*)→ *Erfolg* 319
Flush_All_Events () 256
Flush_Attributes (*Segment*) 283
Flush_By_Key (*Schlüssel*) 282
Flush_Contents (*Segment, Filter*) 282
Flush_Geometry (*Segment*) 283

G

Get_Button (*Taste*) 256
Get_Location (x, y) 257
Get_Selection (*Segment*) 258
Get_String (*Segment, String*) 258
Get_String_With_Encoding (*Segment, Zeichensatz, String*) 258
Get_Wakeup (*Zeit*) 260

I

Include_Segment (*EinSegment*) 326
Include_Segment_By_Key (*SSchlüssel*) 326
Insert_Area_Light (*Anzahl, Punkte, Liste*) (nur A.I.R.) 140
Insert_Circle (*Punkt1, Punkt2, Punkt3*) 283
Insert_Circular_Arc (*Punkt1, Punkt2, Punkt3*) 284
Insert_Cutting_Plane (a, b, c, d) 284
Insert_Distant_Light (*dx, dy, dz*) 285
Insert_Ellipse (*Mitte, Major, Minor*) 286
Insert_Elliptical_Arc (*Mitte, Major, Minor, Start, Ende*) 286
Insert_Grid (*Typ, Start, Ref1, Ref2, Anzahl1, Anzahl2*) 287
Insert_Image (x, y, z, *Format, Breite, Höhe, Daten*) 288
Insert_Image_By_Ref (x, y, z, *Format, Breite, Höhe, Daten*) 289
Insert_Ink (x, y, z) 290
Insert_Line ($x_a, y_a, z_a, x_b, y_b, z_b$) 290
Insert_Local_Light (x, y, z) 291
Insert_Marker (x, y, z) 291
Insert_Mesh (*Zeilen, Spalten, Punkte*) 292
Insert_Mesh_By_Ref (*Zeilen, Spalten, Punkte*) 292
Insert_Polygon (*Anzahl, Punkte*) 293
Insert_Polyline (*Anzahl, Punkte*) 293
Insert_Shell (*PAnzahl, Punkte, FAnzahl, FListe*) 294
Insert_Shell_By_Ref (*PAnzahl, Punkte, FAnzahl, FListe*) 294
Insert_Spot_Light (*Position, Ziel, Liste*) 295
Insert_Text (x, y, z, *Text*) 298
Insert_Text_With_Encoding (x, y, z, *Zeichensatz, Text*) 298

K

KCopy_Segment (*Quelle, Ziel*)→ *Schlüssel* ... 323
KCreate_Segment (*Segment*)→ *Schlüssel* ... 324
KInclude_Segment (*EinSegment*)→ *ISchlüssel* ... 326
KInclude_Segment_By_Key (*SSchlüssel*)→ *ISchlüssel* ... 326
KInsert_Area_Light (*Anzahl, Punkte, Liste*)→ *Schlüssel* (nur A.I.R.) ... 140
KInsert_Circle (*Punkt1, Punkt2, Punkt3*)→ *Schlüssel* ... 283
KInsert_Circular_Arc (*Punkt1, Punkt2, Punkt3*)→ *Schlüssel* ... 284
KInsert_Cutting_Plane (a, b, c, d)→ *Schlüssel* ... 285
KInsert_Distant_Light (*dx, dy, dz*)→ *Schlüssel* ... 285
KInsert_Ellipse (*Mitte, Major, Minor*)→ *Schlüssel* ... 286
KInsert_Elliptical_Arc (*Mitte, Major, Minor, Start, Ende*)→ *Schlüssel* ... 286
KInsert_Grid (*Typ, Start, Ref1, Ref2, Anzahl1, Anzahl2*)→ *Schlüssel* ... 287
KInsert_Image (x, y, z, *Format, Breite, Höhe, Daten*)→ *Schlüssel* ... 289
KInsert_Image_By_Ref (x, y, z, *Format, Breite, Höhe, Daten*) → *Schlüssel* ... 289
KInsert_Ink (x, y, z)→ *Schlüssel* ... 290
KInsert_Line (x_a, y_a, z_a, x_b, y_b, z_b)→ *Schlüssel* ... 290
KInsert_Local_Light (x, y, z)→ *Schlüssel* ... 291
KInsert_Marker (x, y, z)→ *Schlüssel* ... 291
KInsert_Mesh (*Zeilen, Spalten, Punkte*)→ *Schlüssel* ... 292
KInsert_Mesh_By_Ref (*Zeilen, Spalten, Punkte*)→ *Schlüssel* ... 292
KInsert_Polygon (*Anzahl, Punkte*)→ *Schlüssel* ... 293
KInsert_Polyline (*Anzahl, Punkte*)→ *Schlüssel* ... 294
KInsert_Shell (*PAnzahl, Punkte, FAnzahl, FListe*)→ *Schlüssel* ... 294
KInsert_Shell_By_Ref (*PAnzahl, Punkte, FAnzahl, FListe*)→ *Schlüssel* ... 294
KInsert_Spot_Light (*Position, Ziel, Liste*)→ *Schlüssel* ... 296
KInsert_String_Cursor (*TSchlüssel, Zeile, Spalte*)→ *CSchlüssel* ... 299
KInsert_Text (x, y, z, *Text*)→ *Schlüssel* ... 298
KInsert_Text_With_Encoding (x, y, z, *Zeichensatz, Text*)→ *Schlüssel* ... 298
KOpen_Segment (*Segment*)→ *Schlüssel* ... 327
KRenumber_Key (*AltSchlüssel, NeuSchlüssel, Bereich*)→ *Schlüssel* ... 305
KShow_Include_Segment (*ISchlüssel*)→ *SSchlüssel* ... 331
KShow_Owner_By_Key (*Schlüssel*)→ *MSchlüssel* ... 332
KShow_Style_Segment (*GSchlüssel*)→ *SSchlüssel* ... 333
KStyle_Segment (*GSegment*)→ *GSchlüssel* ... 334
KStyle_Segment_By_Key (*SSchlüssel*)→ *GSchlüssel* ... 334

M

Modify_Color_Map (*Index, Farben*) ... 176

Modify_Color_Map_By_Value (*Index, Farbraum, Anzahl, Werte*) ... 176
Move_By_Key (*Schlüssel, NeuSeg*) ... 299
Move_Distant_Light (*Schlüssel*, x, y, z) ... 300
Move_Image (*Schlüssel*, x, y, z) ... 300
Move_Light_Position (*Schlüssel*, x, y, z) ... 301
Move_Light_Target (*Schlüssel*, x, y, z) ... 301
Move_Segment (*Alt, Neu*) ... 329
Move_String_Cursor (*Schlüssel, Zeile, Spalte*) ... 302
Move_Text (*Schlüssel*, x, y, z) ... 302
MSet_Vertex_Colors_By_FIndex (*Schlüssel, Typen, Offset, Anzahl, FIndices*) ... 177
MSet_Vertex_Colors_By_Value (*Schlüssel, Typen, Offset, Farbraum, Anzahl, Werte*) ... 177
MSet_Vertex_Normals (*Schlüssel, Offset, Anzahl, Normalen*) ... 177

O

Open_Edge (*PNummer1, PNummer2*) ... 302
Open_Face (*FNummer*) ... 303
Open_Geometry (*Schlüssel*) ... 304
Open_Segment (*Segment*) ... 327
Open_Segment_By_Key (*Schlüssel*) ... 327
Open_Vertex (*PNummer*) ... 304
Orbit_Camera (θ, ϕ) ... 178

P

Pan_Camera (θ, ϕ) ... 178
Parse_String (*String, Begrenzer, Index, Substring*)→ *Erfolg* ... 347
Pause () ... 261
Print_Version () ... 348

Q

QAppend_Modelling_Matrix (*Segment, Matrix*) ... 175
QDolly_Camera (*segment, rechts, oben, tief*) ... 176
QInsert_Area_Light (*Segment, Anzahl, Punkte, Liste*) (nur A.I.R.) ... 140
QInsert_Circle (*Segment, Punkt1, Punkt2, Punkt3*) ... 283
QInsert_Circular_Arc (*Segment, Punkt1, Punkt2, Punkt3*) ... 284
QInsert_Cutting_Plane (*Segment*, a, b, c, d) ... 285
QInsert_Distant_Light (*Segment, dx, dy, dz*) ... 285
QInsert_Ellipse (*Segment, Mitte, Major, Minor*) ... 286
QInsert_Elliptical_Arc (*Segment, Mitte, Major, Minor, Start, Ende*) ... 286
QInsert_Grid (*Segment, Typ, Start, Ref1, Ref2, Anzahl1, Anzahl2*) ... 287

QInsert_Image (*Segment*, x, y, z, *Format*, *Breite*, *Höhe*, *Daten*) 289
QInsert_Image_By_Ref (*Segment*, x, y, z, *Format*, *Breite*, *Höhe*, *Daten*) 289
QInsert_Ink (*Segment*, x, y, z) 290
QInsert_Line (*Segment*, x_a, y_a, z_a, x_b, y_b, z_b) 290
QInsert_Local_Light (*Segment*, x, y, z) 291
QInsert_Marker (*Segment*, x, y, z) 291
QInsert_Mesh (*Segment*, *Zeilen*, *Spalten*, *Punkte*) 292
QInsert_Mesh_By_Ref (*Segment*, *Zeilen*, *Spalten*, *Punkte*) 292
QInsert_Polygon (*Segment*, *Anzahl*, *Punkte*) 293
QInsert_Polyline (*Segment*, *Anzahl*, *Punkte*) 294
QInsert_Shell (*Segment*, *PAnzahl*, *Punkte*, *FAnzahl*, *FListe*) 294
QInsert_Shell_By_Ref (*Segment*, *PAnzahl*, *Punkte*, *FAnzahl*, *FListe*) 294
QInsert_Spot_Light (*Segment*, *Position*, *Ziel*, *Liste*) 296
QInsert_Text (*Segment*, x, y, z, *Text*) 298
QInsert_Text_With_Encoding (*Segment*, x, y, z, *Zeichensatz*, *Text*) 298
QKInsert_Area_Light (*Segment,Anzahl,Punkte,Liste*)→ *Schlüssel* (A.I.R).... 140
QKInsert_Circle (*Segment*, *Punkt1*, *Punkt2*, *Punkt3*)→ *Schlüssel* 283
QKInsert_Circular_Arc (*Segment*, *Punkt1*, *Punkt2*, *Punkt3*)→ *Schlüssel* 284
QKInsert_Cutting_Plane (*Segment*, a, b, c, d)→ *Schlüssel* 285
QKInsert_Distant_Light (*Segment*, *dx*, *dy*, *dz*)→ *Schlüssel* 285
QKInsert_Ellipse (*Segment*, *Mitte*, *Major*, *Minor*)→ *Schlüssel* 286
QKInsert_Elliptical_Arc (*Segment*, *Mitte*, *Major*, *Minor*, *Start*, *Ende*) → *Schlüssel* 287
QKInsert_Grid (*Segment*, *Typ*, *Start*, *Ref1*, *Ref2*, *Anzahl1*, *Anzahl2*) → *Schlüssel* 288
QKInsert_Image (*Segment*, x, y, z, *Format*, *Breite*, *Höhe*, *Daten*) → *Schlüssel* 289
QKInsert_Image_By_Ref (*Segment*, x, y, z, *Format*, *Breite*, *Höhe*, *Daten*) → *Schlüssel* 289
QKInsert_Ink (*Segment*, x, y, z)→ *Schlüssel* 290
QKInsert_Line (*Segment*, x_a, y_a, z_a, x_b, y_b, z_b)→ *Schlüssel* 290
QKInsert_Local_Light (*Segment*, x, y, z)→ *Schlüssel* 291
QKInsert_Marker (*Segment*, x, y, z)→ *Schlüssel* 291
QKInsert_Mesh (*Segment*, *Zeilen*, *Spalten*, *Punkte*)→ *Schlüssel* 292
QKInsert_Mesh_By_Ref (*Segment*, *Zeilen*, *Spalten*, *Punkte*) → *Schlüssel* 292
QKInsert_Polygon (*Segment*, *Anzahl*, *Punkte*)→ *Schlüssel* 293
QKInsert_Polyline (*Segment*, *Anzahl*, *Punkte*)→ *Schlüssel* 294
QKInsert_Shell (*Segment*, *PAnzahl*, *Punkte*, *FAnzahl*, *FListe* → *Schlüssel* 294
QKInsert_Shell_By_Ref (*Segment*, *PAnzahl*, *Punkte*, *FAnzahl*, *FListe*) → *Schlüssel* 294
QKInsert_Spot_Light (*Segment*, *Position*, *Ziel*, *Liste*)→ *Schlüssel* 296

QKInsert_Text (*Segment*, x, y, z, *Text*)→ *Schlüssel* 298
QKInsert_Text_With_Encoding (*Segment*, x, y, z, *Zeichensatz*, *Text*) → *Schlüssel* 298
QModify_Color_Map (*Segment*, *Index*, *Farben*) 176
QModify_Color_Map_By_Value (*Segment,Index,Farbraum,Anzahl,Werte*) .. 176
QOrbit_Camera (*Segment*, θ, ϕ) 178
QPan_Camera (*Segment*, θ, ϕ) 179
QRestart_Ink (*Segment*) 306
QRoll_Camera (*Segment*, θ) 179
QRotate_Object (*Segment*, θ, ϕ, ψ) 180
QRotate_Object_Offaxis (*Segment*, x, y, z, θ) 180
QScale_Object (*Segment*, x, y, z) 181
QSet_Bounding_Cuboid (*Segment*, *Min*, *Max*) 182
QSet_Bounding_Sphere (*Segment*, *Mitte*, *Radius*) 182
QSet_Camera (*Segment*, *Position*, *Ziel*, *Aufwärts*, *Breite*, *Höhe*, *Projektion*) 183
QSet_Camera_By_Volume (*Segment*, *Projektion*, x_{min}, x_{max}, y_{min}, y_{max}) 184
QSet_Camera_Field (*Segment*, *Breite*, *Höhe*) 185
QSet_Camera_Position (*Segment*, x, y, z) 186
QSet_Camera_Projection (*Segment*, *Projektion*) 186
QSet_Camera_Target (*Segment*, x, y, z) 187
QSet_Camera_Up_Vector (*Segment*, x, y, z) 188
QSet_Color (*Segment*, *Spezifikation*) 189
QSet_Color_By_FIndex (*Segment*, *Typen*, *FIndex*) 191
QSet_Color_By_Index (*Segment*, *Typen*, *Index*) 192
QSet_Color_By_Value (*Segment*, *Typen*, *Farbraum*, a, b, c) 193
QSet_Color_Map (*Segment*, *Farben*) 194
QSet_Color_Map_By_Value (*Segment*, *Farbraum*, *Anzahl*, *Werte*) 194
QSet_Driver (*Segment*, *Aktion*) 195
QSet_Driver_Options (*Segment*, *Liste*) 196
QSet_Edge_Pattern (*Segment*, *Muster*) 201
QSet_Edge_Weight (*Segment*, *Stärke*) 202
QSet_Face_Pattern (*Segment*, *Muster*) 202
QSet_Handedness (*Segment*, *Händigkeit*) 203
QSet_Heuristics (*Segment*, *Liste*) 204
QSet_Line_Pattern (*Segment*, *Muster*) 207
QSet_Line_Weight (*Segment*, *Stärke*) 208
QSet_Marker_Size (*Segment*, *Größe*) 209
QSet_Marker_Symbol (*Segment*, *Symbol*) 209
QSet_Metafile (*Segment*, *Liste*) 211
QSet_Modelling_Matrix (*Segment*, *Matrix*) 213
QSet_Rendering_Options (*Segment*, *Liste*) 215
QSet_Selectability (*Segment*, *Liste*) 219

QSet_Streaming_Mode (*Segment, Schalter*) 220
QSet_Text_Alignment (*Segment, Lage*) 221
QSet_Text_Font (*Segment, Liste*) 222
QSet_Text_Path (*Segment,* x, y, z) 225
QSet_Text_Spacing (*Segment, Abstand*) 225
QSet_User_Option_By_Index (*Segment, Index, Wert*) 227
QSet_User_Options (*Segment, Liste*) 226
QSet_Visibility (*Segment, Liste*) 228
QSet_Window (*Segment, links, rechts, unten, oben*) 230
QSet_Window_Frame (*Segment, Schalter*) 231
QSet_Window_Pattern (*Segment, Muster*) 232
QShow_<Attribute> (*Segment, 'Parameter'*) 235
QShow_Bounding_Cuboid (*Segment, Min, Max*) 232
QShow_Bounding_Info (*Segment, Info*) 233
QShow_Bounding_Sphere (*Segment, Mitte, Radius*) 234
QShow_Camera (*Segment, Position, Ziel, Aufwärts, Breite, Höhe, Projektion*) 183
QShow_Camera_By_Volume (*Segment, Projektion,* x_{min}, x_{max}, y_{min}, y_{max}) 184
QShow_Camera_Field (*Segment, Breite, Höhe*) 185
QShow_Camera_Position (*Segment,* x, y, z) 186
QShow_Camera_Projection (*Segment, Projektion*) 187
QShow_Camera_Target (*Segment,* x, y, z) 188
QShow_Camera_Up_Vector (*Segment,* x, y, z) 188
QShow_Color (*Segment, Spezifikation*) 189
QShow_Color_By_Index (*Segment, Typen, Index*) 192
QShow_Color_By_Value (*Segment, Typen, Farbraum,* a, b, c) 193
QShow_Color_Map (*Segment, Farben*) 194
QShow_Color_Map_By_Value (*Segment, Farbraum, Anzahl, Werte*) 194
QShow_Color_Map_Count (*Segment, Anzahl*) 236
QShow_Driver (*Segment, Aktion*) 195
QShow_Driver_Options (*Segment, Liste*) 196
QShow_Edge_Pattern (*Segment, Muster*) 201
QShow_Edge_Weight (*Segment, Stärke*) 202
QShow_Existence (*Segment, Filter*)→ *Anzahl* 330
QShow_Face_Pattern (*Segment, Muster*) 203
QShow_Handedness (*Segment, Händigkeit*) 204
QShow_Heuristics (*Segment, Liste*) 204
QShow_Line_Pattern (*Segment, Muster*) 207
QShow_Line_Weight (*Segment, Stärke*) 208
QShow_Marker_Size (*Segment, Größe*) 209
QShow_Marker_Symbol (*Segment, Symbol*) 209
QShow_Metafile (*Segment, Liste*) 211
QShow_Modelling_Matrix (*Segment, Matrix*) 214

QShow_Net_Camera (*Segment, Position, Ziel, Aufwärts, Breite, Höhe, Projektion*) 183
QShow_Net_Camera_By_Volume (*Segment, Projektion,* x_{min}, x_{max}, y_{min}, y_{max}) 184
QShow_Net_Camera_Field (*Segment, Breite, Höhe*) 185
QShow_Net_Camera_Position (*Segment*, x, y, z) 186
QShow_Net_Camera_Projection (*Segment, Projektion*) 187
QShow_Net_Camera_Target (*Segment*, x, y, z) 188
QShow_Net_Camera_Up_Vector (*Segment*, x, y, z) 188
QShow_Net_Color (*Segment, Spezifikation*) 189
QShow_Net_Color_By_Index (*Segment, Typen, Index*) 192
QShow_Net_Color_By_Value (*Segment, Typen, Farbraum*, a, b, c) 193
QShow_Net_Color_Map (*Segment, Farben*) 194
QShow_Net_Color_Map_By_Value (*Segment, Farbraum, Anzahl, Werte*) 194
QShow_Net_Color_Map_Count (*Segment, Anzahl*) 236
QShow_Net_Driver (*Segment, Aktion*) 195
QShow_Net_Driver_Options (*Segment, Liste*) 196
QShow_Net_Edge_Pattern (*Segment, Muster*) 201
QShow_Net_Edge_Weight (*Segment, Stärke*) 202
QShow_Net_Face_Pattern (*Segment, Muster*) 203
QShow_Net_Handedness (*Segment, Händigkeit*) 204
QShow_Net_Heuristics (*Segment, Liste*) 204
QShow_Net_Line_Pattern (*Segment, Muster*) 207
QShow_Net_Line_Weight (*Segment, Stärke*) 208
QShow_Net_Marker_Size (*Segment, Größe*) 209
QShow_Net_Marker_Symbol (*Segment, Symbol*) 209
QShow_Net_Metafile (*Segment, Liste*) 211
QShow_Net_Modelling_Matrix (*Segment, Matrix*) 214
QShow_Net_Rendering_Options (*Segment, Liste*) 215
QShow_Net_Selectability (*Segment, Liste*) 219
QShow_Net_Streaming_Mode (*Segment, Schalter*) 220
QShow_Net_Text_Alignment (*Segment, Lage*) 221
QShow_Net_Text_Font (*Segment, Liste*) 222
QShow_Net_Text_Path (*Segment*, x, y, z) 225
QShow_Net_Text_Spacing (*Segment, Abstand*) 225
QShow_Net_User_Options (*Segment, Liste*) 226
QShow_Net_Visibility (*Segment, Liste*) 228
QShow_Net_Window (*Segment, links, rechts, unten, oben*) 230
QShow_Net_Window_Frame (*Segment, Schalter*) 231
QShow_Net_Window_Pattern (*Segment, Muster*) 232
QShow_One_Color (*Segment, Typ, Farbe*) 189
QShow_One_Color_By_Index (*Segment, Typ, Index*) 192
QShow_One_Color_By_Value (*Segment, Typ, Farbraum*, a, b, c) 193
QShow_One_Color_Map (*Segment, Index, Farbe*) 194

QShow_One_Color_Map_By_Value (*Segment*, *Index*, *Farbraum*, a, b, c)..... 194
QShow_One_Driver_Option (*Segment*, *Typ*, *Wert*) 196
QShow_One_Heuristic (*Segment*, *Typ*, *Wert*) 204
QShow_One_Metafile (*Segment*, *Typ*, *Wert*) 211
QShow_One_Net_Color (*Segment*, *Typ*, *Farbe*) 189
QShow_One_Net_Color_By_Index (*Segment*, *Typ*, *Farbe*) 192
QShow_One_Net_Color_By_Value (*Segment*, *Typ*, *Farbraum*, a, b, c).......... 193
QShow_One_Net_Color_Map (*Segment*, *Index*, *Farbe*) 194
QShow_One_Net_Color_Map_By_Value (*Segment*, *Index*, *Farbraum*, a, b, c) 194
QShow_One_Net_Driver_Option (*Segment*, *Typ*, *Wert*) 196
QShow_One_Net_Heuristic (*Segment*, *Typ*, *Wert*) 204
QShow_One_Net_Metafile (*Segment*, *Typ*, *Wert*) 211
QShow_One_Net_Rendering_Option (*Segment*, *Typ*, *Wert*) 215
QShow_One_Net_Selectability (*Segment*, *Typ*, *Wert*) 219
QShow_One_Net_Text_Font (*Segment*, *Typ*, *Wert*) 222
QShow_One_Net_User_Option (*Segment*, *Typ*, *Wert*) 226
QShow_One_Net_Visibility (*Segment*, *Typ*, *Wert*) 228
QShow_One_Rendering_Option (*Segment*, *Typ*, *Wert*) 215
QShow_One_Selectability (*Segment*, *Typ*, *Wert*) 219
QShow_One_Text_Font (*Segment*, *Typ*, *Wert*) 222
QShow_One_User_Option (*Segment*, *Typ*, *Wert*) 226
QShow_One_Visibility (*Segment*, *Typ*, *Wert*) 228
QShow_Rendering_Options (*Segment*, *Liste*) 215
QShow_Selectability (*Segment*, *Liste*) 219
QShow_Streaming_Mode (*Segment*, *Schalter*) 220
QShow_Text_Alignment (*Segment*, *Lage*) 221
QShow_Text_Font (*Segment*, *Liste*) 222
QShow_Text_Path (*Segment*, x, y, z) 225
QShow_Text_Spacing (*Segment*, *Abstand*) 225
QShow_User_Options (*Segment*, *Liste*) 226
QShow_Visibility (*Segment*, *Liste*) 228
QShow_Window (*Segment*, *links*, *rechts*, *unten*, *oben*) 230
QShow_Window_Frame (*Segment*, *Schalter*) 231
QShow_Window_Pattern (*Segment*, *Muster*) 232
QTranslate_Object (*Segment*, x, y, z) 236
Queue_Button_Event (*Tastatur*, *Taste*, *Status*) 261
Queue_Location_Event (*Zeigegerät*, *Bildschirm*, x, y, *Aktion*, *Status*) 261
Queue_Related_Selection (*Pfadname*, *Schlüssel*, *Index1*, *Index2*, *Index3*, x_w, y_w, z_w, x_c, y_c, z_c) 261
Queue_Selection_Event (*Zeigegerät*, *Bildschirm*, *Aktion*, *Status*, *Pfadname*, *Schlüssel*, *Index1*, *Index2*, *Index3*, x_w, y_w, z_w, x_c, y_c, z_c) 261
Queue_Special_Event (*Typ*, *Info*) 263
Queue_String_Event (*Tastatur*, *String*, *CSchlüssel*) 261

Queue_Wakeup_Event (*Zeit*)........261
QUnSet_Bounding_Volume (*Segment*)........357
QUnSet_Camera (*Segment*)........183
QUnSet_Color (*Segment*)........189
QUnSet_Color_Map (*Segment*)........194
QUnSet_Driver (*Segment*)........195
QUnSet_Driver_Options (*Segment*)........196
QUnSet_Edge_Pattern (*Segment*)........201
QUnSet_Edge_Weight (*Segment*)........202
QUnSet_Face_Pattern (*Segment*)........202
QUnSet_Handedness (*Segment*)........203
QUnSet_Heuristics (*Segment*)........204
QUnSet_Line_Pattern (*Segment*)........207
QUnSet_Line_Weight (*Segment*)........208
QUnSet_Marker_Size (*Segment*)........209
QUnSet_Marker_Symbol (*Segment*)........209
QUnSet_Metafile (*Segment*)........211
QUnSet_Modelling_Matrix (*Segment*)........213
QUnSet_One_Color (*Segment, Typ*)........189
QUnSet_One_Driver_Option (*Segment, welche*)........196
QUnSet_One_Heuristic (*Segment, welche*)........204
QUnSet_One_Metafile (*Segment, welche*)........211
QUnSet_One_Rendering_Option (*Segment, welche*)........215
QUnSet_One_Selectability (*Segment, Typ*)........219
QUnSet_One_Text_Font (*Segment, welche*)........222
QUnSet_One_User_Option (*Segment, welche*)........226
QUnSet_One_Visibility (*Segment, Typ*)........228
QUnSet_Rendering_Options (*Segment*)........215
QUnSet_Selectability (*Segment*)........219
QUnSet_Streaming_Mode (*Segment*)........220
QUnSet_Text_Alignment (*Segment*)........221
QUnSet_Text_Font (*Segment*)........222
QUnSet_Text_Path (*Segment*)........225
QUnSet_Text_Spacing (*Segment*)........225
QUnSet_User_Option_By_Index (*Segment, Index*)........227
QUnSet_User_Options (*Segment*)........226
QUnSet_Visibility (*Segment*)........228
QUnSet_Window (*Segment*)........230
QUnSet_Window_Frame (*Segment*)........231
QUnSet_Window_Pattern (*Segment*)........231
QZoom_Camera (*segment, Zoom*)........237

R

Read_Metafile (*Datei, Segment, Liste*) 327
Relinquish_Memory () 348
Rename_Segment (*Alt, Neu*) 328
Renumber_Key (*AltSchlüssel, NeuSchlüssel, Bereich*) 305
Report_Error (*Schwere, FLänge, FVektor, PLänge, PZVektor*) 348
Requeue_Event () 263
Reset_System () 349
Restart_Ink () 306
Roll_Camera (θ) 179
Rotate_Object (θ, ϕ, ψ) 180
Rotate_Object_Offaxis (x, y, z, θ) 180

S

Scale_Object (x, y, z) 181
Scroll_Text (*Schlüssel, linksShift, hochShift*) 307
Set_Bounding_Cuboid (*Min, Max*) 181
Set_Bounding_Cuboid_By_Key (*Schlüssel, Min, Max*) 182
Set_Bounding_Sphere (*Mitte, Radius*) 182
Set_Bounding_Sphere_By_Key (*Schlüssel, Mitte, Radius*) 182
Set_Camera (*Position, Ziel, Aufwärts, Breite, Höhe, Projektion*) 183
Set_Camera_By_Volume (*Projektion*, x_{min}, x_{max}, y_{min}, y_{max}) 184
Set_Camera_Field (*Breite, Höhe*) 185
Set_Camera_Position (x, y, z) 186
Set_Camera_Projection (*Projektion*) 186
Set_Camera_Target (x, y, z) 187
Set_Camera_Up_Vector (x, y, z) 188
Set_Color (*Spezifikation*) 189
Set_Color_By_FIndex (*Typen, FIndex*) 191
Set_Color_By_Index (*Typen, Index*) 192
Set_Color_By_Value (*Typen, Farbraum*, a, b, c) 193
Set_Color_Map (*Farben*) 194
Set_Color_Map_By_Value (*Farbraum, Anzahl, Werte*) 194
Set_Driver (*Aktion*) 195
Set_Driver_Options (*Liste*) 196
Set_Edge_Pattern (*Muster*) 201
Set_Edge_Weight (*Stärke*) 202
Set_Face_Pattern (*Muster*) 202
Set_Handedness (*Händigkeit*) 203
Set_Heuristics (*Liste*) 204
Set_Line_Pattern (*Muster*) 207
Set_Line_Weight (*Stärke*) 208

Set_Marker_Size (*Größe*) ... 208
Set_Marker_Symbol (*Symbol*) ... 209
Set_Metafile (*Liste*) ... 211
Set_Modelling_Matrix (*Matrix*) ... 213
Set_Normal (x, y, z) ... 214
Set_Rendering_Options (*Liste*) ... 215
Set_Selectability (*Liste*) ... 219
Set_Streaming_Mode (*Schalter*) ... 220
Set_Text_Alignment (*Lage*) ... 221
Set_Text_Font (*Liste*) ... 222
Set_Text_Path (x, y, z) ... 224
Set_Text_Spacing (*Abstand*) ... 225
Set_User_Option_By_Index (*Index*, *Wert*) ... 227
Set_User_Options (*Liste*) ... 226
Set_Visibility (*Liste*) ... 228
Set_Window (*links*, *rechts*, *unten*, *oben*) ... 230
Set_Window_Frame (*Schalter*) ... 231
Set_Window_Pattern (*Muster*) ... 231
Show_Alias (*Kurzname*, *Definition*) ... 329
Show_Alias_Count (*Anzahl*) ... 318
Show_Area_Light (*Schlüssel*, *Anzahl*, *Punkte*, *Liste*) (nur A.I.R.) ... 141
Show_Area_Light_Count (*Schlüssel*, *Anzahl*, *Liste*) (nur A.I.R.) ... 141
Show_Bounding_Cuboid (*Min*, *Max*) ... 232
Show_Bounding_Cuboid_By_Key (*Schlüssel*, *Min*, *Max*) ... 232
Show_Bounding_Info (*Info*) ... 233
Show_Bounding_Info_By_Key (*Schlüssel*, *Info*) ... 233
Show_Bounding_Sphere (*Mitte*, *Radius*) ... 234
Show_Bounding_Sphere_By_Key (*Schlüssel*, *Mitte*, *Radius*) ... 234
Show_Button (*Taste*) ... 263
Show_Button_Source (*Tastatur*, *Tasten*, *Status*) ... 264
Show_Camera (*Position*, *Ziel*, *Aufwärts*, *Breite*, *Höhe*, *Projektion*) ... 183
Show_Camera_By_Volume (*Projektion*, x_{min}, x_{max}, y_{min}, y_{max}) ... 184
Show_Camera_Field (*Breite*, *Höhe*) ... 185
Show_Camera_Position (x, y, z) ... 186
Show_Camera_Projection (*Projektion*) ... 187
Show_Camera_Target (x, y, z) ... 188
Show_Camera_Up_Vector (x, y, z) ... 188
Show_Circle (*Schlüssel*, *Punkt1*, *Punkt2*, *Punkt3*) ... 307
Show_Circular_Arc (*Schlüssel*, *Punkt1*, *Punkt2*, *Punkt3*) ... 308
Show_Color (*Spezifikation*) ... 189
Show_Color_By_Index (*Typen*, *Index*) ... 192
Show_Color_By_Value (*Typen*, *Farbraum*, a, b, c) ... 193
Show_Color_Map (*Farben*) ... 194
Show_Color_Map_By_Value (*Farbraum*, *Anzahl*, *Werte*) ... 194

Show_Color_Map_Count (*Anzahl*) 235
Show_Color_Name (*Farbname, Definition*) 349
Show_Color_Name_Count (*Anzahl*) 337
Show_Contents_Count (*Anzahl*) 275
Show_Device_Info (*Treiber, Info, Wert*) 350
Show_Distant_Light (*Schlüssel, dx, dy, dz*) 308
Show_Driver (*Aktion*) 195
Show_Driver_Options (*Liste*) 196
Show_Edge_Pattern (*Muster*) 201
Show_Edge_Weight (*Stärke*) 202
Show_Ellipse (*Schlüssel, Mitte, Major, Minor*) 308
Show_Elliptical_Arc (*Schlüssel, Mitte, Major, Minor, Start, Ende*) 309
Show_Environment (*Variable, Wert*)→ *Erfolg* 352
Show_Event (*Typ*) 265
Show_Existence (*Filter*)→ *Anzahl* 330
Show_Existence_By_Key (*Schlüssel, Filter*)→ *Anzahl* 330
Show_Face_Pattern (*Muster*) 203
Show_Font (*Name, Optionen, Anzahl, Daten*) 352
Show_Font_Count (*Anzahl*) 338
Show_Font_Info (*Treiber, Name, Info, Wert*) 353
Show_Font_Size (*Name, Optionen, Anzahl*) 353
Show_Grid (*Schlüssel, Typ, Start, Ref1, Ref2, Anzahl1, Anzahl2*) 309
Show_Handedness (*Händigkeit*) 203
Show_Heuristics (*Liste*) 204
Show_Image (*Schlüssel*, x, y, z, *Format, Breite, Höhe, Daten*) 310
Show_Image_Size (*Schlüssel*, x, y, z, *Format, Breite, Höhe*) 310
Show_Include_Segment (*ISchlüssel, Pfadname*) 331
Show_Key_Status (*Schlüssel, Status*) 265
Show_Key_Type (*Schlüssel, Typ*) 265
Show_Line (*Schlüssel*, x_a, y_a, z_a, x_b, y_b, z_b) 311
Show_Line_Pattern (*Muster*) 207
Show_Line_Weight (*Stärke*) 208
Show_Local_Light (*Schlüssel*, x, y, z) 311
Show_Location (x, y) 266
Show_Location_Source (*Zeigegerät, Bildschirm, Aktion, Status*) 266
Show_Marker (*Schlüssel*, x, y, z) 312
Show_Marker_Size (*Größe*) 209
Show_Marker_Symbol (*Symbol*) 209
Show_Memory_Usage (*belegt, benutzt*) 355
Show_Mesh (*Schlüssel, Zeilen, Spalten, Punkte*) 312
Show_Mesh_Size (*Schlüssel, Zeilen, Spalten*) 312
Show_Metafile (*Liste*) 211
Show_Modelling_Matrix (*Matrix*) 214
Show_Net_Camera (*Position, Ziel, Aufwärts, Breite, Höhe, Projektion*) 183

Show_Net_Camera_By_Volume (*Projektion*, x_{min}, x_{max}, y_{min}, y_{max}) 184
Show_Net_Camera_Field (*Breite, Höhe*) 185
Show_Net_Camera_Position (x, y, z) 186
Show_Net_Camera_Projection (*Projektion*) 187
Show_Net_Camera_Target (x, y, z) 188
Show_Net_Camera_Up_Vector (x, y, z) 188
Show_Net_Color (*Spezifikation*) 189
Show_Net_Color_By_Index (*Typen, Index*) 192
Show_Net_Color_By_Value (*Typen, Farbraum*, a, b, c) 193
Show_Net_Color_Map (*Farben*) 194
Show_Net_Color_Map_By_Value (*Farbraum, Anzahl, Werte*) 194
Show_Net_Color_Map_Count (*Anzahl*) 236
Show_Net_Driver (*Aktion*) 195
Show_Net_Driver_Options (*Liste*) 196
Show_Net_Edge_Pattern (*Muster*) 201
Show_Net_Edge_Weight (*Stärke*) 202
Show_Net_Face_Pattern (*Muster*) 203
Show_Net_Handedness (*Händigkeit*) 203
Show_Net_Heuristics (*Liste*) 204
Show_Net_Line_Pattern (*Muster*) 207
Show_Net_Line_Weight (*Stärke*) 208
Show_Net_Marker_Size (*Größe*) 209
Show_Net_Marker_Symbol (*Symbol*) 209
Show_Net_Metafile (*Liste*) 211
Show_Net_Modelling_Matrix (*Matrix*) 214
Show_Net_Normal (x, y, z) 214
Show_Net_Rendering_Options (*Liste*) 215
Show_Net_Selectability (*Liste*) 219
Show_Net_Streaming_Mode (*Schalter*) 220
Show_Net_Text_Alignment (*Lage*) 221
Show_Net_Text_Font (*Liste*) 222
Show_Net_Text_Path (x, y, z) 225
Show_Net_Text_Spacing (*Abstand*) 225
Show_Net_User_Options (*Liste*) 226
Show_Net_Visibility (*Liste*) 228
Show_Net_Window (*links, rechts, unten, oben*) 230
Show_Net_Window_Frame (*Schalter*) 231
Show_Net_Window_Pattern (*Muster*) 232
Show_Normal (x, y, z) 214
Show_One_Color (*Typ, Farbe*) 189
Show_One_Color_By_Index (*Typ, Index*) 192
Show_One_Color_By_Value (*Typ, Farbraum*, a, b, c) 193
Show_One_Color_Map (*Index, Farbe*) 194
Show_One_Color_Map_By_Value (*Index, Farbraum*, a, b, c) 194

Show_One_Driver_Option (*Typ, Wert*) ... 196
Show_One_Heuristic (*Typ, Wert*) ... 204
Show_One_Metafile (*Typ, Wert*) ... 211
Show_One_Net_Color (*Typ, Farbe*) ... 189
Show_One_Net_Color_By_Index (*Typ, Index*) ... 192
Show_One_Net_Color_By_Value (*Typ, Farbraum*, a, b, c) ... 193
Show_One_Net_Color_Map (*Index, Farbe*) ... 194
Show_One_Net_Color_Map_By_Value (*Index, Farbraum*, a, b, c) ... 194
Show_One_Net_Driver_Option (*Typ, Wert*) ... 196
Show_One_Net_Heuristic (*Typ, Wert*) ... 204
Show_One_Net_Metafile (*Typ, Wert*) ... 211
Show_One_Net_Rendering_Option (*Typ, Wert*) ... 215
Show_One_Net_Selectability (*Typ, Wert*) ... 219
Show_One_Net_Text_Font (*Typ, Wert*) ... 222
Show_One_Net_User_Option (*Typ, Wert*) ... 226
Show_One_Net_Visibility (*Typ, Wert*) ... 228
Show_One_Rendering_Option (*Typ, Wert*) ... 215
Show_One_Selectability (*Typ, Wert*) ... 219
Show_One_System_Option (*Option, Wert*) ... 356
Show_One_Text_Font (*Typ, Wert*) ... 222
Show_One_User_Option (*Typ, Wert*) ... 226
Show_One_Visibility (*Typ, Wert*) ... 228
Show_Open_Segment_Count (*Anzahl*) ... 319
Show_Owner (*Segment, MSegment*) ... 332
Show_Owner_By_Key (*Schlüssel, MSegment*) ... 332
Show_Partial_Image (*Schlüssel, xPos, yPos, xAnzahl, yAnzahl, Daten*) ... 310
Show_Partial_Mesh (*Schlüssel, ZPos, SPos, ZAnzahl, SAnzahl, Punkte*) ... 312
Show_Partial_Polygon (*Schlüssel, Index, TeilAnzahl, Punkte*) ... 313
Show_Partial_Polyline (*Schlüssel, Index, TeilAnzahl, Punkte*) ... 314
Show_Partial_Shell (*Schlüssel, PNummer, PTeilAnz, Punkte, FNummer, FTeilAnz, FAnzahl, FListe*) ... 314
Show_Partial_Shell_Size (*Schlüssel, FNummer, FTeilAnz, FAnzahl*) ... 314
Show_Pathname_Expansion (*Segment, Pfadname*) ... 332
Show_Polygon (*Schlüssel, Anzahl, Punkte*) ... 313
Show_Polygon_Count (*Schlüssel, Anzahl*) ... 313
Show_Polyline (*Schlüssel, Anzahl, Punkte*) ... 314
Show_Polyline_Count (*Schlüssel, Anzahl*) ... 314
Show_Rendering_Options (*Liste*) ... 215
Show_Segment (*Schlüssel, Pfadname*) ... 333
Show_Segment_Count (*Anzahl*) ... 319
Show_Selectability (*Liste*) ... 219
Show_Selection (*Segment*) ... 267
Show_Selection_Element (*Schlüssel, Index1, Index2, Index3*) ... 268
Show_Selection_Keys (*Anzahl, Schlüssel*) ... 269

Show_Selection_Keys_Count (*Anzahl*) 269
Show_Selection_Pathname (*Segment*) 270
Show_Selection_Position (x_W, y_W, z_W, x_C, y_C, z_C) 271
Show_Selection_Source (*Zeigegerät, Bildschirm, Aktion, Status*) 271
Show_Shell (*Schlüssel, PAnzahl, Punkte, FAnzahl, FListe*) 314
Show_Shell_Size (*Schlüssel, PAnzahl, FAnzahl*) 314
Show_Special_Event (*Typ, Info*) 272
Show_Spot_Light (*Schlüssel, Position, Ziel, Liste*) 315
Show_Streaming_Mode (*Schalter*) 220
Show_String (*String*) 273
Show_String_Count (*Anzahl*) 273
Show_String_Cursor (*Schlüssel, TSchlüssel, Zeile, Spalte*) 316
Show_String_Lenght (*Länge*) 273
Show_String_Source (*Tastatur, CSchlüssel*) 273
Show_String_With_Encoding (*Zeichensatz, String*) 273
Show_Style_Segment (*GSchlüssel, Pfadname*) 333
Show_System_Info (*Info, Wert*) 355
Show_System_Options (*Liste*) 356
Show_Text (*Schlüssel*, x, y, z, *Text*) 316
Show_Text_Alignment (*Lage*) 221
Show_Text_Count (*Schlüssel, Anzahl*) 316
Show_Text_Encoding (*Schlüssel, Zeichensatz*) 316
Show_Text_Font (*Liste*) 222
Show_Text_Lenght (*Schlüssel, Länge*) 316
Show_Text_Path (x, y, z) 225
Show_Text_Spacing (*Abstand*) 225
Show_Text_With_Encoding (*Schlüssel*, x, y, z, *Zeichensatz, Text*) 316
Show_Time (*Zeit*) 356
Show_User_Options (*Liste*) 226
Show_Visibility (*Liste*) 228
Show_Wakeup (*Zeit*) 274
Show_Window (*links, rechts, unten, oben*) 230
Show_Window_Frame (*Schalter*) 231
Show_Window_Pattern (*Muster*) 232
Style_Segment (*GSegment*) 334
Style_Segment_By_Key (*SSchlüssel*) 334

T

Translate_Object (x, y, z) 236

U

UnDefine_Alias (*Kurzname*) 325

UnDefine_Color_Name (*Farbname*) 340
UnDefine_Error_Handler (*FRoutine*) 341
UnDefine_Exit_Handler (*ERoutine*) 341
UnDefine_Font (*Name*) 342
UnSet_Bounding_Volume () 357
UnSet_Bounding_Volume_By_Key (*Schlüssel*) 357
UnSet_Camera () 183
UnSet_Color () 189
UnSet_Color_Map () 194
UnSet_Driver () 195
UnSet_Driver_Options () 196
UnSet_Edge_Pattern () 201
UnSet_Edge_Weight () 202
UnSet_Face_Pattern () 202
UnSet_Handedness () 203
UnSet_Heuristics () 204
UnSet_Line_Pattern () 207
UnSet_Line_Weight () 208
UnSet_Marker_Size () 209
UnSet_Marker_Symbol () 209
UnSet_Metafile () 211
UnSet_Modelling_Matrix () 213
UnSet_Normal () 214
UnSet_One_Color (*Typ*) 189
UnSet_One_Driver_Option (*welche*) 196
UnSet_One_Heuristic (*welche*) 204
UnSet_One_Metafile (*welche*) 211
UnSet_One_Rendering_Option (*welche*) 215
UnSet_One_Selectability (*Typ*) 219
UnSet_One_Text_Font (*welche*) 222
UnSet_One_User_Option (*welche*) 226
UnSet_One_Visibility (*Typ*) 228
UnSet_Rendering_Options () 215
UnSet_Selectability () 219
UnSet_Streaming_Mode () 220
UnSet_Text_Alignment () 221
UnSet_Text_Font () 222
UnSet_Text_Path () 225
UnSet_Text_Spacing () 225
UnSet_User_Option_By_Index (*Index*) 227
UnSet_User_Options () 226
UnSet_Visibility () 228
UnSet_Window () 230
UnSet_Window_Frame () 231

UnSet_Window_Pattern () 231
Update_Display () 357

W

Write_Metafile (*Segment*, *Datei*, *Liste*) 335

Z

Zoom_Camera (*Zoom*) 236

Farbbildtafel

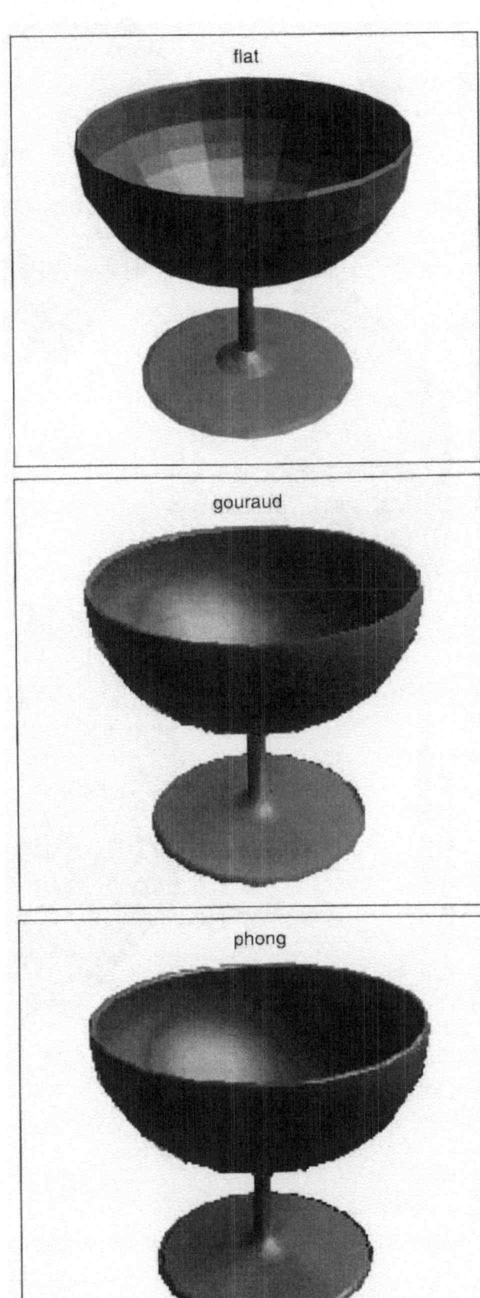

Abb. 8.1

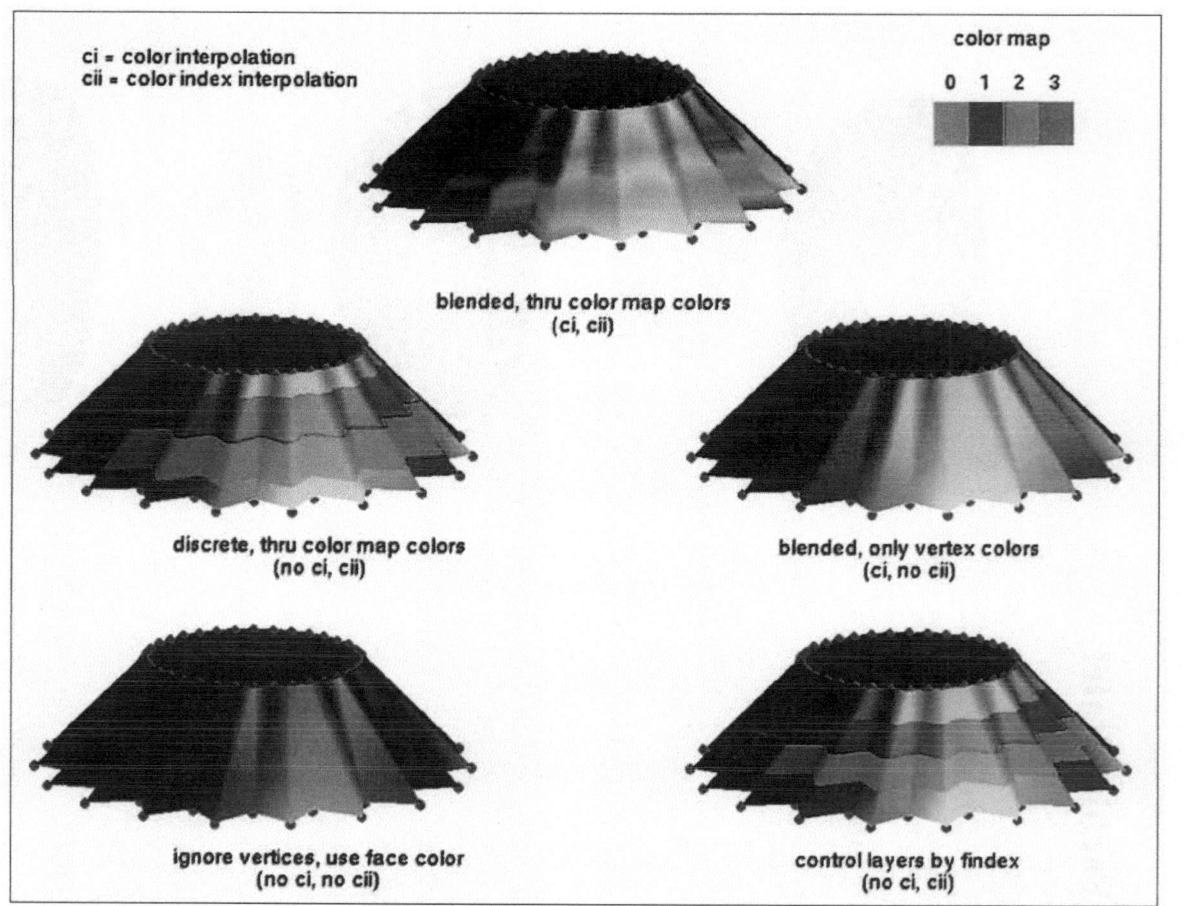
ci = color interpolation
cii = color index interpolation
color map
0 1 2 3
blended, thru color map colors
(ci, cii)
discrete, thru color map colors
(no ci, cii)
blended, only vertex colors
(ci, no cii)
ignore vertices, use face color
(no ci, no cii)
control layers by findex
(no ci, cii)

Abb. 11.1

Abb. 12.1

Eine Szene aus 486 Shells mit insgesamt 5900 Punkten unter Einsatz von Ray-Tracing

Eine Szene aus 1 Shell mit insgesamt 1155 Punkten unter Einsatz von 3 Lichtquellen

Eine Szene aus 590 Shells mit insgesamt 38000 Punkten unter Einsatz von Radiosity und Ray-Tracing

Die folgenden Bilder geben Beispiele für verschiedene Anwendungen, die unter Einsatz von HOOPS entstanden sind →

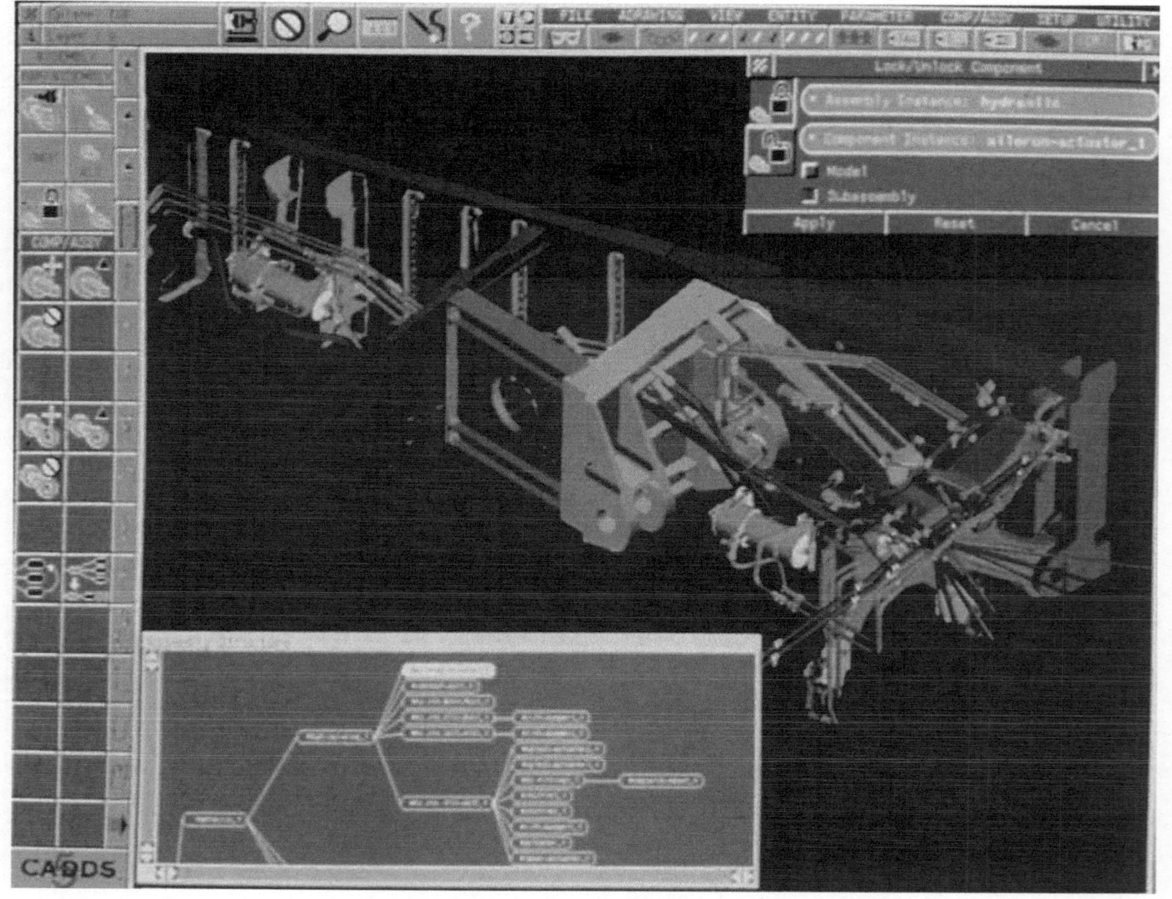
FILE
DRAWING
VIEW
ENTITY
PARAMETER
COMP/ASSY
SETUP
UTILITY
Lock/Unlock Component
Assembly Instance: Hydraulic
Component Instance: aileron-actuator_1
Model
Subassembly
Apply
Reset
Cancel
COMP/ASSY
CADDS

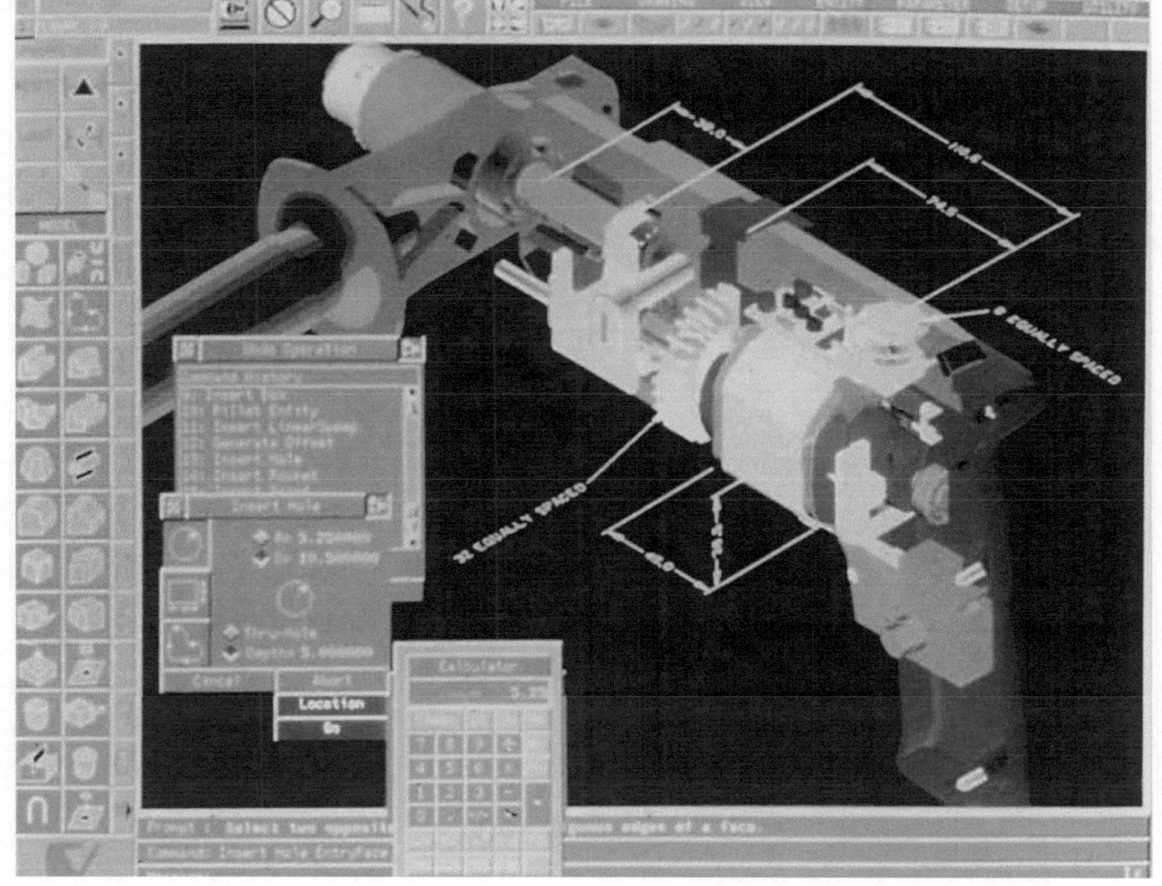

8 EQUALLY SPACED
32 EQUALLY SPACED
Undo Operation
Insert Hole
Abort
Location
Go
Calculator

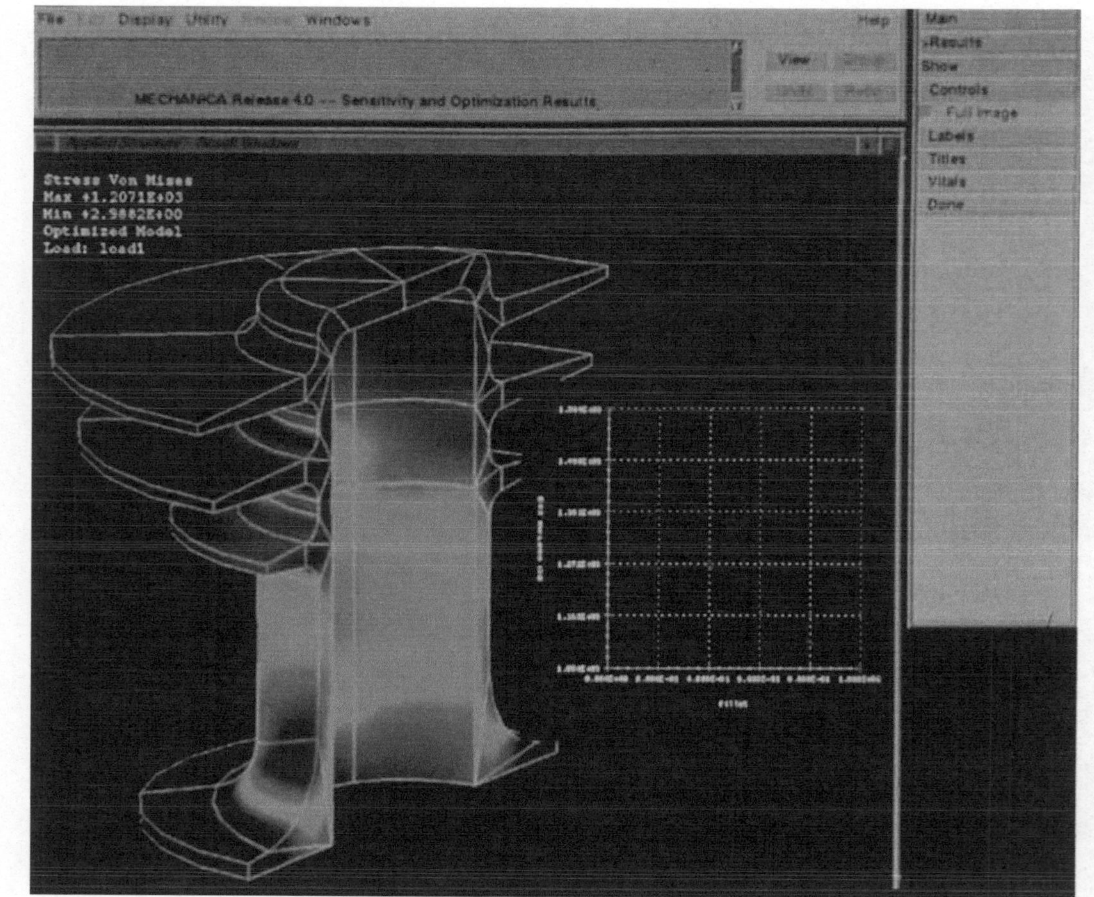
File
Display
Utility
Windows
Help
MECHANICA Release 4.0 -- Sensitivity and Optimization Results
View
Main
-Results
Show
Controls
Full image
Labels
Titles
Vitals
Done
Stress Von Mises
Max +1.2071E+03
Min +2.9882E+00
Optimized Model
Load: load1

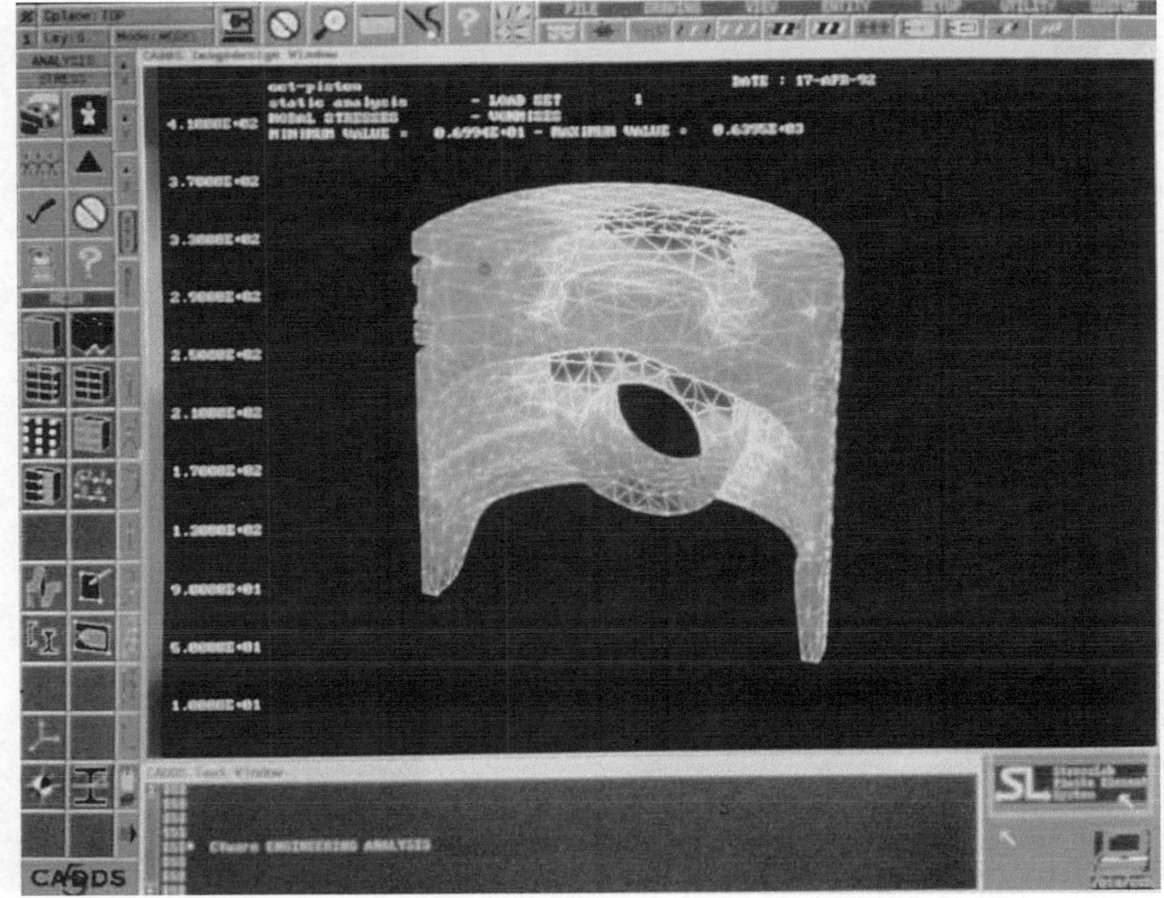
static analysis
- LOAD SET 1
NODAL STRESSES
4.1000E+02
3.7000E+02
3.3000E+02
2.9000E+02
2.5000E+02
2.1000E+02
1.7000E+02
1.3000E+02
9.0000E+01
5.0000E+01
1.0000E+01
ENGINEERING ANALYSIS
CADDS 5
SL

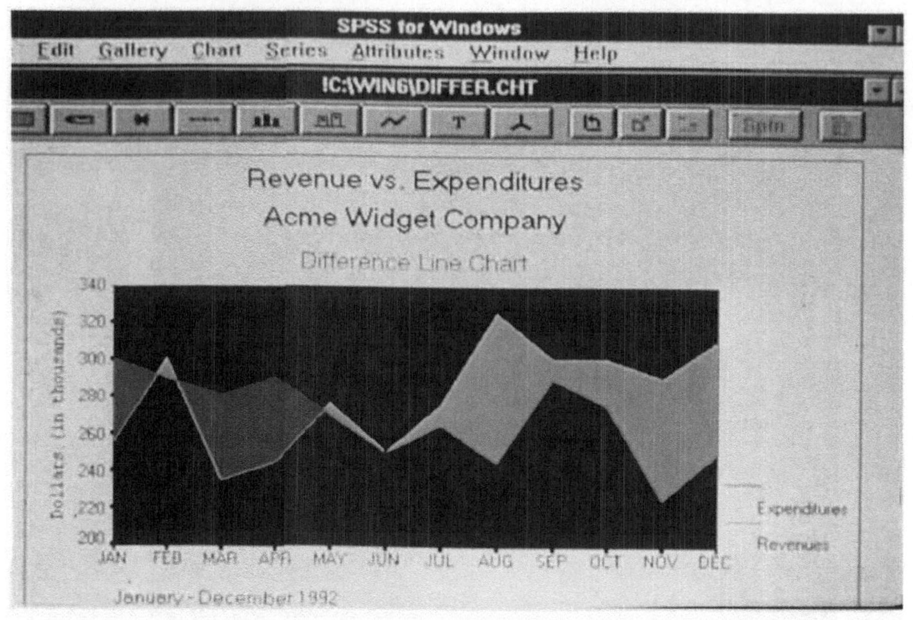
SPSS for Windows
Edit Gallery Chart Series Attributes Window Help
!C:\WIN6\DIFFER.CHT
Revenue vs. Expenditures
Acme Widget Company
Difference Line Chart
Dollars (in thousands)
340
320
300
280
260
240
220
200
JAN FEB MAR APR MAY JUN JUL AUG SEP OCT NOV DEC
Expenditures
Revenues
January - December 1992

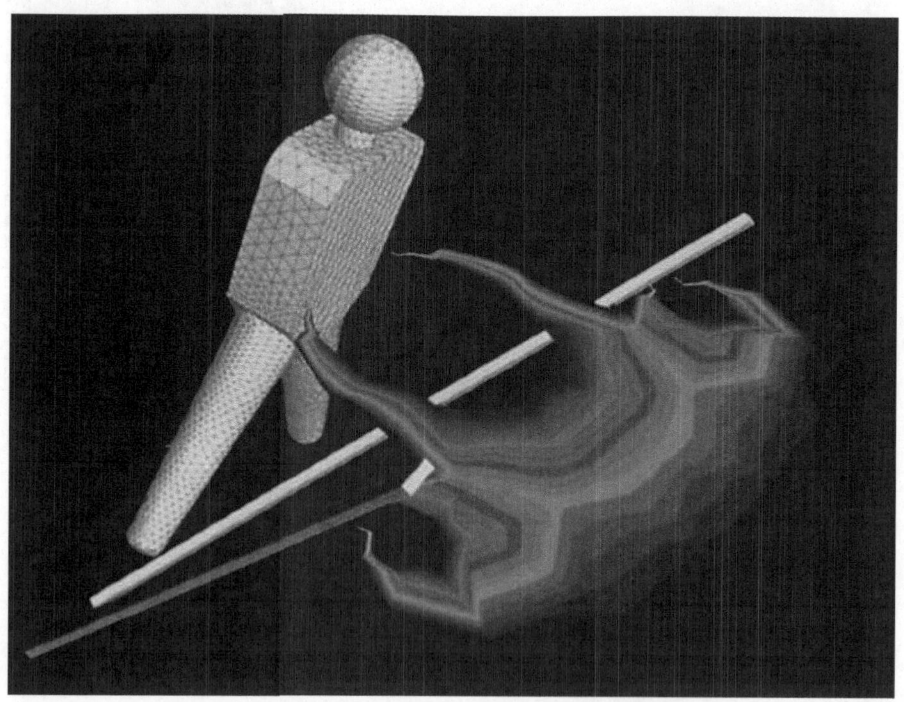

Literaturverzeichnis

[Burg90] P.Burger, D.Gillies: "Interactive Computer Graphics", Addison-Wesley, 1990

[Enca90] J.Encarnacao, W.Straßer: "Computer Graphics", Oldenburg Verlag, 1990

[Fell92] W.-D.Fellner: "Computer-Grafik", BI Verlag, 1992,

[FoDa90] Foley, van Dam, Feiner, Hughes: "Computer Graphics. Principles and Practice", Addison-Wesley , 1990

[Gour71] H.Gouraud: "Continues Shading of Curved Surfaces", IEEE Transactions on Graphics, 5(3), 1971, 623-629

[HoRm93] HOOPS Reference Manual

[HoUg93] HOOPS Users Guide

[Phon75] B.-T Phong: "Illumination for Computer Generated Pictures", Communications of ACM, 18(6), 1975, 311-316

[Raub93] Th. Rauber: "Algorithmen in der Computergrafik", Teubner Verlag, 1993

[Watt90] A.Watt: "Fundamentals of 3-Dimensional Computer Graphics", Addison-Wesley, 1990

Anmerkungen zu HOOPS unter MS-Windows 3.1 und MS-Windows NT

Für die Entwicklung von Graphikprogrammen auf dem PC sind, wie aus Abb. 1.1 ersichtlich, neben der HOOPS Version für DOS(32 Bit exendet DOS) auch zwei Versionen für Windows erhältlich:

Eine 16 Bit Version für Microsoft Windows 3.1 und eine Windows NT Version(32 Bit). Ähnlich wie unter X-Windows die HOOPS Graphik in einem X-Window dargestellt wird, werden hier Windows generiert, die die von MS-Windows bekannten funktionalen Eigenschaften wie beispielsweise Ikonifizierung, Scrollen oder Veränderung der Windowgröße besitzen. Im folgenden werden einige Anmerkungen zu den Anforderungen, der Programmierung, den einzelnen Window-Versionen und den Graphiktreibern gegeben.

Anforderungen für die Programmierung:

Windows 3.1(16 Bit)	16 Bit Version des Microsoft C-Compilers Version 7.0 (Microsoft FORTRAN) oder Windows SDK.
Windows NT C++,	32 Bit Version des Microsoft C-Compilers, Visual FORTRAN Powerstation für NT oder das 32 Bit Windows SDK.

Die HOOPS Bibliotheken stehen sowohl als statische als auch als dynamische DDL Objekt Module zur Verfügung. Da bei Verwendung der dynamischen Bibliothek in Gegensatz zur statischen Bibliothek die HOOPS Routinen nicht in das ausführbare File geladen werden, sondern in der dynamischen Bibliothek verbleiben, reduziert deren Verwendung sowohl die Linkzeit als auch die Programmgröße.

Programmentwicklung und Benutzerinteraktion

Die Programmentwicklung unter Windows unterscheidet sich von der anderen Systemen. So wird das Hauptprogramm nicht wie gewohnt mit der C-Routine main, sondern mit WinMain begonnen. Diese für die Systeminitialisierung zuständige Routine enthält eine Schleife für die Eventsteuerung. Es gibt zwei grundsätzlich verschiedene Arten der Programmentwicklung:

a) Für 100 % portable Programme steht das Objeketfile mswcmain.o zur Verfügung, das dafür sorgt, daß wie gewohnt main als Hauptprogramm benutzt werden kann. Es sorgt außerdem für die Initialisierung und Verarbeitung der Events und Windowsprozeduren. Das HOOPS-Programm enthält keinerlei windowsspezifische Funktionen und ist somit absolut portabel.

b)Will man allerdings für die Benutzeraktionen die Funktionalität nutzen, die MS-Windows bietet, beispielsweise die Menüführung, so kann windowsspezifisch entwickelt werden. Dieses Programm generiert dann eigene Windows und ist für die Eventsteuerung verantwortlich. Die Verknüpfung mit HOOPS geschieht durch Übergabe des Graphik-Window Handlers, den die CreateWindow-Routine liefert, an HOOPS (Set_Driver_Options("use window ID = Handle")). Die HOOPS-Eventverarbeitung muß in diesem Fall von den Eingabegeräten abgekoppelt werden (Set_Driver_Options("disable input")), da das Window-Programm diese Aufgabe übernimmt. Picken ist weiterhin möglich. Hierzu wird der Windows-Event mit seinen x- und y-Koordinaten durch die Compute_Selection-Funktion an HOOPS übergeben, das HOOPS in gewohnter Weise verarbeitet.

Windows 3.1, Windows NT, Win32

Die HOOPS Version für Windows 3.1 ist eine reine 16 Bit Bibliothek. Die Programmentwicklung unterliegt somit den bekannten Beschränkungen von DOS und 16 Bit Windows 3.1 wie beispielsweise der 64 kB Speichersegmentierung.

Im Gegensatz hierzu bietet die 32 Bit Lösung die Möglichkeit der linearen Adressierung und ist somit kompatibel zu den anderen 32 Bit Umgebungen wie beispielsweise UNIX. Dies hat den Vorteil, daß bestehende Programme erheblich einfacher portiert werden können. Die HOOPS Version für Windows NT setzt die Installation von Windows NT voraus. Es gibt allerdings auch die Möglichkeit, Windows NT Programme unter Windows 3.1 als echte 32 Bit Programme zu entwickeln und ablaufen zu lassen. Hierzu sind das WIN32S Interface von Microsoft (auf der NT CD-ROM) unter Windows 3.1 sowie WIN32S Komponenten von Visual C++ zu installieren. Neben der Portierbarket hat diese Lösung den Vorteil, daß Graphikoperationen zwar nicht schneller ablaufen als bei Windows-Programmen, aber daß bei Integer- und Float-Berechnungen Performancegewinne zu erwarten sind.

Die HOOPS-spezifischen Umgebungsvariablen wie beispielsweise HOOPS_PICTURE sind unter Windows 3.1 und WIN32S in dem Windows-Sytem-File win.ini zu setzen, z.B.:

```
....
[HOOPS]
HOOPS_PICTURE = msw/window0
HOOPS_RENDERING_OPTIONS = surface z_buffer
....
```

Unter Windows NT wir stattdessen das Systemprogramm regedt32 benutzt, um die Umgebungsvariablen zu setzen.

Graphiktreiber

Die Ausgabetreiber wie beispielsweise HPGL oder Postscript unterscheiden sich nicht von denen auf anderen Plattformen. Einzig der Microsoft Window-Treiber ist spezifisch für die beiden HOOPS Versionen. Dieser Treiber benutzt als unterstes Graphiklayer das GDI(Graphical Device Interface). Dies hat zur Folge, daß alle Graphikkarten, die über einen Windows-Treiber verfügen, unter HOOPS verwendet werden können wie beispielsweise Windows-Beschleunigerkarten.

Dies gilt auch für Graphikkarten, die über eine große Farbtiefe verfügen. Die Farbtiefe, ob 8 Bit, 16 Bit(High-Color) oder 24 Bit(True-Color), wird von HOOPS voll ausgenutzt, sofern der Windows-Treiber die unterstützt.

Zur Zeit sind von einigen Herstellern Graphikkarten in Entwicklung, die neben der reinen 2D-Funktionen des GDI auch 3D Operationen direkt auf der Graphikkarte ausführen wie beispielsweise Transformationsberechnungen, Shading(Flat, Gouraud) und z-Buffer. Parallel hierzu werden HOOPS-Treiber entwickelt, die diese Operationen direkt ausnutzen und einen wesentlichen Performancegewinn für 3D unter Windows bringen werden.

Index

Attribute, 18, 49
  allgemeine, 49
  benutzerdefinierte, 105, 154
  effektive, 10
  erfragen, 10
  lokale, 41
  setzen, 3
  sperren, 92
  vererben, 3,18
  voreinstellte, 19,147
  zurücksetzen, 9
Aufwärtsrichtung, 54
Ausgabe, 113, 116
  - auf Plotter, 122
  - in Datei, 116
Auswahl-Ereignis, 74
  "künstliches" generieren, 76
Auswählbarkeit, 75
  von nicht sichtbaren Bildelementen, 55
Begrenzungsvolumen, 125
Beleuchtung, 63, 131
Bildaufbau, 123, 126, 133
Bildschirm, 4, 27,57
  löschen, 4
  Informationen erfragen, 9,82
  updaten, 69
Callbacks, 146, 152
  Attribute, 152, 153
  Prozeduren, 146, 152
Darstellungselemente, 31
  Definition erfragen, 32
  editieren, 31
  erzeugen, 31
  Inhalt löschen, 31
  löschen, 31
  verschieben, 32
Darstellungsoptionen, 93
  Attribute sperren, 92
  Farb-Index-Interpolation, 108
  Farb-Interpolation, 108, 111
  HSR-Algorithmus, 54
  photorealistische, 64
  Schattierungsmodell, 64
Ellipsen, 36
Ellipsenbögen, 35
Ereignis, 69, 70
  aktuelles, 70
    bearbeiten, 70
  benutzergeneriertes, 76
  eigenes, 76
  gesperrtes bzw. sperren, 82
  spezielles, 78
  -Typen, 71
  zugelassenes bzw. zulassen, 70
Falschfarbendarstellungen, 107
Farb-Index-Interpolation, 108
Farb-Interpolation, 111
Farben, 51
  Auswahl, 51
  definieren, 51
  Definition erfragen, 52
  erfragen, 53
  Falschfarbendarstellungen, 107
  Farbtabelle, 52
  Flächenfarben, 51
  Lichtquellen, 63
  Namen, 16, 51
  setzen,
    durch Namensangabe, 52
    per Index, 52, 108
    Punkt im Farbraum, 52

suchen, 53
vordefinierte, 157
Varianten, 51
Farbraum, 52, 157
Konvertierungen, 52
Farbtabelle, 52
ändern, 52
definieren, 52
erfragen, 10
Fehlerbehandlung, 12,157
Geräte, 73
Informationen erfragen, 162
mit Segment verknüpfen, 127
Optionen, 127
Gestaltungsvorlage, 88, 93
erfragen, 100
Grid, 40
Heuristiken, 126
HOOPS_HARDCOPY, 120, 161
HOOPS_PICTURE, 119, 161
Image, 43
- Treiber, 102
editieren, 43
Include Library, 89
Index, 52, 108
in Farbtabelle, 108
Eckpunkt u. Fläche einer Mesh, 39
Eckpunkt u. Fläche einer Shell, 37
Fließkomma-Index, 110
Inked Polyline, 34
beenden, 35
Kamera, 57
- führungsprozeduren, 60
Parameter, 57
Position, 57
Vererbung, 61
Ziel, 57
Koordinatensystem, 57
Bildschirmkoordinaten, 57, 74, 80
Händigkeit, 57
Kamerakoordinaten, 58
Konvertierungen, 57
Objektkoordinaten, 57
Weltkoordinaten, 77
Window-Koordinaten, 27
Kreis, 36
Kreisbogen, 35
Kurzname, 17
abfragen, 95, 102
definieren, 13, 17, 160
suchen, 95, 102
Licht, 63, 67
ambientes, 63
direktes, 63
Farbe, 63, 65
Lichtquellen, 63, 131
lokale, 63
polygonale, 139
punktförmige, 63
unendlich weit entfernte, 63
Wirkungsbereich, 64
Linien, 33
Locater-Ereignis, 74
Marker, 31
Materialeigenschaften, 40
Mesh, 39
editieren, 39
lokale Attribute, 41
Numerierung von Punkten, Kanten
und Flächen, 39
Metafile, 113
abspeichern, 114
Attribut, 113
Datei, 115
einlesen, 117
MS-DOS, 167
Muster, 18, 33
Flächen, 35
Kanten, 35
Linien, 18
Window, 28
Muttersegment, 27, 98
erfragen, 106
Normalenvektor, 42
setzen, 42
von Eckpunkten, 65
von Flächen, 65
Objektraum, 53
Optionen, 54, 114, 127
Darstellungs-, 93,
Radiosity-, 130
Ray-Trace-, 131

System-, 163
Picture, 1, 16
Pfadname, 16
relativer, 16
vollständiger, 16,17
erfragen, 77
Polygon, 36
editieren, 31
Polylinien, 33
editieren, 34
Portabilität, 2, 161
Programm, 14, 170
abbrechen, 12
kompilieren, 169
starten,170
Projektion, 57
gestreckt, 58
orthogonal, 58
perspektivisch, 58
schiefe, 58
Prozeduren, 7
Aufbau, 7
High-Level, 71
Namen, 7
Parameter, 8
Präfix, 12
Varianten, 8
Radiosity, 130, 132
Ray-Tracing, 130, 135
Schatten, 64, 134
Schattierung, 64
Gouraud, 65
konstante, 65
Phong, 66
Schlüssel, 8, 17, 77
Typ, 8
benutzerdefinierte, 105
Schnittebenen, 31, 111
Schriftart, 44
definieren, 44
generische, 44
setzen, 46
spezielle, 46
suchen, 46, 95
von HOOPS angebotene, 46
Segment, 15, 16, 95
- baum, 17, 54
aus einer Metadatei einlesen, 114
einbinden, 89
erzeugen, 17
gestalten, 88
in eine Metadatei schreiben, 116
Inhalte löschen, 8
kopieren, 86
löschen, 17
Namen, 16
öffnen, 17
schließen, 17
suchen, 95
umbenennen, 55
unbenannte, 91
verschieben, 86
vordefinierte, 19
Shell, 37
editieren, 37
lokale Attribute, 41
Numerierung von Punkten, Kanten und Flächen, 37
Sichtbarkeit, 54
Kanten in Shells und Meshes, 43
Sichtfeld, 58, 59
Sichtlinie, 57
Speicherung, 113, 115
Streaming Mode, 19, 20
String, 11
als Parameter, 11, 43
analysieren (Parse_String), 10
String-Cursor, 54,80
String-Ereignis, 73
Style Library, 88
Subsegment, 13, 16
Suche, 46, 95
Aufrufsequenz, 95
nach Farbnamen, 53
nach Kurznamen, 102
nach offenen Segmenten, 97
nach Schriften, 46
nach Segmenten, 97
nach Segmentinhalten, 99
Tasten-Ereignis, 72,73
Text, 43, 73
Attribute, 44

Bezugspunkt, 44
Cursor, 46
editieren, 7, 45
Größe berechnen, 45
Timer-Ereignis, 73
Transformationen, 49, 57
Transformationsmatrix, 57
setzen, 50, 112
Umgebungsvariablen, 161
setzen, 168
UNIX, 171
Vektorrechnung, 46
Vererbung, 3, 18, 61
erzwingen, 93
Warteschlange, 70
Element herausholen, 79
Element zurückbringen, 71
Element "von Hand" einfügen, 71
löschen, 71
Wildcards, 85, 92
Windows, 27
Hintergrund, 27
Koordinaten, 28
Rahmen, 27
Vererbung, 27
Wurzelsegment, 18, 23, 43
Zeichensatz, 43

Abbildungsnachweis

Für die freundliche Überlassung von Bildvorlagen danken wir:

S. 382 oben: TechSoft GmbH
S. 382 unten: Ithaca Software, Independent Devision of Autodesk Inc.
S. 383: Computervision Corp.
S. 384: Fluent Inc. (Rampant)
S. 385: Rasna Corp. (Mechanica)
S. 386: SPSS Inc. (SPSS)
S. 387/388: Computervision Corp. (CADDS 5)

Springer-Verlag und Umwelt

Als internationaler wissenschaftlicher Verlag sind wir uns unserer besonderen Verpflichtung der Umwelt gegenüber bewußt und beziehen umweltorientierte Grundsätze in Unternehmensentscheidungen mit ein.

Von unseren Geschäftspartnern (Druckereien, Papierfabriken, Verpackungsherstellern usw.) verlangen wir, daß sie sowohl beim Herstellungsprozeß selbst als auch beim Einsatz der zur Verwendung kommenden Materialien ökologische Gesichtspunkte berücksichtigen.

Das für dieses Buch verwendete Papier ist aus chlorfrei bzw. chlorarm hergestelltem Zellstoff gefertigt und im pH-Wert neutral.